21 世纪电力系统及其自动化规划教材

电力系统继电保护原理及仿真

于 群 曹 娜 编著

机 械 工 业 出 版 社

本书将电力系统继电保护原理与 MATLAB/Simulink 仿真有机地结合起来，在讲解继电保护原理的同时，用 MATLAB/Simulink 的仿真实例来验证所讲保护的动作原理及故障特征，以帮助读者能够更为方便、直观地掌握较为抽象的继电保护原理及配合关系，较快地进入电力系统继电保护这一领域。

本书共 9 章。第 1 章为绪论，第 2 章为电流互感器与电压互感器，第 3 章为电网相间短路的电流电压保护与仿真，第 4 章为电网接地故障的电流电压保护与仿真，第 5 章为电网的距离保护与仿真，第 6 章为输电线路的纵联保护与仿真，第 7 章为自动重合闸与仿真，第 8 章为电力变压器的继电保护与仿真，第 9 章为发电机的继电保护与仿真。

本书可作为高等院校电气工程及其自动化专业的本、专科教材，也可作为电气工程相关专业研究生、电力系统工程技术人员的参考书。

图书在版编目（CIP）数据

电力系统继电保护原理及仿真/于群，曹娜编著．—北京：机械工业出版社，2015.6（2026.1 重印）

21 世纪电力系统及其自动化规划教材

ISBN 978-7-111-50129-9

Ⅰ.①电… Ⅱ.①于…②曹… Ⅲ.①电力系统-继电保护-高等学校-教材 Ⅳ.①TM77

中国版本图书馆 CIP 数据核字（2015）第 091935 号

机械工业出版社（北京市百万庄大街 22 号 邮政编码 100037）
策划编辑：王雅新 责任编辑：王雅新
版式设计：赵颖喆 责任校对：樊钟英
封面设计：张 静 责任印制：张 博
固安县铭成印刷有限公司印刷
2026 年 1 月第 1 版第 7 次印刷
184mm×260mm · 13.75 印张 · 337 千字
标准书号：ISBN 978-7-111-50129-9
定价：39.00 元

电话服务	网络服务
客服电话：010-88361066	机 工 官 网：www.cmpbook.com
010-88379833	机 工 官 博：weibo.com/cmp1952
010-68326294	金 书 网：www.golden-book.com
封底无防伪标均为盗版	机工教育服务网：www.cmpedu.com

前　言

电力系统继电保护原理是电气工程及其自动化专业的一门理论性和实践性很强的专业核心课程。该门课程以电路、电机学和电力系统分析为基础，还与电力电子、通信、计算机等新理论和新技术有着密切的联系，而且继电保护涉及电力系统的每个主设备及二次设备，这就要求学生对这些设备的原理、性能及故障状态有深刻的理解。正因为如此，对于初学者来说，往往感到电力系统继电保护原理难以入门。

在多年的电力系统继电保护原理教学实践中，笔者深深地感到，要想学好这门课程，不仅要学会对电力系统的故障情况和继电保护装置动作行为进行分析，而且还要掌握对保护装置进行实验室试验的技能以及对故障特征和保护原理进行仿真的方法。在笔者编写《MATLAB/Simulink 电力系统建模与仿真》时，就萌发了结合 MATLAB/Simulink 仿真来讲授继电保护原理的想法，在教学中进行了实施，并从2013 年开始着手编写这本教材。

本书以电力系统继电保护的基本原理为主线，从最简单的继电保护基础知识入门，逐步引入到线路、主设备保护的主要原理。针对每一种保护，利用 Simulink 建立相应的电力系统的模型，对故障特征和保护原理进行分析和仿真，并为读者提供仿真源程序，以帮助初学电力系统继电保护的读者能够更为方便、直观地掌握较为抽象的继电保护原理及配合关系，较快地进入电力系统继电保护这一领域。需要说明的是，作为一本继电保护的入门教材，本书没有介绍如多相补偿式距离继电器、工频故障分量式距离继电器以及特高压长线路保护等更为复杂的保护原理。

本书共9 章。第1 章为绪论，第2 章为电流互感器与电压互感器，第3 章为电网相间短路的电流电压保护与仿真，第4 章为电网接地故障的电流电压保护与仿真，第5 章为电网的距离保护与仿真，第6 章为输电线路的纵联保护与仿真，第7 章为自动重合闸与仿真，第8 章为电力变压器的继电保护与仿真，第9 章为发电机的继电保护与仿真。

本书由于群和曹娜编写。第1、3、4、5、8 章由于群编写，第2、6、7、9 章由曹娜编写，全书由于群统稿。在本书的编写过程中，硕士研究生于梦瑶、冯知海、史文秀、曹爽爽、冯安强、杨亚丽等帮助完成了书中的部分算例、书稿的输入工作，在此谨对他们表示诚挚的感谢。

在本书的编写过程中，参阅了许多国内外出版的相关文献资料，在此谨向这些文献的作者致以衷心的感谢！

由于编者的理论水平和实践经验有限，书中难免有不当或错误之处，恳请读者批评指正。联系邮箱：yuqun_70@163. com。

编著者

目　　录

第1章　绪　　论

1.1　电力系统继电保护的基本任务

电气设备内部绝缘的老化、损坏，或工作人员的误操作、雷击、外力破坏等原因，都可能使运行中的电力系统发生故障或处于不正常运行状态。

最常见的故障是各种形式的短路，如三相短路、两相短路、两相对地短路、中性点直接接地系统中的一相对地短路、电气设备绕组匝间短路等。各种短路均会产生很大的短路电流，同时使电力系统的电压水平下降，从而引发如下严重后果：

1）故障点的短路电流和所产生的电弧，使故障元件损坏。

2）短路电流的热效应和电动力效应使短路回路中的设备损坏或缩短设备的使用寿命。

3）电力系统中部分地区电压值大大下降，影响用户的正常工作或产品质量。

4）破坏电力系统运行的稳定性，引起系统振荡，甚至使整个系统瓦解。

若电力系统中电气元件的正常工作状态遭到破坏，但尚未发生故障，则属于不正常运行状态。例如，因负荷超过供电设备的额定值引起的电流升高（一般称为过负荷），就是一种常见的不正常运行状态。此外，系统中出现有功功率缺额而引起的频率降低、发电机突然甩负荷而产生的过电压及电力系统振荡等，都属于不正常运行状态。

电力系统中发生不正常运行状态和故障时，都可能引起事故。系统发生事故，就是指系统或系统的一部分的正常工作遭到破坏，造成了对用户少送电或使电能质量变坏到不能容许的程度，甚至造成了人身伤亡和电气设备的损坏。

在电力系统中，首要的是应采取各项积极措施消除或减少发生故障的可能性。但如果故障发生，则系统必须能迅速而有选择性地切除故障元件，这是电力系统安全运行的重要保证。由于切除故障的时间常常要求在数十毫秒之内，动作过程是不可能进行人为干涉的，因此只有在电气元件上装设自动保护装置才有可能满足这个要求。这种自动保护装置大多是由继电器与其附属装置构成的，故也称为继电保护装置。虽然现在装置中的继电器已被电子元件或计算机所替代，但这些保护装置仍然沿用了继电保护的名称。

继电保护装置，就是能反映电力系统中电气元件发生故障或不正常运行状态，并动作于断路器跳闸或发出信号的一种自动装置。为了保证安全可靠地供电，电力系统和主要电气设备及线路都应装设继电保护装置。

电力系统继电保护的基本任务如下：

1）自动、迅速、有选择性地将故障元件从电力系统中切除，使故障元件免于继续遭到破坏，并保证其他无故障部分迅速恢复正常运行。

2）反映电气元件的不正常运行状态，并根据运行维护条件，有选择地动作于发出信号、减负荷或跳闸。此时一般不要求继电保护装置迅速动作，而是要求其根据不正常运行状态对电力系统及其元件的危害程度规定一定的延时，以免因短暂的运行波动造成不必要的保护动作或因干扰而引起的误动作。

1.2 电力系统继电保护的基本原理及组成

1.2.1 电力系统继电保护的基本原理

要完成继电保护的任务，使继电保护装置能够正确地判断系统是处于正常运行状态还是处于故障或不正常运行状态，首先要找到电力系统发生故障或不正常运行时的特征。

以图 1-1 所示的单侧电源供电网络为例。

在正常运行时，如图 1-1a 所示，每条线路上都流过由它供电的负荷电流 $\dot{I}_L$，越靠近电源端，线路的负荷电流越大。当系统在 k1 点发生三相短路时（见图 1-1b)，从电源到短路点之间均将流过很大的短路电流 $\dot{I}_k$，因此，可以利用电流幅值增大这一特征来构成过电流保护。

在正常运行时，如图 1-1a 所示，各变电站母线上的电压一般都在额定电压的 ±（5%～10%）范围内变化，且靠近电源端母线上的电压较高。当系统在 k1 点发生三相短路时，各变电站母线上的电压在不同程度上会有很大的降低，而距短路点越近时降低得越多，短路点的电压 $\dot{U}_k$ 将降低到零，因此，可以利用短路时电压幅值降低这一特征来构成低电压保护。

同样的道理，在正常运行时，如图 1-1a 所示，线路始端电压与电流之间的相位角决定于由它供电的负荷的功率因数角和线路的参数。由电压与电流之比所代表的“测量阻抗”，则是在线路始端所感受到的、由负荷所反映出来的一个等效阻抗，其值一般很大，阻抗角较小。当系统在 k1 点发生三相短路时，线路始端电压与电流之比反映的是该测量点至短路点之间线路的阻抗，其值较小，若忽略分布电容的影响则该阻抗一般正比于该线路段的距离（长度)，阻抗角为线路的阻抗角，值较大。因此，可以利用短路时测量阻抗幅值的降低和阻抗角变大这一特征来构成距离（低阻抗）保护。

此外，对电力系统中的任一电气元件而言，例如图 1-2 中的线路 AB，在正常运行时，在某一瞬间，负荷电流总是从一侧流入而从另一侧流出，如图 1-2a 所示。如果统一规定电流的正方向是从母线流向线路（图 1-2 中所示电流方向是实际的方向，不是假定的正方向)，那么，按照规定的正方向，AB 两侧电流的大小相等，而相位相差 180°。当线路 AB 的范围以外的 k1 点短路时，如图 1-2b 所示，由电源 I 所供给的短路电流 $\dot{I}'_{k1}$ 将流过线路 AB，此时 AB 两侧的电流仍然是大小相等相位相反，其特征与正常运行时一样。如果短路发生在线路 AB 的范围以内（k2 点)，如图 1-2c 所示，则由于两侧电源均分别向短路点 k2 供给短路电流 $\dot{I}'_{k2}$ 和 $\dot{I}''_{k2}$，因此，在线路 AB 两侧的电流都是由母线流向线路，此时两个电流的大小一般都不相等，在理想情况下（两侧电动势相位相同且全系统的阻抗角相等)，两个电流同相位。

利用每个电气元件在内部故障与外部故障（包括正常运行情况）时，两侧电流相位或功率方向的差别这一特征，可以构成各种差动原理的保护，如电流纵联差动保护、相位纵联差动保护、纵联方向保护等。其中，电流差动原理的保护只能在被保护元件的内部发生故障

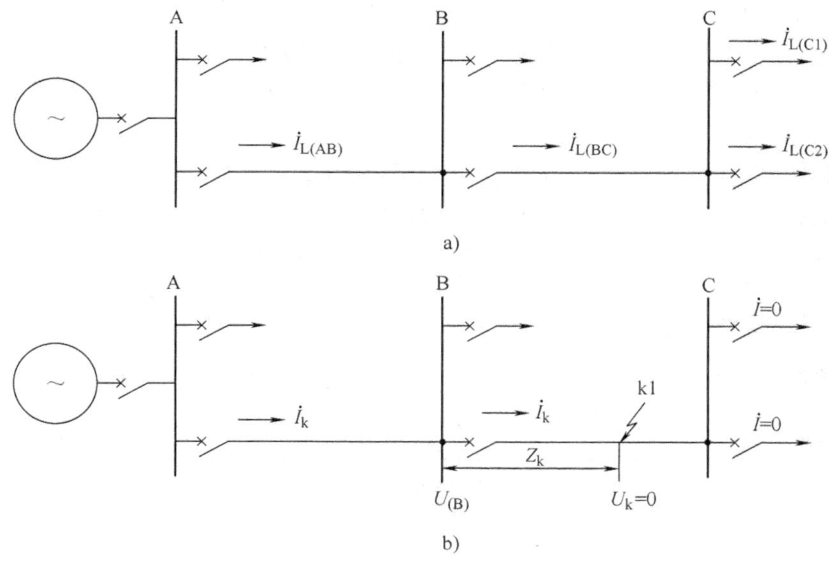

图 1-1　单侧电源供电网络

a）正常运行　b）三相短路

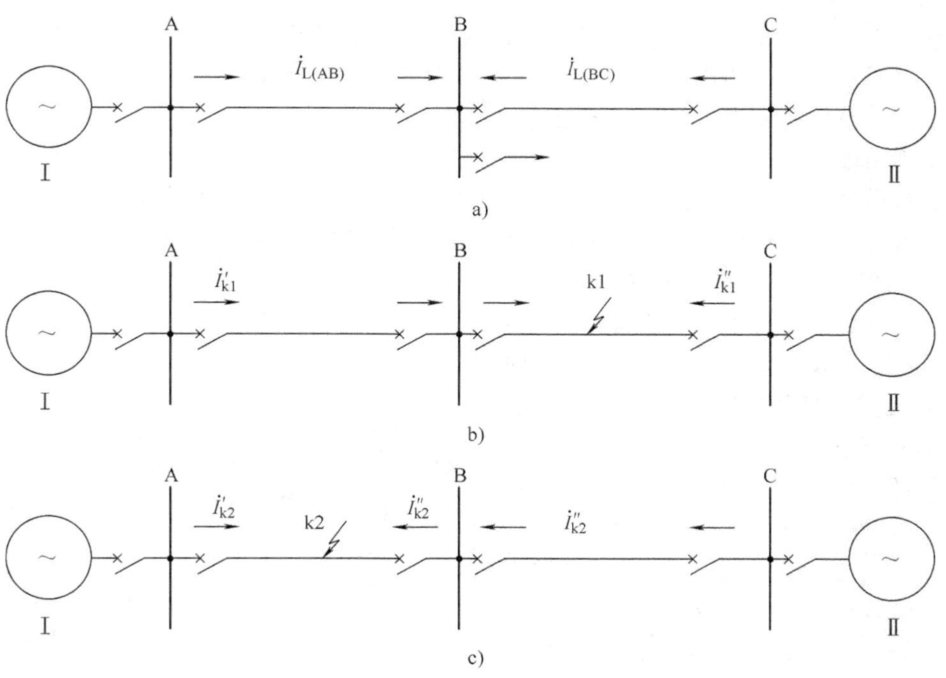

图 1-2　双侧电源供电网络接线

a）正常运行　b）k1 点短路时的电流分布情况　c）k2 点短路时的电流分布情况

时动作，而不反映外部故障，因而被认为具有绝对的选择性。

在按照上述原理构成各种继电保护装置时，既可以使其参数反应于每相中的电流和电压（如相电流、相或线电压），也可以使之仅反应于其中的某一个对称分量（如负序、零序或正序）的电流和电压。由于在正常运行情况下，负序和零序分量不会出现，而在发生不对称接地短路时，它们都具有较大的数值，而且在发生不接地的不对称短路时，虽然没有零序分量，但负序分量却很大，因此，利用这些分量构成的保护装置一般都具有良好的选择性和灵敏性。

此外，利用短路时电压和电流的突然变化可以构成突变量保护或工频变化量保护，利用短路时产生的行波及其反射特性可以构成行波保护，利用短路点产生的行波中的暂态分量通过阻波器时的数值或波形的变化还可以实现输电线的无通道快速保护等。

1.2.2 电力系统继电保护的组成

在电力系统中应用各种继电保护装置，尽管它们在结构上各不相同，但基本上是由测量、逻辑、执行三部分组成，如图 1-3 所示。

图 1-3 继电保护装置的原理结构

1. 测量部分

测量部分的功能是测量从被保护对象输入的有关电气量，并与已给定的整定值进行比较，根据比较的结果，给出“是”、“非”或“大于”、“不大于”或“等于 0”、“等于 1”等逻辑信号，从而判断保护是否应该起动。

2. 逻辑部分

逻辑部分的功能是根据测量部分各个输出量的大小、性质，输出的逻辑状态、出现的顺序以及这些状态和顺序的组合，使保护装置按给定的逻辑关系工作，确定是否应该使断路器跳闸或发出信号，并将有关命令传送给执行部分。继电保护中常用的逻辑电路有“或”、“与”、“非”、“延时起动”、“延时返回”以及“记忆”电路等。

3. 执行部分

执行部分的功能是根据逻辑部分传送的信号，最后完成保护装置所担负的任务，如故障时动作于跳闸、不正常运行时发出信号、正常运行时不动作等。

需要指出的是，仅靠继电保护装置是不能达到保护电力设备的目的，只有通过互感器、断路器（含操作机构）、继电保护装置、工作电源及其相互间的连接电缆的协调配合，才能实现继电保护的工作任务。图 1-4 展示了一个简单的输电线路继电保护的示意图，由图可见，为了实现继电保

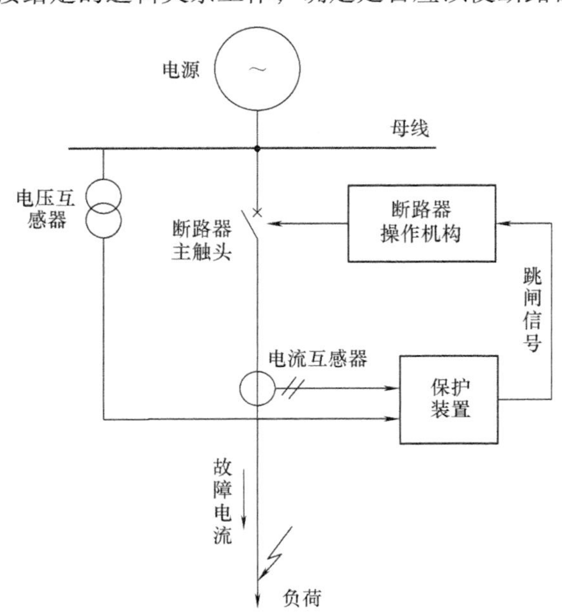

图 1-4 简单的输电线路继电保护的示意图

护的工作任务，线路中的任一元件及其连接的线路都必须时时刻刻正确地工作。

1.3　对电力系统继电保护的基本要求

为了使继电保护装置能准确及时地完成继电保护任务，在技术上动作于跳闸的继电保护，一般应满足以下四个基本要求。

1. 可靠性

继电保护装置的可靠性是指，在规定的保护范围内发生了该继电保护装置应该动作的故障时，其不应拒绝动作（又称为信赖性），而在其他任何不应该动作的情况下，都不发生误动作（又称为安全性）。

继电保护装置的误动作和拒绝动作都会给电力系统造成严重的危害。但提高其不误动的可靠性和不拒动的可靠性的措施常常是互相矛盾的。由于电力系统的结构和负荷性质的不同，误动和拒动的危害程度有所不同，因此提高保护装置可靠性的着重点在各种具体情况下也应有所不同。例如，当系统中有充足的旋转备用发电容量、输电线路很多、各系统之间和电源与负荷之间联系很紧密时，因继电保护装置的误动作使发电机、变压器或输电线切除而给电力系统造成的损失可能很小，但如果发电机、变压器或输电线故障时继电保护装置拒绝动作，则将会造成设备的损坏或系统稳定的破坏，损失是巨大的。在此情况下，提高继电保护不拒动的可靠性比提高不误动的可靠性更为重要。当系统中旋转备用发电容量小、各系统之间和电源与负荷之间的联系比较薄弱时，因继电保护装置的误动作将发电机、变压器或输电线路切除，将会引起对负荷供电的中断，甚至造成系统稳定的破坏，其损失是巨大的，而当继电保护装置拒动时，其后备保护仍可以动作、切除故障，因此，在这种情况下，提高继电保护装置不误动的可靠性比提高其不拒动的可靠性更为重要。由此可见，提高继电保护装置的可靠性应根据电力系统和负荷的具体情况采取适当的措施。

可靠性的高低主要取决于继电保护装置本身的质量和运行维护水平。一般说来，继电保护装置的组成元件的质量越高、电路越简单、回路中继电器的触点数量越少，继电保护装置的工作就越可靠。同时，精细的制造工艺、正确地调整试验、良好的运行维护以及丰富的运行经验，对于提高继电保护装置的可靠性也具有重要的作用。

2. 灵敏性

继电保护装置的灵敏性，是指对于其保护范围内发生故障或正常运行状态的反应能力。满足灵敏性要求的继电保护装置，应该当在规定的保护范围内发生故障时，不论短路点的位置、短路的类型如何，以及短路点是否有过渡电阻，都能敏锐检测出故障，正确作出反应。继电保护装置的灵敏性，通常用灵敏系数来衡量，该系数主要决定于被保护元件和电力系统的参数和运行方式。GB/T 14285—2006《继电保护和安全自动装置技术规程》中对各种继电保护装置的灵敏系数的最小值都作了具体的规定。

3. 选择性

继电保护装置动作的选择性是指，其动作时仅将故障元件从电力系统中切除，使故障范围尽量缩小，以保证系统中的无故障部分仍能继续安全运行。

例如在图 1-5 所示的网络中，当 k1 点短路时，由距短路点最近的保护 1 和保护 2 动作跳闸，将故障线路切除，变电站 B 由另一条无故障的线路继续供电，而当 k3 点短路时，保护 6 动作跳闸，切除线路 CD，此时只有变电站 D 停电。由此可见，继电保护有选择性地动作可将停电范围限制到最小，甚至可以作到不中断向用户供电。如果当 k3 点短路时，保护 6 未能动作于跳闸，但其上级线路的保护 5 能动作，则故障也能切除。这时，保护 5 起到了保护 6 的后备保护的作用。

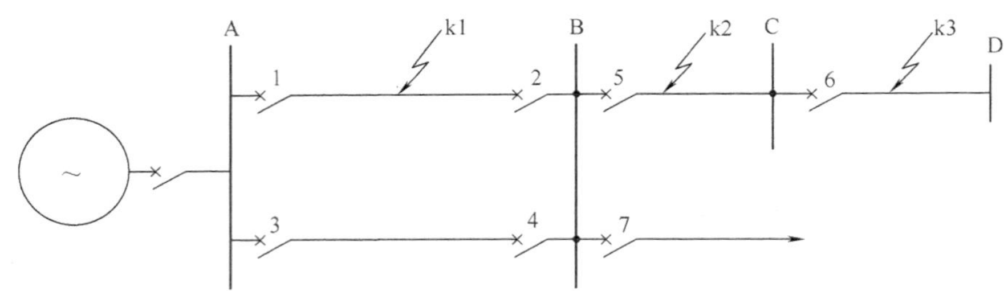

图 1-5　继电保护的选择性

4. 速动性

继电保护装置的速动性，是指其尽可能快地切除故障的能力。快速地切除故障可以提高电力系统并列运行的稳定性，减少用户在电压降低的情况下工作的时间，缩小故障元件的损坏程度。因此，在发生故障时，应力求继电保护装置能迅速动作。

切除故障的总时间为继电保护装置和断路器动作时间之和。一般的继电保护装置的动作时间为 0.04 ~ 0.08s，最快的可达 0.01 ~ 0.02s，一般的断路器的动作时间为 0.06 ~ 0.15s，最快的可达 0.02 ~ 0.06s。

动作迅速且同时能满足选择性要求的继电保护装置结构一般都比较复杂，价格也比较贵，而在许多情况下，可以允许继电保护装置有一定时限地切除发生故障的元件，因此，对继电保护装置速动性的要求，应根据电力系统的接线以及被保护元件的具体情况来确定。

以上四个基本要求是分析研究继电保护装置性能的基础，它们之间，既有矛盾的一面，又有在一定条件下统一的一面。同时，对继电保护的科学研究、设计、制造和运行的绝大部分工作也是围绕着如何处理好这四个基本要求之间的辩证统一关系而进行的，在学习继电保护时应注意学习和运用这样的思考和分析方法。

选择继电保护方式除应满足上述基本要求外，还应该考虑经济因素。首先应从国民经济的整体利益出发，按被保护元件在电力系统中的作用和地位来确定保护方式，而不能只从降低继电保护装置本身的投资来考虑，这是因为保护的不完善或不可靠给国民经济造成的损失，一般都远远超过即使是最复杂的保护装置的投资。但要注意，对较为次要的、数量很多的电气元件（如小容量电动机等），则不应装设过于复杂和昂贵的保护装置。

1.4　电力系统继电保护的发展简史

继电保护技术是随着电力系统的发展而发展起来的。电力系统中的短路是不可避免的，短路必然伴随着电流的增大，因此，首先出现了防止电流超过一预定值的过电流保护。熔断器就是最早的、最简单的过电流保护，时至今日，这种保护方式仍广泛应用于低压线路和用电设备中。随着电网的接线日益复杂，仅靠熔断器已不能满足选择性和快速性的要求，于是 19 世纪 90 年代又出现了装于断路器上并直接作用于断路器的一次式的电磁型过电流继电器。到20世纪初，随着电力系统的发展，二次式继电器开始广泛应用于电力系统的保护。这个时期可认为是继电保护技术发展的开端。

1901年，出现了感应型过电流继电器。1908年，提出了比较被保护元件两端电流的电流差动保护原理。1910年，方向性电流保护开始得到应用。20世纪20年代初，距离保护装置开始出现。随着电力系统载波通信的发展，在1927年前后，出现了利用高压输电线路上高频载波电流传送和比较输电线路两端功率方向或电流相位的高频载波保护装置。在20世纪50年代，微波中继通信开始应用于电力系统，从而出现了利用微波传送和比较输电线路两端故障电气量的微波保护。在20世纪70年代末，经过20余年的研究，利用故障点产生的行波实现无通道快速继电保护的行波保护装置开始应用。21世纪以来，随着光纤通信在电力系统中的普及，利用光纤通道的继电保护，如光纤差动保护、光纤距离保护等，已得到了广泛的应用。

与此同时，构成继电保护装置的元件、材料，保护装置的结构形式和制造工艺也发生了巨大的变革。20世纪50年代以前的继电保护装置都是由电磁型、感应型或电动型继电器组成的。这些继电器经历了数次重大的改进，积累了丰富的运行经验，工作比较可靠，因而在电力系统中曾得到广泛应用。但这种继电保护装置体积大，消耗功率大，动作速度慢，机械转动部分和触点容易磨损或粘连，调试维护比较复杂，不能满足超高压、大容量电力系统的要求。自20世纪50年代开始，出现了晶体管式继电保护装置。这种保护装置体积小，功率消耗小，动作速度快，无机械转动部分，称为电子式静态保护装置。此后，出现了体积更小、工作更加可靠的集成运算放大器和其他集成电路元件，促进了静态继电保护装置向集成电路化方向的发展。20世纪80年代后期，是静态继电保护从第一代（晶体管式）向第二代（集成电路式）的过渡时期，20世纪90年代开始则是向微机保护过渡的时期。目前，微机保护装置已取代集成电路式继电保护装置，成为静态继电保护装置的唯一形式。

微机保护装置具有巨大的计算、分析和逻辑判断能力，有储存记忆功能，因而可用于实现性能完善且复杂的保护原理。微机保护装置可连续不断地对本身的工作情况进行自检，其工作可靠性很高。此外，微机保护装置可用同一硬件实现不同的保护原理，这使装置的制造大为简化，也容易实行保护装置的标准化。微机保护装置除了保护功能外，还兼有故障录波、故障测距、事件顺序记录和与调度计算机交换信息等辅助功能，这对简化保护装置的调试、事故分析和事故后的处理等都有重大意义。微机保护装置由于其巨大优越性和潜力而受到运行人员的欢迎，进入20世纪90年代以来在我国得到大量应用，已成为继电保护装置的主要形式，并已成为电力系统保护、控制、运行调度及事故处理的统一计算机系统的组成部分。

随着计算机技术、信息技术、微电子技术的不断发展，微机继电保护装置的体积会更小，功能会更强、性能会更优，而且基于计算机网络提供的数据信息共享，微机保护装置可以占有全系统的运行数据和信息。微机保护装置的应用，将使继电保护向网络化、智能化、自适应化和保护、测量、控制、数据通信一体化方面快速发展。

继电保护学科是电力学科中最活跃的分支，电力系统的快速发展，以及超大型机组和特高压交、直流输电线路的出现，对继电保护提出了更高的要求，赋予了更艰巨的任务，可以预计，继电保护学科必将向更高的理论技术高度发展。

1.5 电力系统仿真及MATLAB简介

随着电力工业的发展，电力系统的规模越来越大，许多大型的电力科研实验已经很难进行。其原因，一是受系统的规模和复杂性的限制；二是从系统的安全角度来讲不允许进行实验。因此，寻求一种最接近于电力系统实际运行状况的数字仿真工具十分重要。目前，比较常用的电力系统仿真工具有邦纳维尔电力局开发的 BPA 程序和 EMTP 程序、曼尼托巴高压直流输电研究中心开发的 PSCAD/EMTDC 程序以及中国电力科学研究院开发的 PSASP 电力系统分析综合程序等。1998 年 Mathworks 公司推出了电力系统模块集（Power System Block）之后，该功能逐渐被电力系统的研究者所接受，使得 MATLAB/Simulink 在电力系统方面的应用日趋完善。

MATLAB 这个名称是分别由英文单词 Matrix 和 Laboratory 的前三个字母组成。20 世纪 70 年代后期，美国新墨西哥大学计算机系主任 Cleve Moler 教授为了便于教学，减轻学生编写 Fortran 程序的负担，给代数软件包 LINPACK 和特征值计算软件包 EISPACK 编写了接口程序，这也许就是 MATLAB 的第一个版本。1984 年，Cleve Moler 和 John Little 等人合作成立了 Mathworks 软件公司，并将 MATLAB 正式推向市场。在 30 多年来的发展和竞争中，MATLAB 不断推出新的版本，现在最新的版本是 7.0 版（Matlab 2014a），运行环境也从早期的在 DOS 环境下运行到如今可以在包括 Windows、UNIX 及 Mac OSX 等多个操作平台上运行。目前，MATLAB 已成为国际认可的最优秀的科技应用软件，在大学里，它已是用于初等和高等数学、自然科学和工程学的标准数学工具，在工业界，它已是一个高效的研究、开发和分析的工具。随着科技的发展，许多优秀的工程师不断地对 MATLAB 进行完善，使其从一个简单的矩阵分析软件逐渐发展成为一个具有极高通用性，并带有众多实用工具的运算操作平台。

Simulink 是 MATLAB 提供的实现动态系统建模和仿真的一个软件包，是基于框图的仿真平台。Simulink 挂接在 MATLAB 环境上，以 MATLAB 的强大计算功能为基础，以直观的模块框图进行仿真和计算。Simulink 提供了各种仿真工具，尤其是它不断扩展的、内容丰富的模块库，为系统的仿真提供了极大便利。在 Simulink 平台上，拖拉和连接典型模块就可以绘制仿真对象的模型框图，并对模型进行仿真。仿真模型的可读性很强，避免了在 MATLAB 窗口使用 MATLAB 命令和函数仿真时需要熟悉大量 M 函数的麻烦，对广大工程技术人员来说，这无疑是最好的福音。

Simulink 最初是为控制系统的仿真而建立的工具箱，由于其在使用中易编程、易扩展，可以解决 MATLAB 不易解决的非线性、变系数等问题，而且能支持连续系统和离散系统的仿真，也能支持线性和非线性系统仿真，还能支持多种采样频率系统的仿真，也就是不同的系统能以不同的采样频率组合，可以仿真较大、较复杂的系统。因此，不同的科学领域根据自己的仿真要求，以 MTALAB 为基础，开发了大量的专用仿真程序，并把这些程序以模块的形式都放入 Simulink 中，形成了模块库。Simulink 的模块库实际上就是用 MATLAB 基本语言编写的子程序集。现在 Simulink 模块库有三级树状的子目录，在一级子目录下包含了 Simulink 最早开发的数学计算工具箱、控制系统工具箱的内容，之后开发的信号处理工具（DSP Blocks）、通信系统工具箱（Comm）等也并行列入了模块库的一级子目录，逐级打开该模块库浏览器（Simulink Library Browser）的目录，就可以看到这些模块。

从 Simulink 4.1 版开始，有了电力系统模块库（Power System Blockset），该模块库主要由加拿大 HydroQuebec 和 TECSIM International 公司共同开发。在 Simulink 环境下，用电力系统模块库的模块可以方便地进行 *RLC* 电路、电力电子电路、电力系统和电机控制系统等的仿真。本书中对继电保护原理的仿真就是在 MATLAB/Simulink 环境下，主要使用电力系统模块库进行的。

由于 Simulink 和 MATLAB 的密切依存关系，在利用 Simulink 进行仿真之前，必须要学习和掌握 MATLAB 和 Simulink 的一些基本命令和函数，尤其是 MATLAB 的绘图功能。由于本书主要是介绍电力系统继电保护的基本原理及其仿真，加之当前有大量的 MATLAB 和 Simulink 的入门书籍，因此本书没有对 MATLAB 的入门知识进行介绍，有需要的读者可以阅读相关书籍。

第 2 章　电流互感器与电压互感器

本章介绍电流互感器与电压互感器的特点及其在继电保护中的常用接线方式。本章第 2.1 节介绍电流互感器的常用额定参数和接线方式。第 2.2 节介绍电压互感器的常用额定参数和接线方式。第 2.3 节给出电流互感器接线方式的仿真方法、电流互感器饱和特性的仿真分析，以及电容式电压互感器的建模及其暂态特性的仿真。

2.1　电流互感器

2.1.1　电流互感器简介

电流互感器又称仪用变流器，其主要作用是将一次侧的大电流按电流比（即变比）变换为二次侧的小电流，供继电保护装置及其他测量装置使用，以保证设备及人身的安全。

在电力系统中，现场工作人员通常将电流互感器称为 CT（Current Transformer），而电流互感器的国际标准名称为 TA（其中“T”为主文字符号，代表“变压器”大类，而“A”是辅助文字符号，代表“电流”）。

在图 2-1 中给出了某一单相电流互感器的示意图。电流互感器制造商常用 L1、L2 标记一次绕组的始端和末端，用 K1、K2 标记二次绕组始端和末端，通常用“＊”或“·”标记于 L1 与 K1 上或 L2 与 K2 上，来表明它们是同极性端。图 2-1 中，Z_{L0}为电流互感器二次侧负载阻抗，其值较小。电流互感器的参考方向规定如图 2-1 所示，一次侧以流入极性端为正方向，二次侧以流出极性端为正方向。这样规定电流互感器的正方向后，当忽略传变误差时，在正确接线条件下，其一次电流与二次电流相位相同。

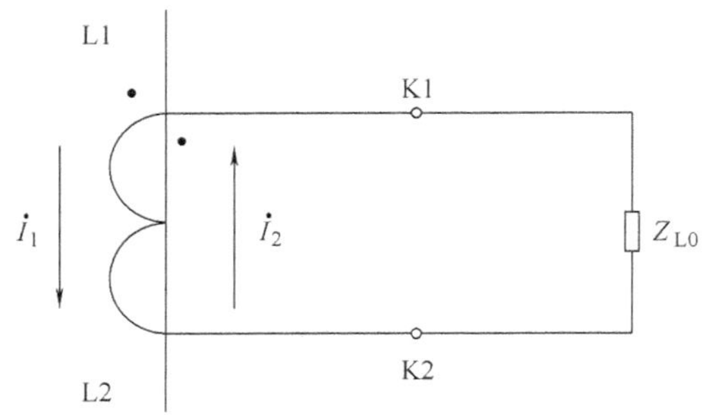

图 2-1　单相电流互感器的示意图

2.1.2　电流互感器的常用额定参数

1. 额定电流

在选择电流互感器时，其一次额定电流，应大于一次设备的最大负荷电流。国家标准推荐的电流互感器的一次额定电流值为<u>10A</u>、12.5A、<u>15A</u>、<u>20A</u>、25A、<u>30A</u>、40A、<u>50A</u>、60A、<u>75A</u> 以及它们的十进位倍数或小数，标注有下划线的为优先推荐值。

电流互感器的二次额定电流有 5A 及 1A 两种。

电流互感器的电流比等于一次额定电流与二次额定电流之比，电流比参数是继电保护进行定值整定的重要依据。

例如，某电流互感器一次额定电流为200A，二次额定电流为5A，其电流比表示为200/5。

实际的电力线路中的电流各不相同，但通过电流互感器的一、二次绕组不同匝数比的配置，可以将大小悬殊的线路电流变换成大小相当、便于测量的电流值（二次电流额定值为5A 或 1A）。电流互感器一次绕组匝数一般只有 1 ~2 匝，而其二次绕组匝数少则几十匝，多则几千匝。对于保护及测量装置而言，电流互感器近似为一个电流源。应特别注意的是，运行中的电流互感器，二次回路必须接有负荷（阻抗值应很小）或直接将二次回路短路，如出现二次回路开路，将会出现很高的开路电压，对二次绕组的绝缘和测量及继电保护装置构成威胁。所以，电流互感器运行时，应防止二次绕组开路。

2. 容量

电流互感器的额定容量，是指在额定工况下的输出容量。

根据国家标准，电流互感器的额定容量标准有 2.5V·A、5V·A、10V·A、15V·A、20V·A、25V·A、30V·A、40V·A、50V·A。为了适应实际需要，也可以选择高于 50V·A 的输出值。

3. 准确级

电流互感器的准确级，是指其电流变换的精确度，又分为测量用电流互感器的准确级和保护用电流互感器的准确级。

测量用电流互感器的标准准确级分为 0.1、0.2、0.5、1、3、5 六个。一般的测量用电流互感器的准确级可采用 0.5 级，计量回路可采用 0.2 级的电流互感器。

保护用电流互感器的准确级是以其额定准确限值一次电流下的最大复合误差的百分比来标称的，其后标以字母“P”（表示保护用）。国标规定保护用电流互感器的标准准确级为5P 和 10P。表 2-1 为在额定频率及额定负荷下，保护用电流互感器的电流误差、相位差和复合误差不应超过的限值。

表 2-1　保护用电流互感器的误差限值

准确级	一次额定电流下的电流误差（%）	一次额定电流下的相位差/（′）	额定准确限值一次电流下的复合误差（%）
5P	±1	±60	5
10P	±3	—	10

在表示保护用电流互感器准确级时，通常也将准确限值系数一并写出。例如，某保护用电流互感器的准确级为 10P20，其中 20 即为准确限值系数（国标规定的标准准确限值系数有 5、10、15、20、30）。所以 10P20 的含义是，该保护用互感器，在一次侧流过的最大电流为其一次额定电流 20 倍时，该互感器的复合误差不大于 10%。

当电流互感器的误差为 10% 时，其一次电流倍数与二次负载的关系曲线称为 10% 误差曲线，此曲线一般由互感器制造厂商给定。在选择保护用电流互感器时，应特别关注在系统故障时的最大一次电流下会不会出现误差大于 10% 的情况，否则将会影响保护的可靠动作。

为了方便现场使用，电流互感器多制成不同准确度的两个铁心和两个二次绕组（甚至有多个铁心和多个二次绕组）分别接测量仪表和继电保护装置，以满足测量和保护的不同要求。电气测量时对电流互感器的准确度要求较高，且要求在一次侧发生短路故障时仪表受到的冲击小，因此测量用电流互感器的铁心在一次侧发生短路故障时应易于饱和，以限制二次电流的增长倍数。而保护用电流互感器的铁心在一次侧发生短路故障时则不应饱和，其二次电流能与一次短路电流成比例增长，以满足保护灵敏度的要求。

2.1.3 电流互感器的常用接线方式

电流互感器的常用接线方式如图 2-2 所示。图 2-2a 所示为单相式接线，它只测一相的电流，可用于三相对称负荷的过电流保护，也可用于变压器中性点零序电流或发电机中性点零序电流的测量。图 2-2b 所示为两相星形接线，用于 35kV 及以下电压等级小电流接地系统，可以获得 A、C 相电流，能用于各种相间短路保护。图 2-2c 所示为三相星形接线，用于 110kV 及以上电压等级大电流接地系统，可以获得三相相电流，在中性线上还可以获得三相电流之和，即 3 倍的零序电流。图 2-2d 所示为两相三继电器接线，此时中性线上的电流为$\dot{I}_A+\dot{I}_C=-\dot{I}_B$。

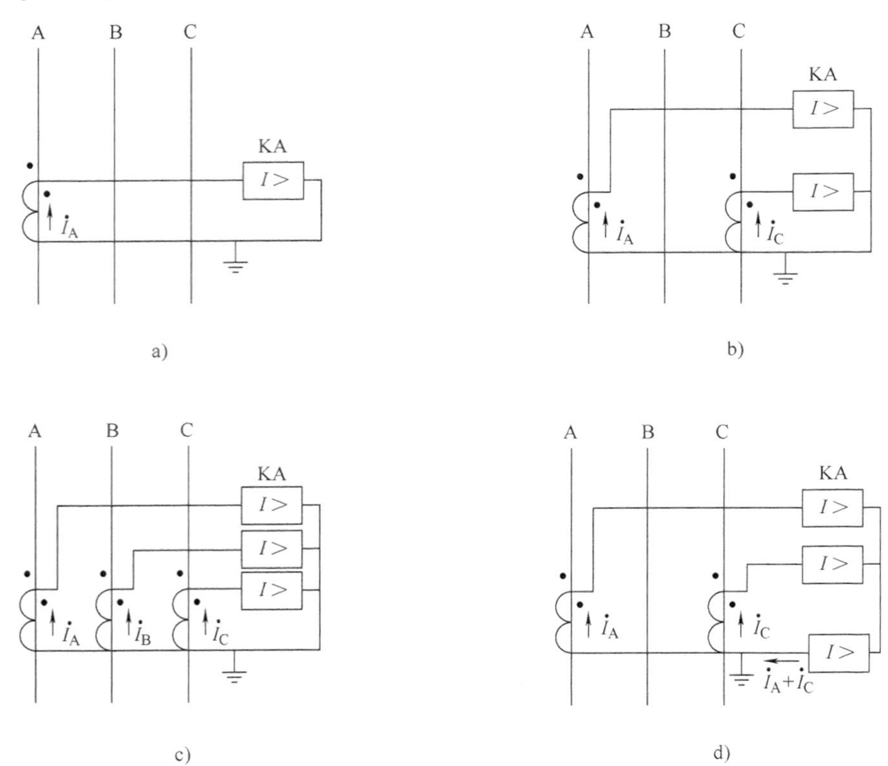

图 2-2 电流互感器的常用接线方式

a）单相式接线 b）两相星形接线 c）三相星形接线 d）两相三继电器接线

2.2 电压互感器

2.2.1 电压互感器简介

电压互感器的主要作用是以合理的准确度，将高电压（一次电压）按电压比变换为二次电压，供继电保护装置及其他测量装置使用，以保证设备及人身的安全。

在电力系统中，现场工作人员通常将电压互感器称为 PT（Potential Transformer），而电压互感器的国际标准名称为 TV（其中“T”为主文字符号，代表“变压器”大类，而“V”是辅助文字符号，代表“电压”）。

电压互感器的型式多种多样，按工作原理分为电磁式电压互感器、电容式电压互感器、新型光电式电压互感器等。其中，电磁式电压互感器在结构上又有三相式和单相式两种，在三相式电压互感器中又有三相三柱式和三相五柱式两种。从使用绝缘介质上，电压互感器又可分干式、油浸式及六氟化硫等多种。

35kV 及以下电压等级常采用的电磁式电压互感器，其实质是一台小型的降压变压器。由于当一次额定电压达到 110kV 及以上时，普通的电磁式电压互感器的造价将比较昂贵，因此在高压及超高压系统中，通常采用电容式电压互感器，简称 CVT（Capacitor Voltage Transformer）或 CCVT（Coupling Capacitor Voltage Transformer）。电容式电压互感器是利用电容分压来实现电压变换的，其原理如图 2-3 所示。

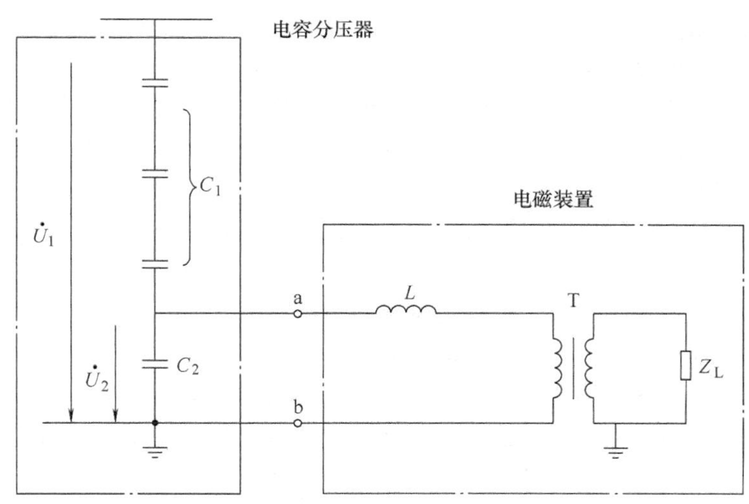

图 2-3　电容式电压互感器原理

需要指出的是，电磁式电压互感器应用在中性点不接地系统中时可能会出现以下特殊问题：当中性点不接地系统中发生单相接地故障时，连接于非故障相的电压互感器将承受系统的线电压，此时往往使互感器进入饱和状态，由于铁心的非线性，容易产生铁磁谐振现象，导致电压互感器的损坏。

2.2.2　电压互感器的常用额定参数

1. 额定电压

电压互感器的一次绕组所输入的电压，在正常运行时即为所接电网电压，因此其一次额定电压的选择值应与相应的额定电压相符。目前，国内生产并投入电网运行的电压互感器一次额定电压有 6kV、10kV、15kV、20kV、35kV、60kV、110kV、220kV、330kV、500kV 等。对于接在三相系统相与地之间或中性点与地之间的单相电压互感器，其额定一次电压为上述额定电压的 $1/\sqrt{3}$。

电压互感器的二次额定电压标准值的规定是，对接于三相系统相间电压的单相电压互感器，二次额定电压为100V，即系统正常运行时的电压互感器二次线电压为100V，相电压为57.7V。接成开口三角形时的电压绕组的额定电压与系统中性点接地方式有关。大电流接地系统的接地电压互感器额定二次电压为100V，小电流接地系统的接地电压互感器额定二次电压为（100/3）V。

电压互感器的电压比（即变比），等于其一次额定电压与二次额定电压的比值，也等于一次绕组匝数与二次绕组匝数或三次绕组匝数之比。用于大电流接地系统的电压互感器的电压比与用于小电流接地系统的电压互感器的电压比不同，前者的电压比是$\frac{U_N}{\sqrt{3}}\Big/\frac{0.1}{\sqrt{3}}\Big/0.1$，后者的电压比是$\frac{U_N}{\sqrt{3}}\Big/\frac{0.1}{\sqrt{3}}\Big/\frac{0.1}{3}$，其中$U_N$为一次系统的额定电压（线电压）。这是因为在大电流接地系统和小电流接地系统，发生接地短路时一次侧零序电压的大小不同，因此在两个系统中，开口三角形的绕组电压比选择不同。

2. 额定输出容量

电压互感器的额定输出容量是指电压互感器二次侧承受负载功率因数为0.8（滞后）、负载容量不大于额定容量时，互感器能保证幅值与相位的精度要求下的输出容量。对于三相式电压互感器，其额定输出容量是指每相的额定输出。国标规定的额定输出容量标准值是10V·A、15V·A、25V·A、30V·A、50V·A、75V·A、100V·A，标下划线的为优选值。大于100V·A的额定输出容量值可由制造厂商与用户协商确定。

3. 准确级

测量用电压互感器的准确级是在额定电压和额定负荷下，以该准确级所规定的最大允许电压误差百分数来标称的。国标规定的标准准确级为0.1、0.2、0.5、1.0、3.0。

保护用电压互感器的准确级是以该准确级在5%额定电压到与额定电压因数相对应的电压范围内的最大允许电压误差百分数标称，其后标以字母P。国标规定，所有保护用电压互感器，除剩余电压绕组外，均应具有测量用电压互感器的准确级，此外，还应具有3P和6P两个等级中的一个。

表2-2为在额定频率及5%额定电压和额定电压乘以额定电压因数（1.2、1.5、或1.9）的电压下，负荷为25%～100%额定负荷和功率因数为0.8（滞后）时，保护用电压互感器的电压误差、相位差不应超过的限值。

表2-2 保护用电压互感器的误差限值

准确级	电压误差（%）	相位差/（′）
3P	±3.0	±120
6P	±6.0	±240

2.2.3 电压互感器常用的接线方式

电压互感器的常用接线方式如图2-4所示。

图2-4a是单相式接线，可以用于测量35kV及以下中性点不直接接地系统的线电压或

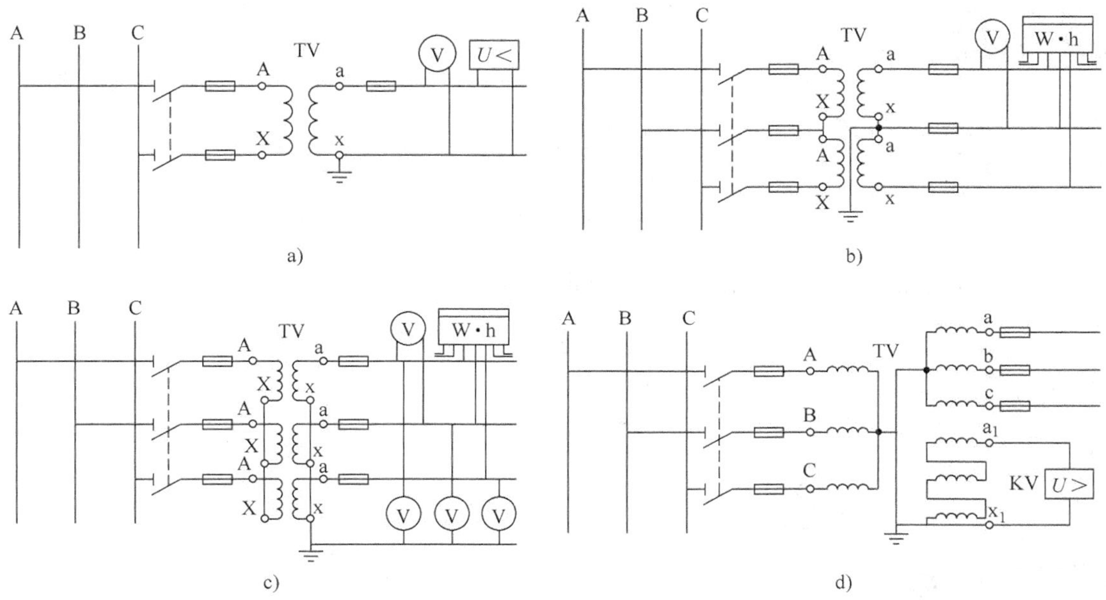

图 2-4　电压互感器的常用接线方式

a）单相式接线　b）两相 V/V 接线　c）三相星形接线　d）三相五柱式接线

110kV 以上中性点直接接地系统的相对地电压。

图 2-4b 是两台单相电压互感器接成 V/V 接线，这种接线方式就是将两台全绝缘单相电压互感器的高低压绕组分别接于相与相间构成不完全三角形。这种接线常用于中性点不接地或经消弧线圈接地的 35kV 及以下的高压三相系统中，特别是 10kV 的三相系统中。V/V 接线不仅能节省一台电压互感器，还能测量所需要的线电压。这种接线方法的缺点是不能测量相电压，不能接入监视系统绝缘状况的电压表。

图 2-4c 是三台单相三绕组电压互感器接成 Yyn 形式，也可以是一台三相三柱式电压互感器，将其高低压绕组分别接成星形。它可以测量三相线电压，也可以测量三个相电压。

图 2-4d 是一台三相三绕组五柱式电压互感器，其一次绕组和主二次绕组接成星形，并且中性点接地，辅助二次绕组接成开口三角形。故三相五柱式的电压互感器可以测量线电压和相对地电压，辅助二次绕组可以接入交流电网绝缘监视用的继电器和信号指示器，以实现发生单相接地时的保护。

一般 35kV 及以下电路，电压互感器一、二次绕组均装有熔断器。其一次侧回路装熔断器是为防止电压互感器故障时波及高压电网，二次侧所装熔断器是当互感器过负荷或二次侧短路时起保护作用。

2.3　电流、电压互感器仿真示例

2.3.1　电流互感器两相星形接线的建模与仿真

1. 电力系统的仿真模型

如图 2-5 所示的电力系统，已知电源电压为 10kV，系统阻抗为 $Z_s = 0.226\angle 73.13°\Omega$；

线路 MN 长度为 50km，单位正序阻抗 $z_1=0.451\angle 73.13°\Omega/\text{km}$，电流互感器采用两相星形接线，电流比为 200/5。

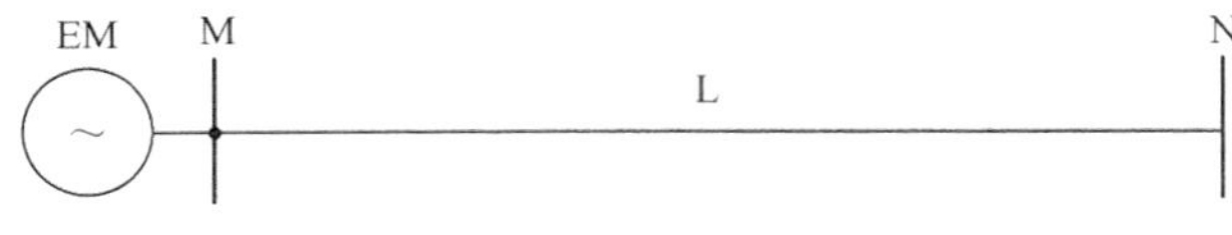

图 2-5 电力系统

根据以上参数，建立电力系统的 Simulink 仿真模型，如图 2-6 所示。

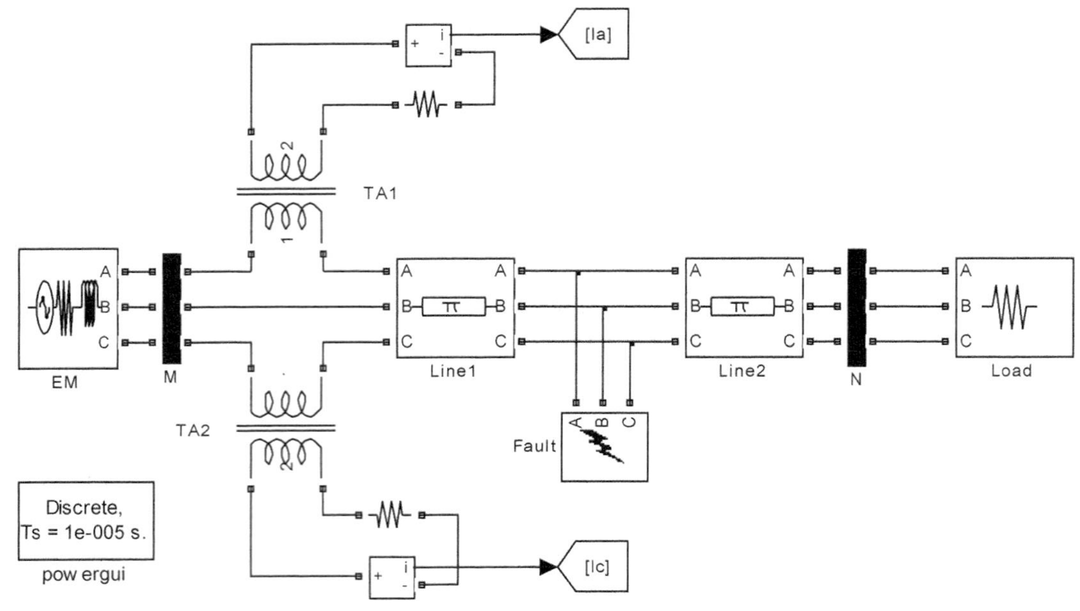

图 2-6 电力系统的 Simulink 仿真模型

在图 2-6 中，电源 E_M 采用“Three-Phase Source”模型，其参数设置如图 2-7 所示。

线路 MN 采用“Three-Phase PI Section Line”模型，为了便于设置故障点，将线路 MN 分成 Line1 和 Line2 两部分，其中 Line1 = 15km、Line2 = 35km，并根据线路的单位阻抗 $z_1=0.451\angle 73.13°\Omega/\text{km}$，计算出每千米线路的电阻和电感（此处忽略线路的对地电容）。输电线路 MN（Line1）的参数设置如图 2-8 所示，线路 Line2 的参数设置方法与 Line1 相同。

系统中的母线用三相电压电流测量（Three-Phase VI Measurement）模块来仿真，其将测量到的一次侧的电压、电流信号转变成 Simulink 信号，其输出的信号分别为“VM_ abc”、“IM_ abc”。母线 M 的参数设置如图 2-9 所示。

在图 2-6 中，负荷采用“Three-Phase Series RLC Load”模型，其参数设置如图 2-10 所示。

在图 2-6 中，电流互感器采用“Linear Transformer”模型，其参数设置如图 2-11 所示。

如图 2-11 所示，通过设置“Nominal power and frequency”文本框来设置电流互感器的容量为 25VA；通过“Winding 1 parameters”设置电流互感器的一次电压为 1V，通过“Winding 2 parameters”设置的二次电压为 40V，所以电压比为 1/40，即电流互感器的电流

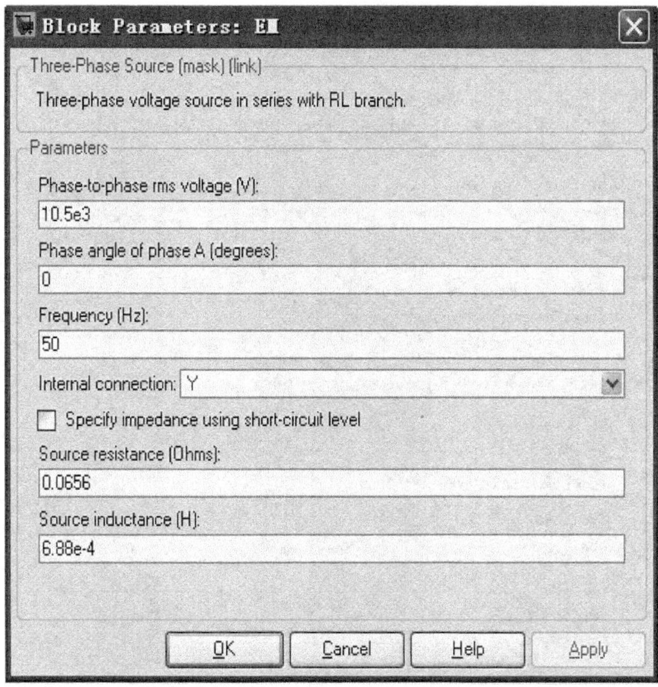

图 2-7　电源 E_M 的参数设置

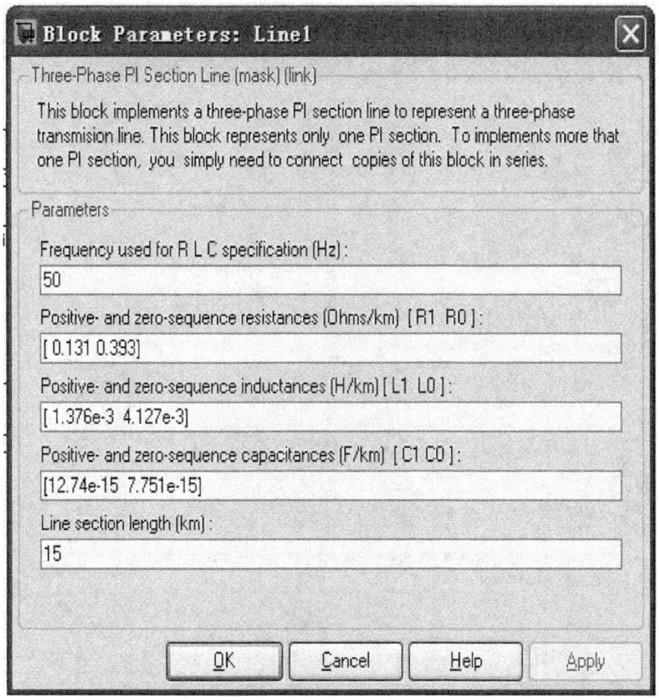

Block Parameters: Line1

Three-Phase PI Section Line (mask) (link)

This block implements a three-phase PI section line to represent a three-phase transmision line. This block represents only one PI section. To implements more that one PI section, you simply need to connect copies of this block in series.

Parameters

Frequency used for R L C specification (Hz):

50

Positive- and zero-sequence resistances (Ohms/km) [R1 R0]:

[0.131 0.393]

Positive- and zero-sequence inductances (H/km) [L1 L0]:

[1.376e-3 4.127e-3]

Positive- and zero-sequence capacitances (F/km) [C1 C0]:

[12.74e-15 7.751e-15]

Line section length (km):

15

OK　Cancel　Help　Apply

图 2-8　输电线路 MN（Line1）的参数设置

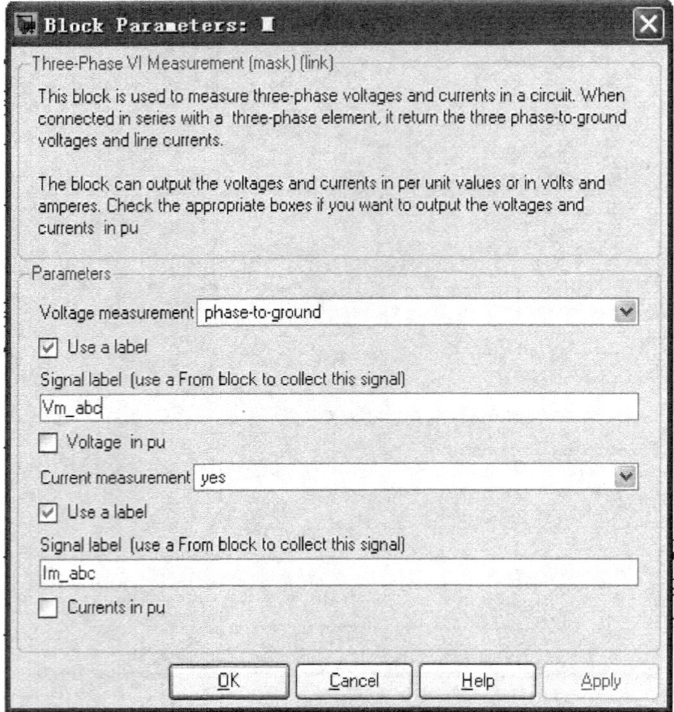

图 2-9 母线 M 的参数设置

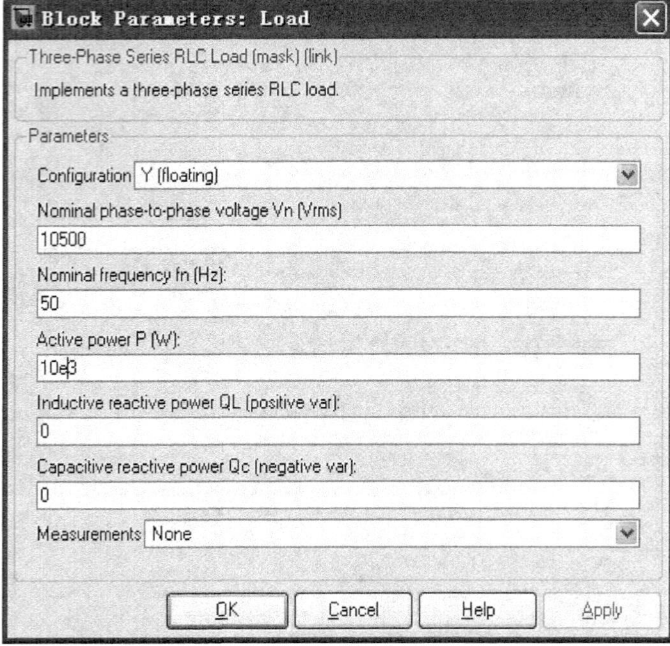

图 2-10 负荷的参数设置

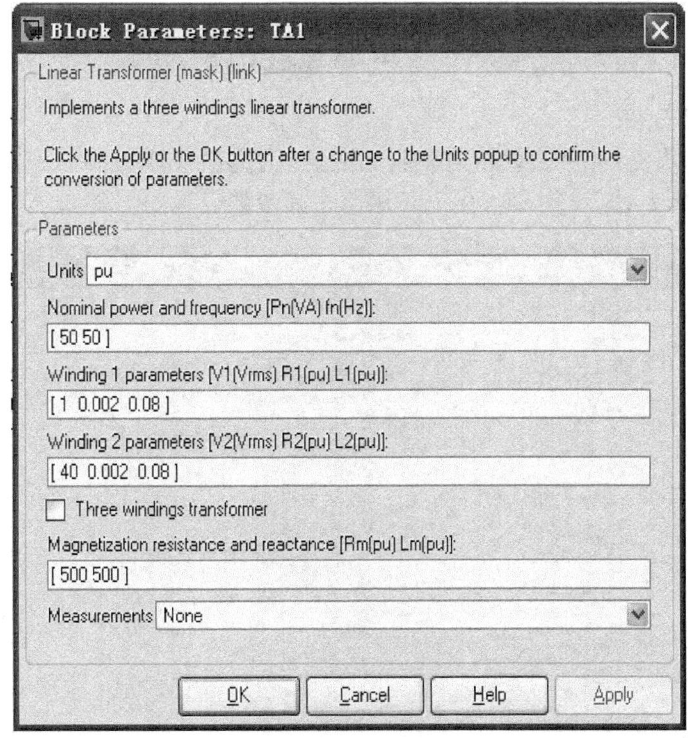

图 2-11　电流互感器的参数设置

比为 200/5。

电流互感器一次侧及二次侧的波形获取方法如图 2-12 所示。

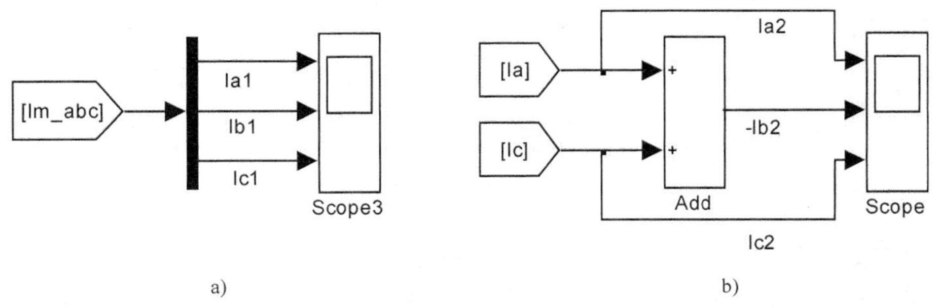

图 2-12　电流互感器一次侧及二次侧的波形获取方法

a）获取电流互感器一次侧波形　b）获取电流互感器二次侧波形

2. 短路电流的计算

根据设置的参数，在 Line1 末端发生三相短路时的电流有效值为

$$I_{k}^{(3)}=\frac{E}{Z_{s}+z_{1}l_{1}}=\frac{10.5/\sqrt{3}}{0.2256+0.451\times 15}\text{kA}=0.866\text{kA}$$

对应电流互感器的二次电流为

$$I_{k}^{(3)\prime}=I_{k}^{(3)}/n_{TA}=0.866/40\text{A}=21.65\text{A}$$

在 Line1 末端发生两相短路时的电流有效值为

$$I_k^{(2)} = \frac{\sqrt{3}}{2} I_k^{(3)} = \frac{\sqrt{3}}{2} \times 0.866\text{kA} = 0.75\text{kA}$$

3. 仿真结果及分析

将 Powergui 模块复制到仿真模型窗口，并选择为离散（Discrete）仿真方式。故障模块设置为从 $t=0.2\text{s}$ 到 $t=0.3\text{s}$ 时刻发生三相短路，其参数设置如图 2-13 所示。

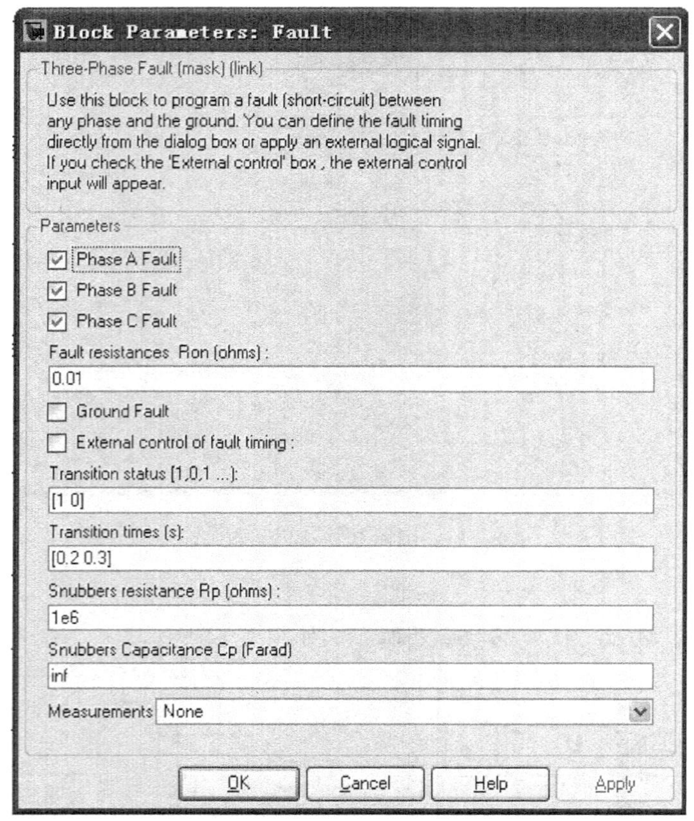

图 2-13　故障模块的参数设置

运行仿真，得到电流互感器一次侧及二次侧的波形如图 2-14 所示。

从图 2-14 中可以看出，在 A、C 相安装电流互感器的二次侧输出能够正确地反映一次侧的电流波形和数值。在互感器二次侧利用“$\dot{I}_{a2}+\dot{I}_{c2}=-\dot{I}_{b2}$”得到的波形正好与一次侧 B 相的电流反相，这也与理论相符合。

如果在接线时，有一只电流互感器的极性接反，如图 2-15 所示，A 相电流互感器二次侧的极性接反，运行仿真，得到电流互感器一次侧及二次侧的波形如图 2-16 所示。

从图 2-16 可以看出，此时在电流互感器的二次侧利用“$\dot{I}_{a2}+\dot{I}_{c2}=-\dot{I}_{b2}$”得到的数值要比理论值大$\sqrt{3}$倍，这就有可能引起保护装置误动，所以在仿真及实际工作中应特别注意。

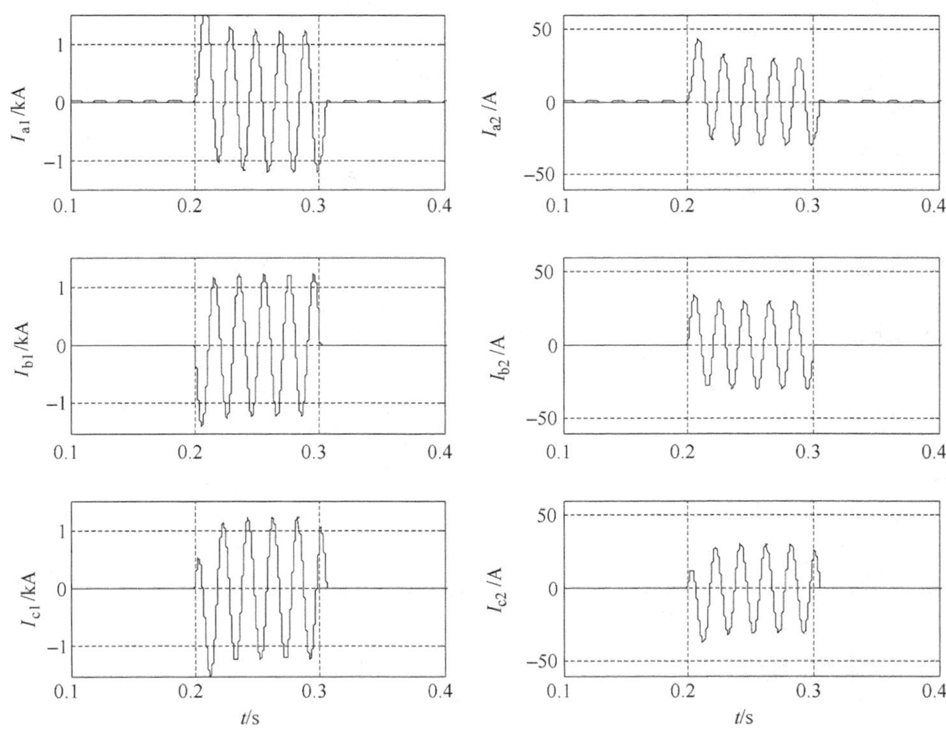

图 2-14　短路后电流互感器一次侧及二次侧的波形

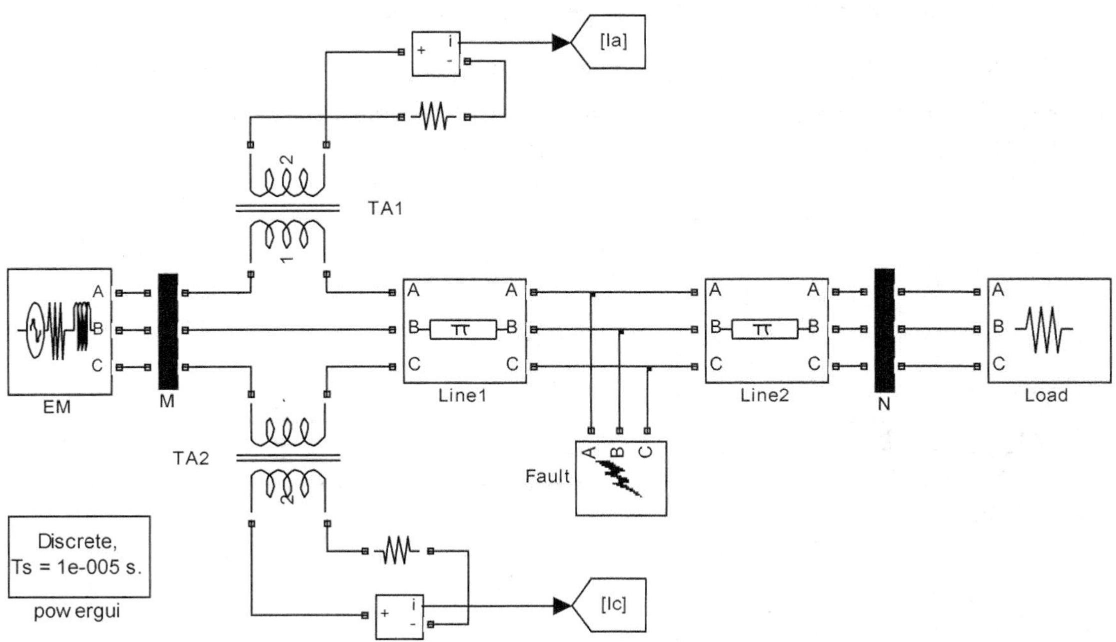

图 2-15　电力系统的 Simulink 仿真模型

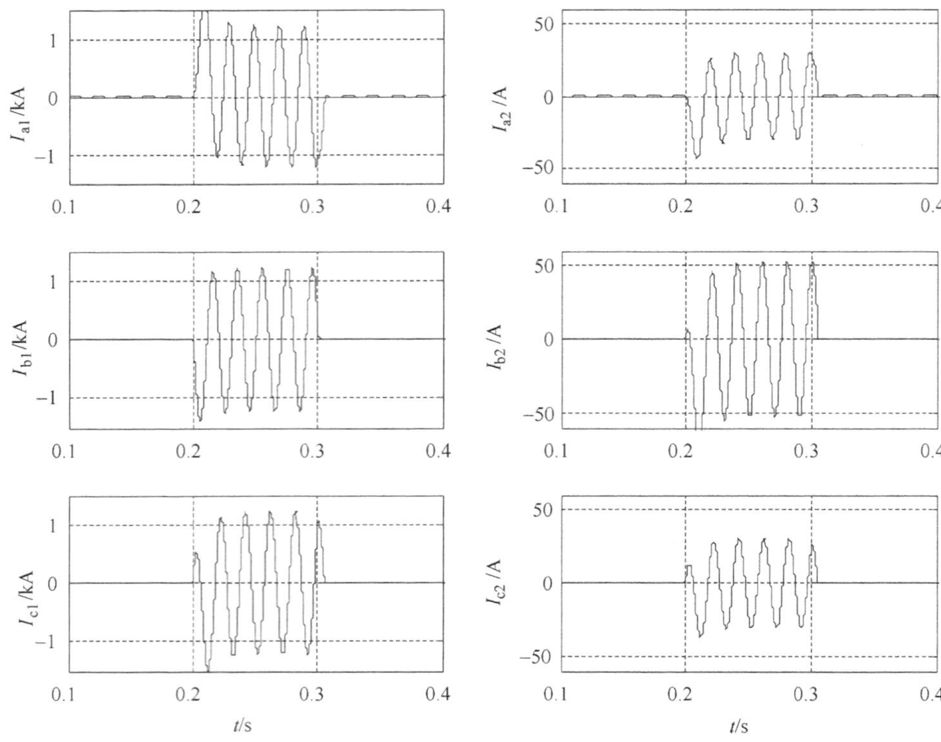

图 2-16 A 相电流互感器接反时，一次侧及二次侧的波形

2.3.2 考虑电流互感器饱和特性时的建模与仿真

当流过电流互感器一次侧的电流过大时，互感器就会饱和，因此在继电保护实际工作中，必须考虑互感器的饱和特性的影响。在图 2-6 电力系统的 Simulink 仿真模型的基础上，将互感器换成带饱和特性的互感器，得到新的仿真模型如图 2-17 所示。

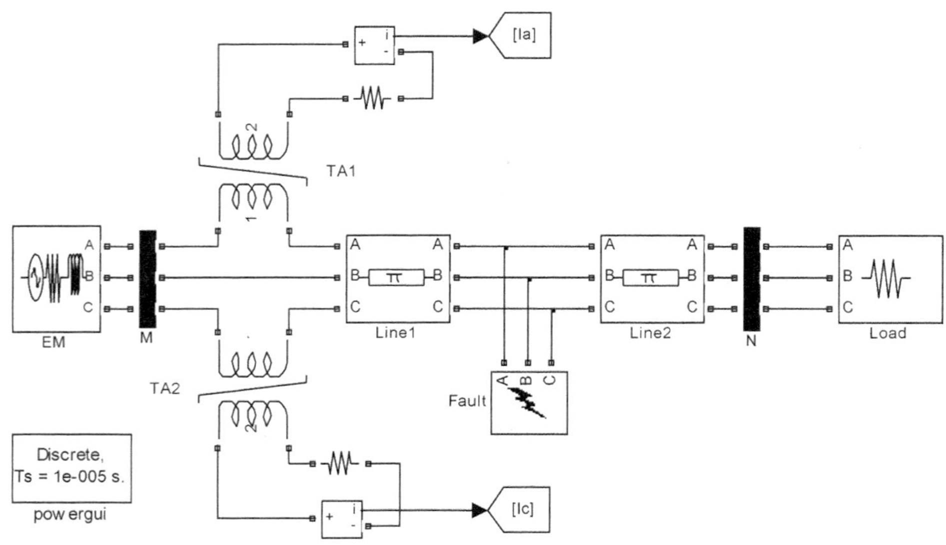

图 2-17 仿真带饱和特性互感器电力系统的 Simulink 仿真模型

在图 2-17 中，电流互感器采用“Saturable Transformer”模型，其磁化特性曲线如图 2-18 所示。

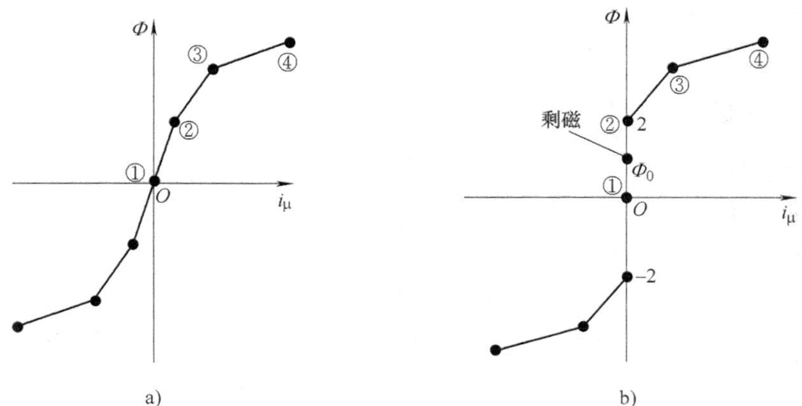

图 2-18　Saturable Transformer 模型的磁化特性曲线

a）无剩磁　b）有剩磁

在图 2-18 中，磁化曲线是用分段线性化来表示的。当考虑电流互感器铁心中不存在剩磁，即初始磁通为零时，特性如图 2-18a 所示；当考虑剩磁时，特性如图 2-18b 所示。图中，$\boldsymbol{\Phi}_0$ 为剩磁。在图 2-17 中，电流互感器的参数设置如图 2-19 所示。

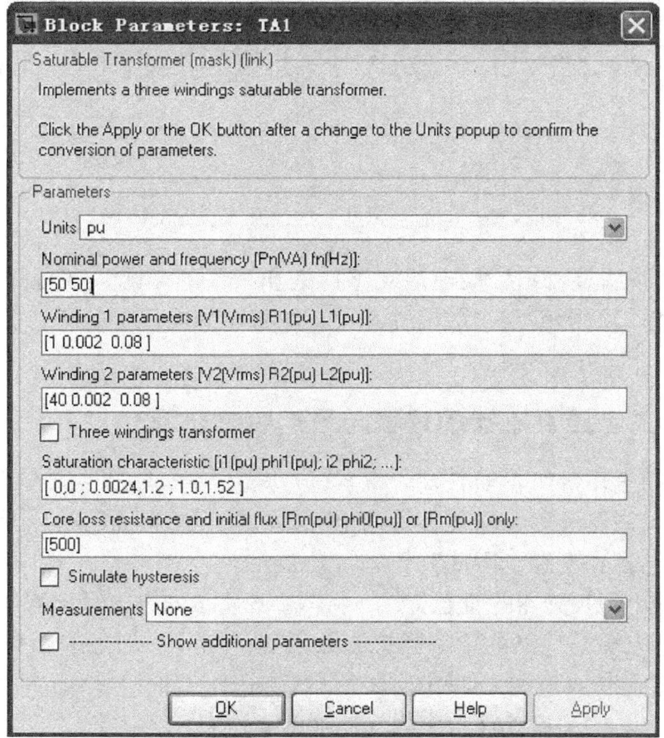

图 2-19　电流互感器的参数设置

故障模块设置为从 $t=0.2\mathrm{s}$ 到 $t=0.3\mathrm{s}$ 时发生三相短路，运行仿真，得到电流互感器一次侧及二次侧的波形，为了便于观察，将两侧的电流乘以电流比后与一次侧的波形绘在同一个坐标下，如图 2-20 所示。

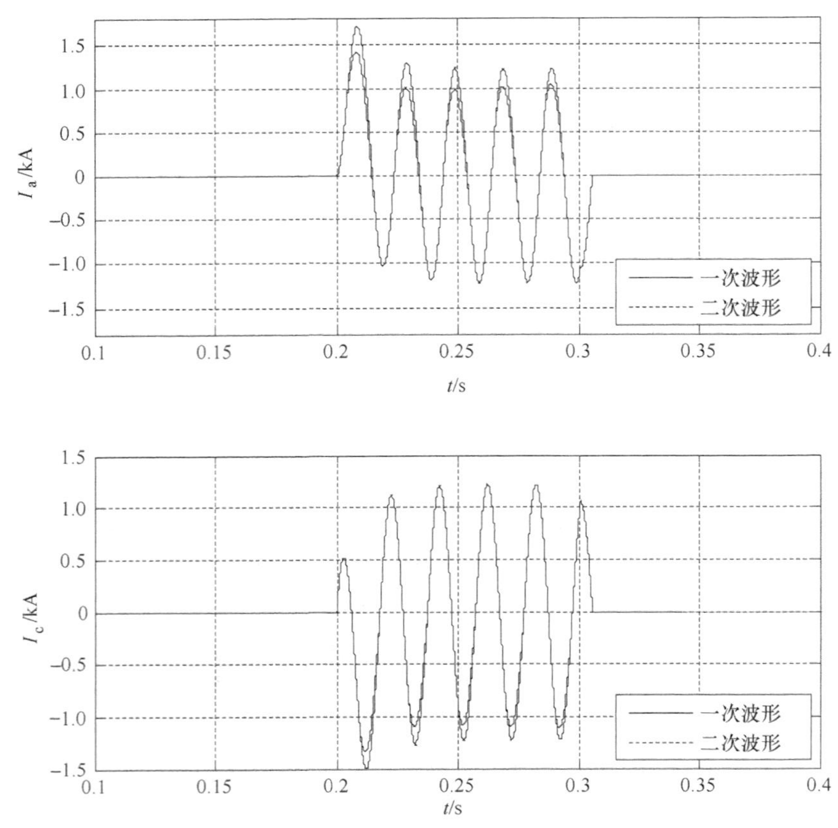

图 2-20 电流互感器一次侧及二次侧的波形

从图 2-20 中可以明显看出，受电流互感器饱和特性的影响，在短路开始后的几个周期内，二次侧的电流输出波形已与一次侧的不同，这将对继电保护装置，尤其是采用暂态特性原理的保护装置的动作带来影响。

2.3.3 电容式电压互感器的建模与暂态特性仿真

随着电力系统的电压等级不断升高，电容式电压互感器（CVT 或 CCVT）在 110kV 以上变电站的线路侧和母线侧已逐步取代传统的电磁式电压互感器而获得广泛应用。由于电容式电压互感器内部有电容和电感，因此其暂态特性较差。

为了仿真电容式电压互感器的暂态特性，将图 2-6 所示的电力系统的电压等级改为 110kV，电源的中性点接地，电源及线路的单位阻抗参数不变，在 C 相增加一个单相电容式电压互感器，得到新的 Simulink 仿真模型，如图 2-21 所示。图中，Line1 = 15km、Line2 = 0.5km，电容器 $C_1=0.01318\mu\mathrm{F}$，$C_2=0.04235\mu\mathrm{F}$，中间变压器的一次电压为 15kV、二次电压为 57.7V。图中，开关 Breaker 是用来仿真互感器二次侧的故障的，其参数设置如图 2-22 所示。

设置开关 Breaker 在 $t=0.02\mathrm{s}$ 时闭合、在 $t=0.04\mathrm{s}$ 时断开，来仿真互感器二次绕组短路后

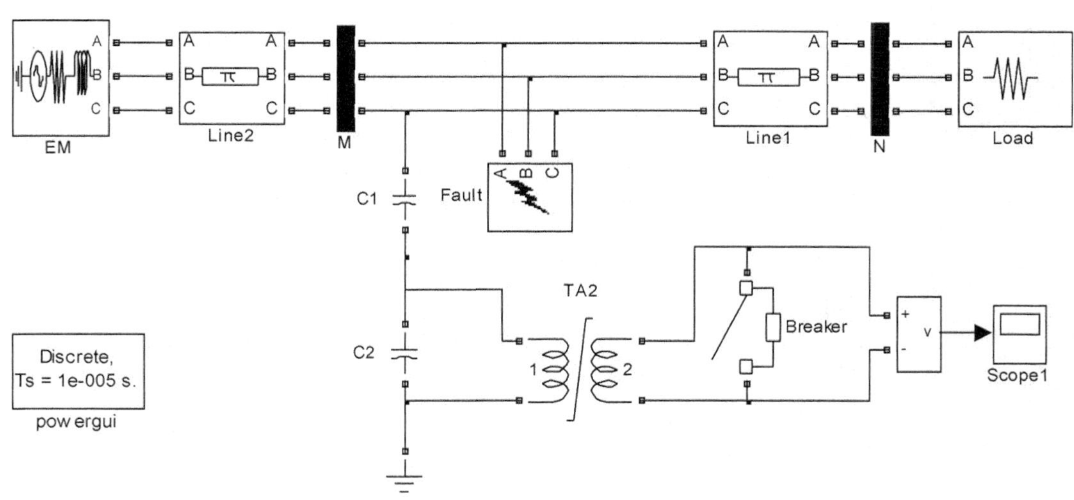

图 2-21　单相电容式电压互感器的 Simulink 仿真模型

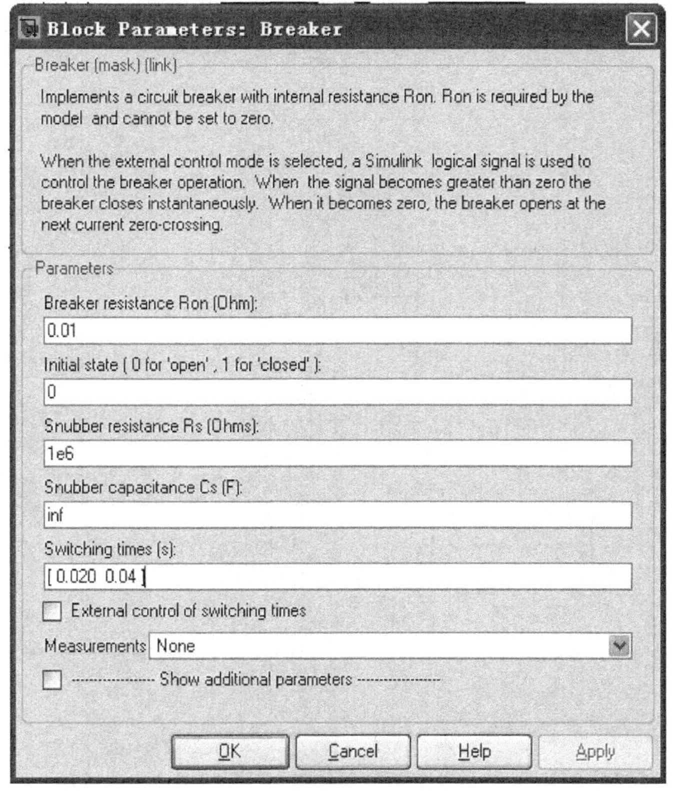
Block Parameters: Breaker

Breaker (mask) (link)

Implements a circuit breaker with internal resistance Ron. Ron is required by the model and cannot be set to zero.

When the external control mode is selected, a Simulink logical signal is used to control the breaker operation. When the signal becomes greater than zero the breaker closes instantaneously. When it becomes zero, the breaker opens at the next current zero-crossing.

Parameters

Breaker resistance Ron (Ohm):
0.01

Initial state (0 for 'open' , 1 for 'closed'):
0

Snubber resistance Rs (Ohms):
1e6

Snubber capacitance Cs (F):
inf

Switching times (s):
[0.020 0.04]

External control of switching times

Measurements None

------------------ Show additional parameters ------------------

OK　Cancel　Help　Apply

图 2-22　开关 Breaker 的参数设置

又突然开路时的情况，运行仿真后，一次侧和二次侧的波形分别如图 2-23、图 2-24 所示。

从图 2-24 可见，当互感器二次绕组短路后又突然开路时，其输出电压出现振荡，波形中有明显的波纹状包络线，说明叠加有一低频电压。

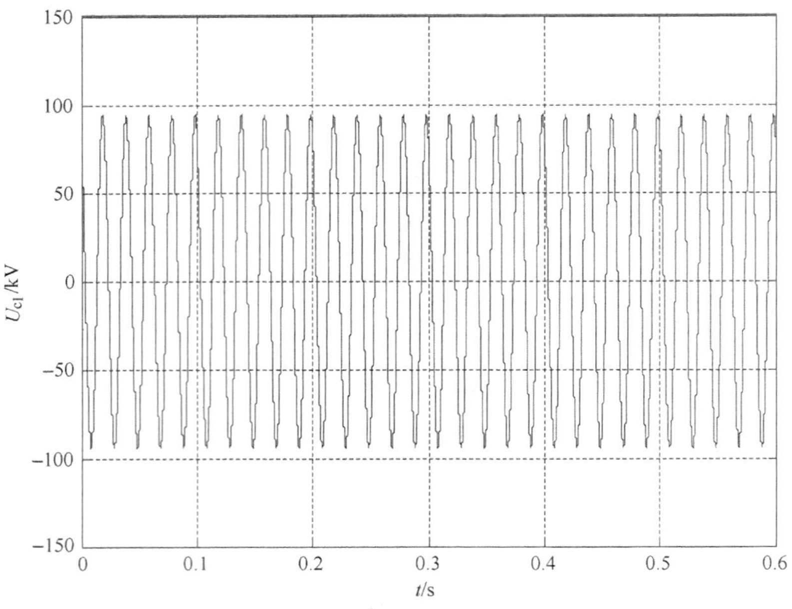

图 2-23 电压互感器一次侧波形

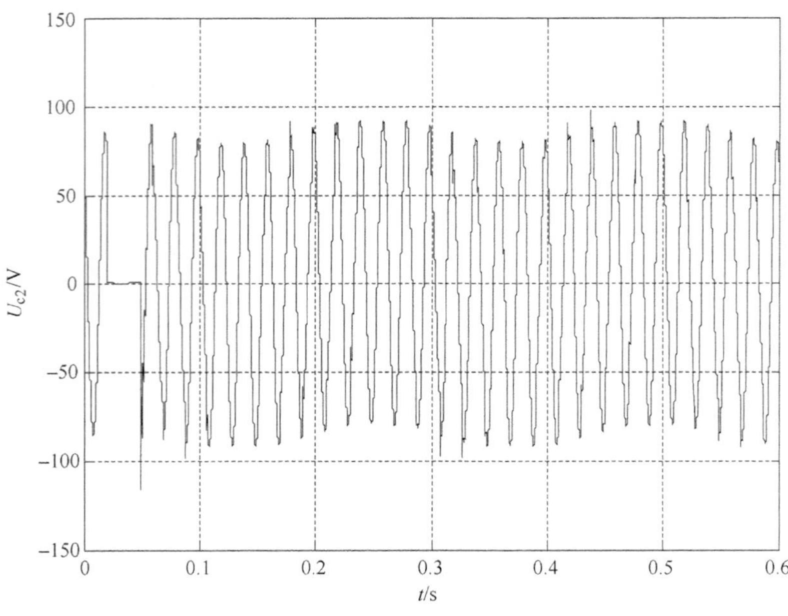

图 2-24 电压互感器二次侧波形

电容式电压互感器暂态特性是比较复杂的，以上仅仅是其一个方面的表现。由于本书的主要内容是继电保护的原理及仿真，有关电容式电压互感器暂态特性的详细仿真请读者参考其他相关文献。

第3章　电网相间短路的电流电压保护与仿真

本章着重讨论电网相间短路的电流电压保护原理与仿真分析方法。本章3.1节以电磁式电流继电器为例介绍继电特性以及继电保护的运行方式。3.2节重点介绍单侧电源相间短路的电流、电压保护包括电流速断保护、限时电流速断保护、过电流保护、电流电压联锁保护和反时限电流保护的性能及整定方法。3.3节介绍三段式电流保护的建模及仿真方法并通过仿真分析电动机自起动对过电流保护的影响。3.4节着重讨论方向电流保护的作用原理、相间短路功率判别元件的接线方式以及双侧电源网络中电流保护整定的特点。3.5节给出功率方向元件的建模方法以及分支电路对限时电流速断保护影响的仿真分析方法。

3.1　继电特性及运行方式

3.1.1　继电器的继电特性

随着电力系统的飞速发展，继电保护技术在100多年的时间里已经历了机电式（电磁式、感应式）、晶体管式、集成电路式和数字式（微机保护）四个发展阶段。虽然目前微机保护在电力系统中得到了广泛应用，但由于电磁式继电器具有简单可靠、便于维修、价格便宜等优点，在一些供电系统中仍有使用。对于初学者来说，理解这些传统继电器的结构及作用原理将会获得继电保护的清晰概念和感性认识。

图3-1所示为一种常用的DL—10系列电磁式电流继电器的基本结构，其内部接线和图形符号如图3-2所示。

由图3-1可知，当继电器电流线圈1通过电流I_k时，电磁铁2中产生磁通，力图使Z形钢舌片3向凸出磁极偏转。与此同时，轴10上的反作用弹簧9又力图阻止钢舌片偏转。当继电器线圈中的电流增大到使钢舌片所受的转矩大于弹簧的反作用力矩时，钢舌片便被吸近磁极，使常开触点闭合，常闭触点断开，这时就叫继电器动作。

定义继电器电流线圈中能使继电器动作的最小电流值，称为继电器的动作电流，用I_{op}表示。

电流继电器动作后，减小线圈电流I_k到一定值时，钢舌片在弹簧的作用下返回起始位置，常开触点断开，常闭触点闭合，这时就叫继电器返回。

定义继电器电流线圈中能够使继电器由动作状态返回原位的最大电流值，称为继电器的返回电流，用I_{re}表示。继电器的返回电流与动作电流的比值，称为继电器的返回系数，用K_{re}表示，即

$$K_{re}=\frac{I_{re}}{I_{op}} \tag{3-1}$$

电磁式过电流继电器（以及一切过量动作的继电器）的返回系数恒小于1。在实际应用中，常常要求过电流继电器有较高的返回系数，如0.85~0.9。

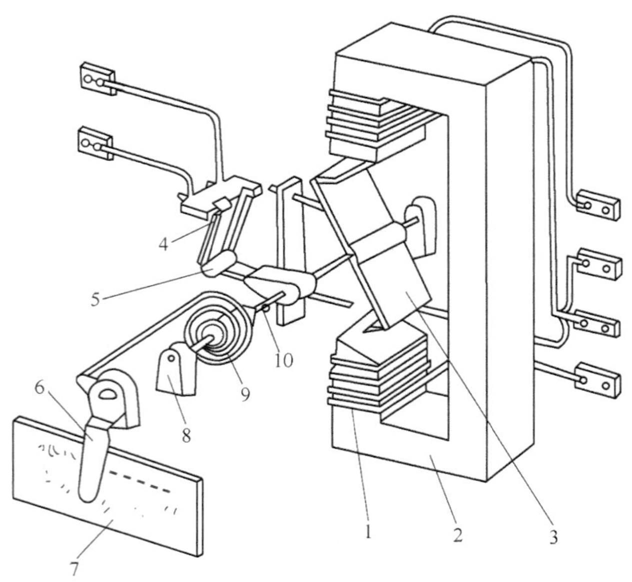

图 3-1　DL—10 系列电磁式电流继电器的基本结构

1—电流线圈　2—电磁铁　3—Z 形钢舌片　4—静触点　5—动触点　6—起动电流调节转杆

7—标度盘（铭牌）　8—轴承　9—反作用弹簧　10—轴

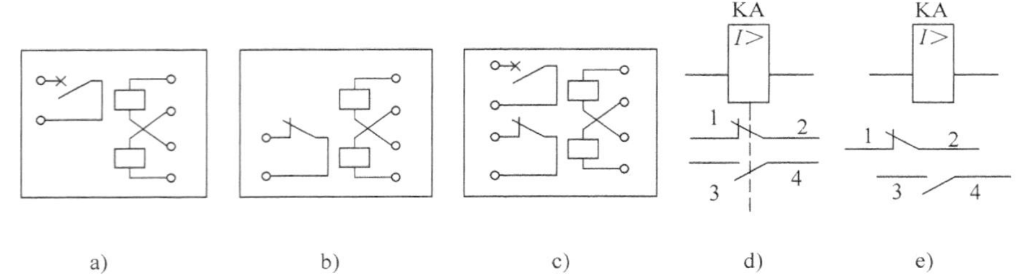

图 3-2　DL—10 系列电磁式电流继电器的内部接线和图形符号

a）DL—11 型　b）DL—12 型　c）DL—13 型　d）集中表示的图形符号　e）分开表示的图形符号

KA1-2—常闭（动断）触点　KA3-4—常开（动合）触点

应该注意的是，当流过电流继电器线圈中的电流 $I_k < I_{op}$时，继电器根本不动作，而当 $I_k \geqslant I_{op}$时，继电器能够突然迅速的动作，其常开触点闭合，常闭触点断开。在继电器动作以后，只有当电流减小到 $I_k \leqslant I_{re}$时，继电器又能立即突然地返回原位，常开触点断开，常闭触点闭合。无论起动和返回，继电器的动作都是明确而干脆的，它不可能停留在某一个中间位置，这种特性称之为“继电特性”。图 3-3 给出了用输出电平表示的过电流继电器动作与返回的继电特性曲线，图中高电平 H 表示继电器动作，低电平 L 表示返回。

3.1.2　继电保护的运行方式

由电力系统分析课程可知，对于如图 3-4 所示的单侧电源辐射网络中 k 点发生三相短路时，其短路电流周期分量的计算公式为

$$I_{k}^{(3)}=\frac{E_{\varphi}}{Z_{s}+Z_{k}} \tag{3-2}$$

式中，E_{φ}为系统等效电源的平均相电动势；Z_s为保护安装处到系统等效电源之间的阻抗；Z_k为保护安装处到短路点之间的阻抗。

由式（3-2）可得 k 点发生两相短路时的电流计算公式为

$$I_{k}^{(2)}=\frac{\sqrt{3}}{2}I_{k}^{(3)}=\frac{\sqrt{3}}{2}\frac{E_{\varphi}}{Z_{s}+Z_{k}} \tag{3-3}$$

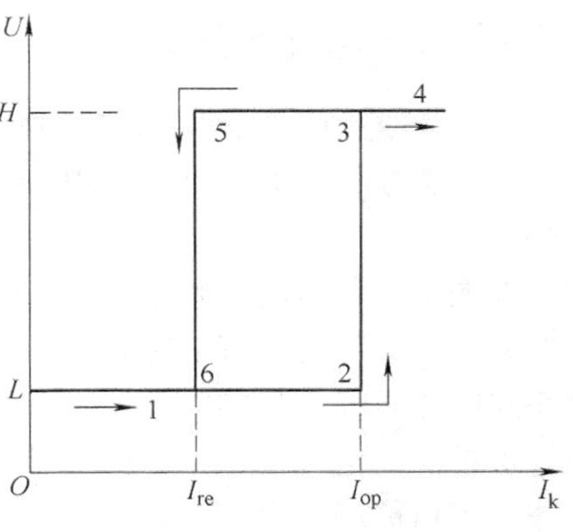

图 3-3　继电特性曲线

当E_{φ}、Z_s一定时，短路电流$I_k^{(3)}$将随Z_k的增大而减小，因此就可以通过计算绘出$I_k^{(3)}$随保护安装处到短路点之间距离 l 变化的曲线$I_k^{(3)}=f(l)$。然而，Z_s是随系统的开机方式、保护安装处到系统等效电源之间电网的结构等有关运行方式的因素而变化的，Z_s不同，短路电流的大小也不同。对每一套继电保护装置来说，通过该保护装置的短路电流最大的方式称为系统最大运行方式，（取$Z_s=Z_{s.\min}$），而短路电流最小的方式称为系统最小运行方式，（取$Z_s=Z_{s.\max}$）。

可见，在最大运行方式下三相短路时，通过保护装置的短路电流最大，而在最小运行方式下两相短路时，通过保护装置的短路电流最小。这两种情况下短路电流随距离 l 变化的曲线如图 3-4中的曲线 1 和曲线 2 所示，在系统所有的运行方式下，在相同地点发生不同类型短路时流过保护装置的电流都介于这两条曲线之间。

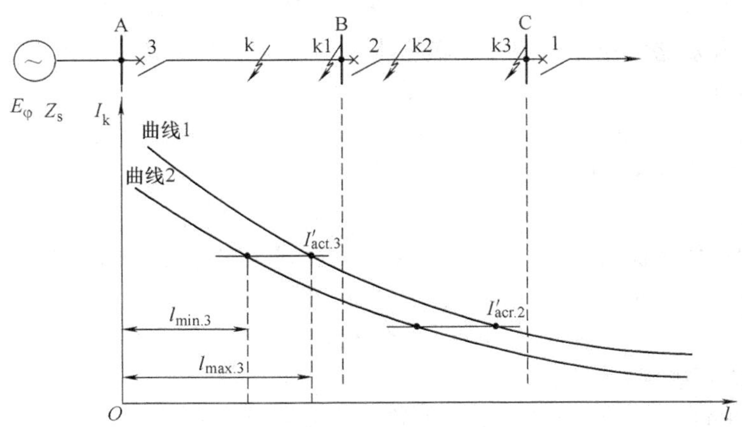

图 3-4　单侧电源辐射网络短路电流曲线

3.2　单侧电源网络的相间电流、电压保护

输电线路发生相间短路故障时的主要特点是线路上电流突然增大，同时故障相间的电压降低，利用这些特点可以构成相间短路的电流电压保护。在单侧电源网络中发生短路时，由于不需要考虑保护的方向性，所以其保护装置的构成原理非常简单。本节学习的重点在于如何选择保护的整定值，以及理解各段保护间的配合关系。

3.2.1　电流速断保护（电流保护Ⅰ段）

1. 保护的动作原理与整定计算

电流速断保护为仅反应于电流幅值增大而瞬时动作的电流保护，又称为瞬时电流速断保护。

在图 3-4 所示的单侧电源网络中，假定在每一条线路上均装有电流速断保护，按照选择性它们的保护范围最好能达到本线路全长的 100%。但实际的情况是，AB 线路末端 k1 点发生短路时流过保护 3 的电流，与相邻线路 BC 的始端（习惯上又称为出口处）k2 点短路时流过保护 3 的电流几乎相等。所以要求速断保护 3 在 k1 点短路时动作，而 k2 点短路时又不动作是不可能同时得到满足的。

该矛盾常用两种解决方法，一种方法是在多数情况下优先保证动作的选择性，即从保护装置起动参数的整定上保证下一条线路出口处短路时不起动，在继电保护技术中，这又称为按躲开下一条线路出口处短路的条件整定；另一种方法就是在个别的情况下，当快速故障是首要条件时，就采用无选择性的速断保护，而以自动重合闸来纠正这种无选择性动作。

为了保证电流速断保护动作的选择性，对保护 3 来讲，其动作电流必须整定得大于 k1 点短路时可能出现的最大短路电流，即在最大运行方式下变电站 B 母线上的三相短路电流。故保护 3 处的电流速断保护的动作电流应整定为

$$I'_{\mathrm{act.3}}=K'_{\mathrm{rel}}I_{\mathrm{k.B.max}} \tag{3-4}$$

式中，K'_{rel}为可靠系数，一般取 1.2～1.3。

引入可靠系数主要是考虑在有各种误差（如短路电流计算误差、电流互感器误差、继电器整定误差以及短路电流非周期分量影响等）的情况下保证该保护在区外短路时不动作，并留有必要的裕度。

对保护 2 来讲，按照同样的原则，其动作电流必须整定得大于在最大运行方式下变电站 C 母线上的三相短路电流，即

$$I'_{\mathrm{act.2}}=K'_{\mathrm{rel}}I_{\mathrm{k.C.max}} \tag{3-5}$$

速断保护的动作电流 $I'_{\mathrm{act.2}}$、$I'_{\mathrm{act.3}}$在图 3-4 中为直线，它与曲线 1 和曲线 2 各有一个交点。在交点以前短路时，由于短路电流大于起动电流，保护装置动作，而在交点以后短路时，短路电流小于动作电流，保护装置不动作。从图 3-4 可以得出以下两点结论：

1）电流速断不能保护线路全长。

2）电流速断的保护范围受系统运行方式和故障类型的影响。

速断保护的灵敏度通常用保护区长度的大小来衡量。如图 3-4 所示，保护 3 的最大、最小保护区 $l_{\mathrm{max.3}}$、$l_{\mathrm{min.3}}$可由以下两个方程计算得出：

$$I'_{\mathrm{act.3}}=\frac{E_{\varphi}}{Z_{\mathrm{s.min}}+z_1 l_{\mathrm{max.3}}} \tag{3-6}$$

$$I'_{\mathrm{act.3}}=\frac{\sqrt{3}}{2}\,\frac{E_{\varphi}}{Z_{\mathrm{s.max}}+z_1 l_{\mathrm{min.3}}} \tag{3-7}$$

式中，z_1为线路 AB 的单位正序阻抗（Ω/km）。

2. 电流速断保护的接线

当采用传统的电磁式继电器时，电流速断保护的单相原理接线如图 3-5 所示。电流继电

器 KA 接于电流互感器的二次侧，它动作后起动中间继电器 KM，其触点闭合后，经电流型的信号继电器 KS 而接通断路器的跳闸线圈 YR。中间继电器 KM 有两个作用：①利用它的触点接通跳闸回路，起到增加电流继电器触点容量的作用；②当线路上装设有管形避雷器时，利用中间继电器来增大保护装置的固有动作时间，以避免避雷器放电时，引起速断保护误动作。一般避雷器放电时间可能持续到 40～60ms，因此利用延时 60～80ms 动作的中间继电器即可满足这一要求。

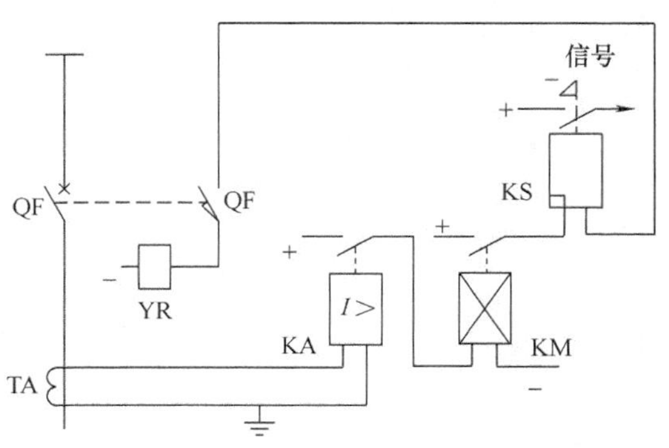

图 3-5　电流速断保护的单相原理接线

电流速断保护的主要优点是简单可靠，动作迅速，因而获得了广泛的应用。它的缺点是不能保护线路的全长，保护范围受系统运行方式及故障类型的影响。当系统运行方式变化很大时，或者被保护线路的长度很短时，速断保护就可能没有保护范围。

3.2.2　限时电流速断保护（电流保护Ⅱ段）

电流速断保护只能保护线路的一部分，而该线路剩下部分的短路故障必须依靠另外一种电流保护，这就是限时电流速断保护。对它的要求，是以较小的时限快速切除全线路范围以内的故障，因此，称之为限时电流速断保护。

1. 保护的工作原理及整定计算

限时电流速断保护的工作原理及整定计算可用图 3-6 说明。设保护 3 处装有电流速断保护和限时电流速断保护，由于要求限时电流速断保护必须保护线路 AB 的全长，因此它的保护范围必然要延伸到下一条线路 BC 中去，这样当下一条线路出口处 k 点发生短路时，它就要起动。而按照选择性的要求，应该由保护 2 的电流速断来动作。因此为了保证动作的选择性，就必须使保护 3 的限时电流速断保护的动作带有一定的时限（以时间阶段 Δt 表示），且它的保护范围不应超出下一条线路速断保护的范围。

因此，限时电流速断保护的整定原则是与下一线路的电流速断保护配合。以图 3-6 的保护 3 为例，其限时电流速断保护的整定值为

$$I''_{\mathrm{act.3}} = K''_{\mathrm{rel}} I'_{\mathrm{act.2}} \tag{3-8}$$

式中，K''_{rel}为可靠系数，考虑到短路电流中的非周期分量已衰减，一般取 1.1～1.2。

保护 3 限时电流速断保护的动作时限为

$$t''_3 = t'_2 + \Delta t \tag{3-9}$$

式中，t'_2为线路 BC 电流速断的动作时间，为 0s；Δt 为时间阶段，Δt 应长于电流速断的动作时间、断路器跳闸时间和限时电流速断保护返回时间之和，同时还要考虑时间继电器误差以及留有一定裕度。对于电磁式继电器，Δt 一般取 0.5～0.6s，而对于微机保护，Δt 可取 0.2～0.35s。

当按照上述的原则进行整定后，如图 3-6 所示，在 AM 段发生短路故障时，保护 3 的电流速断保护和限时电流速断保护均会起动，但由于限时电流速断保护有一个 Δt 延时，因此

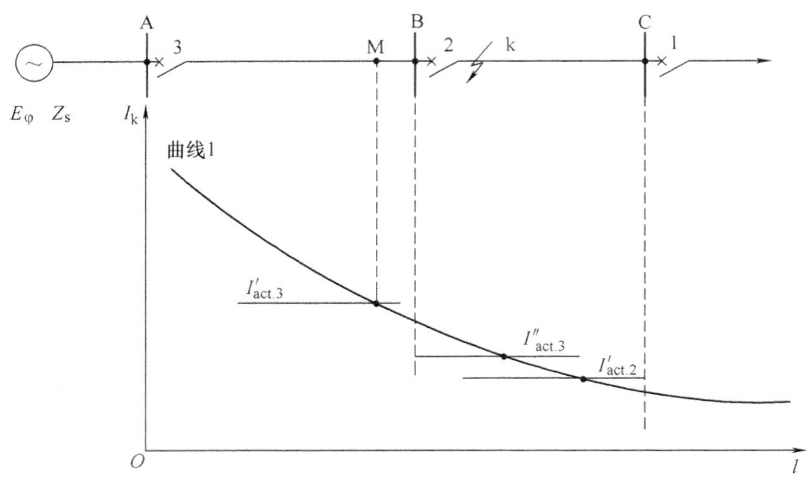

图 3-6 限时电流速断保护的工作原理及整定计算

故障会由电流速断保护切除。当在 MB 段发生故障时，故障已不在保护 3 电流速断的保护范围内，所以故障由保护 3 的限时电流速断以 t''_3的时间切除。由此可见，在线路上装设了电流速断保护和限时电流速断保护以后，它们联合工作就可以保证全线路范围内的故障都能够在 0.5s 的时间内予以切除，且在一般情况下都能够满足速动性的要求，因此这种组合可以作为线路的“主保护”。

限时电流速断保护灵敏系数，按最小运行方式下仍能可靠地保护线路全长进行校验，对于图 3-6 中的保护装置 3 可按在最小运行方式下，被保护线路末端（即 B 点）发生两相短路时的短路电流 $I^{(2)}_{k.B.min}$来校验灵敏度，即

$$K_{sen}=\frac{I^{(2)}_{k.B.min}}{I''_{act.3}} \tag{3-10}$$

为了保证在线路末端故障时，保护装置一定能够动作，要求 $K_{sen}\geqslant 1.3\sim 1.5$。

当灵敏度不满足要求时，动作电流可采用和相邻线路的限时电流速断整定值配合的方法，这样其动作时限就应该选择得比下一条线路限时电流速断的时限再高一个 Δt。

2. 限时电流速断保护的原理接线

限时电流速断保护的单相原理接线如图 3-7 所示，它和电流速断保护接线的主要区别是用时间继电器代替了中间继电器，这样当电流继电器动作后，还要经过时间继电器的延时时间 t 才能动作于跳闸。如果在 t 以前故障已经切除，则电流继电器立即返回，整个保护随即复归原状，而不会形成误动作。

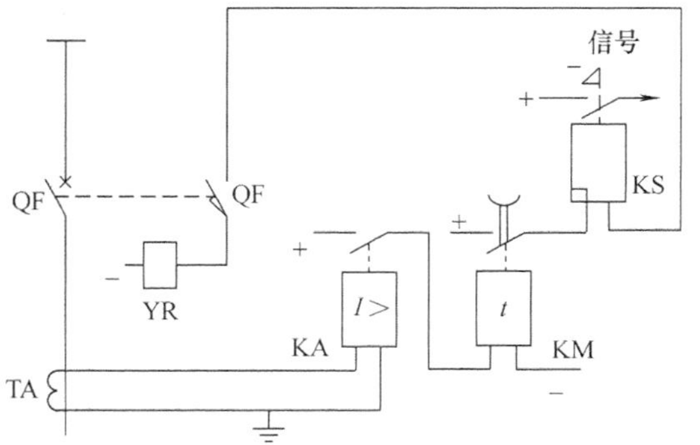

图 3-7 限时电流速断保护的单相原理接线

3.2.3　定时限过电流保护（电流保护Ⅲ段）

1. 过电流保护动作电流的整定原则

过电流保护通常是指其起动电流按照躲开最大负荷电流来整定的一种保护装置。它在正常运行时不应该起动，而在电网发生故障时，则能反应于电流的增大而动作。在一般情况下，过电流保护不仅能够保护本线路的全长，而且也能保护相邻线路的全长，起到后备保护的作用。

为保证在正常运行情况下过电流保护绝不动作，显然保护装置的起动电流必须整定得大于该线路上可能出现的最大负荷电流 $I_{\mathrm{L.max}}$。然而，实际上在确定保护装置的起动电流时，还必须考虑在外部故障切除后，保护装置是否能够返回原位的问题。例如在图 3-8 所示的网络接线中，当 k1 点短路时，短路电流将通过保护 5、4、3，这些保护都要起动，但是按照选择性的要求应由保护 3 动作切除故障，然后保护 4 和 5 由于电流已经减小而立即返回原位。

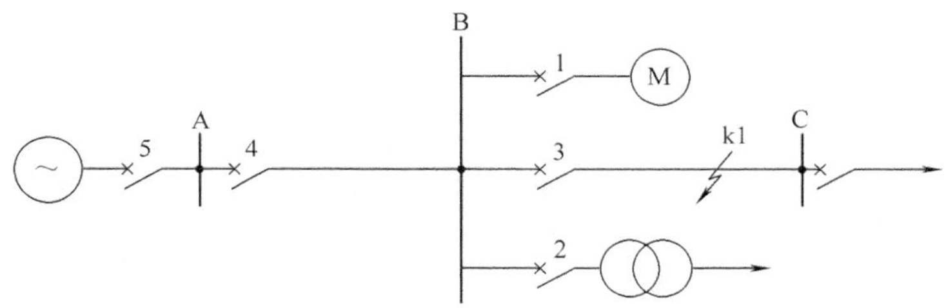

图 3-8　确定过电流保护动作电流和动作时间的网络

实际上当外部故障切除后，流经保护 4 的电流仍然是在继续运行设备的负荷电流，还必须考虑到，由于短路时电压降低，变电站 B 母线上所接负荷的电动机被制动，在故障切除后电压恢复时，电动机要有一个自起动的过程。电动机的自起动电流要大于它正常工作的电流，因此，引入一个自起动系数 K_{Ms} 来表示自起动时最大电流 $I_{\mathrm{Ms.max}}$ 与正常运行时最大负荷电流 $I_{\mathrm{L.max}}$ 之比，即

$$I_{\mathrm{Ms.max}} = K_{\mathrm{Ms}} I_{\mathrm{L.max}}$$

保护 4 和 5 在这个电流的作用下必须立即返回原位，为此应使保护装置的返回电流 I_{re} 大于 $I_{\mathrm{Ms.max}}$。引入可靠系数 K_{rel}，则

$$I_{\mathrm{re}} = K_{\mathrm{rel}} I_{\mathrm{Ms.max}} = K_{\mathrm{rel}} K_{\mathrm{Ms}} I_{\mathrm{L.max}}$$

根据继电器返回电流与起动电流之间的关系，得保护 4 的过电流保护起动电流为

$$I_{\mathrm{act.4}} = \frac{1}{K_{\mathrm{re}}} I_{\mathrm{re}} = \frac{K_{\mathrm{rel}} K_{\mathrm{Ms}}}{K_{\mathrm{re}}} I_{\mathrm{L.max}} \tag{3-11}$$

式中，K_{rel} 为可靠系数，一般采用 1.15 ~ 1.25；K_{Ms} 为自起动系数，数值大于 1，应由网络具体接线和负荷性质决定；K_{re} 为电流继电器的返回系数，电磁式继电器一般采用 0.85，微机保护可采用 0.9 ~ 0.95。

由这一关系可见，当返回系数越小时，保护装置的起动电流越大，因而其灵敏度就越差，这是不利的。这就是为什么要求过电流继电器应有较高的返回系数的原因。

2. 过电流保护动作时限的整定

为了保证动作的选择性，过电流保护的动作时间沿线路的纵向按阶梯原则整定。如图 3-9所示，假定在每个电气元件上均装有过电流保护，当 k1 点短路时，保护 1 ~4 在短路电流的作用下都可能起动，但按选择性的要求，应该只有保护 1 动作，切除故障，而保护 2 ~4 在故障切除之后应立即返回。由于保护 1 位于电网的最末端，只要电动机内部故障，它就可以瞬时动作予以切除，t_1即为保护装置本身的固有动作时间。对于保护 2 来讲，为了保证 k1 点短路时动作的选择性，其动作时限 t_2应比 t_1大一个时间阶段 Δt，则保护 2 的动作时限为

$$t_2 = t_1 + \Delta t$$

依次类推，保护 3 、4 的动作时限分别为

$$t_3 = t_2 + \Delta t$$

$$t_4 = t_3 + \Delta t$$

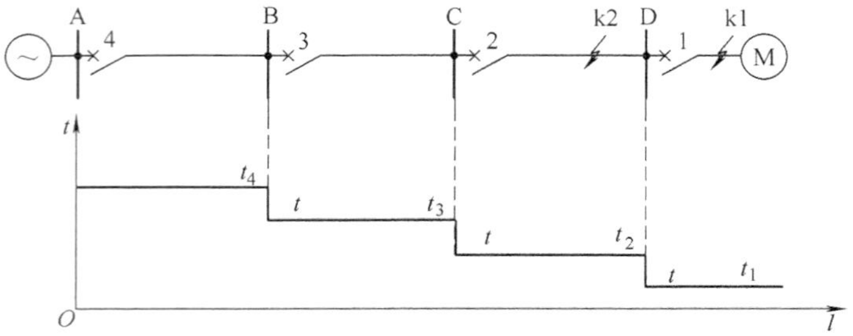

图 3-9 按阶梯原则整定的过电流保护动作时限

一般说来，为了充分保证动作的选择性，任一过电流保护的动作时限，都应选择得比相邻各元件保护的动作时限高出至少一个 Δt。在图 3-8 所示的网络中，保护 1 的动作时限应同时满足以下要求：

$$t_1 = t_2 + \Delta t$$

$$t_1 = t_3 + \Delta t$$

$$t_1 = t_4 + \Delta t$$

即 t_1应取其中最大的一个。

这种保护的动作时限经整定确定之后，由专门的时间继电器（在微机保护中用专门的计数器）予以保证，其动作时限与短路电流的大小无关，因此称之为定时限过电流保护。

从图 3-9 中可以看出，当故障越靠近电源端时，短路电流越大，而此时过电流保护动作切除故障的时间反而越长，这是一个很大的缺点。正是由于这个原因，所以在电网中广泛采用电流速断保护和限时电流速断保护作为本线路的主保护，以快速切除故障，而利用定时限过电流保护作为本线路和相邻元件的后备保护。

3. 过电流保护灵敏系数的校验

过电流保护的灵敏系数的校验仍采用式（3-10），当过电流保护作为本线路的主保护时，应采用最小运行方式下，本线路末端的两相短路电流进行校验，要求 $K_{sen} \geqslant 1.3 \sim 1.5$；当作为相邻线路的后备保护时，则应采用最小运行方式下相邻线路末端的两相短路电流进行校验，要求 $K_{sen} \geqslant 1.2$。

3.2.4　三段式电流保护装置

1. 三段式电流保护的构成

由于电流速断保护不能保护线路全长，限时电流速断又不能作为相邻线路的后备保护，因此输电线路通常采用三段式电流保护。即由电流速断作为第Ⅰ段保护，限时电流速断作第Ⅱ段保护，定时限过电流作为第Ⅲ段保护，构成一整套保护装置。

在具体应用时，根据电网的实际情况可选用速断加过电流保护，限时速断加过电流保护，也可三者同时采用。以图 3-9 为例，在电网的末端基本上是用户的电动机或其他用电设备，保护 1 采用瞬时动作的过电流即可满足要求，其动作电流按躲开电动机的最大起动电流来整定。对于保护 2 来说，应首先考虑采用 0.5s 的过电流保护，如果电网要求线路 CD 上的故障必须快速切除，则可增设一个电流速断，此时保护 2 就是一个速断加过电流的两段式保护。对于保护 3，其过电流保护由于要和保护 2 配合，因此其动作时限要整定为 1 ~ 1.2s，此时就需要考虑增设电流速断或同时装设电流速断和限时速断，这样保护 3 可能是两段式也可能是三段式。越靠近电源端，则过电流保护的动作时限就越长，因此，一般都需要装设三段式的保护。

2. 三段式电流保护装置的原理接线及展开图

在电力系统保护的二次接线图中有保护原理接线图、交流回路展开图、直流回路展开图和信号回路图等。尤其是交、直流原理展开图，在电力系统实际工作中使用非常广泛。这是因为这些二次接线图表明了保护中各个元件各部分（如触点、线圈等）之间的连接逻辑，故尤其适合现场工作人员用于进行安装、维修和分析、检查故障。同一个元件或继电器的不同部件（如同一电流继电器的线圈和触点）尽管分布在不同的展开图中，但因使用了相同的文字符号，因而容易被识别。在三段式电流保护的原理展开图（包括交流回路展开图、直流回路展开图和信号回路图）中，继电器（元件）线圈和触点排列的先后顺序一般按如下原则进行：交流电路按相序从 A 至 C，同一相或同一回路中按故障后元件的先后从左至右，而在直流展开图中，则按动作或通电的先后顺序从上至下，从左至右，使工作人员阅读起来十分清晰和方便。图 3-10 所示为三段式电流保护的原理接线及展开图。其中 1KA、2KA、1KS、1KM 构成电流速断作为第Ⅰ段保护，3KA、4KA、1KT、2KS、1KM 构成限时电流速断作第Ⅱ段保护，5KA、6KA、2KT、3KS、2KM 构成定时限过电流作为第Ⅲ段保护。在任何一段保护动作时，均有相应信号继电器 KS 掉牌指示，可以知道哪段保护曾动作过，从而可以分析故障的大概范围。

3.2.5　电流电压联锁速断保护

当系统的运行方式变化较大时，电流速断保护灵敏度可能不满足要求（保护范围很小，甚至于没有保护区），此时可采用电流电压联锁速断保护，以提高保护的灵敏度（由于选择性差，电压保护很少单独用于线路保护中）。

电流电压联锁速断保护的原理接线如图 3-11 所示。三个电压继电器 KV 的触点并联后控制中间继电器 1KM，两个电流继电器 KA 的触点并联后通过 1KM 的触点控制出口中间继电器 2KM。只有电流继电器和电压继电器同时动作时，出口继电器 2KM 才能动作，发出跳闸信号。如果电压互感器二次回路断线或其他原因造成低电压时，仅能使 1KM 动作，发出低电压信号，而不能起动跳闸回路。

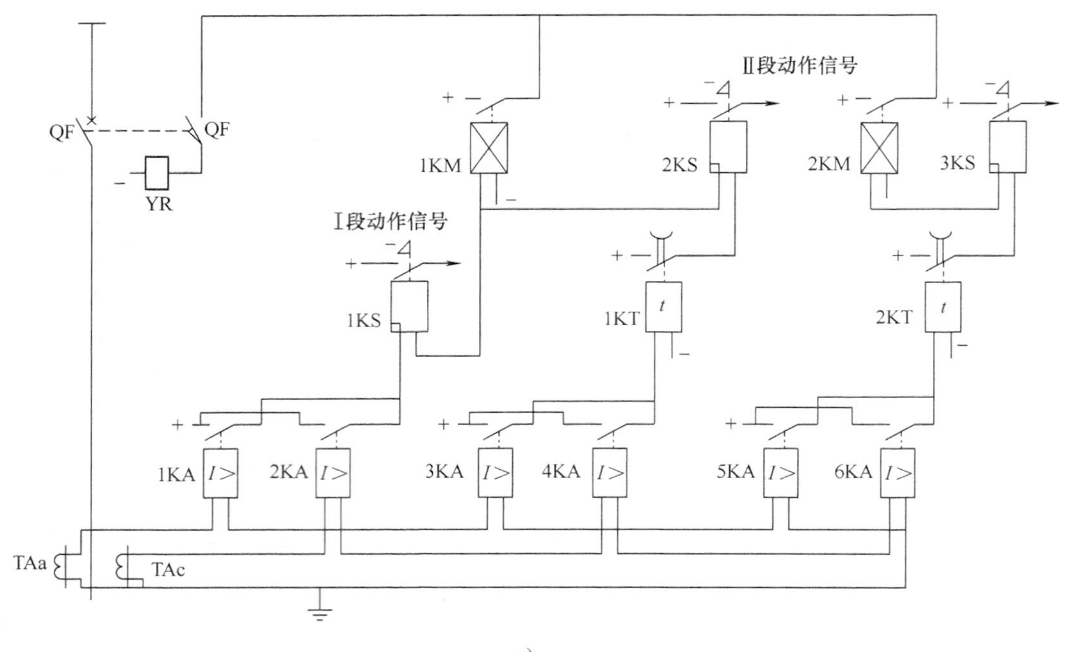

a)

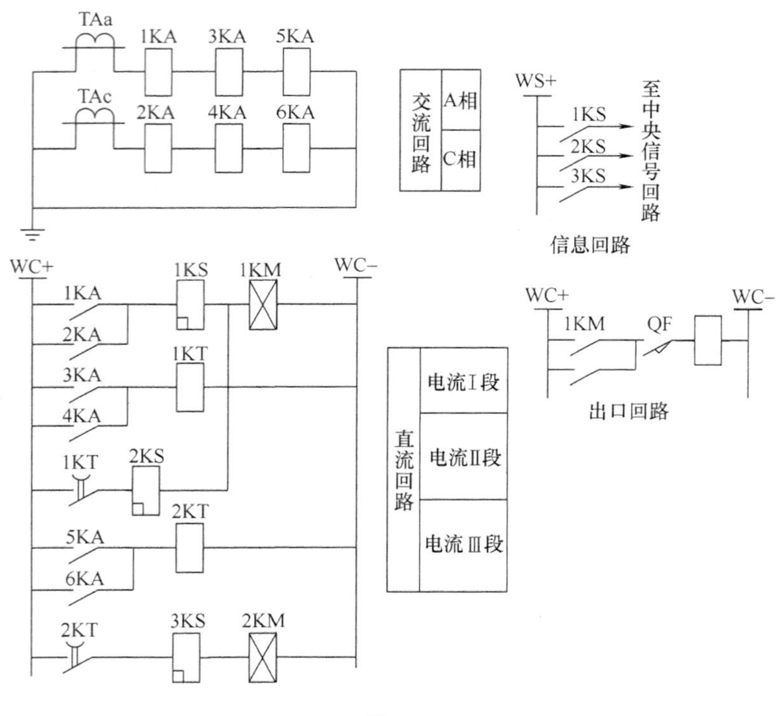

b)

图 3-10 三段式电流保护的原理接线及展开图

a）原理接线 b）展开图

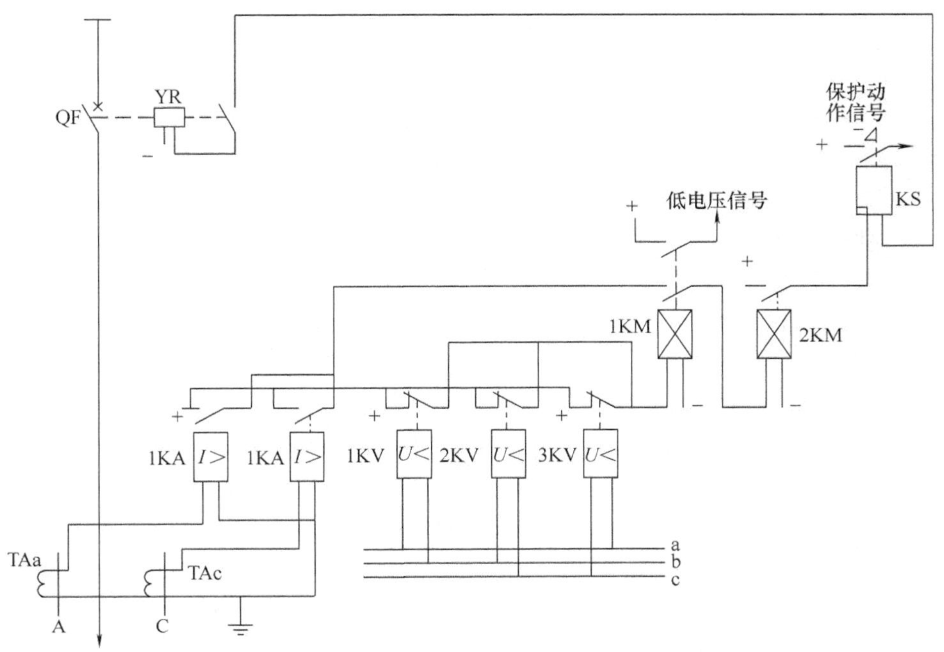

图 3-11　电流电压联锁速断保护的原理接线

为了提高保护的灵敏度又不至于失去选择性，电流和电压继电器的动作值均可按正常运行方式下保证本线路 80% 长度的保护范围进行整定，如图 3-12 中保护 1 处电流、电压的一次动作值分别为

$$I_{act.1}=\frac{E_s}{Z_s+z_1l_1} \tag{3-12}$$

$$U_{act.1}=\sqrt{3}I_{act.1}z_1l_1 \tag{3-13}$$

式中，Z_s为正常运行方式下归算到保护安装处的等效电源阻抗；l_1为正常运行方式下无时限电流电压联锁速断保护的保护范围，即 $l_1=80\%l_{AB}$。

动作值 $I_{act.1}$和 $U_{act.1}$以及对应的线路长度 l_1如图 3-12 所示。图中还给出了被保护线路各点短路时母线残压 U_{re}的变化曲线。

为了躲开线路末端故障以保证选择性，电流继电器整定值和电压继电器整定值之间应满足可靠系数的要求，即

$$K_{rel}=\sqrt{3}I_{act.1}Z_{AB}/U_{act.1} \tag{3-14}$$

式中，K_{rel}为可靠系数，一般取 1.3。

3.2.6　反时限过电流保护

反时限过电流保护是相对于定时限过电流保护的一种保护。定时限过电流保护的动作时限按阶梯特性整定后是固定不变的，与短路电流的大小无关，而反时限电流保护的动作时限则是随短路电流大小而改变的，电流越大，动作时间越短，其动作特性如图 3-13 所示。

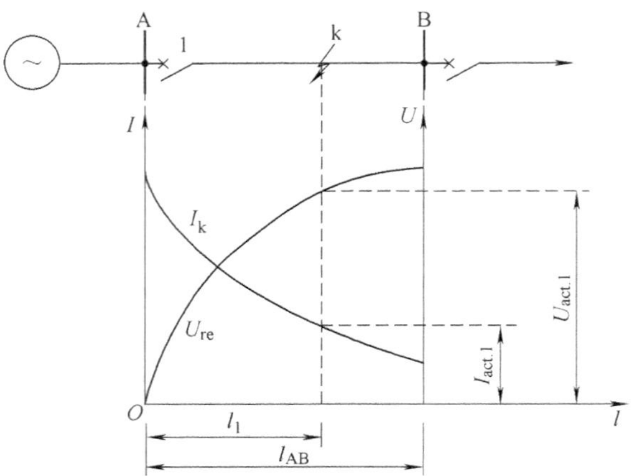

图 3-12　电流电压联锁速断保护原理整定

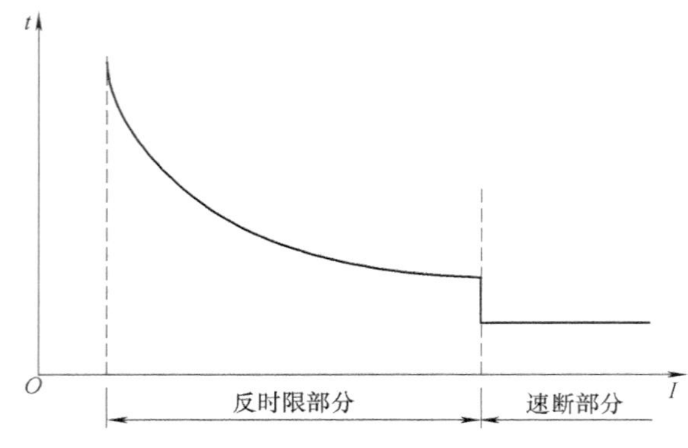

图 3-13　反时限动作特性

传统的反时限电流继电器有感应型 GL—10 系列继电器等，微机保护则以更为方便的程序精确地实现反时限动作特性。

反时限动作特性由两部分组成，电流较小时为反时限，动作时间随电流增大而缩短；电流较大时为速断部分，继电器快速动作。

IEC 推荐的反时限特性有三种：

1）IEC A（一般反时限）

$$t=\frac{0.14}{\left(\frac{I}{I_{act}}\right)^{0.02}-1}\frac{T_{set}}{10} \tag{3-15}$$

式中，t 为动作时间；I 为流入保护的电流；I_{act}为电流整定值；T_{set}为动作时间常数整定值。

2）IEC B（非常反时限）

$$t=\frac{13.5}{\frac{I}{I_{act}}-1}\frac{T_{set}}{10} \tag{3-16}$$

3）IEC C（极度反时限）

$$t=\frac{80}{\left(\frac{I}{I_{act}}\right)^{2}-1}\frac{T_{set}}{10} \tag{3-17}$$

电流整定值 I_{act} 为 $1.1I_N$（I_N 为额定电流值）；如果电流小于 $1.1I_N$ 且持续一个周期以上，保护返回。当（I/I_{act}）≥20 时，保护按定时限动作（进入速断段）。

反时限电流保护的优点是短路电流较大时动作时间缩短，减小短路故障对设备的损坏，但相邻线路上的反时限保护之间配合计算较为复杂，限于篇幅，本书不做详细介绍。

3.2.7　电流保护的性能分析

一个继电保护装置的好坏，主要是从它的选择性、灵敏度、动作速度和可靠性等方面衡量。

1）电流保护的选择性。电流保护在单电源辐射网络中一般有很好的选择性。电流保护第Ⅰ段主要靠动作电流值来区分被保护范围内部和外部短路而具有选择性。而电流保护第Ⅱ段和第Ⅲ段则应由动作电流和动作时间二者相结合才能保证其选择性，缺一不可。但在多电源或单电源环网中，这种保护可能无法保证其选择性。

2）电流保护的动作速度。电流保护第Ⅰ段和第Ⅱ段共同作为线路的主保护，能满足《继电保护和安全自动装置技术规范》关于35kV及以下网络主保护快速性要求。电流电压保护第Ⅲ段则因为越接近电源，动作时间越长，有时动作时间长达好几秒，因而一般情况下只能作为线路的后备保护。

3）电流保护的灵敏度。电流保护的灵敏度因系统运行方式的变化而变化，其在一般情况下能满足灵敏度要求。但在运行方式变化很大、线路很短和线路长而负荷重等情况下，其灵敏度可能不容易满足要求，甚至出现保护范围为零的情况。这也是电流保护的主要缺点。

4）电流保护的可靠性。电流保护的电路构成、整定计算及调试都较简单，因此，它是最可靠的一种保护。

电流保护因为在选择性、灵敏度和动作速度等方面都存在不足，故主要用于35kV及以下单电源辐射网络作为线路保护，也可作为电动机和小型变压器等元件的保护。

3.3　单侧电源网络相间电流保护的建模与仿真

3.3.1　三段式电流保护的建模与仿真

1. 电力系统的仿真模型

如图3-14所示的电力系统，已知电源电压为35kV，系统最大和最小等效阻抗分别为 $X_{s.max}=9\Omega$，$X_{s.min}=6\Omega$；线路阻抗为 $X_{AB}=10\Omega$，$X_{BC}=24\Omega$；线路AB的最大负荷电流为100A，线路BC的过电流保护时限为1.0s。

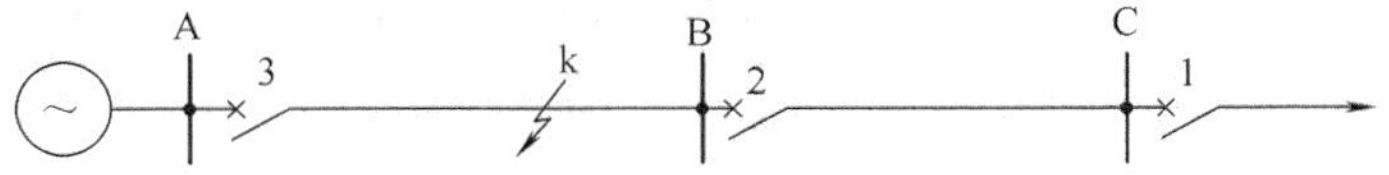

图3-14　电力系统接线

根据以上参数，建立电力系统的Simulink仿真模型，如图3-15所示。

在图3-15中，电源采用“Three-Phase Source”模型，其参数设置如图3-16所示。

E
A
Line1
Line2
B
Line3
C
Load
Phasors
powergui
Three-Phase Fault

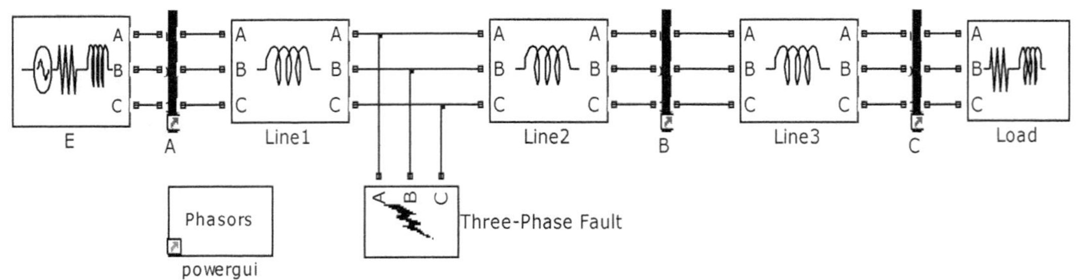

图 3-15 电力系统的 Simulink 仿真模型

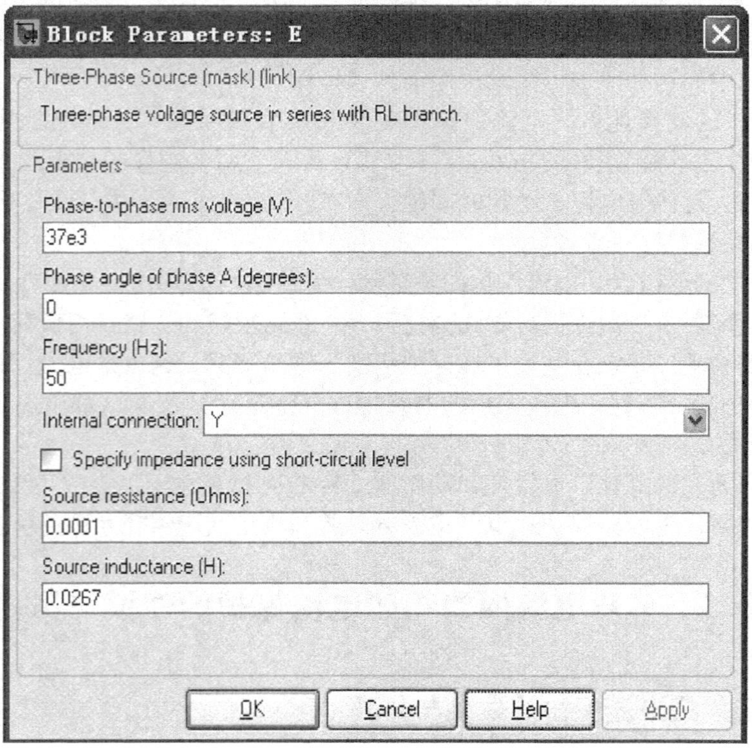

Block Parameters: E
Three-Phase Source (mask) (link)
Three-phase voltage source in series with RL branch.
Parameters
Phase-to-phase rms voltage (V):
37e3
Phase angle of phase A (degrees):
0
Frequency (Hz):
50
Internal connection: Y
Specify impedance using short-circuit level
Source resistance (Ohms):
0.0001
Source inductance (H):
0.0267
OK
Cancel
Help
Apply

图 3-16 电源的参数设置

线路 AB、BC 均采用 “Three-Phase Series RLC Branch” 模型，为了便于设置故障点，将线路 AB 分成 Line1 和 Line2 两部分，由于线路的原始参数忽略了线路的电阻，故在模型设置时只选择电感即可（由已知参数可计算出 1Ω 线路的电感为 0.00318H）。当 Line1 为线路 AB 总长的 20% 时，其参数设置如图 3-17 所示。线路 Line2、Line3 的参数设置方法与 Line1 相同。

系统中的母线用三相电压电流测量模块 “Three-Phase VI Measurement” 来仿真，其将测量到的电压、电流信号转变成 Simulink 信号，相当于电压、电流互感器的作用，将电压电流测量元件的输出信号设置为” Magnitude” 的方式以得到三相电流的幅值。母线 A 的参数设置如图 3-18 所示。

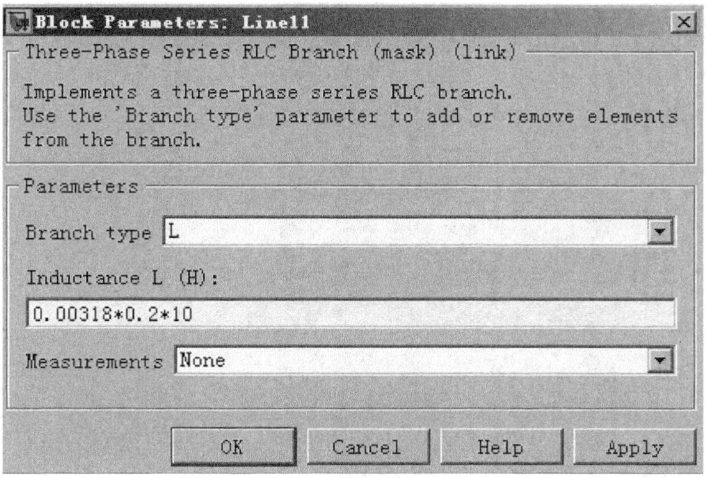

图 3-17　输电线路 AB 的参数设置

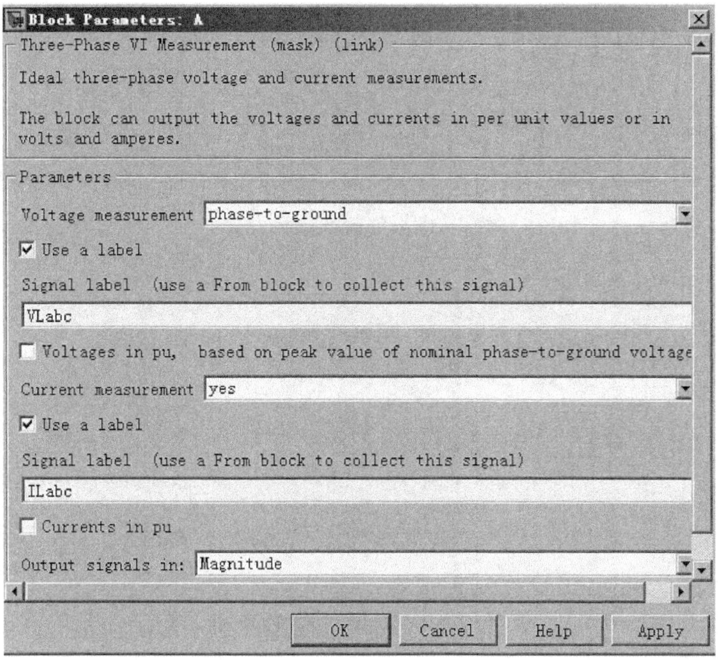

图 3-18　母线 A 的参数设置

在图 3-15 中，负荷采用“Three-Phase Series RLC Load”模型，根据负荷电流 100A 计算其他参数（设功率因数为 1），参数设置如图 3-19 所示。

2. 继电保护的仿真模型

图 3-20 所示为三相电流获取模块，图中将“增益”元件设置为“0.707”是为了把电流的幅值转换为有效值。

电流保护Ⅰ段、Ⅱ段和Ⅲ段的仿真模型构成是基本相同的，主要由比较、逻辑判断、延

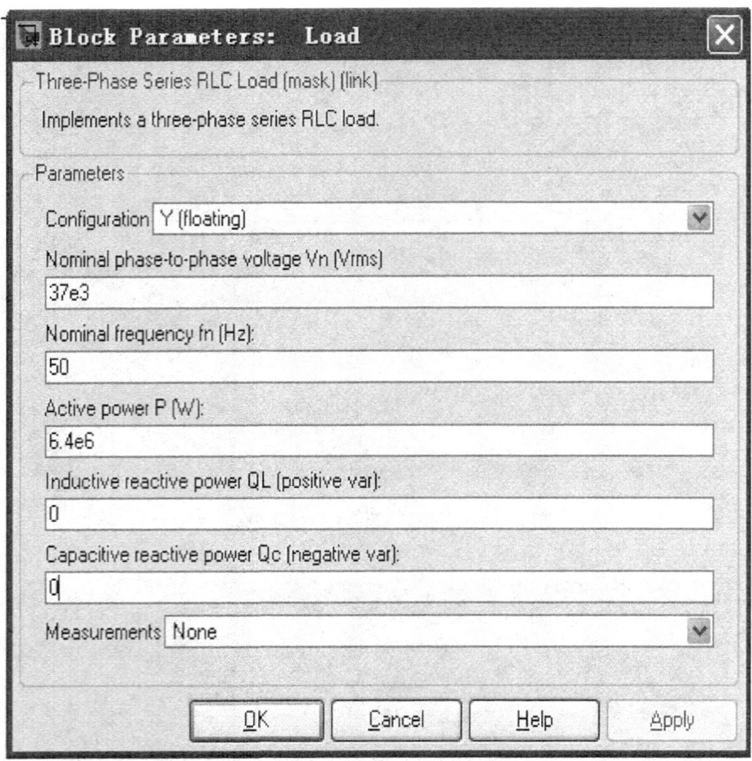

图 3-19 负荷的参数设置

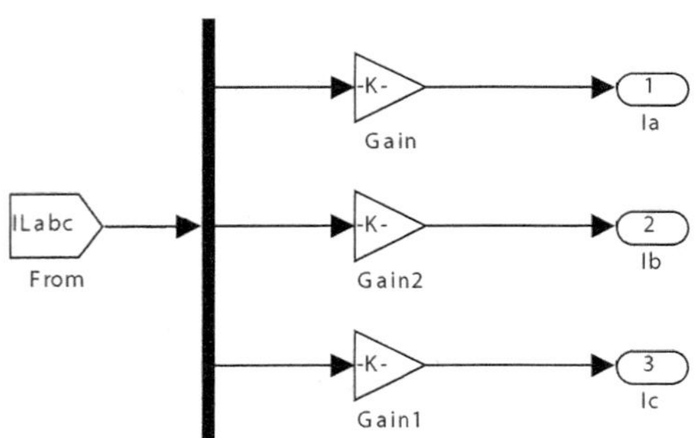

图 3-20 三相电流获取模块

时、数据转换等元件构成（电流Ⅲ段的仿真模型中要有返回电流的判断）。图 3-21 所示为电流Ⅱ段的仿真模型。

将图 3-21 作为一个子系统进行封装，封装后的模块如图 3-22a 所示，参数设置如图 3-22b 所示。

显然，通过改变整定电流值和动作时间，上述模块同样可以用于电流Ⅰ段和Ⅲ段保护。最后得到的三段式电流保护的仿真模型如图 3-23 所示。图中的动作信号经逻辑判断后输出到示波器模块进行显示（也可将其输出到断路器作为动作信号，为了简化仿真，在图 3-15 中未接入断路器模块，有兴趣的读者可以自行接入）。

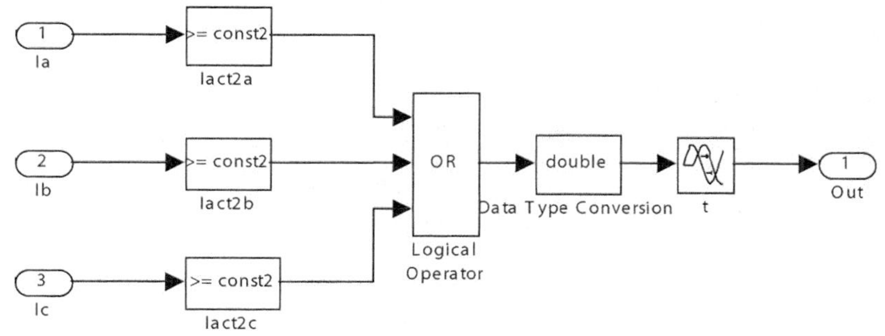

图 3-21　电流Ⅱ段的仿真模型

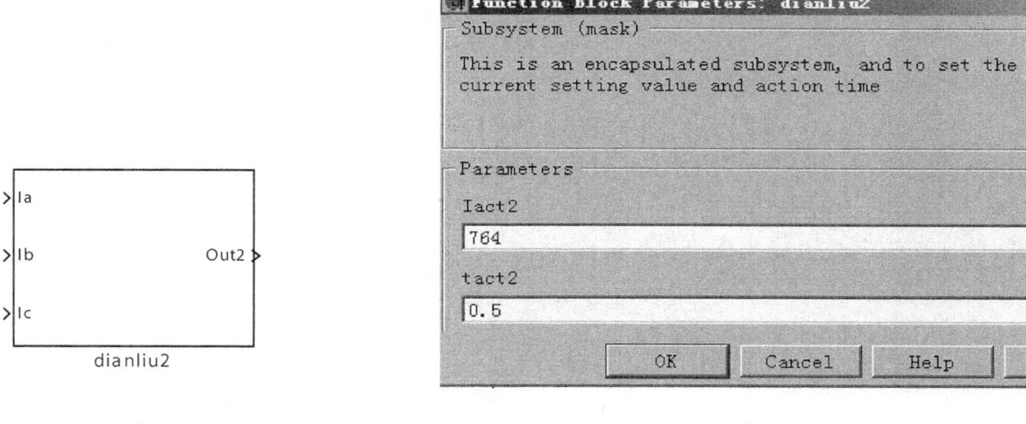

图 3-22　封装后的电流Ⅱ段的仿真模型及参数设置
a）电流保护封装后的模块　b）参数设置

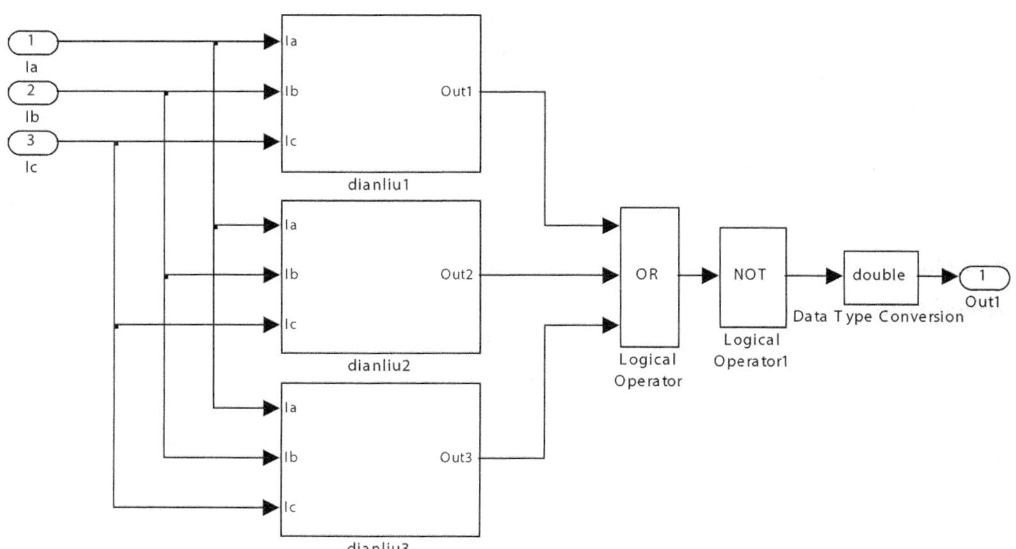

图 3-23　三段式电流保护的仿真模型

以上的仿真模型建立好后，需将 Powergui 模块复制到仿真模型窗口，并选择为相位（Phasor）仿真方式。

3. 电流保护整定值的计算

1）在最大、最小运行方式下线路 AB、BC 末端的三相短路电流为

$$I_{\text{k. B. max}}^{(3)}=\frac{E_{\text{s}}}{X_{\text{s. min}}+X_{\text{AB}}}=\frac{37}{\sqrt{3}(6+10)}\text{kA}=1.335\text{kA}$$

$$I_{\text{k. B. min}}^{(3)}=\frac{E_{\text{s}}}{X_{\text{s. max}}+X_{\text{AB}}}=\frac{37}{\sqrt{3}(9+10)}\text{kA}=1.124\text{kA}$$

$$I_{\text{k. C. max}}^{(3)}=\frac{E_{\text{s}}}{X_{\text{s. min}}+X_{\text{AB}}+X_{\text{BC}}}=\frac{37}{\sqrt{3}(6+10+24)}\text{kA}=0.534\text{kA}$$

$$I_{\text{k. C. min}}^{(3)}=\frac{E_{\text{s}}}{X_{\text{s. max}}+X_{\text{AB}}+X_{\text{BC}}}=\frac{37}{\sqrt{3}(9+10+24)}\text{kA}=0.497\text{kA}$$

2）保护 3 电流Ⅰ段的整定值为

$$I'_{\text{act. 3}}=K'_{\text{rel}}I_{\text{k. B. max}}^{(3)}=1.3\times1.335\text{kA}=1.736\text{kA}$$

根据式（3-7）得到其在最小运行方式下两相短路时能够保护的线路阻抗值为

$$X_{\min}=1.657\Omega$$

因此保护 3 电流Ⅰ段的最小保护范围为

$$\alpha=\frac{1.657}{10}\times100\%=16.57\%>15\%$$

合格。

电流Ⅰ段动作时限，理论上应取 $t'_3=0\text{s}$，为躲开线路避雷器的放电时间，取 $t'_3=0.06\text{s}$。

3）保护 3 电流Ⅱ段的整定值

$$I''_{\text{act. 3}}=K''_{\text{rel}}I'_{\text{act. 2}}=1.1\times1.3\times0.534\text{kA}=0.764\text{kA}$$

动作时限

$$t''_3=t'_2+\Delta t=(0+0.5)\text{s}=0.5\text{s}$$

$$K_{\text{sen}}=\frac{I_{\text{k. B. min}}^{(2)}}{I''_{\text{act. 3}}}=\frac{0.973}{0.764}=1.27>1.25$$

合格。

4）保护 3 电流Ⅲ段整定值

$$I_{\text{act. 3}}=\frac{K_{\text{rel}}K_{\text{Ms}}}{K_{\text{re}}}I_{\text{L. max}}=\frac{1.2\times1.3}{0.85}\times100\text{A}=183\text{A}$$

动作时限

$$t_3=t_2+\Delta t=(1+0.5)\text{s}=1.5\text{s}$$

近后备灵敏度

$$K_{\text{sen}}=\frac{I_{\text{k. B. min}}^{(2)}}{I_{\text{act. 3}}}=\frac{0.973}{0.183}=5.32>1.3$$

合格。

远后备灵敏度

$$K_{\text{sen}}=\frac{I_{\text{k. C. min}}^{(2)}}{I_{\text{act. 3}}}=\frac{0.430}{0.183}=2.35>1.2$$

合格。

计算结束后，将各段电流保护的整定值输入到图 3-21 所示的仿真模型中。

4. 仿真结果及分析

1）距 A 母线 2Ω 处在 t =0.2s 时刻发生三相短路故障时的仿真。在图 3-15 所示的仿真模型中，将 Line1 的阻值设为 2Ω，Line2 的阻值设为 8Ω，故障模块设置为在 t =0.2s 时刻发生三相短路，其参数设置如图 3-24 所示。

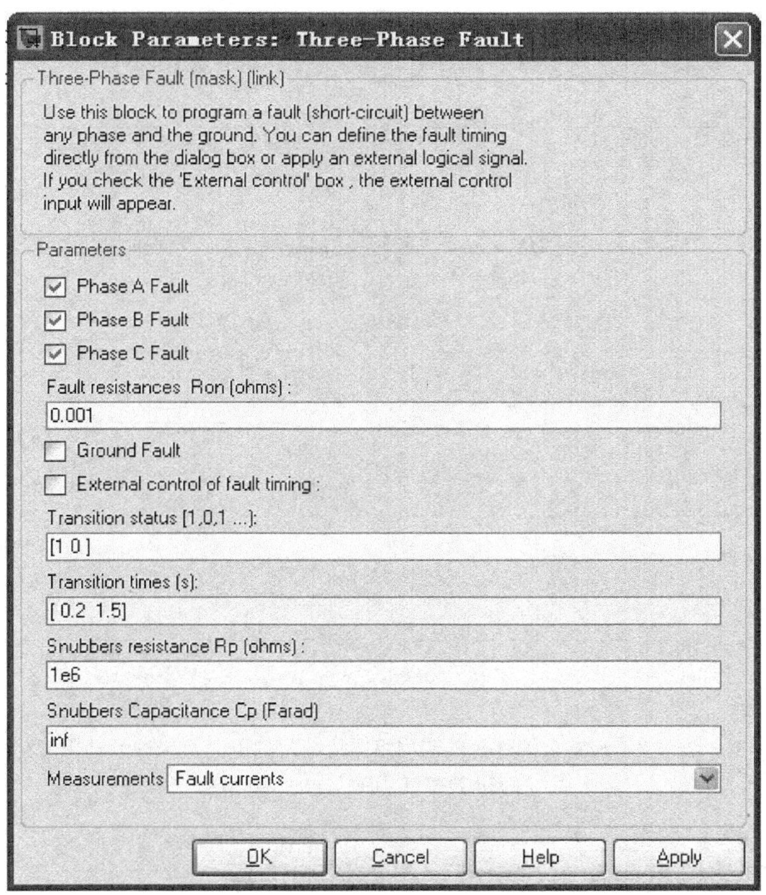

图 3-24　故障模块的参数设置

运行仿真，得到流经保护 3 处的电流及保护的动作情况如图 3-25 所示。从图中可见，流经保护 3 处的电流仿真值为 2.671kA（理论计算值为 2.670kA），大于电流Ⅰ段的整定值（1.736kA），即故障发生在电流Ⅰ段保护范围内，继电器瞬时动作切除故障。

2）AB 线路末端在 t =0.2s 时刻发生两相短路故障时的仿真。在图 3-15 所示的仿真模型，将 Line1 的阻值设为 10Ω，Line2 的阻值设为 0.001Ω，故障模块设置为在 t =0.2s 时刻发生两相短路。

运行仿真，得到流经保护 3 处的电流及保护的动作情况，如图 3-26 所示。从图中可见，流经保护 3 处的电流仿真值为 1.164kA（理论计算值为 1.156kA），大于电流Ⅱ段的整定值（0.764kA），即故障发生在电流Ⅱ段保护范围内，继电器经过 0.5s 延时后动作切除故障。

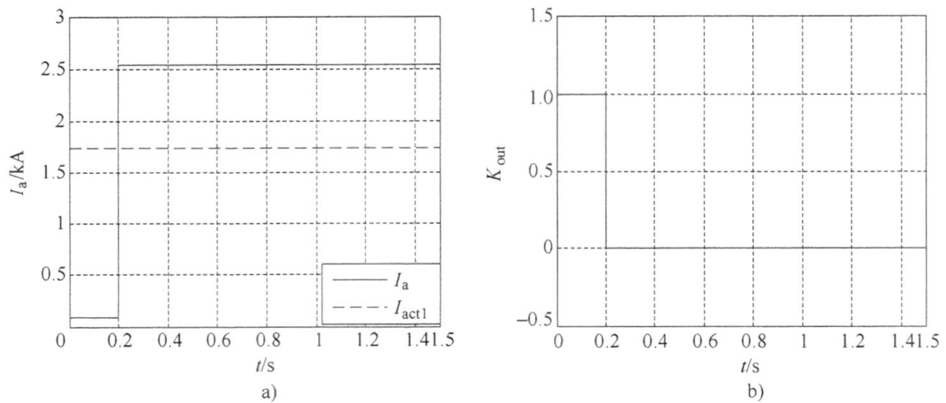

图 3-25 距 A 母线 2Ω 处发生三相短路故障时的电流及保护的动作情况
a）短路电流幅值 b）保护的动作情况

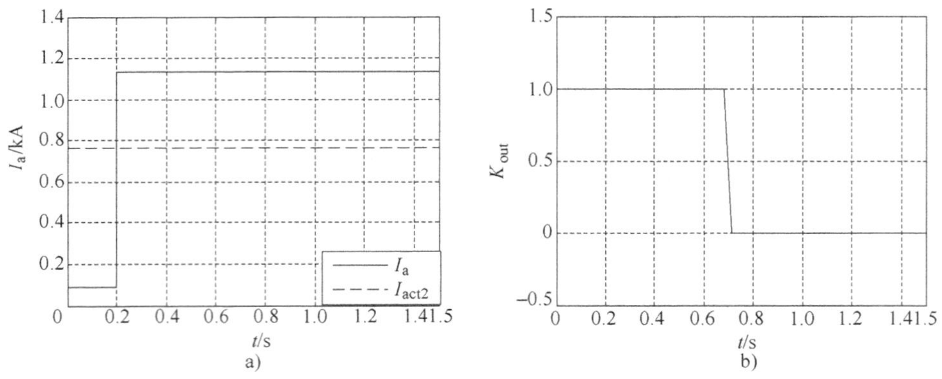

图 3-26 AB 线路末端处发生两相短路故障时的电流及保护的动作情况
a）短路电流幅值 b）保护的动作情况

3.3.2 电动机自起动对过电流保护的影响仿真

1. 电力系统的仿真模型

为了仿真电动机自起动对过电流保护的影响，首先将图 3-8 简化为如图 3-27 所示的电力系统。图中，电源电压为 6.3kV，Z_s = (0.00529 + j0.04396)Ω，线路 AB、BC 分别长 10km、7km（其单位阻抗参数见模型设置），母线 C 上的最大负荷为 1MW，功率因数为 1。母线 B 上所有异步电动机的总额定功率为 1000kW，平均功率因数为 0.8，保护 2 的过电流保护动作时间为 0.3s。

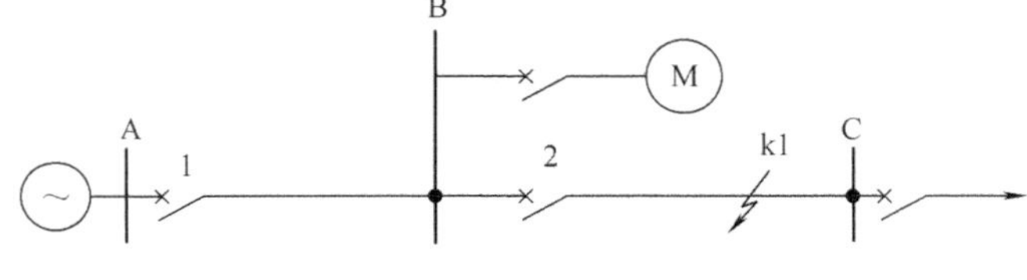

图 3-27 电力系统接线

根据以上参数，建立电力系统的 Simulink 仿真模型如图 3-28 所示。

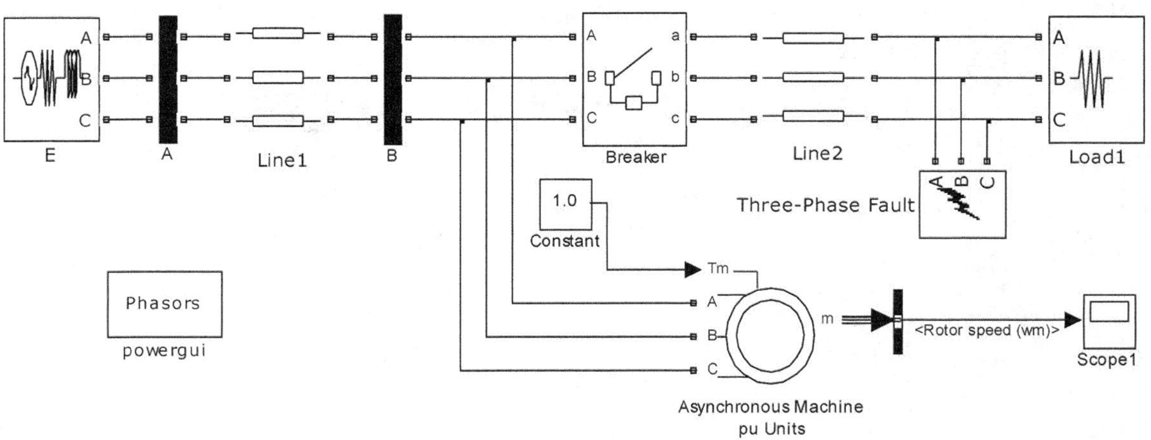

图 3-28　电力系统的 Simulink 仿真模型

与 3.3.1 小节中的仿真模型相似，电源采用“Three-Phase Source”模型，读者可参考图 3-16 进行参数设置。线路 AB、BC 均采用“Distributed Parameters Line”模型，长度分别设置为 10km、7km，线路的分布参数采用模型中的默认参数。图 3-29 所示为线路 AB 的参数设置。

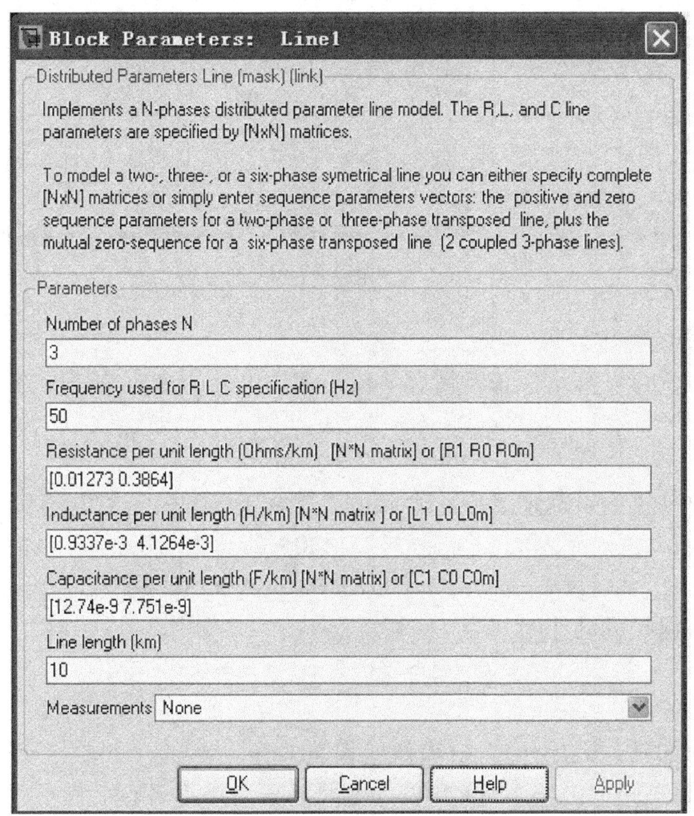

图 3-29　输电线路 AB 的参数设置

异步电动机采用“Asynchronous Machine pu Units”标幺值模型，选择施加于电动机轴上的转矩（Torque Tm）作为仿真输入，转子结构设为笼型（Squirrel-cage）绕组，转子与定子阻抗等异步电动机的参数设置如图3-30所示。

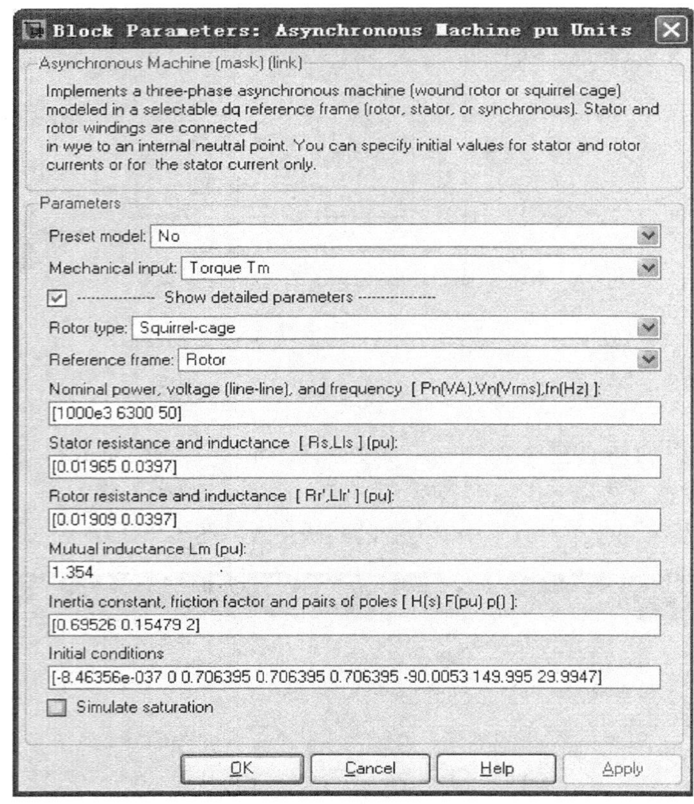

图3-30　异步电动机的参数设置

2. 过电流保护的整定计算

按照已知条件，可计算出在正常情况下流过保护1处的最大负荷电流为

$$I_{\mathrm{L.max}}=\frac{1\times10^6}{\sqrt{3}\times6300}\mathrm{A}+\frac{1\times10^6}{\sqrt{3}\times6300\times0.8}\mathrm{A}=206.2\mathrm{A}$$

如果不考虑电动机的自起动过程，则保护1过电流保护的返回电流和动作电流为

$$I_{\mathrm{re}}=K_{\mathrm{rel}}I_{\mathrm{L.max}}=1.25\times206.2\mathrm{A}=257.7\mathrm{A}$$

$$I_{\mathrm{act}}=I_{\mathrm{re}}/K_{\mathrm{re}}=(257.7/0.9)\mathrm{A}=286.4\mathrm{A}$$

保护1过电流保护的动作时间为

$$t_1=t_2+\Delta t=(0.3+0.3)\mathrm{s}=0.6\mathrm{s}$$

3. 仿真结果及分析

在图3-28所示的仿真模型中，故障模块设置为在$t=0.6$s时发生三相短路（即在线路BC的末端发生三相短路故障）。母线B处的断路器在$t=0.9$s时断开（利用断路器的断开来模拟保护2处的过电流保护的动作情况），断路器的参数设置如图3-31所示。

运行仿真，得到当发生故障时母线B处电压（标幺值）、电动机的转速（标幺值）及保

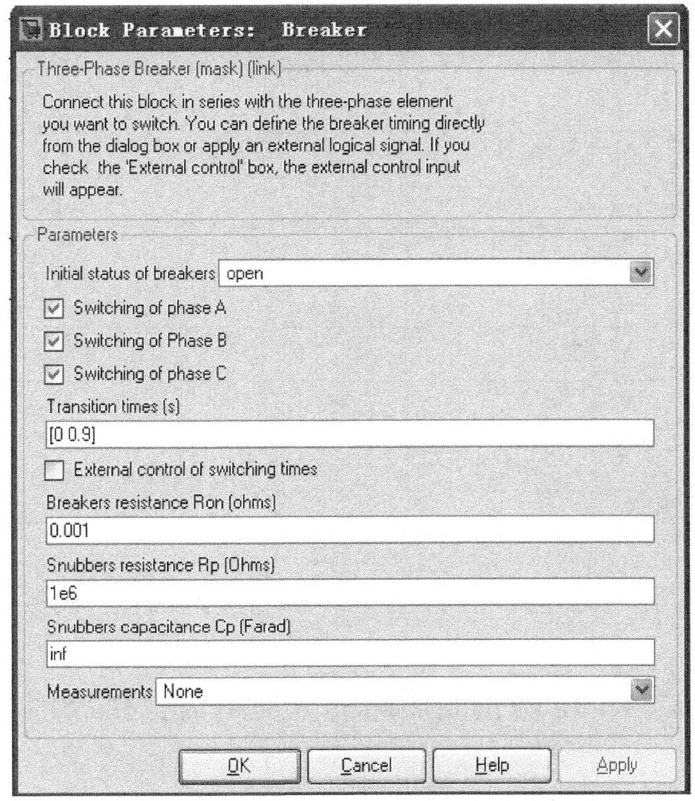

图 3-31　断路器的参数设置

护 1 处电流（有效值），如图 3-32 所示。

从图 3-32 中可以看出，当在 $t=0.6\text{s}$ 时发生三相短路后，母线 B 处的电压大幅下降，电动机的转速下降到 0.83p.u.。当断路器在 $t=0.9\text{s}$ 时断开，切除故障线路后，母线 B 处的电压恢复，电动机自起动，转速开始上升，大约到 $t=1.2\text{s}$ 时达到额定转速。

从图 3-32 中还可见，在 $t=0.6\text{s}$ 以前，保护 1 流过正常运行时的负荷电流（由于在计算时没有考虑线路的压降，所以仿真得到的负荷电流比计算电流值稍大）。当线路发生三相短路后（从 $t=0.6\text{s}$ 到 $t=0.9\text{s}$）保护装置流过短路电流，其数值大于保护装置的动作电流 $I_{act}=286.4\text{A}$，所以保护装置起动；但当断路器在 $t=0.9\text{s}$ 时断开，切除故障线路后，电动机进入自起动过程，从图 3-32 中可见此时流过保护的电流大于其返回电流 $I_{re}=257.7\text{A}$，导致保护 1 不能立即返回。

因此，为了保证在此情况下保护 1 能够立即返回，必须考虑电动机的自起动过程。在本仿真所给定的参数下，由图 3-31 可得保护 1 的返回电流应满足 $I_{re}\geqslant 400\text{A}$，即自起动系数至少应取 $K_{Ms}=1.6$，这样保护 1 的动作电流值应改为

$$I_{act}=\frac{K_{rel}K_{Ms}}{K_{re}}I_{L.max}=\frac{1.25\times 1.6}{0.9}\times 206.2\text{A}=458\text{A}$$

经校验，此动作值满足灵敏度要求。

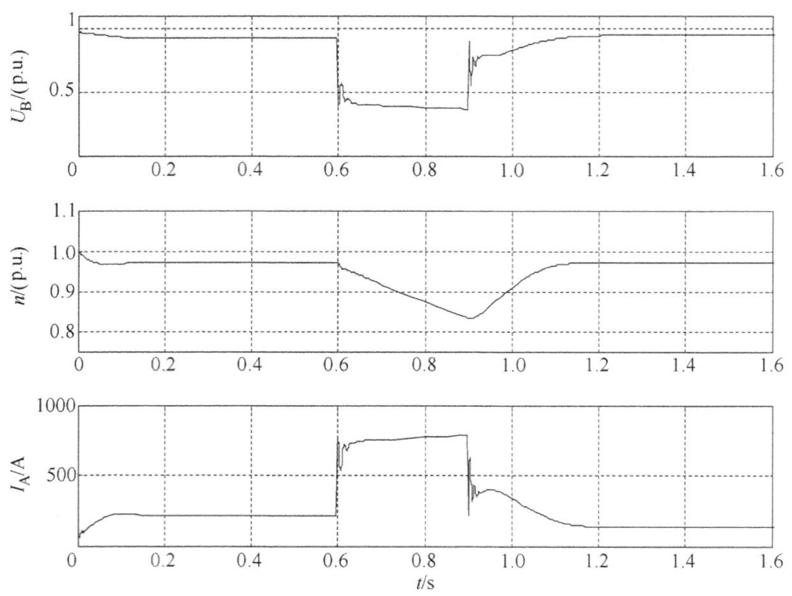

图 3-32 故障时母线 B 处电压、电动机的转速及保护 1 处电流

3.4 电网相间短路的方向电流保护原理

3.4.1 方向电流保护的作用原理

随着电力工业的发展和用户对供电可靠性要求的提高，现代电力系统实际上都是由多个电源组成的复杂网络。图 3-33 所示为一个双侧电源网络。

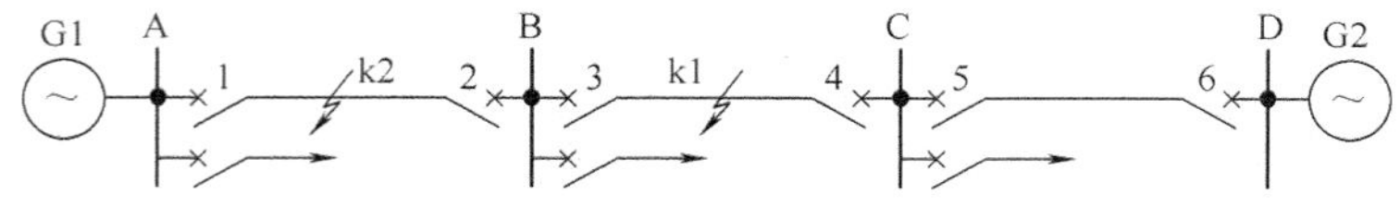

图 3-33 双侧电源网络

在这样的电网中，由于两侧都有电源，因此为了切除故障线路，必须在线路两端装设断路器和保护装置。如图 3-33 中 k1 点发生短路，只应由保护 3 和保护 4 跳闸，来切除线路 BC，此时母线 B、C 上的负荷仍能分别从电源 G1、G2 得到供电；同理，当 k2 点发生短路时，只应由保护 1 和保护 2 跳闸，来切除线路 AB。可见双侧电源供电大大提高了供电的可靠性。然而在这样的电网中，采用一般的电流保护是满足不了选择性要求的。例如，当 k1 点发生短路时，由电源 G1 供给的短路电流通过位于 B 母线两侧的保护 2 和保护 3，为使保护有选择性地切除故障，要求保护 3 的时限 t_3小于保护 2 的时限 t_2；而当 k2 点发生短路时，由电源 G2 供给的短路电流通过位于 B 母线两侧的保护 2 和保护 3，为使保护有选择性地切除故障，要求保护 2 的时限 t_2小于保护 3 的时限 t_3。显然，这两个要求是相互矛盾的，保护是无法实现的。用同样的方法分析位于其他母线两侧的保护，也可得出相同的结论。为了解决这种电网的保护，需要寻求新的保护原理。

可进一步分析在k1点和k2点发生短路时流过保护2和保护3的功率方向。当k1点短路时，流过保护2的功率方向是由线路到母线，此时保护2不应动作；流过保护3的功率方向是从母线到线路，此时保护3应该动作。当k2点短路时，流过保护2的功率方向是由母线到线路，此时保护2应该动作；流过保护3的功率方向是从线路到母线，此时保护3不应该动作。因此，如果在保护2和保护3上再加功率方向闭锁元件，该元件只当短路功率方向由母线流向线路时动作，而当短路功率方向由线路流向母线时不动作，从而就使继电保护的动作具有一定的方向性，也就解决了电流保护的选择性问题。

在双侧电源网络上的电流保护装设方向元件以后，就可以把它们拆开看成两个单侧电源网络的保护了。例如图3-34中，1~6均为方向性过电流保护，其规定的动作方向如图中箭头所示。在图3-34中，保护1、3、5为一组，保护2、4、6为另一组。各同方向保护间的时限配合仍按阶梯原则来整定，两组方向保护之间不要求有配合关系。当k1点短路时，保护1、3、4、6因短路功率由母线流向线路，故能够起动，保护3、4因动作时限最短而动作，跳开断路器3、4，将故障线路切除，保护1和保护6返回，保证了动作的选择性。

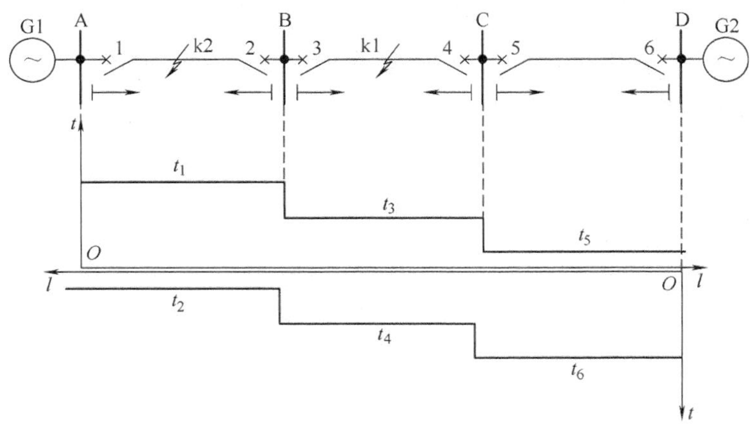

图3-34　双侧电源方向性过电流保护的时限特性

由此可见，方向性继电保护的主要特点就是在原有保护的基础上增加一个功率方向判别元件，以保证在反方向故障时把保护闭锁，使其不误动作。

具有方向性的过电流保护的单相原理接线如图3-35所示，主要由方向元件、电流元件和时间元件组成，方向元件和电流元件必须都动作之后，才能去起动时间元件，再经过预定的延时后动作于跳闸。

3.4.2　功率方向元件的工作原理

1. 对功率方向元件的基本要求

在图3-36所示系统中，以母线电压 $\dot{U}$ 为参考相量，短路电流的正方向是母线流向线路。对保护1而言，当正方向k1点短路时，短路电流 $\dot{I}_{k1}$ 滞后于母线电压相角为 φ_{k1}（φ_{k1} 为从母线至k1点之间的线路阻抗角），其值为 $0° < \varphi_{k1} < 90°$，相量图如图3-36b所示。当保护的反方向k2点发生短路时，通过保护1的短路电流是由电源2供给的，此时 $\dot{I}_{k2}$ 滞后于母线

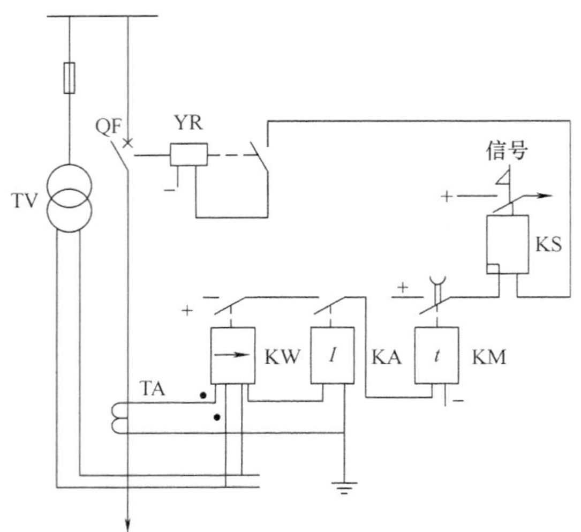

图 3-35　具有方向性的过电流保护的单相原理接线

的相角将是 $180° + \varphi_{k2}$（φ_{k2} 为从母线至 k2 点之间的线路阻抗角），其值为 $180° < 180° + \varphi_{k2} < 270°$，相量图如图 3-36c 所示。设 $\varphi_{k1} = \varphi_{k2} = \varphi_k$，则在以上两种情况短路时 $\dot{I}_{k1}$ 和 $\dot{I}_{k2}$ 的相位相差为 180°。

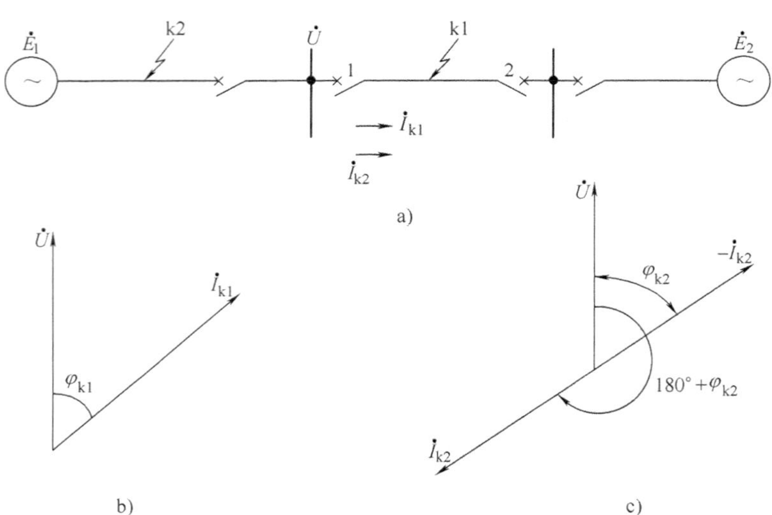

图 3-36　功率方向元件工作原理分析

a）网络接线　b）k1 点短路相量图　c）k2 点短路相量图

因此，只要判别出短路功率的方向或电流、电压之间的相位关系，就可以判别发生故障的方向。用以判别功率方向或测定电流、电压间相位角的继电器或元件称为功率方向继电器或方向元件。

继电保护中对功率方向元件的基本要求如下：

1）应具备明确的方向性，即在正方向发生各种故障（包括故障点有过渡电阻的情况）时能可靠动作，而在反方向故障时可靠不动作。

2）正方向故障时有足够的灵敏度。

2. 功率方向元件（功率方向继电器）**的动作特性**

如果按电工技术中测量功率的概念，对 A 相的功率方向元件，加入电压 $\dot{U}_r$（如 $\dot{U}_A$）和电流 $\dot{I}_r$（如 $\dot{I}_A$），则当正方向短路时，如图 3-36b 所示，元件中电压、电流之间的相角为

$$\varphi_{rA}=\arg\frac{\dot{U}_A}{\dot{I}_{k1A}}=\varphi_{k1} \tag{3-18}$$

当反方向短路，如图 3-36c 所示时，为

$$\varphi_{rA}=\arg\frac{\dot{U}_A}{-\dot{I}_{k2A}}=180°+\varphi_{k2} \tag{3-19}$$

式中，符号 arg 表示相量 $\frac{\dot{U}_A}{\dot{I}_{kA}}$ 的相角，也即分子的相量超前于分母相量的角度。

如果取 $\varphi_k=60°$，可画出相量关系如图 3-37 所示。

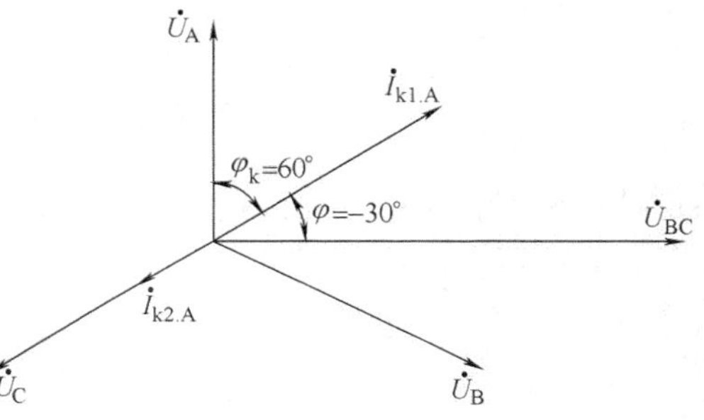

图 3-37　三相短路 $\varphi_k=60°$时的相量关系

一般的功率方向继电器，当输入电压和电流的幅值不变时，其输出（转矩或电压）值随两者相位差的大小而改变，为了在最常见的短路情况下使方向元件动作最灵敏，采用上述接线的功率方向元件应作成最大灵敏角为 $\varphi_{sen}=\varphi_k=60°$。又为了保证在短路点有过渡电阻、线路阻抗角 φ_k在 0°～90°范围内变化情况下，当发生正方向故障时，继电器都能可靠动作，功率方向元件动作的角度应该有一个范围，考虑实现的方便性，这个范围通常取为 $\varphi_{sen}\pm90°$。此动作特性在复数平面上是一条直线，如图 3-38a 所示。其动作方程可表示为

$$90°>\arg\frac{\dot{U}_r e^{-j\varphi_{sen}}}{\dot{I}_r}>-90° \tag{3-20}$$

$$\varphi_{sen}+90°>\arg\frac{\dot{U}_r}{\dot{I}_r}>\varphi_{sen}-90° \tag{3-21}$$

当选取 $\varphi_{sen}=\varphi_k=60°$时，其动作区如图 3-38a 所示。若用 φ_r表示 $\dot{U}_r$超前于 $\dot{I}_r$的角度，并用功率的形式表示，则式（3-21）可写成

$$U_r I_r\cos(\varphi_r-\varphi_{sen})>0 \tag{3-22}$$

采用这种特性和接线的功率方向元件，当其正方向出口附近短路接地、故障相对地的电压很低时，功率方向元件不能动作，被称为“电压死区”。为了减小和消除死区，在实际应用中广泛采用非故障的相间电压作为接入功率方向元件的电压参考相量，以判别故障相电流的相位。例如，对 A 相的功率方向元件加入电流 $\dot{I}_A$和电压 $\dot{U}_{BC}$，此时 $\varphi_{rA}=\arg\dot{U}_{BC}/\dot{I}_A$，当正方向短路时，$\varphi_{rA}=\varphi_k-90°=-30°$，反方向短路时，$\varphi_A=150°$。其相量关系如图 3-37 所示。

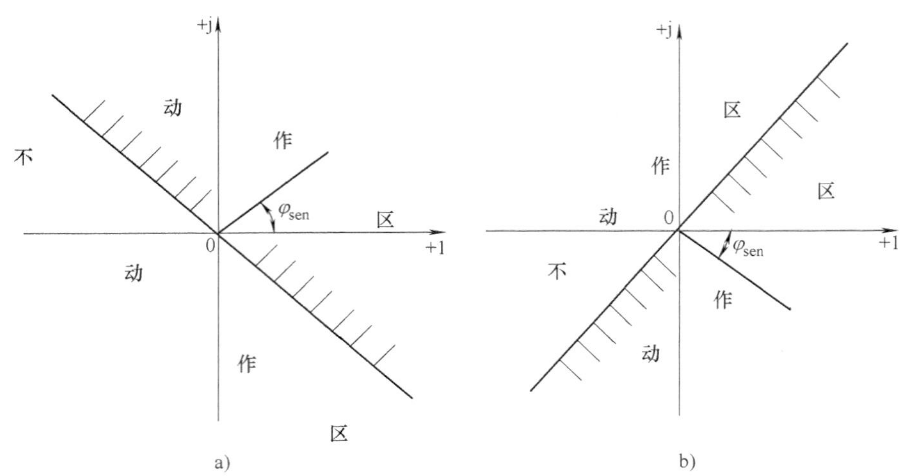

图 3-38 功率方向元件的动作特性

a) 按式（3-20）构成 b) 按式（3-23）构成

在这种情况下，功率方向判别元件的最大灵敏角设计为 $\varphi_{sen}=\varphi_k-90°=-30°$，动作特性如图 3-38b 所示，动作方程为

$$90°>\arg\frac{\dot{U}_r e^{-j(90°-\varphi_k)}}{\dot{I}_r}>-90° \tag{3-23}$$

习惯上采用 $90°-\varphi_k=\alpha$，α 称为功率方向继电器的内角，则式（3-23）可变为

$$90°-\alpha>\arg\frac{\dot{U}_r}{\dot{I}_r}>-90°-\alpha \tag{3-24}$$

若用功率的形式表示，则为

$$U_r I_r\cos(\varphi_r+\alpha)>0 \tag{3-25}$$

对 A 相的功率方向继电器而言，则具体表示为

$$U_{BC}I_A\cos(\varphi_r+\alpha)>0 \tag{3-26}$$

除正方向出口附近发生三相短路时，$\dot{U}_{BC}\approx 0$，继电器具有很小的电压死区以外，在其他任何包含 A 相的不对称短路时，I_A的电流很大，U_{BC}的电压很高，因此继电器不仅没有死区，而且动作灵敏度很高。为了减少和消除三相短路时的死区，可以采用电压记忆回路，并尽量提高继电器动作时的灵敏度。

3.4.3 相间短路功率判别元件的接线方式

由于功率判别元件的主要任务是判断短路功率的方向，因此对其接线方式提出了如下要求：

1）正方向任何类型的短路故障都能动作，而当反方向故障时则不动作。

2）故障以后加入继电器的电流 $\dot{I}_r$ 和电压 $\dot{U}_r$ 应尽可能大一些，并尽可能地使 φ_k 接近于最大灵敏角 φ_{sen}，以便消除和减小方向元件的死区。

为了满足以上要求，功率方向继电器广泛采用 90°接线方式。所谓 90°接线方式是指在三相对称的情况下，当 $\cos\varphi=1$ 时，加入继电器的电流 $\dot{I}_A$ 和电压 $\dot{U}_{BC}$ 相位相差 90°。这个定义仅仅是为了称呼的方便，没有什么物理意义。

图 3-39 所示即为 90°接线方式时，将三个继电器分别接于 $\dot{I}_A$、$\dot{U}_{BC}$、$\dot{I}_B$、$\dot{U}_{CA}$ 和 $\dot{I}_C$、$\dot{U}_{AB}$，并且与对应相的过电流继电器按相连接而构成的三相式方向过电流保护的原理接线。在此顺便指出，对功率方向继电器的接线，必须十分注意继电器电流线圈和电压线圈的极性问题，如果有一个线圈的极性接错，就会出现正方向短路时拒绝动作、反方向短路时误动作的现象，从而造成严重事故。

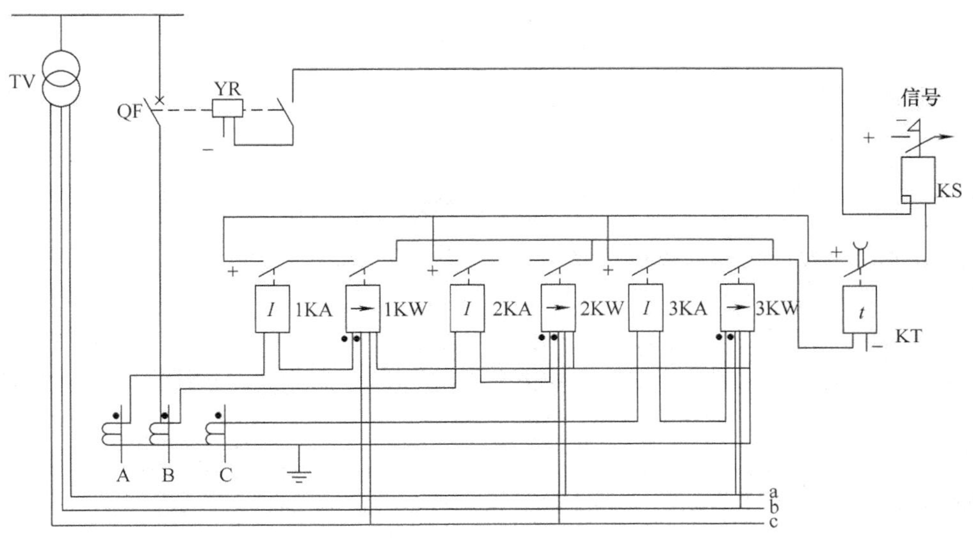

图 3-39　功率方向继电器采用 90°接线方式时三相式方向过电流保护的原理接线

3.4.4　双侧电源网络中电流保护整定的特点

对应于单侧电源网络中的电流保护，在双侧电源网络中整定线路的电流保护时，应关注以下几方面的问题。

1. 瞬时电流速断保护

双侧电源线路以及线路短路电流随距离 l 变化的曲线如图 3-40 所示。图中，电源 E_1 与 E_2 的容量不同，曲线①为由电源 E_1 供给的电流 $I_{k.E1}$，曲线②为由 E_2 供给的电流 $I_{k.E2}$。

当在保护区外 k1 点短路时，由电源 E_2 提供的短路电流 I_{k1} 同时流过两侧的保护 1 和保护 2，此时按照选择性的要求两个保护均不应动作；同理，当在保护区外 k2 点短路时，由电源 E_1 提供的短路电流 I_{k2} 同时流过两侧的保护 1 和保护 2，按照选择性的要求两个保护也不应动作。为了满足保护区外短路时保护 1、2 不应动作的要求，这两个保护的动作电流应选得相同，并按照较大的一个短路电流进行整定。例如当 $I_{k2.max}>I_{k1.max}$ 时，则应取

$$I'_{act.1}=I'_{act.2}=K'_{rel}I_{k2.max}$$

从图 3-40 中可以看出，这种整定的方法，将使位于小电源侧保护 2 的保护范围缩小。两端电源容量的差别越大，对保护 2 的影响就越大。

解决这个问题的方法是在保护 2 处装设方向元件，整定的方向为从母线流向被保护线

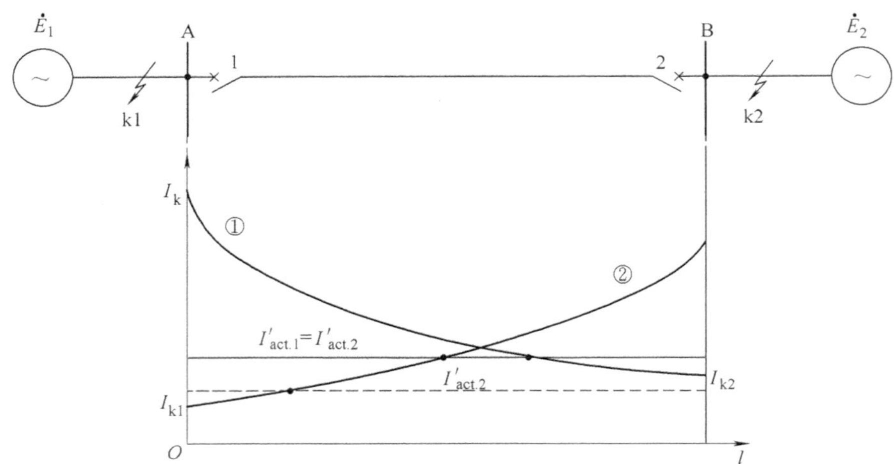

图 3-40 双侧电源线路以及线路短路电流随距离 l 变化的曲线

路，这样保护 2 的动作电流就可以按照躲开 k1 点短路来整定，即

$$I'_{act.2}=K'_{rel}I_{k1.max}$$

如图 3-40 中虚线所示，其保护范围较前增加了很多。应当指出的是，在上述情况下，保护 1 处无需装设方向元件，因为它从定值上已经可靠地躲开了反向短路时流过保护的最大电流 $I_{k1.max}$。

在工程实际中，当母线附近发生短路时会使电压严重降低，一般要求作为切除该故障类型辅助保护的瞬时电流速断保护应尽可能不装方向元件，以免在方向元件的电压死区内短路时拒动。

2. 限时电流速断保护

对应用于双侧电源网络中的限时电流速断保护，其基本的整定原则仍应与下一级保护的瞬时电流速断相配合，但需考虑保护安装地点与短路点之间有电源或线路（通称为分支电路）的影响。主要有如下两种典型的情况：

1）助增电流的影响。如图 3-41 所示，分支电路中有电源，此时故障线路中的短路电流 $\dot{I}_{BC}$将大于 $\dot{I}_{AB}$，其值为 $I_{BC}=I_{AB}+I'_{AB}$。这种使故障线路电流增大的现象称为助增。有助增以后的短路电流分布曲线 $I_k=f(l)$ 也示于图 3-41 中。在图中，曲线①为短路点在 AB 线路上时，流过保护 2 的短路电流变化曲线；曲线②为短路点在 BC 线路上时，流过保护 2 的短路电流变化曲线；曲线③为短路点在 BC 线路上时，流过保护 1 的短路电流变化曲线。

此时保护 1 瞬时电流速断的整定值仍按躲开相邻线路出口短路整定为 $I'_{act.1}$，其保护范围末端位于 M 点。在此情况下，流过保护 2 的电流为 $I_{AB.M}$，其值小于 $I_{BC.M}$（$=I'_{act.1}$），因此保护 2 限时电流速断的整定值应为

$$I''_{act.2}=K''_{rel}I_{AB.M} \tag{3-27}$$

引入分支系数 K_{br}，其定义为

$$K_{br}=\frac{\text{故障线路流过的短路电流}}{\text{保护所在线路上流过的短路电流}} \tag{3-28}$$

在图 3-41 中，整定配合点 M 处短路时的分支系数为

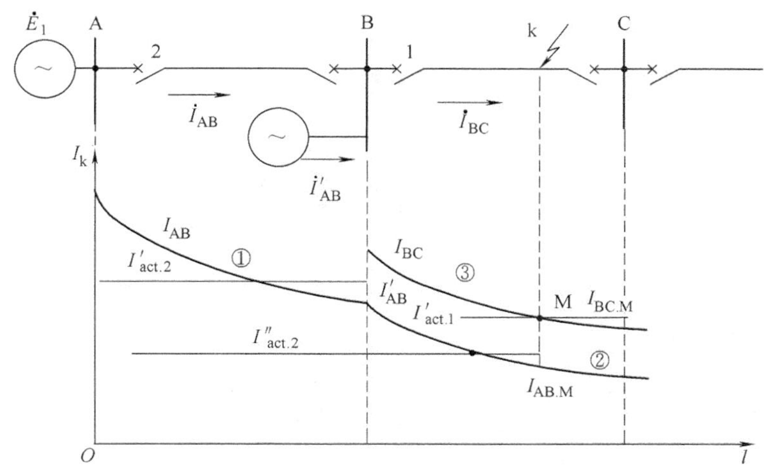

图 3-41　有助增电流时限时电流速断保护的整定

$$K_{br}=\frac{I_{BC.M}}{I_{AB.M}}=\frac{I'_{act.1}}{I_{AB.M}} \tag{3-29}$$

即 $I_{AB.M}=\dfrac{I'_{act.1}}{K_{br}}$，代入式（3-27）得

$$I''_{act.2}=\frac{K''_{rel}}{K_{br}}I'_{act.1} \tag{3-30}$$

与单侧电源线路的整定公式（3-12）相比，式（3-30）在分母上多了一个大于 1 的分支系数的影响，使保护 2 限时电流速断的定值降低，使其在 AB 末端短路时的灵敏度提高。由于必须考虑分支电源断开时短路的情况，因此仍应按 K_{br}最小的情况整定，也即取 $K_{br}=1$。

2）外汲电流的影响。如图 3-42 所示，分支电路为一并联的线路，此时故障线路中的电流 I'_{BC}将小于 I_{AB}，其关系为 $I_{AB}=I'_{BC}+I''_{BC}$，这种使故障线路中电流减小的现象，称为外汲。此时分支系数 $K_{br}<1$，短路电流的分布曲线如图 3-42 所示。

有外汲电流影响时的分析方法与有助增电流的情况相同，限时电流速断的动作电流仍应按式（3-30）整定。

当变电站母线 B 上既有电源又有并联线路时，其分支系数可能大于 1 也可能小于 1，此时应根据实际可能的运行方式，选取分支系数的最小值进行整定计算。对单侧有电源无分支的线路来说，$K_{br}=1$。

3. 过电流保护

对于过电流保护，一般都很难从电流的整定值躲开，而主要决定于动作时限的大小。以图 3-33 中保护 4 和保护 5 的过电流保护为例，如果保护 4 的动作时限 t_4等于保护 5 的动作时限 t_5，那么保护 4 和保护 5 都需要装设方向元件，以防止两个保护同时动作。如果 $t_4 \geqslant t_5+\Delta t$，则保护 4 就可以不用方向元件，因为当线路 CD 上短路时，保护 5 先动，保护 4 因有较长的时限则不动作，这样就保证了动作的选择性。但在这种情况下保护 5 必须有方向元件，否则当在线路 BC 上短路时，由于 $t_5<t_4$，它将先于保护 4 而误动作。

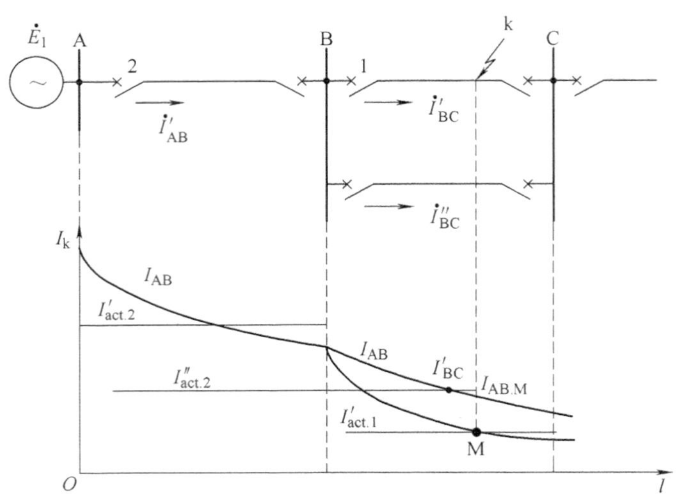

图 3-42 有外汲电流时限时电流速断保护的整定

3.4.5 对方向性电流保护的评价

由以上分析可见，在具有两个以上电源的网络接线中，必须采用方向性保护，才有可能保证各保护之间动作的选择性，这是方向保护的主要优点。但当继电保护中应用方向元件以后将使接线复杂、投资增加，同时保护安装地点附近正方向发生三相短路时，由于母线电压降低至零，方向元件将失去判别相位的依据，从而不能动作，其结果是导致整套保护装置拒动，出现方向保护的“死区”。

鉴于上述缺点的存在，在继电保护中应力求少用方向元件。实际上，能否取消方向元件而同时又不失去动作的选择性，将根据电流保护的工作情况和具体的整定计算来确定。

3.5 电网相间短路的方向电流保护的建模与仿真

3.5.1 功率方向元件的建模与仿真

1. 电力系统的仿真模型

如图 3-43 所示的双侧电源电力系统，电源 $\dot{E}_M = 115\angle10°\text{kV}$，$\dot{E}_N = 105\angle0°\text{kV}$，为了简化仿真，设置两个电源的内阻相等，且阻抗角与线路相同，$Z_{s\cdot M} = Z_{s\cdot N} = 0.226\angle73.13°\Omega$；线路 MN 长度为 50km，采用 LGJ—240/40 型架空线路，单位正序阻抗 $z_1 = 0.451\angle73.13°\Omega/\text{km}$。

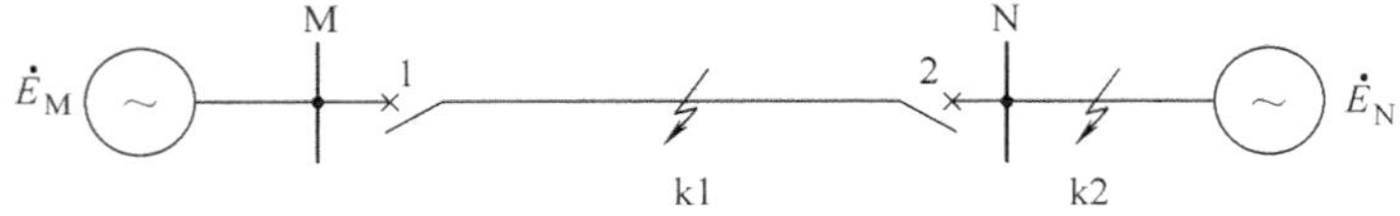

图 3-43 双侧电源电力系统

根据以上参数，建立电力系统的 Simulink 仿真模型，如图 3-44 所示。

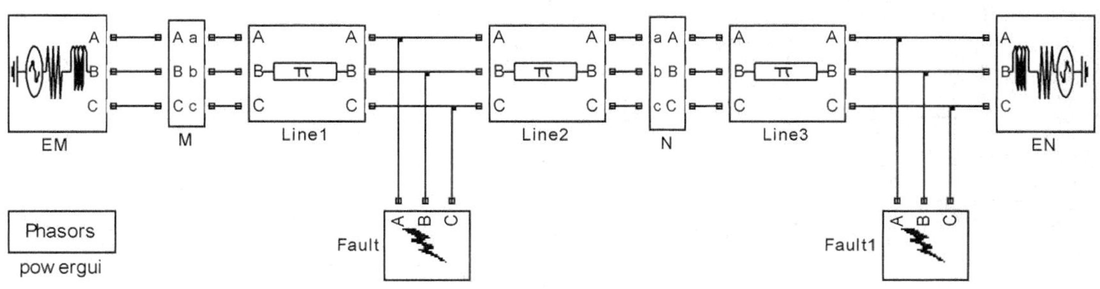

图 3-44　电力系统的 Simulink 仿真模型

在图 3-44 中，电源 E_M、E_N采用 “Three- Phase Source” 模型，其设置方法与 3. 3 节中的设置相似；线路 MN 选用 “Three- Phase PI Section Line” 模型。为了设置故障点，将线路 MN 分成两段，在仿真模型中，Line1 = 30km、Line2 = 20km，线路 MN（Line1）的参数设置如图 3-45 所示。

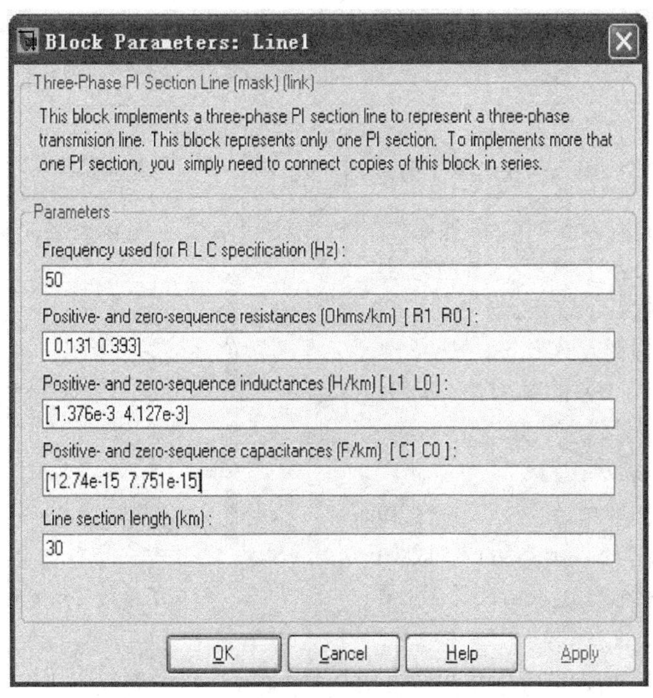

图 3-45　线路 MN（Line1）的参数设置

系统中的母线 M、N 用三相电压电流测量模块 “Three- Phase VI Measurement” 来仿真，其将测量到的电压、电流信号转变成 Simulink 信号。在 Simulink 中，电压电流测量模块输出信号的正方向为 “从 ABC 到 abc”，而对于继电保护来说，确定的正方向为 “从母线到线路”，所以在建立模型时应特别注意。

2. 功率方向元件的仿真模型

在图 3-43 中，保护 1 处的功率方向元件仿真模型如图 3-46 所示。采用三个已封装成子系统的功率方向元件 K1、K2、K3 按 “90° 接线” 方式分别接于三相。由动作方程式

(3-24) 可知，若线路阻抗角 $\varphi_k = 73.1°$，则功率方向继电器的内角为 $\alpha = 90° - \varphi_k = 16.9°$，可得功率方向元件的动作范围为 $-106.9° \sim 73.1°$。

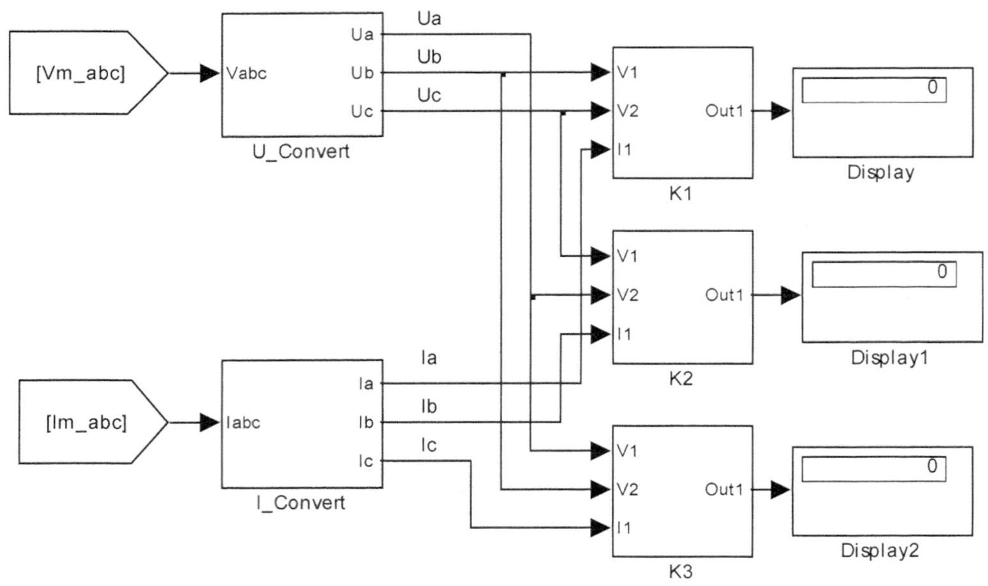

图 3-46 采用"90°接线"的功率方向元件仿真模型

相位显示器模块可以实时查看各元件的相位比较结果。应该注意的是，为了计算方便，在仿真中，所需要的各个电压、电流输出信号应为复数形式输出，然而当 Powergui 模块设置在"相位仿真方式"时，三相电压电流测量模块 UM、UN 的输出信号却为幅值和相角［单位为（°）］分离的方式，因此特设计了"U_convert"、"I_convert"子系统来获得复数形式的三相电压和电流。子系统"U_convert"的构成如图 3-47 所示，子系统"I_convert"的结构与其相同。

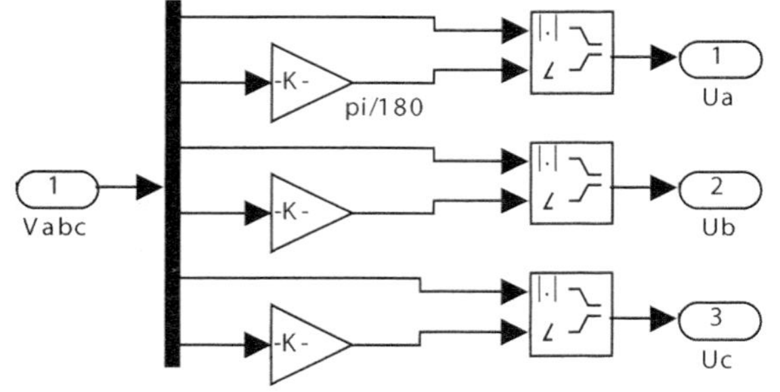

图 3-47 子系统"U_convert"的构成

打开功率方向元件模块，可以看到采用"90°接线"时功率方向元件的组成，如图 3-48 所示。在模块中应用了数学运算模块组的"倒数"、"叉乘"和"复数转换"等模块。

按照以上的方法，为图 3-43 中保护 2 处也配置了相同的功率方向元件仿真模型，三个功率方向元件分别为 K4、K5、K6。

3. 仿真结果及分析

在图 3-44 所示的仿真模型中，将故障模块 Fault 设置为在 $t = 0.5$s 到 $t = 2.5$s 时发生过渡电阻为 0 的三相短路（即图 3-43 中的 k1 点发生三相短路故障，在故障仿真模块中，过渡电阻设置为 0 时会出现错误，故可将过渡电阻设置为 0.01），故障模块 Fault1 设置为不动作（设置故障起始时间大于仿真总时间即可）。运行仿真，得当 k1 点发生三相短路故障时，保

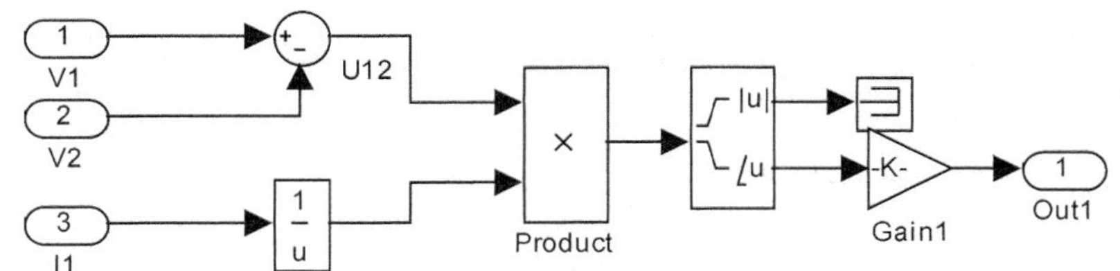

图 3-48　“90°接线”时功率方向元件的组成

护 1 的功率方向元件测量角度均为 -16.95°、保护 2 的功率方向元件测量角度均为 -16.98°，都在动作范围 -106.9°~73.1°内，所以功率方向元件能够正确动作。

将故障模块 Fault 设置为在 $t=0.5s$ 到 $t=2.5s$ 时发生过渡电阻为 0 的 AB 两相短路，故障模块 Fault1 设置为不动作。运行仿真，得保护 1 处三个功率方向元件的测量角度分别为 -44.91°、10.72°、 -74.45°，三个功率方向元件均能动作；保护 2 处三个功率方向元件的测量角度分别为 -41.54°、9.236°、95.62°，故只有两个功率方向元件能动作。

通过修改故障模块 Fault 的故障类型和过渡电阻值，可以得到 k1 点短路故障时，保护 1 处和保护 2 处的功率方向元件的测量结果，见表 3-1。

表 3-1　k1 点短路故障时，保护 1 处和保护 2 处功率方向元件的测量结果　[单位：(°)]

故障类型	过渡电阻/Ω	保护 1 处功率方向元件			保护 2 处功率方向元件		
		K1	K2	K3	K4	K5	K6
三相短路	0	-16.95	-16.95	-16.95	-16.98	-16.98	-16.98
	20	-71.08	-71.08	-71.08	-79.12	-79.12	-79.12
AB 相短路	0	-44.91	10.72	-74.45	-41.54	9.24	95.62
	20	-91.78	-50.27	-74.68	-121.9	-32.54	93.47
BC 相短路	0	-74.41	-44.9	10.70	95.57	-41.52	9.27
	20	-74.69	-91.79	-50.25	93.46	-121.9	-32.52
AC 相短路	0	10.69	-74.42	-44.88	9.26	95.56	-41.5
	20	-50.26	-74.7	-91.77	-32.53	93.45	-121.9

在图 3-44 所示的仿真模型中，将故障模块 Fault 设置为不动作，修改故障模块 Fault1 的故障类型和过渡电阻值，故障时间设置为 $t=0.5s$ 到 $t=2.5s$（即图 3-43 中的 k2 点发生短路故障）。运行仿真，得保护 1 处和保护 2 处的功率方向元件的测量结果，见表 3-2。

表 3-2　k2 点短路故障时，保护 1 处和保护 2 处功率方向元件的测量结果　[单位：(°)]

故障类型	过渡电阻/Ω	保护 1 处功率方向元件			保护 2 处功率方向元件		
		K1	K2	K3	K4	K5	K6
三相短路	0	-19.17	-19.17	-19.17	140.2	140.2	140.2
	20	-74.76	-74.76	-74.76	95.85	95.85	95.85
AB 相短路	0	-45.78	6.70	-74.42	151.5	151.5	84.99
	20	-75.99	-73.4	-74.48	95.10	97.53	96.12

（续）

故障类型	过渡电阻/Ω	保护 1 处功率方向元件			保护 2 处功率方向元件		
		K1	K2	K3	K4	K5	K6
BC 相短路	0	-74.43	-45.79	6.72	85.01	151.5	151.6
	20	-74.49	-76.0	-73.38	96.11	95.09	97.55
AC 相短路	0	6.71	-74.44	-45.77	151.6	84.97	151.5
	20	-73.39	-74.51	-75.98	97.54	96.10	95.11

从表 3-2 中可见，当在 k2 点发生短路故障时，对于保护 1 来说，仍为正方向，所以其相应的功率方向元件的测量结果仍在动作范围内；但对于保护 2 来说，其为反方向，所以相应的功率方向元件的测量结果超出了动作范围，不应动作。

最后，在图 3-44 所示的仿真模型中，将故障模块 Fault 和 Fault1 均设置为不动作，运行仿真，得保护 1 处的功率方向元件测量角度均为 -74.52°，保护 2 处的功率方向元件测量角度均为 96.71°。也就是在正常运行情况下，位于线路送电侧的功率方向元件（在本仿真模型参数下为保护 1 处）在负荷电流的作用下是处于动作状态的，而位于线路受电侧的功率方向元件（在本仿真模型参数下为保护 2 处）则不会动作。

3.5.2 分支电路对限时电流速断保护的影响仿真

1. 电力系统的仿真模型

如图 3-49 所示 110kV 电力系统，电源 E_A 的最大、最小系统阻抗分别为 $Z_{s.A.max}=20\Omega$，$Z_{s.A.min}=15\Omega$；电源 E_B 的最大、最小系统阻抗分别为 $Z_{s.B.max}=25\Omega$，$Z_{s.B.min}=20\Omega$，线路阻抗为 $Z_{AB}=40\Omega$，$Z_{BC}=50\Omega$。

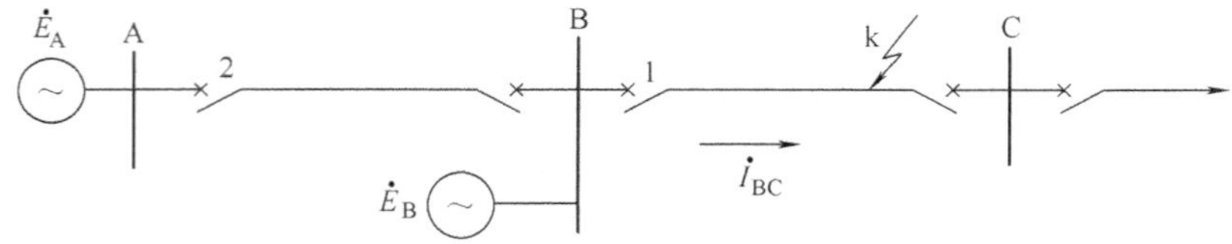

图 3-49　电力系统接线

根据以上参数，建立电力系统的 Simulink 仿真模型，如图 3-50 所示。

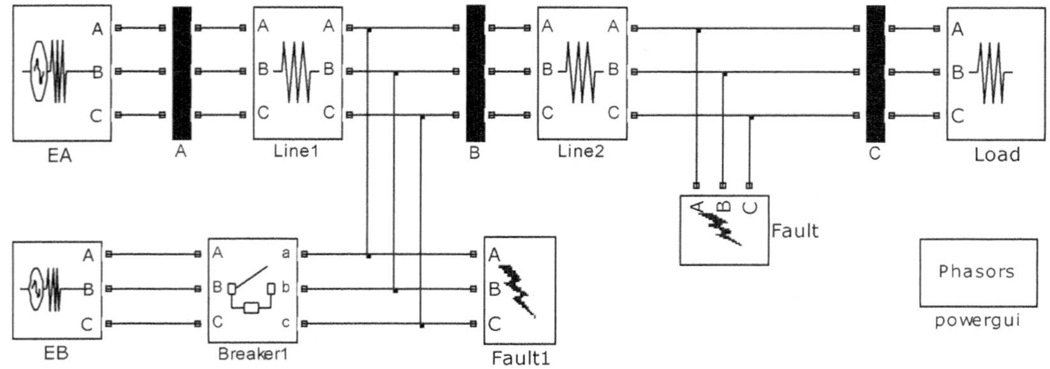

图 3-50　电力系统的 Simulink 仿真模型

与图 3-15 中的仿真模型相似，在图 3-50 中，电源 E_A、E_B采用“Three-phase Source”模型，输出电压设为系统的平均电压 115kV，线路 AB、BC 均选用“Three-phase Series RLC”模型。由于本次仿真的重点是研究分支电路对限时电流速断保护的影响及分支系数的计算，所以为了简化仿真模型中的参数设置，电源的系统阻抗和线路的阻抗均用电阻来模拟，这样做对仿真结果没有影响。线路 AB（Line1）的参数设置如图 3-51 所示。

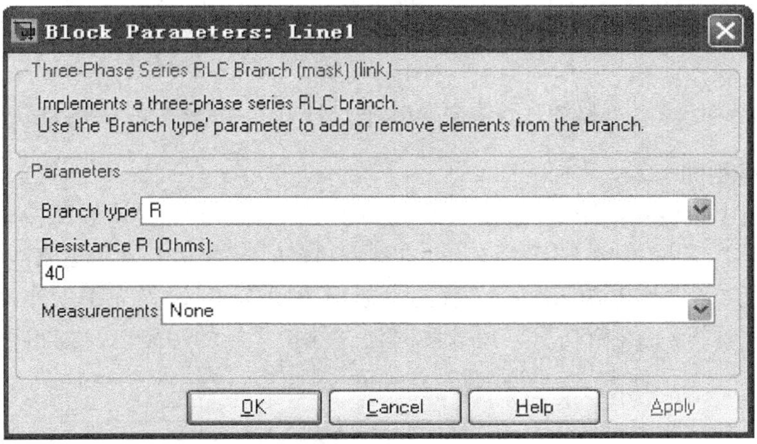

Block Parameters: Line1
Three-Phase Series RLC Branch (mask) (link)
Implements a three-phase series RLC branch.
Use the 'Branch type' parameter to add or remove elements from the branch.
Parameters
Branch type R
Resistance R (Ohms):
40
Measurements None
OK　Cancel　Help　Apply

图 3-51　线路 AB（Line1）的参数设置

在图 3-50 中，电源 E_B的出口串联了一个断路器模型，这样可以方便地比较在不同情况下的仿真结果。

2. 保护 2 限时电流速断的整定计算

按照已知条件，当电源 E_A为最小系统阻抗 $Z_{s.A.min}=15\Omega$、电源 E_B为最大系统阻抗 $Z_{s.B.max}=25\Omega$ 时，线路 BC 末端的三相短路电流值为

$$Z_{\Sigma}=(Z_{s.A.min}+Z_{AB})//Z_{s.B.max}=[(15+40)//25]\Omega=17.18\Omega$$

$$I_{kC.max}=\frac{E}{\sqrt{3}(Z_{\Sigma}+Z_{BC})}=\frac{115\times10^3}{\sqrt{3}\times(17.18+50)}\text{A}=988\text{A}$$

保护 1 的瞬时电流速断整定值为

$$I'_{act.1}=K'_{rel}I_{kC.max}=1.25\times988\text{A}=1235\text{A}$$

当不考虑分支电路（在此仿真中为助增电流）影响时，线路 AB 保护 2 处的限时电流速断整定值为

$$I''_{act.2}=K''_{rel}I'_{act.1}=1.1\times1235\text{A}=1358\text{A}$$

3. 仿真结果及分析

在图 3-50 所示的仿真模型中，设置电源 E_A为最小系统阻抗 $Z_{s.A.min}=15\Omega$、电源 E_B为最大系统阻抗 $Z_{s.B.max}=25\Omega$，故障模块 Fault 设置为在 $t=0.6$s 到 $t=1.5$s 时发生三相短路（即在线路 BC 的末端发生三相短路故障）。断路器设置在 $t=0$s 时闭合（助增电源 E_B投入运行），故障模块 Fault1 设置为不动作（设置故障起始时间大于仿真总时间即可）。运行仿真，得故障时流过保护 1 和保护 2 处的短路电流如图 3-52 所示。

从图 3-52 中可见，当线路 BC 的末端发生三相短路故障时，流过保护 1 的短路电流值为

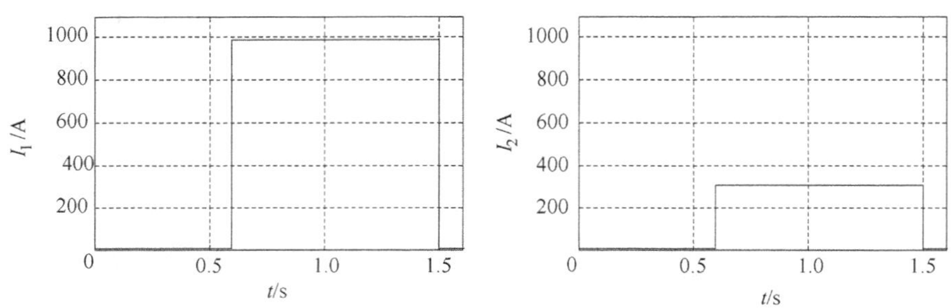

图 3-52 线路 BC 的末端故障时流过保护 1 和保护 2 处的短路电流

988A，与计算值相同。

在仿真模型中，设置电源 E_A 为最大系统阻抗 $Z_{s.A.max}=20\Omega$，将故障模块 Fault1 设置为在 $t=0.6$s 到 $t=1.5$s 时发生三相短路（即在线路 AB 的末端发生三相短路故障）。断路器设置在 $t=0$s 时闭合（助增电源 E_B 投入运行），故障模块 Fault 设置为不动作（设置故障起始时间大于仿真总时间）。运行仿真，得故障时流过保护 2 处的短路电流如图 3-53 所示。

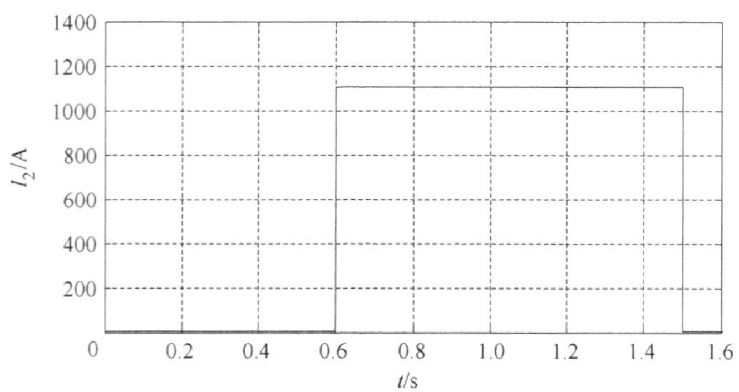

图 3-53 线路 AB 的末端故障时流过保护 2 处的短路电流

从图 3-53 中可见，当电源 E_A 为最小运行方式下线路 AB 末端发生三相短路故障时，流过保护 2 的短路电流值只有 1106A，而保护 2 处的限时电流速断整定值为 1358A，显然限时电流速断不能动作。

因此，当保护安装地点与短路点之间有分支电路时，在整定计算时就必须考虑分支系数。在本仿真模型下，由图 3-52 得到的数据并参照式（3-28）可得分支系数（此处计算的是最小分支系数）

$$K_{br}=\frac{988}{309}=3.2$$

若只用仿真电路的阻抗参数，则可以按下式计算分支系数：

$$K_{br}=1+\frac{Z_{s.A.min}+Z_{AB}}{Z_{s.B.max}}=1+\frac{15+40}{25}=3.2$$

此时，线路 AB 保护 2 处的限时电流速断整定值应为

$$I''_{act.2}=\frac{K''_{rel}}{K_{br}}I'_{act.1}=\frac{1.1}{3.2}\times1235\text{A}=424\text{A}$$

由图 3-53 得到的线路 AB 的末端发生三相短路故障时流过保护 2 的短路电流值，可计算出限时电流速断的灵敏度为

$$K_{sen}=\frac{0.866\times1106}{424}=2.26>1.3$$

可见此时保护 2 处的限时电流速断灵敏度满足要求。

4. 更为复杂的分支电路仿真

在图 3-50 所示的仿真电路模型的基础上，可以进一步建立更为复杂的分支电路的仿真模型，如图 3-54 所示。

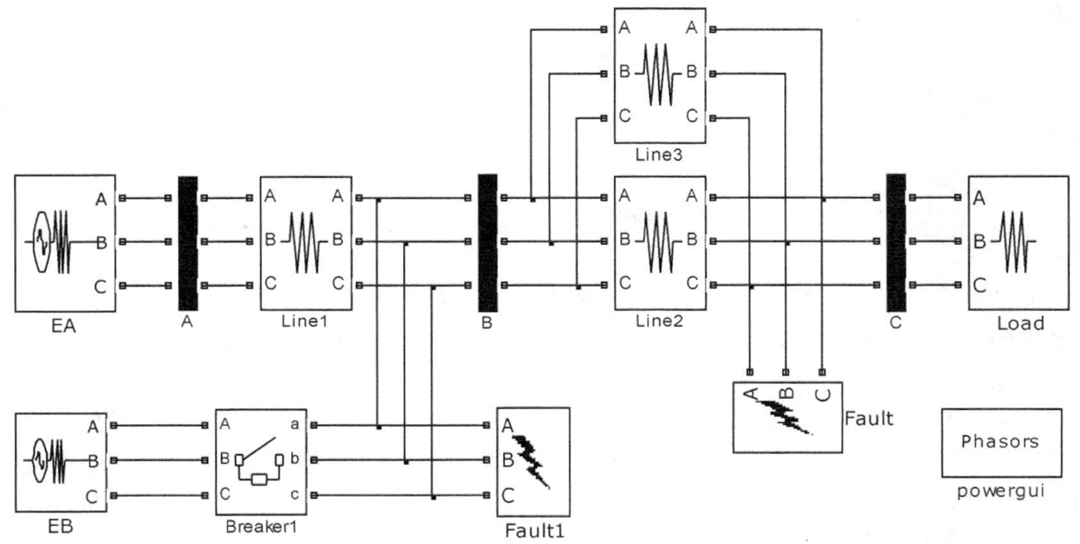

图 3-54　具有更为复杂分支电路的仿真模型

在图 3-54 中，当设置断路器在仿真过程中一直处于断开（即电源 E_B 不投入运行）时，就可以进行外汲电流对保护 2 处限时电流速断整定值影响的仿真；当设置断路器在 $t=0$s 时闭合（即电源 E_B 投入运行），就可以进行既有助增电流又有外汲电流时，对保护 2 处限时电流速断整定值影响的仿真。限于篇幅，在此不再叙述。

第4章　电网接地故障的电流电压保护与仿真

本章着重讨论电网接地故障的电流电压保护原理与仿真。本章4.1节介绍电力系统中性点运行方式的分类以及不同中性点运行方式下的接地故障特点。4.2节着重介绍中性点直接接地电网中发生接地短路时的故障特征、零序分量的获取方法以及中性点直接接地电网的零序电流保护和方向性零序电流保护。4.3节着重介绍中性点不接地和中性点经消弧线圈接地电网中单相接地故障的特点，并对小电流接地系统的绝缘监视及单相接地故障选线方法作简要介绍。4.4节主要针对不同的接地方式，进行电网的建模，通过仿真验证系统发生单相接地时的故障特征。

4.1　电力系统中性点运行方式与接地故障概述

所谓电力系统中性点运行方式，是指电力系统中发电机或变压器的中性点接地的方式。中性点的运行方式直接影响到电网的绝缘水平、电压等级、供电的可靠性和线路的保护方式等诸方面。

接地故障是指导线与大地之间的不正常连接，包括单相接地故障和两相接地故障。据统计，单相接地故障占高压线路总故障次数的70%以上、占配电线路总故障次数的80%以上，而且绝大多数相间故障都是由单相接地故障发展而来的。因此，接地故障保护对电力系统的安全运行是非常重要的。

接地故障与电力系统的中性点运行方式密切相关，在不同中性点运行方式的电网中，即使相同的接地故障条件，所表现出的故障特征以及后果和危害完全不同，因而保护策略也不相同。

4.1.1　电力系统中性点运行方式的分类

对于中性点接地方式有很多种分类方法，其中最常用的是按单相接地短路时接地电流的大小分为大电流接地系统和小电流接地系统两类。大电流接地方式也称有效接地方式，有中性点直接接地和中性点经小电阻接地两种方式；小电流接地方式也称非有效接地方式，有中性点不接地和中性点经消弧线圈接地两种方式。国际上对大电流接地方式和小电流接地方式的分属有定量的标准，该定量标准由零序综合电抗与正序综合电抗之比确定。对于接地点，若零序综合电抗$X_{0\Sigma}$比正序综合电抗$X_{1\Sigma}$大得越多，接地点电流就越小。我国规定，当$X_{0\Sigma}/X_{1\Sigma}\geqslant 4\sim 5$时，属于小电流接地系统，否则属于大电流接地系统；有的国家把该比例定为3.0。

中性点采用哪种接地方式主要取决于供电可靠性（是否允许带一相接地故障时继续运行）和限制过电压两个因素。我国规定110kV及以上电压等级的系统采用中性点直接接地方式，35kV及以下的系统采用中性点不接地或经消弧线圈接地方式，对城市电流供电网络可采用小电阻接地方式。

在同一电压等级的电网中，往往有多个变压器运行，我国对变压器中性点的接地方式又做了如下规定：

1）根据 DL/T 620—1997《交流电气装置的过电压和绝缘配合》第 3. 1. 1 条规定，500kV 主变压器不允许不接地运行，同时自耦变压器因线圈结构问题，也不允许打开中性点运行，因此 500kV 主变压器必须直接接地运行。

2）根据 DL/T 559—2007《220kV ~ 750kV 电网继电保护装置运行整定规程》第 7. 1. 4 条规定，对 220kV 主变压器而言，变电站只有一台主变压器，则中性点直接接地；有两台及以上变压器时，应只将一台变压器直接接地运行，当该变压器停运时，将另一台中性点不接地变压器改为直接接地；双母线运行的变电站有三台及以上变压器，应按两台变压器中性点直接接地运行，并把它们分别接入不同的母线，当其中一台中性点直接接地变压器停运时，将另一台中性点不接地变压器直接接地。

3）根据 DL/T 584—2007《3kV ~ 110kV 电网继电保护装置运行整定规程》第 6. 1. 3 条，对 110kV 主变压器而言，变电站变压器中性点的接地方式应尽量保持按地区电网零序阻抗基本不变，同时变压器中性点直接接地点也不宜过分集中，以防止事故时直接接地的变压器跳闸后引起其余变压器零序过电压保护动作跳闸；无地区电源的单回线供电的终端变压器中性点不宜直接接地运行。

4. 1. 2　不同中性点运行方式下的接地故障

1. 中性点直接接地系统

中性点直接接地系统如图 4-1 所示。当发生接地故障时，接地点与大地、中性点 N 及相导线形成短路通路，因此故障相将有大短路电流流过。为了保证故障设备不损坏，断路器必须动作切除故障线路。另一方面，这种中性点直接接地系统发生单相接地故障时，接地相电压降低，非接地相电压几乎不变，而接地相电流增大，非接地相电流几乎不变，因此这种接地方式可以不考虑过电压问题，但是故障必须排除。

2. 中性点经小电阻接地系统

中性点经小电阻接地系统如图 4-2 所示。当发生接地故障时，接于中性点 N 与大地之间的电阻 r 限制了接地故障电流的大小，也限制了故障后过电压的水平。这是一种在国外应用较多、在国内开始逐渐应用的中性点接地方式。这种接地方式主要用于大城市电缆供电网络规模很大，接地时电容电流太大，难以补偿的系统。

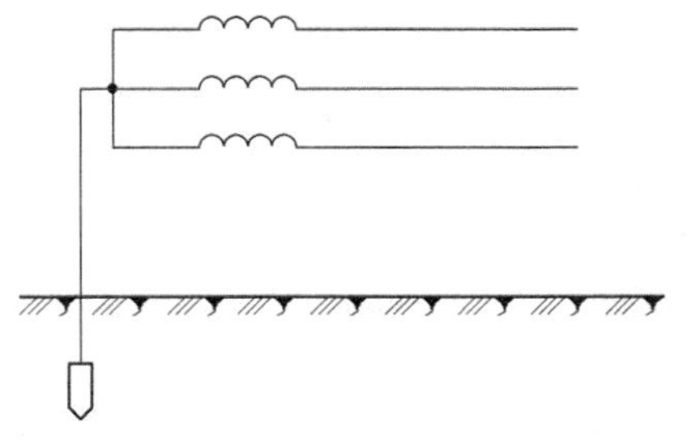

图 4-1　中性点直接接地系统

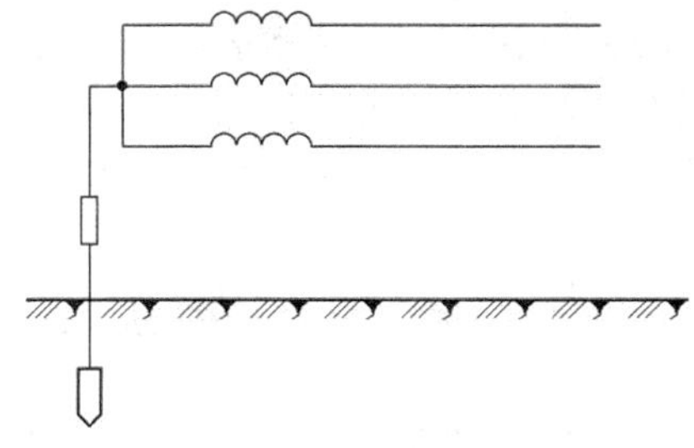

图 4-2　中性点经小电阻接地系统

3. 中性点不接地系统

中性点不接地系统如图 4-3 所示，单相接地故障发生后，由于中性点 N 不接地，所以没有形成短路电流通路，故障相和非故障相都将流过正常负荷电流，线电压仍然保持对称，可以短时不予切除。这段时间可以用于查明故障原因和排除故障，或者进行倒负荷操作，因此该中性点不接地方式对于用户的供电可靠性高。但是此时接地相电压将降低，非接地相电压将升高至线电压，对于电气设备绝缘造成威胁，因此，单相接地发生后不能长期运行（具体分析见4.3节）。事实上，对于中性点不接地系统，由于线路分布电容（电容数值不大，但容抗很大）的存在，接地故障点和导线对地电容还是能够形成电流通路的，从而有数值不大的电容性电流在导线和大地之间流通。一般情况下，这个容性电流在接地故障点将以电弧形式存在，严重时电弧高温会损毁设备，甚至引起附近建筑物燃烧起火，不稳定的电弧燃烧还会引起弧光过电压，造成非接地相绝缘击穿，进而发展成为相间故障，导致断路器动作跳闸，中断对用户的供电。

4. 中性点经消弧线圈接地系统

中性点经消弧线圈接地系统如图4-4所示。当电网正常运行时，接于中性点N与大地之间的消弧线圈中无电流流过，消弧线圈不起作用；当接地故障发生时，中性点将出现零序电压，在这个电压的作用下，将有感性电流流过消弧线圈，并注入发生了接地的电力系统中，从而抵消在接地点流过的电容性接地电流，消除或者减轻接地电弧电流的危害。需要说明的是，经消弧线圈补偿后，接地点将不再有容性电弧电流或者只有很小的电容性电流流过，但是接地确实发生了，接地故障可能依然存在，而且接地相电压降低，而非接地相电压还很高，长期接地运行依然是不允许的。

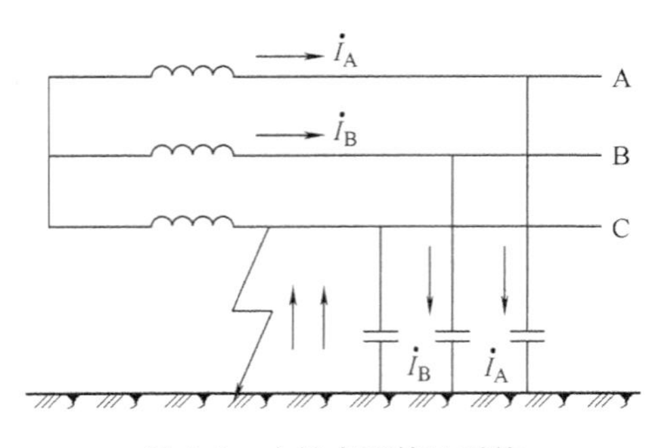

图4-3 中性点不接地系统

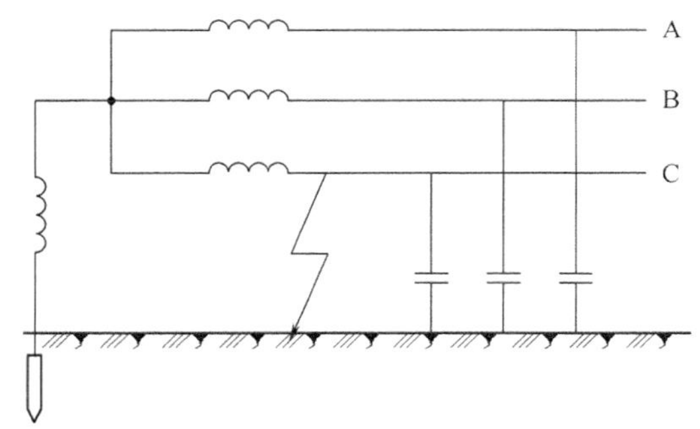

图4-4 中性点经消弧线圈接地系统

上述四种接地故障类型是按照中性点结构区分的。实际上，接地故障点的状况也将影响接地电流的大小和性质。接地故障点可能是金属性接地，也可能是非金属性接地，一般非金属性接地包括经电弧接地，经树枝、杆塔接地或它们的组合接地。经非金属介质接地也包含着高阻接地，其主要特点是接地电流数值小，难以检测。

4.2 大电流接地系统的接地短路保护

大电流接地系统主要有中性点直接接地和中性点经小电阻接地两种方式。当中性点直接接地电网发生接地故障时，将出现零序电压和数值较大的零序电流，这是接地故障的显著特征，据此可以构成有效的保护。

4.2.1　中性点直接接地电网发生接地短路时的故障特征

中性点直接接地系统发生接地故障时，可以利用对称分量法将电流和电压分解为正序、负序和零序分量，并利用复合序网来表示它们之间的关系，如图 4-5 所示。系统图如图 4-5a 所示，零序等效网络如图 4-5b 所示。零序电流可以看成是在故障点出现一个零序电压 $\dot{U}_{k0}$ 而产生的，它必须经过变压器接地的中性点构成回路，对零序电流的方向仍然采用母线流向被保护线路为正，而对零序电压的方向是线路高于大地的电压为正，如图 4-5b 中的“→”所示。

由电力系统故障分析可知，在上述等效网络中，零序分量的参数具有如下特点：

1）故障点的零序电压最高，系统中距离故障点越远处的零序电压越低，变压器中性点接地处的零序电压为零。零序电压的分布如图 4-5c 所示，在变电站 A 母线上零序电压为 U_{A0}，变电站 B 母线上零序电压为 U_{B0}。

2）由于零序电流是由 $\dot{U}_{k0}$ 产生的，当忽略回路电阻时，按照规定的正方向画出的零序电流和电压的相量图如图 4-5d 所示。由图可知，$\dot{I}'_0$ 和 $\dot{I}''_0$ 将超前 $\dot{U}_{k0}$ 90°。

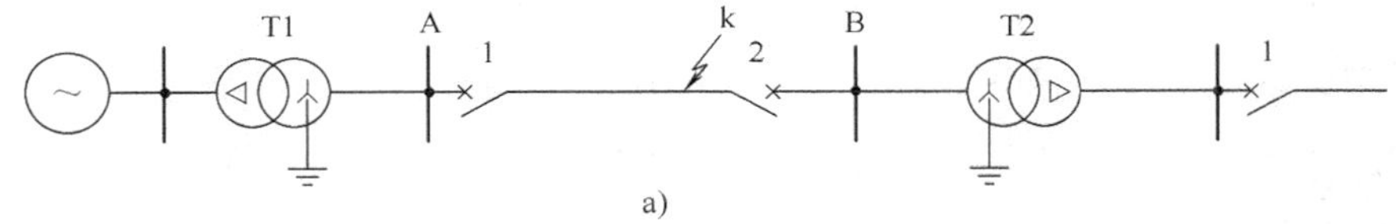

a)

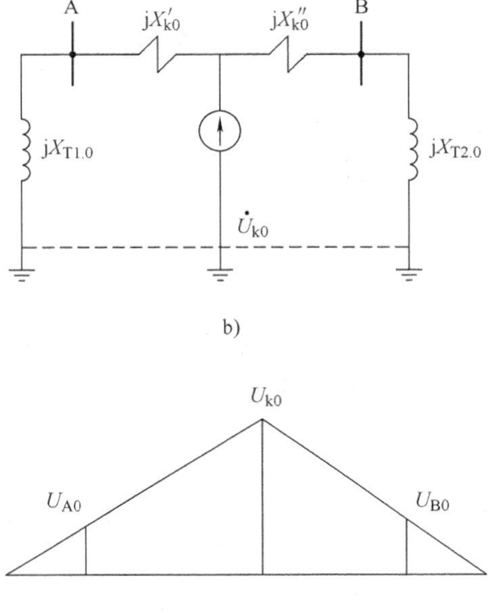

图 4-5　中性点直接接地系统发生接地故障时的零序等效网络

a）系统图　b）零序网　c）零序电压分布

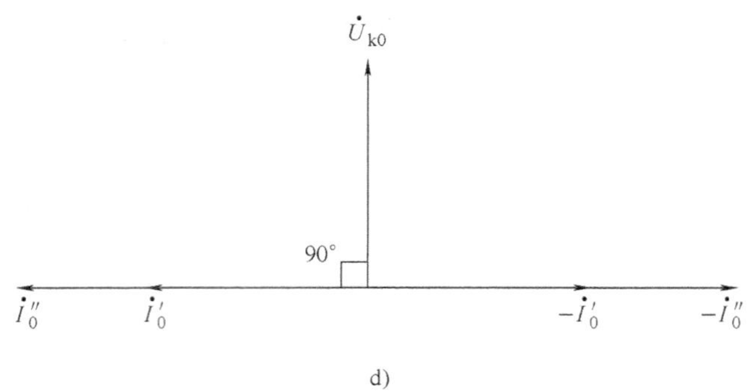

图 4-5 中性点直接接地系统发生接地故障时的零序等效网络（续）
d）相量图

零序电流的分布，主要取决于输电线路的零序阻抗和中性点接地变压器的零序阻抗，而与电源的数目和位置无关，例如在图 4-5a 中，当变压器 T2 的中性点不接地时，$\dot{I}_0''=0$。

3）对于发生故障的线路，两端零序功率的方向与正序功率的方向相反。零序功率方向实际上都是由线路流向母线的。

4）保护安装处母线上的零序电压与零序电流之间的关系决定于该处背后的零序阻抗。例如图 4-5a 中 A 母线上的零序电压 $\dot{U}_{A0}$，实际上它是从该点到零序网络中性点之间零序阻抗上的电压降，即

$$\dot{U}_{A0}=(-\dot{I}_0)Z_0 \tag{4-1}$$

式中，Z_0为变压器 T1 的零序阻抗，$Z_0=jX_{T1.0}$。

该处零序电流与零序电压之间的相位差也将由 Z_0的阻抗角决定，而与被保护线路的零序阻抗及故障点的位置无关。

如果电网中性点采用经小电阻接地，通过理论分析可知，中性点电阻的接入会影响零序电流大小和电压、电流相位关系，但是总体上不影响零序电压的分布规律。

4.2.2 零序分量的获取

1. 零序电压过滤器

为了取得零序电压，通常采用如图 4-6a 所示的三个单相式电压互感器或图 4-6b 所示的三相五柱式电压互感器，其一次绕组接成星形并将中性点接地，其二次绕组接成三角形，这样从 m、n 端子上得到的输出电压为

$$\dot{U}_{mn}=\dot{U}_a+\dot{U}_b+\dot{U}_c=3\dot{U}_0 \tag{4-2}$$

而对正序或负序分量的电压，由于三相电压相加为零，没有输出，因此，这种接地实际上就是零序电压过滤器。

此外，当发电机的中性点经电压互感器或消弧线圈接地时，如图 4-6c 所示，从它的二次绕组中也能够取得零序电压。

在微机保护中，利用程序将三个相电压相加，如图 4-6d 所示，也可以从内部合成零序电压。

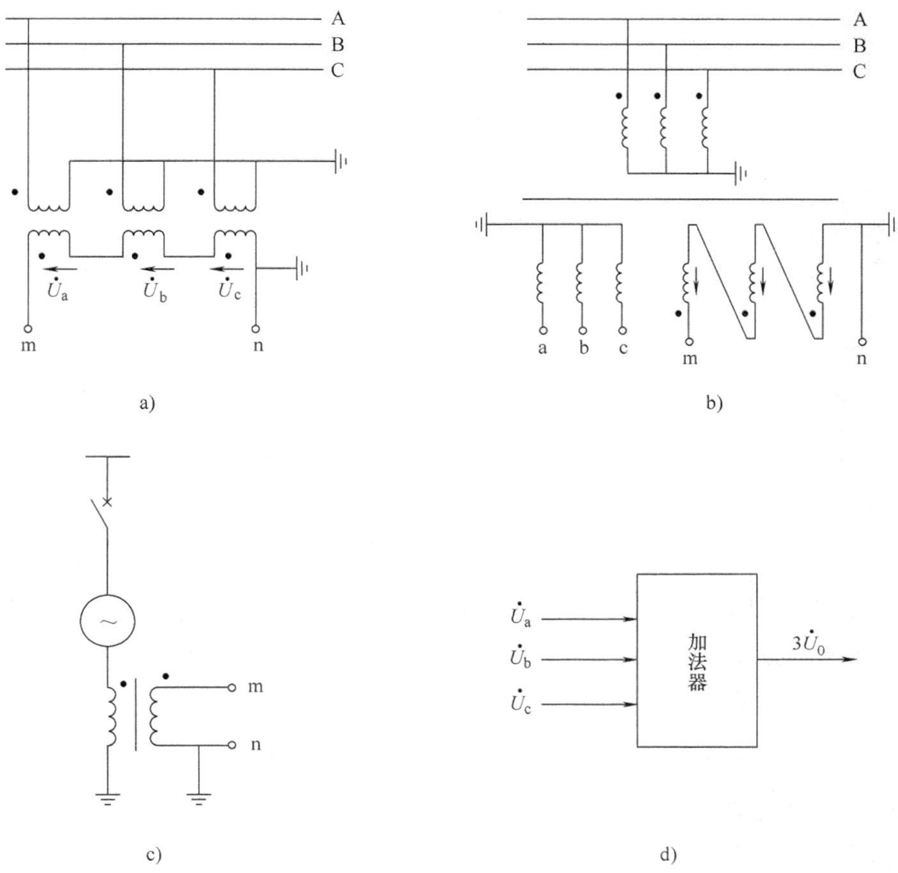

图 4-6　取得零序电压的接线

a）用三个单相式电压互感器　b）用三相五柱式电压互感器

c）用接于发电机中性点的电压互感器　d）在微机继电保护装置内部合成零序电压

实际上，在电网正常运行和相间短路时，由于电压互感器的误差以及三相系统对地不完全平衡，在开口三角形侧也可能有数值不大的电压输出，此电压称为不平衡电压（以 U_{unb} 表示）。此外，当系统中存在三次谐波分量时，一般三相中的三次谐波电压是同相位的，因此，在零序电压过滤器的输出端也有三次谐波的电压输出。对反应于零序电压而动作的保护装置，应该考虑避开它们的影响。

2. 零序电流过滤器

为了取得零序电流，通常采用三相电流互感器按图 4-7a 的方式连接，此时流入继电器回路中的电流为

$$\dot{I}_K = \dot{I}_a + \dot{I}_b + \dot{I}_c = 3\dot{I}_0 \tag{4-3}$$

而对正序或负序分量的电流，因三相相加后等于零，因此，就没有输出。这种过滤器的接线实际上就是分别将三相的电流互感器按三相星形接线方式连接，在中性线上获取零序电流。因此，在实际使用中，零序电流保护器并不需要专门用一组电流互感器，利用相间保护电流互感器就可以了。

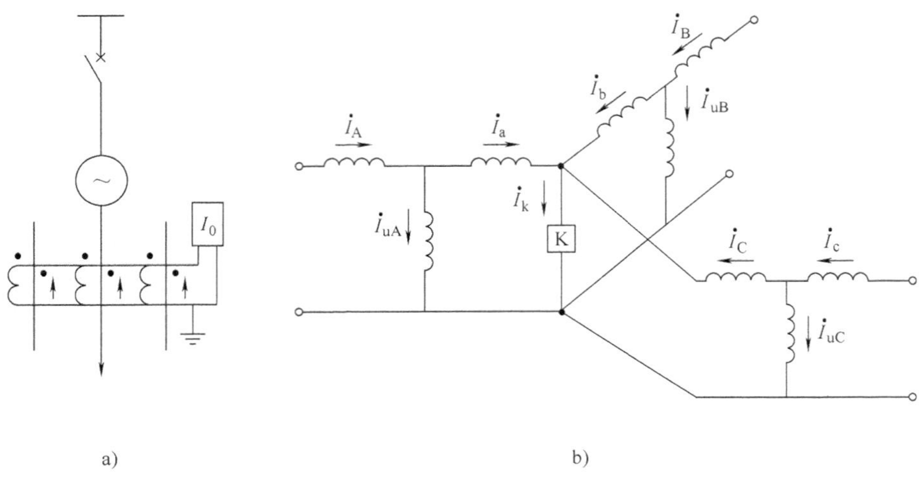

图 4-7 零序电流过滤器
a）原理接线 b）等效电路

零序电流过滤器也会产生不平衡电流。图 4-8 所示为一个电流互感器的等效电路，考虑励磁电流 $\dot I_u$ 的影响后，二次电流和一次电流的关系应为

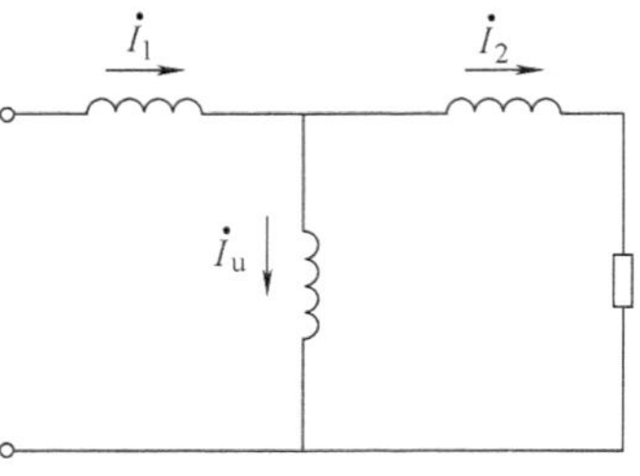

图 4-8 电流互感器等效电路

$$\dot I_2 = \frac{1}{n_{TA}}(\dot I_1 - \dot I_u) \tag{4-4}$$

因此，零序电流过滤器的等效电路即可用图 4-7b 来表示，此时流入继电器的电流为

$$\begin{aligned}\dot I_K &= \dot I_a + \dot I_b + \dot I_c \\ &= \frac{1}{n_{TA}}[(\dot I_A - \dot I_{uA}) + (\dot I_B - \dot I_{uB}) + (\dot I_C - \dot I_{uC})] \\ &= \frac{1}{n_{TA}}(\dot I_A + \dot I_B + \dot I_C) - \frac{1}{n_{TA}}(\dot I_{uA} + \dot I_{uB} + \dot I_{uC})\end{aligned} \tag{4-5}$$

在正常运行和一切不伴随有接地的相间短路时，三个电流互感器一次侧的电流的相量和必然为零，因此流入继电器中的电流即为

$$\dot I_K = -\frac{1}{n_{TA}}(\dot I_{uA} + \dot I_{uB} + \dot I_{uC}) = \dot I_{unb} \tag{4-6}$$

$\dot I_{unb}$ 称为零序电流过滤器的不平衡电流。它是由三个互感器励磁电流不相等而产生的，而励磁电流的不等，则是由于铁心的磁化曲线不完全相同以及制造过程中的某些差别引起的。当发生相间短路时，电流互感器一次侧流过的电流值最大并包含有非周期分量，因此不平衡电流也达到最大值，以 $I_{unb.max}$ 表示。

当发生接地短路时，在过滤器的输出端有 $3I_0$ 电流输出，此时 I_{unb} 相对于 $3I_0$ 一般很小，因此可以忽略，零序保护即可反应于这个电流而动作。

此外，对于采用电缆引出的送电线路，还广泛采用了零序电流互感器的接线以获得 $3I_0$，如图 4-9 所示。此电流互感器就套在电缆的外面，从铁心穿过的电缆就是电流互感器的一次绕组，在其环形铁心上绕二次绕组。因此，这个互感器的一次电流就是 $\dot{I}_a+\dot{I}_b+\dot{I}_c$，由于只当一次侧出现零序电流时，在互感器二次侧才有相应的 $3I_0$输出，故称它为零序电流互感器。采用零序电流互感器的优点，主要是没有不平衡电流，同时接线也更简便。在微机继电保护中，零序电流可以从各瞬时相电流中用软件算出。

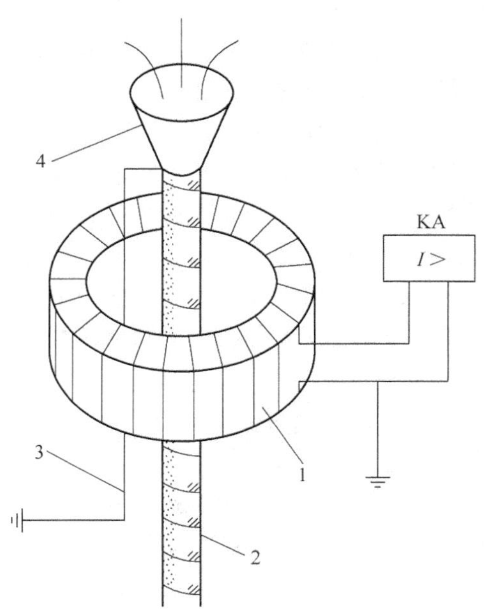

图 4-9　采用零序电流互感器的接线

1—零序电流互感器　2—电缆　3—接地线　4—电缆头

4.2.3　中性点直接接地电网的接地保护

零序电流保护反映中性点接地系统发生接地短路时的零序电流分量，原理简单可靠、灵敏度高、保护区较为稳定，在输电线路中获得了广泛应用。零序电流保护和反应于相间短路的电流保护一样，采用阶段式，多为四段，并可根据运行需要而增减段数。

1. 零序电流瞬时速断（零序Ⅰ段）保护

零序Ⅰ段保护反应于测量点的零序电流大小而瞬时动作，为保证选择性，保护范围不超过线路全长。在发生单相或两相接地故障时，可先求出零序电流 $3I_0$随线路长度 l 变化的关系曲线，然后进行保护整定计算。

零序电流瞬时速断保护的整定需要考虑以下原则：

1）躲开下一条线路出口处单相或两相接地短路时可能出现的最大零序电流 $3I_{0.\max}$，即

$$I'_{\mathrm{act}}=K'_{\mathrm{rel}}\times 3I_{0.\max} \tag{4-7}$$

式中，K'_{rel}为可靠系数，一般取 1.2～1.3。

2）躲开断路器三相触头不同期合闸时所出现的最大零序电流 $3I_{0.\mathrm{ut}}$，即

$$I'_{\mathrm{act}}=K'_{\mathrm{rel}}\times 3I_{0.\mathrm{ut}} \tag{4-8}$$

如果保护装置的动作时间大于断路器三相不同期合闸的时间，则不考虑这一条件。

整定值应选取其中较大者。但在有些情况下，如按照原则 2）整定将使起动电流过大，

使保护范围缩小时，也可采用在手动合闸以及三相自动重合闸时使零序Ⅰ段带有一个小延时（约0.1s），以躲开断路器三相不同期合闸的时间，这样在定值上就无需考虑原则2）了。

3）当线路上采用单相自动合闸时，按照能够躲开非全相运行状态下又发生系统振荡时所出现的最大零序电流来整定。

按照原则1）、2）整定的零序Ⅰ段，往往不能躲开在非全相运行状态下又发生系统振荡时所出现的最大零序电流，而如果按原则3）整定，则正常情况下发生接地故障时其保护范围又要缩小，不能充分发挥零序Ⅰ段的作用。为了解决这个矛盾，通常是设置两个零序Ⅰ段保护，一个是按原则1）或2）整定（由于其定值较小，保护范围较大，因此，称为灵敏Ⅰ段），它的主要任务是对全相运行状态下的接地故障起保护作用，具有较大的保护范围，而当单相自动重合闸起动时则将自动闭锁，需待恢复全相运行时才能重新投入。另一个是按原则3）整定（由于它的定值较大，因此称为不灵敏Ⅰ段），装设它的主要目的是为了在单相重合闸过程中，其他两相又发生接地故障时用以弥补失去灵敏Ⅰ段的缺陷，尽快地将故障切除。当然，不灵敏Ⅰ段也能反应于全相运行状态下的接地故障，致使其保护范围较灵敏Ⅰ段小些。

2. 零序电流限时速断（零序Ⅱ段）保护

零序Ⅱ段保护的起动电流首先考虑的是与下一线路的零序电流速断相配合，并带有一个动作时限，以保证动作的选择性。但是，当两个保护之间的变电站母线上接有中性点接地的变压器时，如图4-10a所示，由于这一支路的影响，将使零序电流的分布发生变化，此时的零序等效网络如图4-10b所示，零序电流的变化曲线如图4-10c所示。当线路BC上发生接地短路时，流过保护1和保护2的零序电流分别为$\dot{I}_{k0.BC}$和$\dot{I}_{k0.AB}$，两者之差就是从变压器T2中性点流回的电流$\dot{I}_{k0.T2}$。

显而易见，这种情况与相间短路故障有助增电流的情况相同，引入零序电流的分支系数$K_{0.br}$之后，则零序Ⅱ段的起动电流应整定为

$$I''_{act.2}=\frac{K''_{rel}}{K_{0.br}}I'_{act.1} \tag{4-9}$$

当变压器T2切除或中性点改为不接地运行时，该支路即从零序等效网络中断开，此时$K_{0.br}=1$。

零序Ⅱ段作为单相接地短路的主保护，其灵敏系数应按照本线路末端接地短路时的最小零序电流来校验，并应满足$K_{sen}\geqslant 1.3\sim1.5$的要求。当由于下一线路比较短或运行方式变化比较大，不能满足对灵敏系数的要求时，可以考虑用下列方式解决：

1）使零序Ⅱ段保护与下一条线路的零序Ⅱ段相配合，时限再抬高一级，取为0.7～1.2s。

2）保留0.5s的零序Ⅱ段，同时再增加一个按原则1）整定的保护，这样，保护装置中就具有两个定值和时限均不相同的零序Ⅱ段，一个是定值较大，能在正常运行方式和最大运行方式下以较短的延时切除本线路上所发生的大部分接地故障，另一个则具有较长的延时，它能保证在各种运行方式下线路末端接地短路时，保护装置具有足够的灵敏系数。

3）从系统接线的全局考虑改用接地距离保护。

3. 零序过电流（零序Ⅲ段）保护

零序Ⅲ段保护的作用相当于相间短路的过电流保护，在一般情况下是作为后备保护使用

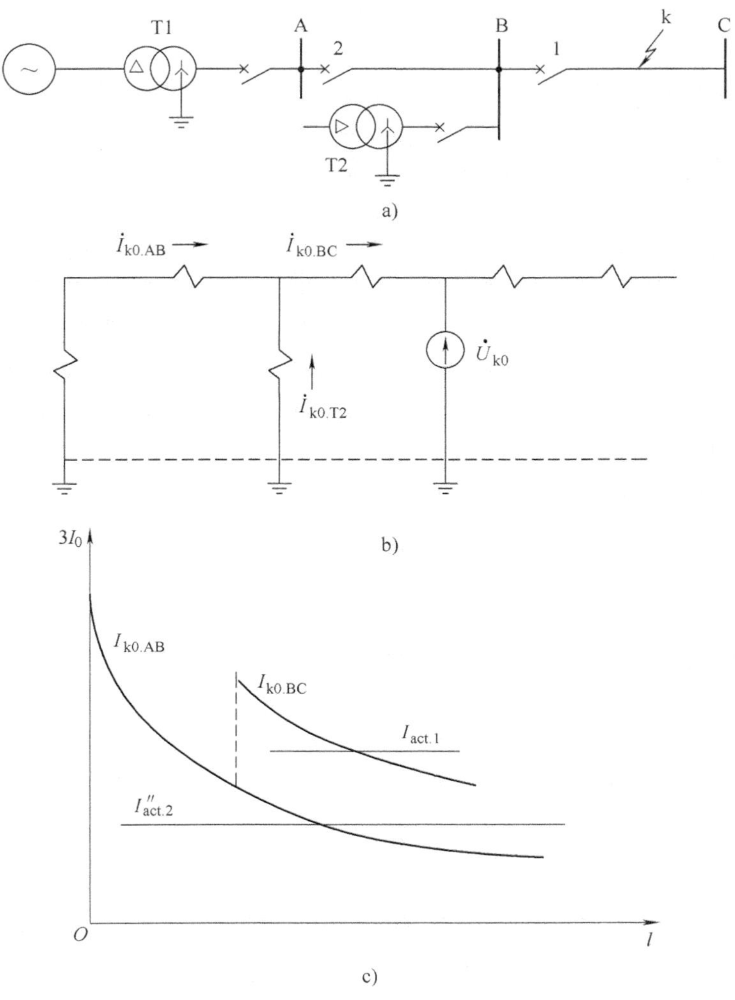

图 4-10　有分支电路时，零序Ⅱ段的动作特性分析

a）网络接线　b）零序等效网络　c）零序电流变化曲线

的，但因其在大电流接地系统中的终端线路上，能快速切除全线上的接地故障，故也可以作为主保护使用。

在零序过电流保护中，对继电器的起动电流，原则上是按照躲开在下一条线路出口处相间短路时出现的最大不平衡电流 $I_{unb.max}$ 来整定，引入可靠系数 K_{rel}，即为

$$I'''_{act}=K_{rel}I_{unb.max} \tag{4-10}$$

在第 3 章中提到，对于相间过电流保护最后一段，为了提高灵敏度尽量降低定值，一般只按时间配合，不要求校验各级保护的保护范围是否伸出下级保护范围之外，而对于零序保护最后一段定值都很低，灵敏度都很高，为了提高选择性，可以在定值上也按逐级配合的原则来考虑。具体说，就是本保护零序Ⅲ段的保护范围，不能超出相邻线路上零序Ⅲ段的保护范围。当两个保护之间具有分支电路时，参照图 4-10 的分析，保护装置的起动电流应整定为

$$I'''_{act.2}=\frac{K_{rel}}{K_{0.br}}I'''_{act.1} \tag{4-11}$$

式中，K_{rel}为可靠系数，一般取 1.1 ~ 1.2；$K_{0.br}$为在相邻线路的零序Ⅲ段保护范围末端发生单相接地短路时，故障线路中零序电流与流过本保护装置中零序电流之比。

保护装置的灵敏度，当作为相邻元件的后备保护时，应按照相邻元件末端单相接地短路时流过本保护的最小零序电流（应考虑分支电路使电流减小的影响）来校验。

按上述原则整定的零序过电流保护，其起动电流一般都很小（在二次侧约为 2 ~ 3A），因此，在本电压等级网络中发生接地短路时它都可能起动，为了保证选择性，各保护的动作时限也需按阶梯原则来确定。图 4-11 所示的网络接线中，安装在受端变压器 T1 上的零序过电流保护 4 可以是瞬时动作的，由于在 Yd 联结变压器低压侧的任何故障都不能在高压侧引起零序电路，因此，就无需考虑与保护 1 ~ 保护 3 的配合关系。例如，按照选择性的要求，保护 5 应比保护 4 高出一个时间段，保护 6 又应比保护 5 高出一个时间段等。

为了便于比较，在图 4-11 中也绘出了相间短路过电流保护的时限特性。从图中可以看出，同一线路上的零序过电流保护的动作时限小于相间短路的过电流保护的时限，这是零序过电流保护的优点之一。

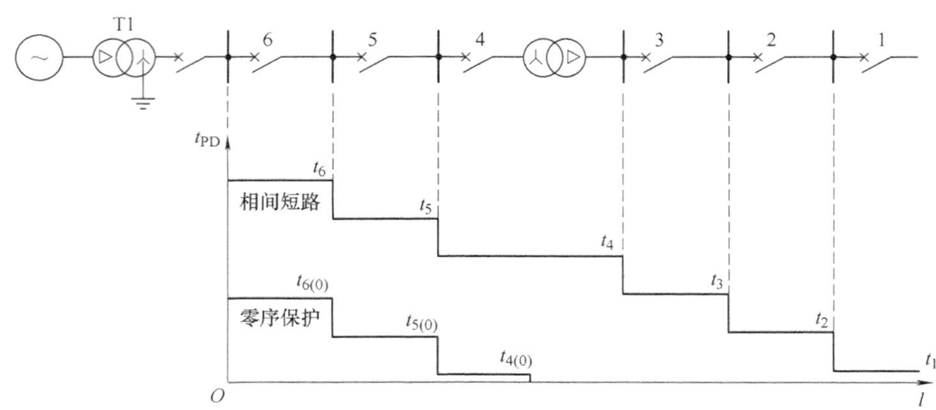

图 4-11 相间短路和接地短路时过电流保护和零序过电流保护的动作时限

4. 方向性零序电流保护

在双侧或多侧电源的网络中，电源处变压器的中性点一般至少有一台要接地，由于零序电流的实际流向是由故障点流向各个中性点接地的变压器，因此在有多个变压器接地的网络中，就需要考虑加装零序电流方向保护。

如图 4-12a 所示的网络接线，两侧电源处的变压器中性点均直接接地，这样当 k1 点短路时，其零序等效网络和零序电流分布如图 4-12b 所示。按照选择性的要求，应该由保护 1 和保护 2 动作切除故障，但是零序电流 $\dot{I}''_{0.k1}$流过保护 3 时就可能引起它的误动作；同样，当 k2 点短路时，如图 4-12c 所示，零序电流 $\dot{I}'_{0.k2}$又可能使保护 2 误动作。此情况类似于本书第 3 章中的分析，必须在零序电流保护上增加功率方向元件，利用正方向和反方向故障时零序功率方向的差别来闭锁可能误动作的保护，才能保证动作的选择性。

零序功率方向继电器接于零序电压 $3\dot{U}_0$和零序电流 $3\dot{I}_0$之上，反应于零序功率的方向而

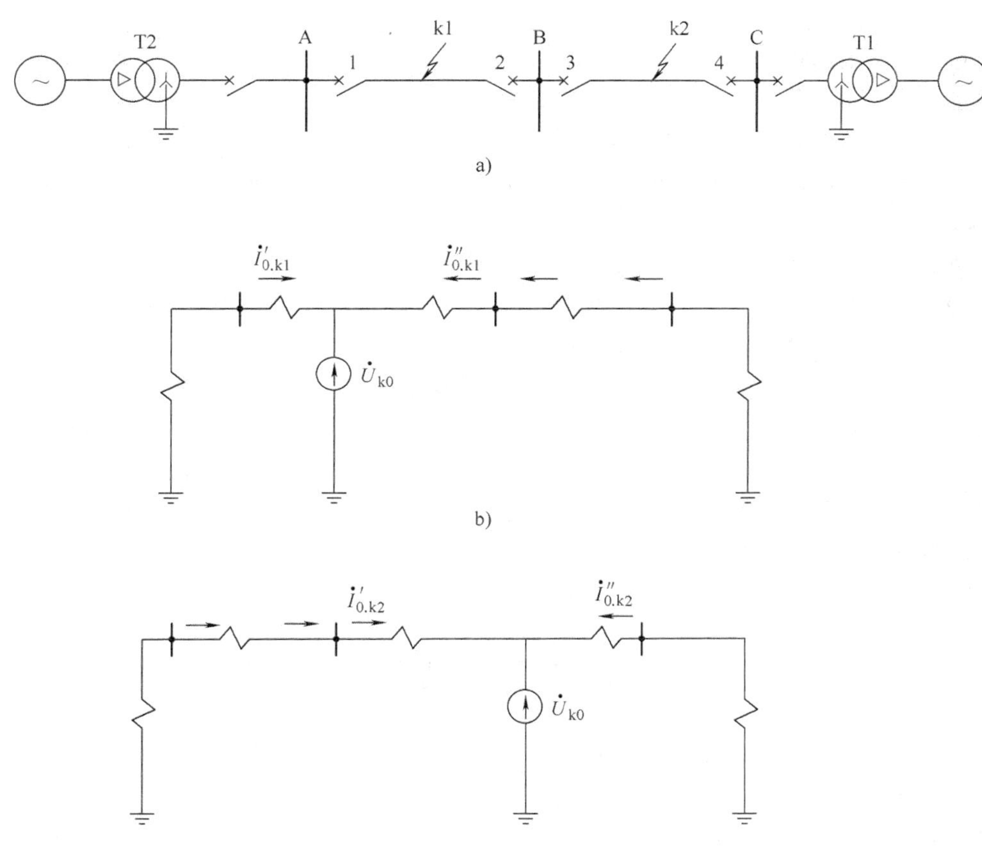

图 4-12　零序方向保护工作原理分析

a）网络接线　b）k1 点短路时的零序网络　c）k2 点短路时的零序网络

动作。因为接地短路时零序电流是由接地点的零序电压产生的，故当保护范围内部发生故障时，按规定的电流、电压正方向，$3\dot{I}_0$超前于$3\dot{U}_0$为 95°～100°（对应于保护安装地点背后的零序阻抗角为 85°～70°的情况），继电器此时应正确动作，并应工作在最灵敏的条件之下。

4.2.4　对零序电流保护的评价

零序电流保护的优点有如下几点：

1）零序过电流保护按照躲开不平衡电流的原则整定，整定值低；而当真正的接地故障发生时，故障相的电流数值一般都很大。因此保护灵敏度高。

此外，由图 4-11 可见，零序过电流保护的动作时限也比相间保护短。尤其是对两侧电源的线路，当线路内部靠近任一侧发生接地短路时，本侧零序保护 I 段动作跳闸后，对侧零序电流增大可使对侧零序保护 I 段也相继动作跳闸，因而使总的故障切除时间更加缩短。

2）零序电流保护受系统运行方式变化的影响小，零序保护 I 段的保护范围大、稳定，零序保护Ⅱ段的灵敏系数也易于满足需求。

3）当系统发生某些不正常运行状态时，例如系统振荡、短时过负荷等，三相是对称的，相间短路的电流保护均将受它们的影响而可能误动作，因而需要采取必要的措施予以防止，而零序保护则不受它们的影响。

4）在110kV及以上的高压和超高压系统中，单相接地故障约占全部故障的70%～90%，而且其他的故障也往往是由单相接地发展起来的，因此采用专门的零序保护就具有显著的优越性。我国电力系统的实际运行经验也已充分证明了这一点。

零序电流保护的缺点有如下几点：

1）对于短线路或运行方式变化很大的情况，保护往往不能满足系统运行所提出的要求。对于复杂的双回线环网，灵敏度常常难以满足要求。

2）随着单相重合闸的广泛应用，在重合闸动作的过程中将出现非全相运行状态，再考虑系统两侧的电机发生摇摆，则可能出现较大的零序电流，因而影响零序电流保护的正确工作。此时应从整定计算上予以考虑，或在单相重合闸动作过程中使之短时退出运行。

3）当采取自耦变压器联系两个不同电压等级的网络时（例如110kV和220kV电网），则任一网络的接地短路都将在另一网络中产生零序电流，这将使零序保护的整定配合复杂化，并将增大零序第Ⅲ段保护的动作时限。

4.3 小电流接地系统的单相接地保护

小电流接地系统有中性点不接地和中性点经消弧线圈接地两种方式。发生接地故障时，由于接地回路的阻抗（容抗）较大，零序电流数值较小，接地故障特征不如中性点直接接地系统明显。对于两相接地故障，相间电流保护将动作，并切除故障线路；对于单相接地故障，由于只要求保护有选择性地发出接地告警信号，因此一般情况下不需要跳闸。

4.3.1 中性点不接地电网单相接地时的故障特征

对于图4-13a所示的最简单的网络接线，在正常运行情况下，其三相对地有相同的电容，均为C_0，在相电压的作用下，每相都有一超前于相电压90°的电容电流流入地中，而三相电流之和等于零。假设在A相发生了单相接地，则A相对地电压变为零，对地电容被短接并放电，而其他两相的对地电压则升高$\sqrt{3}$倍，对地电容充电电流也相应地增大$\sqrt{3}$倍，其相量关系如图4-13b所示。在单相接地时，由于三相中的负荷电流和线电压仍然是对称的，因此下面的分析不予考虑，而只分析对地关系的变化。

在A相接地以后，各相对地的电压为

$$\dot{U}_{AD}=0$$

$$\left.\begin{aligned}\dot{U}_{BD}&=\dot{E}_B-\dot{E}_A=\sqrt{3}\dot{E}_A e^{-j150^\circ}\\ \dot{U}_{CD}&=\dot{E}_C-\dot{E}_A=\sqrt{3}\dot{E}_A e^{j150^\circ}\end{aligned}\right\}\tag{4-12}$$

故障点k的零序电压为

$$\dot{U}_{0k}=\frac{1}{3}(\dot{U}_{AD}+\dot{U}_{BD}+\dot{U}_{CD})=-\dot{E}_A\tag{4-13}$$

在非故障相中流向故障点的电容电流为

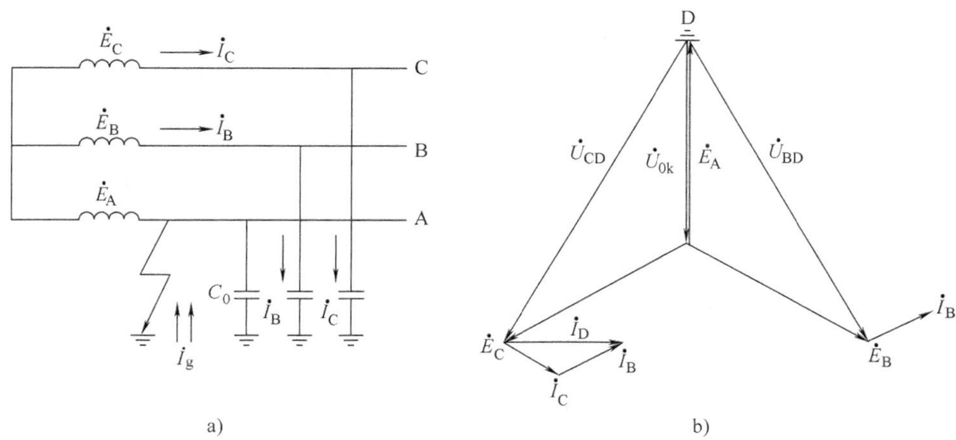

图 4-13　A 相发生接地的简单网络

a）网络接线　b）相量图

$$\left.\begin{aligned}\dot{I}_B &= \dot{U}_{BD} j\omega C_0 \\ \dot{I}_C &= \dot{U}_{CD} j\omega C_0\end{aligned}\right\} \tag{4-14}$$

其有效值为

$$I_B = I_C = \sqrt{3} U_\varphi \omega C_0 \tag{4-15}$$

式中，U_φ为相电压的有效值。

此时，从接地点流回的电流为 $\dot{I}_D = \dot{I}_B + \dot{I}_C$，由图 4-13 可见，其有效值为 $I_D = 3U_\varphi \omega C_0$，即正常运行时三相对地电容电流的算术和。

如图 4-14 所示，当网络中有发电机 G 和多条线路存在时，每台发电机和每条线路对地均有电容存在，设以 C_{0G}、$C_{0\mathrm{I}}$、$C_{0\mathrm{II}}$、$C_{0\mathrm{III}}$等集中的电容来表示，当线路Ⅲ发生 A 相接地后，如果忽略负荷电流和电容电流在线路阻抗上的电压降，则全系统 A 相对地的电压均等于零，因而各元件 A 相对地的电容电流也等于零，同时 B 相和 C 相的对地电压和电容电流也都升高$\sqrt{3}$倍，仍可用式（4-12）~式（4-15）的关系来表示。该情况下的电容电流分布在图 4-14 中用“→”表示。

由图 4-14 可见，在非故障的线路Ⅰ、Ⅱ上，A 相电流为零，B 相和 C 相中流过本身的电容电流，因此在线路始端所反应的零序电流为

$$3\dot{I}_{0\mathrm{I}} = \dot{I}_{B\mathrm{I}} + \dot{I}_{C\mathrm{I}}$$

$$3\dot{I}_{0\mathrm{II}} = \dot{I}_{B\mathrm{II}} + \dot{I}_{C\mathrm{II}}$$

其有效值为

$$3I_{0\mathrm{I}} = 3U_\varphi \omega C_{0\mathrm{I}}$$

$$3I_{0\mathrm{II}} = 3U_\varphi \omega C_{0\mathrm{II}}$$

即零序电流为线路Ⅰ、Ⅱ本身的电容电流，电容性无功功率的方向为由母线流向线路。

当电网中的线路很多时，上述结论可适用于每一条非故障的线路。

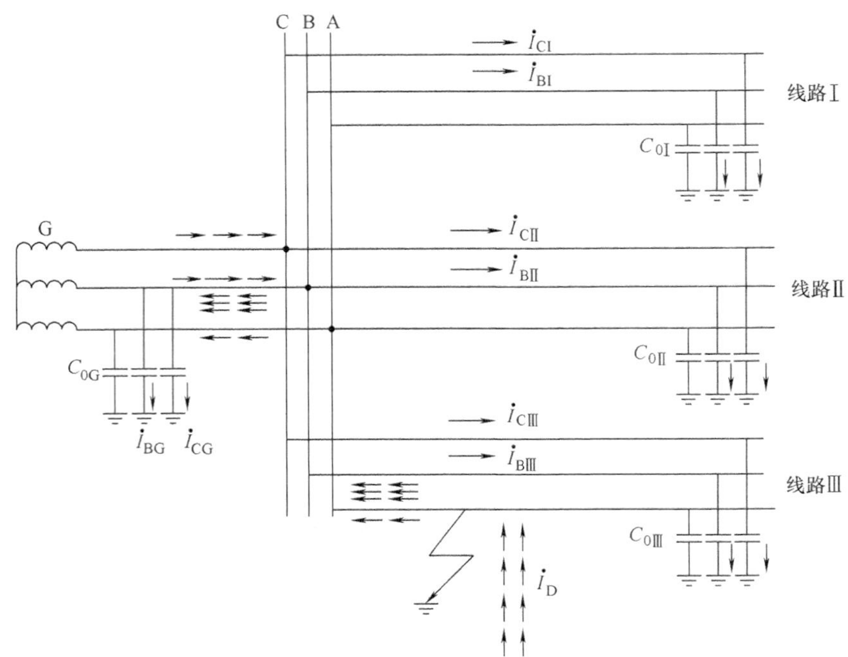

图 4-14 A 相发生接地时系统的电容电流分布

在发电机 G 上，首先流过它本身的 B 相和 C 相的对地电容电流为$\dot{I}_{BG}$和$\dot{I}_{CG}$，但是，由于它还是产生其他电容电流的电源，因此从 A 相中要流回从故障点流上来的全部电容电流，而在 B 相和 C 相中又要分别流出各线路上同名相的对地电容电流，因此，此时从发电机出线端所反映的零序电流仍应为三相电流之和。由图 4-14 可见，各线路的电容电流由于从 A 相流入后又分别从 B 相和 C 相流出了，相加后互相抵消，只剩下发电机本身的电容电流，故

$$3\dot{I}_{0G}=\dot{I}_{BG}+\dot{I}_{CG}$$

有效值为 $3I_{0G}=3U_{\varphi}\omega C_{0G}$，即零序电流为发电机本身的电容电流，其电容性无功功率的方向是由母线流向发电机，这个特点与非故障线路是一样的。

对于故障线路Ⅲ，其 B 相和 C 相与非故障线路一样流过它本身的电容电流$\dot{I}_{BⅢ}$和$\dot{I}_{CⅢ}$，而且在接地点要流回全系统 B 相和 C 相对地电容电流的总和，其值为

$$\dot{I}_{D}=(\dot{I}_{BⅠ}+\dot{I}_{CⅠ})+(\dot{I}_{BⅡ}+\dot{I}_{CⅡ})+(\dot{I}_{BⅢ}+\dot{I}_{CⅢ})+(\dot{I}_{BG}+\dot{I}_{CG}) \tag{4-16}$$

其有效值为

$$I_{D}=3U_{\varphi}\omega(C_{0Ⅰ}+C_{0Ⅱ}+C_{0Ⅲ}+C_{0G})=3U_{\varphi}\omega C_{0\Sigma} \tag{4-17}$$

式中，$C_{0\Sigma}$为全系统每相对地电容的总和。

此电流要从 A 相流回电源，因此从 A 相流出的电流可表示为$\dot{I}_{AⅢ}=-\dot{I}_{D}$，这样在线路Ⅲ始端所流过的零序电流则为

$$3\dot{I}_{0Ⅲ}=\dot{I}_{AⅢ}+\dot{I}_{BⅢ}+\dot{I}_{CⅢ}=-(\dot{I}_{BⅠ}+\dot{I}_{CⅠ}+\dot{I}_{BⅡ}+\dot{I}_{CⅡ}+\dot{I}_{BG}+\dot{I}_{CG}) \tag{4-18}$$

其有效值为

$$3I_{0\mathrm{III}} = 3U_{\varphi}\omega(C_{0\Sigma} - C_{0\mathrm{III}}) \tag{4-19}$$

由此可见，由故障线路流向母线的零序电流，其数值等于全系统非故障元件对地电容电流的总和（但不包括故障线路本身），其电容性无功功率的方向为由线路流向母线，恰好与非故障线路上的相反。

根据上述分析结果可以作出单相接地时的零序等效网络，如图 4-15a 所示。图中，在接地点有一个零序电压$\dot{U}_{k0}$，而零序电流的回路是通过各个元件的对地电容构成的，由于送电线路的零序阻抗远小于电容的容抗，因此可以忽略不计，在中性点不接地系统中的零序电流就是各元件的对地电容电流。其相量关系如图 4-15b 所示（图中，$\dot{I}'_{0\mathrm{III}}$表示线路Ⅲ本身的零序电容电流），这与直接接地系统是完全不同的。

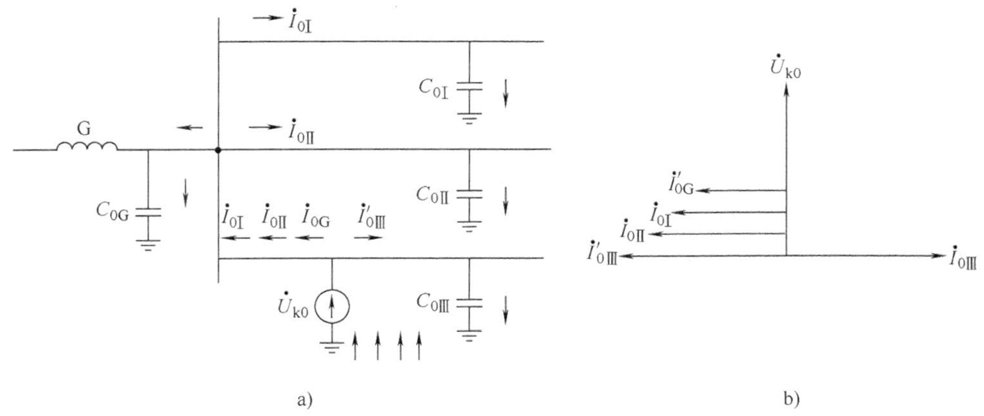

图 4-15　对应图 4-14 的零序等效网络及相量图

a）零序等效网络　b）相量图

总结以上分析的结果，当中性点不接地系统中发生单相接地故障时，有如下特点：

1）在发生单相接地时，全系统都将出现零序电压。

2）在非故障的元件上有零序电流，其数值等于本身的对地电容电流，电容性无功功率的实际方向为由母线流向线路。

3）在故障线路上，零序电流为除本线路外全系统非故障元件对地电容电流之和，数值一般较大，电容性无功功率的实际方向为由线路流向母线。

这些特点和区别将是构成保护方式的依据。

4.3.2　中性点经消弧线圈接地系统单相接地的故障特征

当中性点不接地系统中发生单相接地时，在接地点要流过全系统的对地电容电流，如果此电流比较大，就会在接地点燃起电弧，引起弧光过电压，从而使非故障相的对地电压进一步升高，并进一步使绝缘损坏，形成两点或多点的接地短路，造成停电事故。为了解决这个问题，通常在中性点接入一个电感线圈，如图 4-16a 所示。当发生单相接地时，在接地点就有一个电感分量的电流通过，此电流和原系统中的电容电流相抵消，就可以减少流经故障点的电流，因此称之为消弧线圈。

在各级电压网络中，当全系统的电容电流超过一定数值（对于 3～6kV 电网超过 30A，对于 10kV 电网超过 20A，对于 22～66kV 电网超过 10A）时应装设消弧线圈。

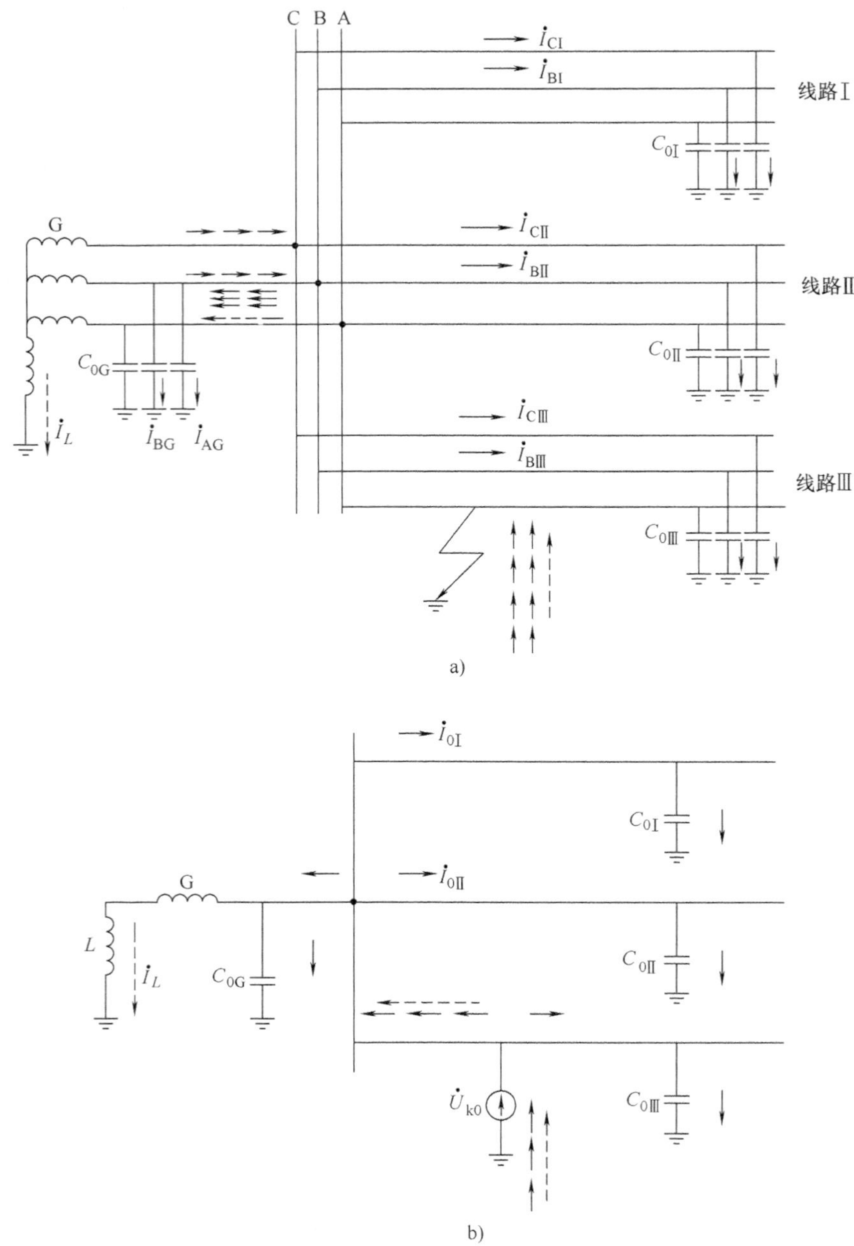

图 4-16 消弧线圈接地网络中发生单相接地时的电流分布

a）电流分布 b）零序等效网络

当采用消弧线圈以后，单相接地时的电流分布将发生重大的变化。如图 4-16a 所示，当线路Ⅲ发生 A 相接地以后，在接地点增加了一个电感分量的电流 $\dot{I}_L$，因此从接地点流回的总电流为

$$\dot{I}_{\mathrm{D}} = \dot{I}_L + \dot{I}_{C\Sigma} \tag{4-20}$$

$$\dot{I}_L=\frac{-\dot{E}_A}{j\omega L}$$

式中，$\dot{I}_{C\Sigma}$为全系统的对地电容电流，可用式（4-16）计算；$\dot{I}_L$为消弧线圈的电流；L为消弧线圈的电感。

由于$\dot{I}_{C\Sigma}$和$\dot{I}_L$的相位大约相差180°，因此$\dot{I}_D$将因消弧线圈的补偿而减小。相似地，可以作出零序等效网络，如图4-16b所示。

根据对地电容电流的补偿程度不同，消弧线圈可以有完全补偿、欠补偿及过补偿三种补偿方式。

1. 完全补偿

完全补偿就是使$I_L=I_{C\Sigma}$，接地点的电流近似为0。从消除故障点的电弧、避免出现弧光过电压的角度来看，这种补偿方式是最好的，但是从其他方面来看，则又存在严重的缺点。因为完全补偿方式时，$\omega L=\frac{1}{3\omega C_\Sigma}$，正是电感$L$和三相对地电容$3C_\Sigma$对50Hz交流串联谐振的条件。这样在正常情况下，如果架空线路三相的对地电容不完全相等，则电源中性点对地之间就产生电位偏移。应用戴维南定理，当L断开时中性点的电压为

$$\dot{U}_N=\frac{\dot{E}_A j\omega C_A+\dot{E}_B j\omega C_B+\dot{E}_C j\omega C_C}{j\omega C_A+j\omega C_B+j\omega C_C}=\frac{\dot{E}_A C_A+\dot{E}_B C_B+\dot{E}_C C_C}{C_A+C_B+C_C} \tag{4-21}$$

式中，$\dot{E}_A$、$\dot{E}_B$、$\dot{E}_C$分别为三相电源电动势；C_A、C_B、C_C分别为三相对地电容。

此外，在断路器合闸三相触头不同时闭合时，也将短时出现一个数值更大的零序分量电压。

在上述两种情况下所出现的零序电压都是串联接于L和$3C_\Sigma$之间的，其零序等效网络如图4-17所示。此电压将在串联谐振的回路中产生很大的电压降落，从而使电源中性点对地电压严重升高，这是不能允许的。因此，在实际上不宜采取全补偿方式。

2. 欠补偿

欠补偿就是使$I_L<I_{C\Sigma}$，补偿后的接地点电流仍然是电容性的。采用这种方式时，仍然不能避免上述问题的发生，因为当系统运行方式变化时，例如某条线路被切除或发生故障而跳闸，则电容电流将减小，这时很有可能会出现I_L和$I_{C\Sigma}$两个电流相等的情况而引起过电压。因此，欠补偿的方式一般也是不采用的。

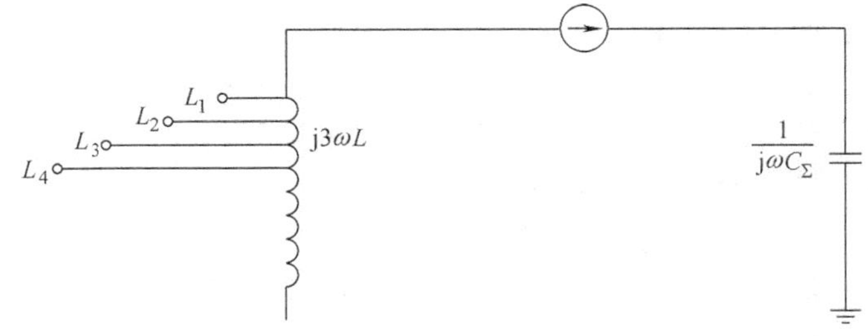

图4-17　产生串联谐振的零序等效网络

3. 过补偿

过补偿就是使$I_L>I_{C\Sigma}$，补偿后的残余电流是电感性的。由于这种方法不会发生串联谐振的过电压问题，因此在实际中获得了广泛的应用。

I_L大于$I_{C\Sigma}$的程度用过补偿P来表示，其关系为

$$P = \frac{I_L - I_{C\Sigma}}{I_{C\Sigma}} \tag{4-22}$$

一般选择过补偿 $P = 5\% \sim 10\%$，而不大于 10%。

总结以上分析的结果，可以得出如下结论：

1）当采用完全补偿方式时，流经故障线路和非故障线路的零序电流都是本身的电容电流，电容性无功功率的实际方向都是由母线流向线路（见图4-16）。因此在这种情况下，利用稳态零序电流的大小和功率方向都无法判断出哪一条线路上发生了故障。

2）当采用过补偿方式时，流经故障线路的零序电流将大于本身的电容电流，而电容性无功功率的实际方向仍然是由母线流向线路，与非故障线路的方向一样。因此在这种情况下，首先无法利用功率方向的差别来判断故障线路，其次由于过补偿度不大，因此也很难像中性点不接地系统那样，利用零序电流大小的不同来找出故障线路。

由于实际电力系统所接线路的回路数会发生变化，导致全系统的对地电容电流发生变化，消弧线圈有可能出现补偿过大，因此还需采用可变消弧线圈自动跟踪补偿来解决此问题。

4.3.3　小电流接地系统的绝缘监视及单相接地故障选线方法

在发电厂和变电站的母线上，一般装设电网单相接地的监视装置。这种装置是利用接地后出现的零序电压带延时动作于信号的，因此，可用一台过电压继电器接于电压互感器二次开口三角形的一侧构成网络单相接地的监视装置。其原理接线如图4-18所示。

由于只要本网络中发生单相接地故障，就在同一电压等级的所有发电厂和变电站的母线上都将出现零序电压，因此这种方法给出的信号是没有选择性的，要想发现故障是在哪一条线路上，还需要由运行人员依次短时断开每条线路，并继之以自动重合闸将断开线路投入来判断，若断开某条线路时零序电压的信号消失，则表明故障是在该线路之上。

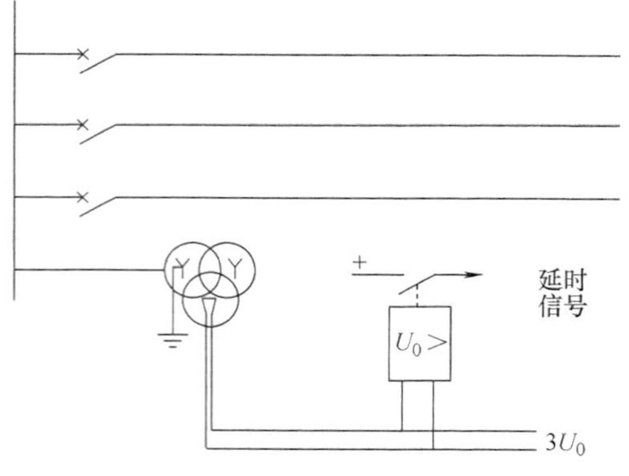

图4-18　网络单相接地的监视装置原理接线

近年来，随着微机保护技术的进步，科研人员开发出了多种新的选线方法，下面就其中的几种原理作简单的介绍。

1. 零序电流幅值比较法

零序电流幅值比较法简称幅值法。它利用故障线路零序电流幅值比非故障线路大的特点选择故障线路。以前的做法是使用电流继电器，当零序电流超过本线路可能出现的最大对地电容电流时，电流继电器动作，而现使用比较多的是群体比幅法，应用微机技术采集并比较母线上所有出线零序电流，将幅值最大的线路选为故障线路。由于不需设定门限值，因此群体比幅法提高了检测可靠性和灵敏度，但缺点是，在母线故障时，其会出现错误判断。

对于中性点经消弧线圈接地系统，由于该电网中消弧线圈补偿电流的存在，往往使故障线路电流幅值小于非故障线路，这样幅值法就不能适用了。另外一个影响选线可靠性的因素是故障点电弧不稳定，小电流接地系统故障往往伴随有间歇性拉弧现象，由于没有一个稳定的接地电流，因此可能造成选线失败。一些装置在试验时选线结果很准确，但实际应用效果却并不好，就是因为模拟试验时线路导体与地之间是金属性接触，而实际运行中的绝缘击穿现象与模拟实验时的情况并不完全相同。

2. 零序电流方向法

零序电流方向法简称方向法或相位法。它是利用故障线路零序电流与非故障线路方向相反的特点选择故障线路。实现方法是检测零序功率方向，如果某线路的零序电压超前零序电流 90°，则说明零序电容电流的方向是由线路流向母线，该线路被选为故障线路。另一种方法是群体比相法，选择三个以上幅值最大的线路零序电流，比较它们之间的相位，相位与其他线路相反的线路被选为故障线路。

与幅值比较法相比，方向法有较高的检测灵敏度，但对于中性点经消弧线圈接地系统，由于在过补偿或完全补偿状态下，故障线路零序电流的方向与非故障线路相同。另外，当发生间歇性接地故障时，零序电流畸变严重，难以计算其相位，此时方向法比幅值法更容易出现误判。

3. 注入信号寻迹法

注入信号寻迹法简称注入法。它是在发生接地故障后，通过三相电压互感器（TV）的中性点向接地线路注入特定频率（225Hz）的电流信号，注入信号会沿着故障线路经接地点注入大地，用信号探测器检测每一条线路，有注入信号流过的线路被选为故障线路。

该方法的特点是不受消弧线圈的影响，不要求装设零序电流互感器（TA），并且用探测器沿故障线路探测还可以确定架空线路故障点的位置。其缺点是需要安装信号注入设备。

对于谐振接地电网来说，注入法的正确率远高于前面介绍的几种方法，但从实际运行结果来看，还有相当一部分故障情况不能正确选线。其主要原因是信号注入能量受 TV 的限制不能太高，在接地电阻较大时，非故障线路分布电容会使注入信号分流，干扰正确选线。对间歇性接地来说，注入的信号变化不连续，也会影响正确选线。

除了以上方法，还有谐波比幅法、首半波法、有功分量法、小波方法、样本建模方法、电流类变量法、网络化法等故障选线方法，有兴趣的读者可以参考相关文献。

4.4　电网接地故障的建模与仿真

4.4.1　中性点直接接地电网接地故障的建模与仿真

1. 中性点直接接地电网的仿真模型

按图 4-5a 建立 10.5kV/110kV 中性点直接接地系统的 Simulink 仿真模型，如图 4-19 所示。

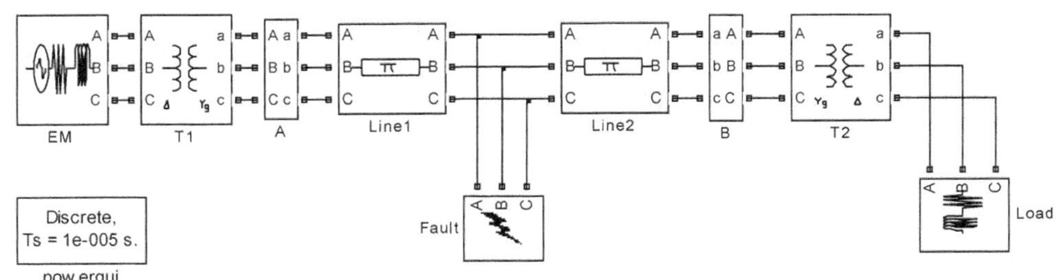

图 4-19　中性点直接接地系统的 Simulink 仿真模型

在仿真模型中，电源采用“Three- Phase Source”模型，输出电压为10. 5kV，内部采用Y联结方式，其参数设置如图4-20所示。

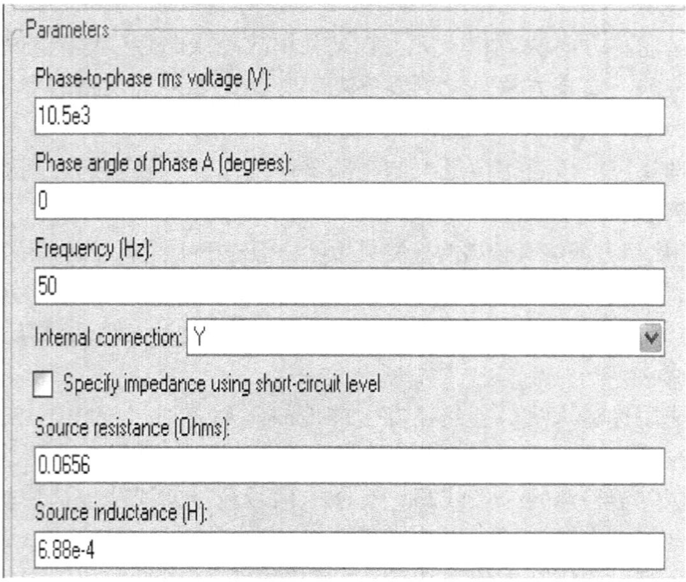

Parameters

Phase-to-phase rms voltage (V):

10.5e3

Phase angle of phase A (degrees):

0

Frequency (Hz):

50

Internal connection: Y

Specify impedance using short-circuit level

Source resistance (Ohms):

0.0656

Source inductance (H):

6.88e-4

图4-20 电源的参数设置

变压器T1、T2均选用三相两绕组变压器模块“Three- Phase Transformer (Two Windings)”，T1采用$\Delta - Y_g$联结方式，T2采用$Y_g - \Delta$联结方式。T1、T2的参数设置分别如图4-21、图4-22所示。

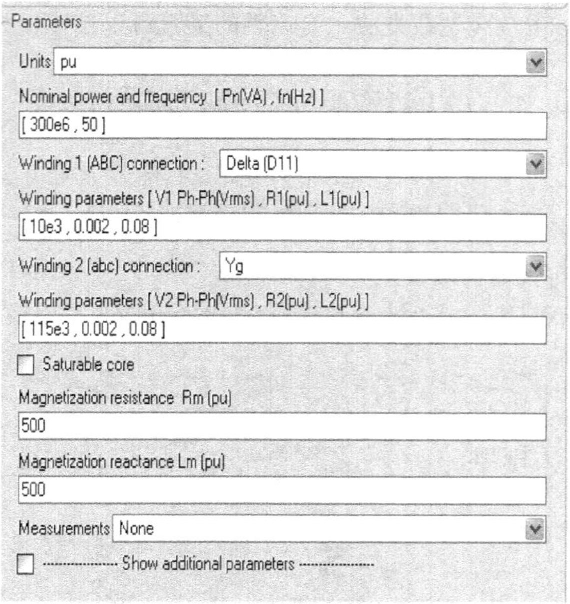

Parameters

Units pu

Nominal power and frequency [Pn(VA) , fn(Hz)]

[300e6 , 50]

Winding 1 (ABC) connection : Delta (D11)

Winding parameters [V1 Ph-Ph(Vrms) , R1(pu) , L1(pu)]

[10e3 , 0.002 , 0.08]

Winding 2 (abc) connection : Yg

Winding parameters [V2 Ph-Ph(Vrms) , R2(pu) , L2(pu)]

[115e3 , 0.002 , 0.08]

Saturable core

Magnetization resistance Rm (pu)

500

Magnetization reactance Lm (pu)

500

Measurements None

------------- Show additional parameters -------------

图4-21 变压器T1的参数设置

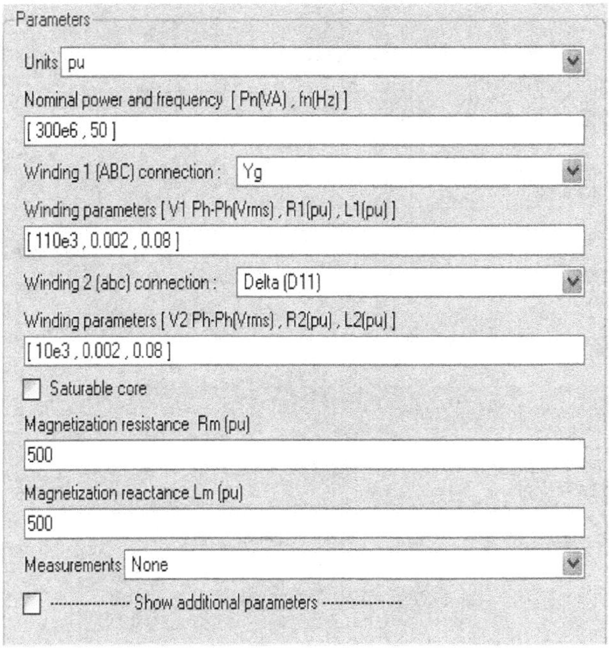

Parameters

Units: pu

Nominal power and frequency [Pn(VA) , fn(Hz)]

[300e6 , 50]

Winding 1 (ABC) connection : Yg

Winding parameters [V1 Ph-Ph(Vrms) , R1(pu) , L1(pu)]

[110e3 , 0.002 , 0.08]

Winding 2 (abc) connection : Delta (D11)

Winding parameters [V2 Ph-Ph(Vrms) , R2(pu) , L2(pu)]

[10e3 , 0.002 , 0.08]

Saturable core

Magnetization resistance Rm (pu)

500

Magnetization reactance Lm (pu)

500

Measurements: None

Show additional parameters

图 4-22　变压器 T2 的参数设置

模型中为了便于设置故障点，将输电线路分为 Line1、Line2 两部分。两部分均采用“Three-Phase PI Section Line”模型，线路的单位正序阻抗 $z_1=0.451\angle 73.13°\Omega/km$，长度分别为 30km、20km，其他参数相同。输电线路 Line1 的参数设置如图 4-23 所示。

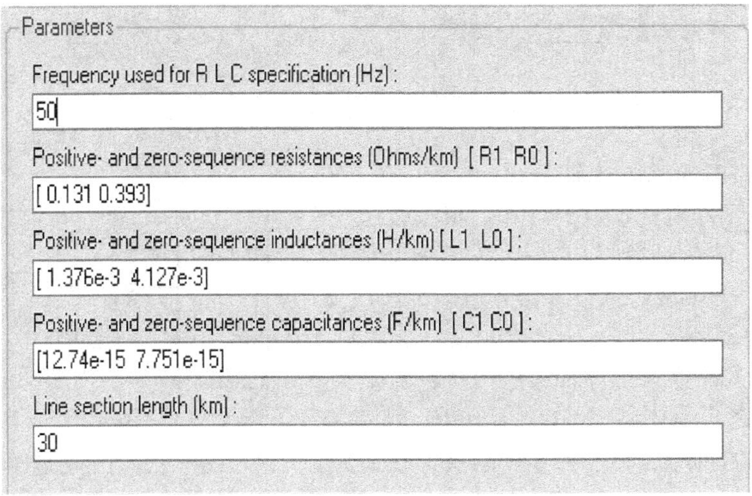

Parameters

Frequency used for R L C specification (Hz) :

50

Positive- and zero-sequence resistances (Ohms/km) [R1 R0] :

[0.131 0.393]

Positive- and zero-sequence inductances (H/km) [L1 L0] :

[1.376e-3 4.127e-3]

Positive- and zero-sequence capacitances (F/km) [C1 C0] :

[12.74e-15 7.751e-15]

Line section length (km) :

30

图 4-23　输电线路 Line1 的参数设置

线路负荷 Load 采用“Three-Phase Series RLC Load”模型，参数设置如图 4-24 所示。

模型中 A、B 母线处的测量模块“Three-PhaseV-I Measurement”用来测量三相电压、电流，在建立模型时应按“从母线到线路”的规定正方向来设置。

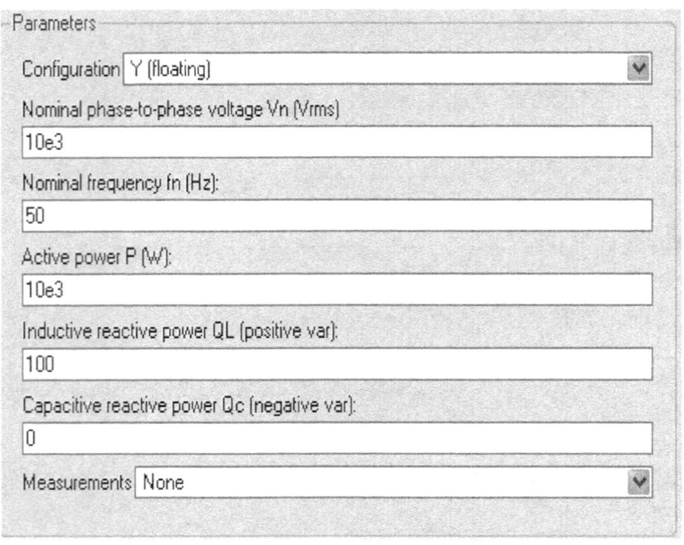

图 4-24 负荷模块的参数设置

母线 A 处的零序电压和零序电流采用图 4-25 的方式获得；故障点处的零序电压用图 4-26 所示的万用表方式获得。母线 B 处的零序电压和零序电流可采用与图 4-25 相似的方式获得。

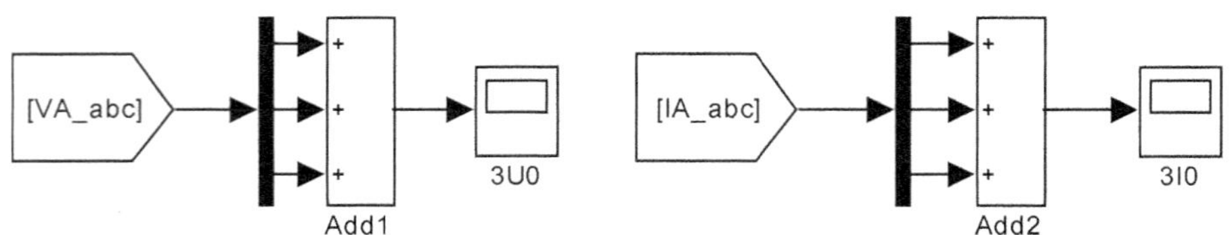

图 4-25 母线 A 处的零序电压和零序电流获取方法

2. 接地短路时的相关计算

1）系统中元件阻抗参数的计算。根据以上设置的参数，为了简化计算，以变压器容量为基准容量，即取 $S_B = 300\text{MV} \cdot \text{A}$，基准电压 $U_B = U_{av}$。由设置的参数计算得：

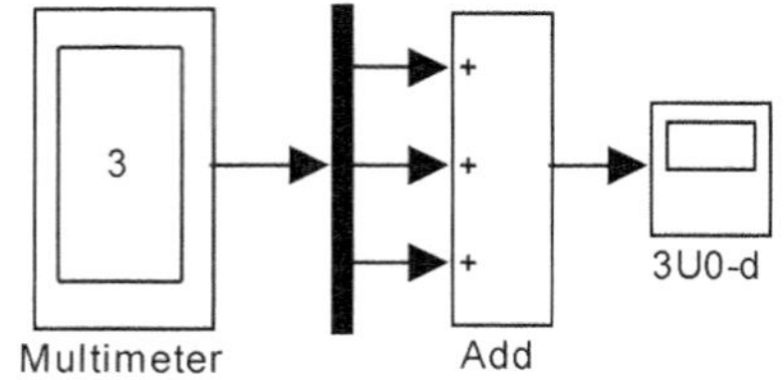

图 4-26 故障点处的零序电压获取方法

变压器 T1 的正序、负序和零序阻抗标幺值为

$$Z_{1T1*} = Z_{2T1*} = Z_{0T1*} = 0.004 + j0.16$$

变压器 T2 的正序、负序和零序阻抗标幺值为

$$Z_{1T2*} = Z_{2T2*} = Z_{0T2*} = 0.0036 + j0.146$$

电源的正序、负序阻抗标幺值为

$$Z_{1G*} = Z_{2G*} = 0.178 + j0.588$$

Line1 和 Line2 的正序、负序和零序阻抗标幺值为

$$Z_{1L1*} = Z_{2L1*} = 0.089 + j0.294, Z_{0L1*} = 0.2676 + j0.8825$$

$$Z_{1L2*}=Z_{2L2*}=0.0595+j0.196, Z_{0L2*}=0.178+j0.588$$

2）故障点发生 A 相金属性接地短路时，短路点的各序综合阻抗。

正序和负序综合阻抗标幺值为

$$Z_{1ff*}=Z_{2ff*}=Z_{1G*}+Z_{1T1*}+Z_{1L1*}=0.271+j1.042$$

零序综合阻抗标幺值

$$Z_{0ff*}=(Z_{0T1*}+Z_{0L1*})//(Z_{0T2*}+Z_{0L2*})=0.109+j0.431$$

3）零序电流、电压计算。

接地点的总零序电流为

$$3I_{0fa*}=\frac{3U_{f*}^{(0)}}{Z_{1ff*}+Z_{2ff*}+Z_{0ff*}}=1.155$$

换算成有名值为

$$3I_{0fa}=3I_{0fa*}I_B=3I_{0fa*}S_B/(\sqrt{3}U_B)=1739\text{A}$$

接地点的零序电压为

$$3U_0=3I_0Z_{0ff}=3I_0Z_{0ff*}\frac{U_B^2}{S_B}=34095\text{V}$$

母线 A 处的零序电流的标幺值为

$$3I_{0A*}=\frac{Z_{0L2*}+Z_{0T2*}}{Z_{0L1*}+Z_{0T1*}+Z_{0L2*}+Z_{0T2*}}\times 3I_{0fa*}=0.4758$$

换算成有名值为

$$3I_{0A}=3I_{0A*}I_B=716.6\text{A}$$

母线 A 处的零序电压为

$$3U_{0A}=3I_0Z_{0T1}=5052\text{V}$$

同理，得母线 B 处的零序电流、零序电压为

$$3I_{0B}=1022\text{A}, 3U_{0B}=3I_{0B}Z_{0T2}=6582\text{V}$$

3. 仿真结果及分析

在仿真开始前，选择离散算法，仿真的总时间设为 0.2s。利用故障模块设置线路 AB 在 0.06s 时发生 A 相金属性接地故障，故障模块的参数设置如图 4-27 所示。

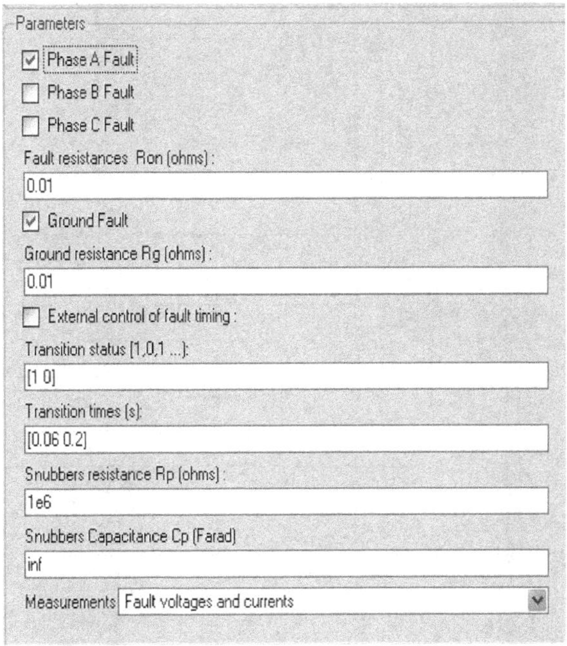

运行仿真模型，得到电网三相对地电压、故障点以及母线 A、B 处的零序电压的波形，如图 4-28 所示。

从图 4-28 中可见，系统在 0.06s 时发生 A 相金属性单相接地后，A 相对地电压变为零，B、C 相对地电压降低至 62.2kV。

从仿真中可见，故障点处的零序电

图 4-27　故障模块的参数设置

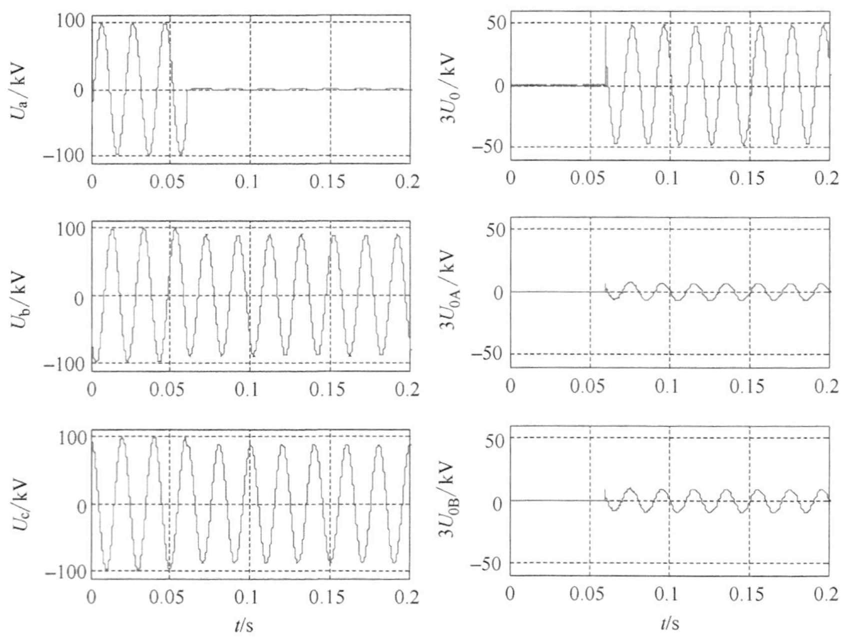

图 4-28 电网三相对地电压和零序电压的波形

压最高，其值为34.01kV，母线A、B处的零序电压分别为5.06kV和6.5kV。与计算值的误差不超过2%。

故障点的接地电流$3\dot{I}_{0fa}$，以及母线A、B处的零序电流$3\dot{I}_{0A}$、$3\dot{I}_{0B}$的波形如图4-29所示。仿真值与计算值的误差也不超过2%。

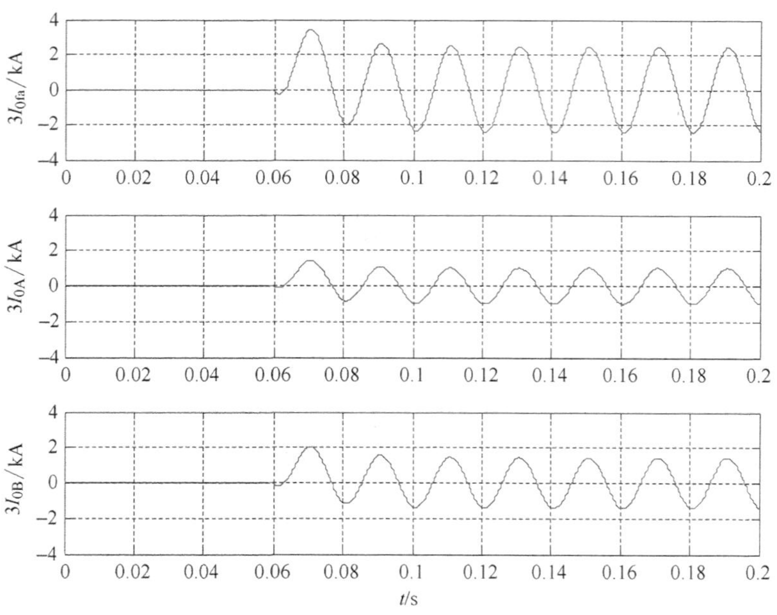

图 4-29 故障点的接地电流和母线A、B处的零序电流的波形

故障后的零序分量还可以采用如图 4-30 所示的“三相序分量模块”方法来得到。图 4-31所示为母线 A 处零序电压和零序电流的相位，从图中可见，$\dot{U}_{0A}$的相位为 163.5°，$\dot{I}_{0A}$的相位为 -105°，即零序电流$\dot{I}_{0A}$超前于零序电压$\dot{U}_{0A}$91.5°，此相位差正好对应保护安装点背后变压器的零序阻抗角（在本仿真模型中为 88.5°）。

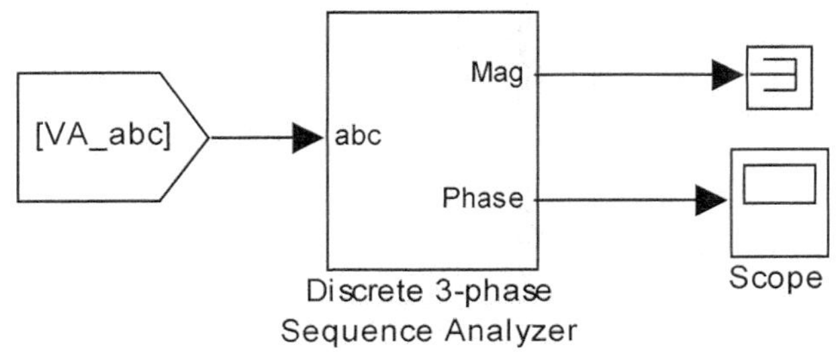

图 4-30　采用“三相序分量模块”获得零序分量

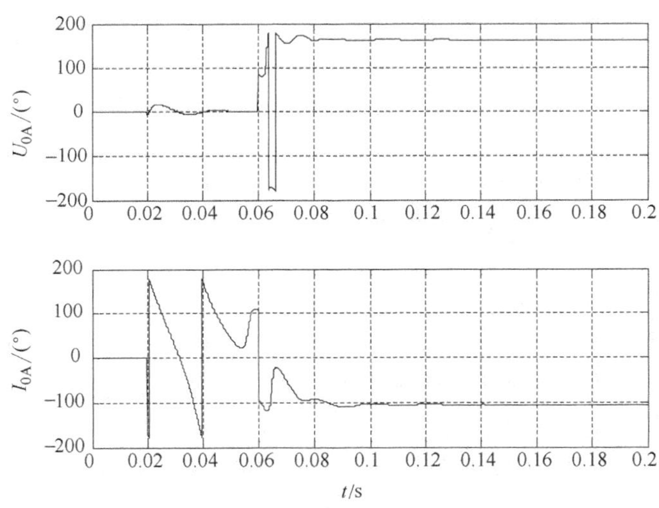

图 4-31　母线 A 处零序电压和零序电流的相位

通过以上仿真分析，验证了在 4.2.1 小节中所讲到的中性点直接接地电网中发生接地短路时，零序分量具有的故障特征。

4.4.2　中性点不接地电网接地故障的建模与仿真

1. 中性点不接地电网的仿真模型

利用 Simulink 建立一个 10kV 中性点不接地电网的仿真模型，如图 4-32 所示。

在仿真模型中，电源采用“Three-Phase source”模型，输出电压为 10.5kV，内部采用 Y 联结方式，其他参数设置与图 4-20 中设置相同。

模型中共有四条 10kV 输电线路 Line1 ~ Line4，均采用“Three-Phase PI Section Line”模型，线路的长度分别为 130km、175km、1km、150km，其他参数相同。输电线路 Line1 的参数设置如图 4-33 所示。

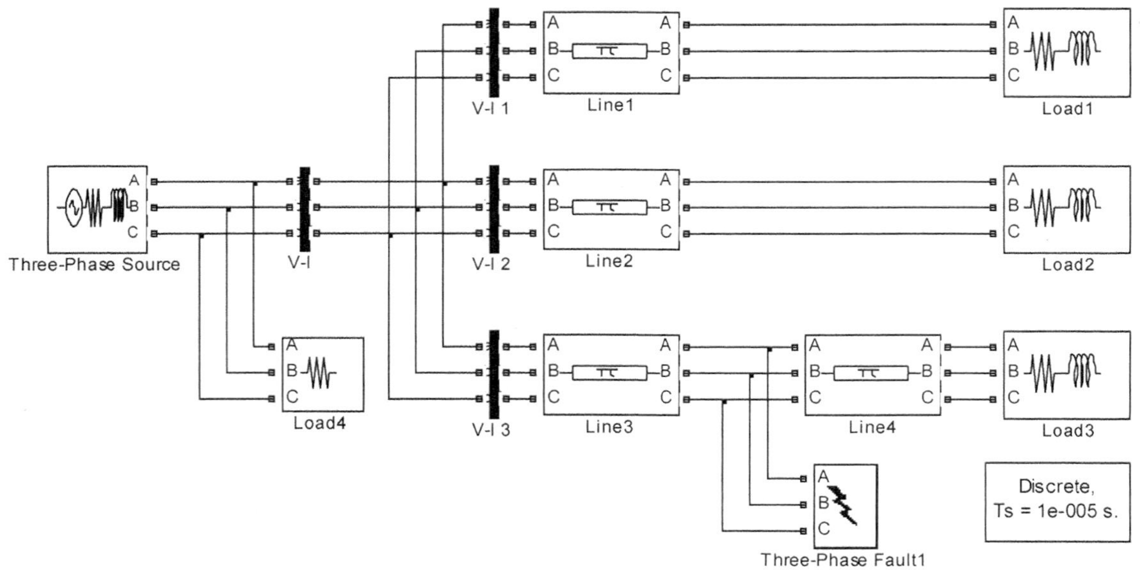

图 4-32 10kV 中性点不接地系统的 Simulink 仿真模型

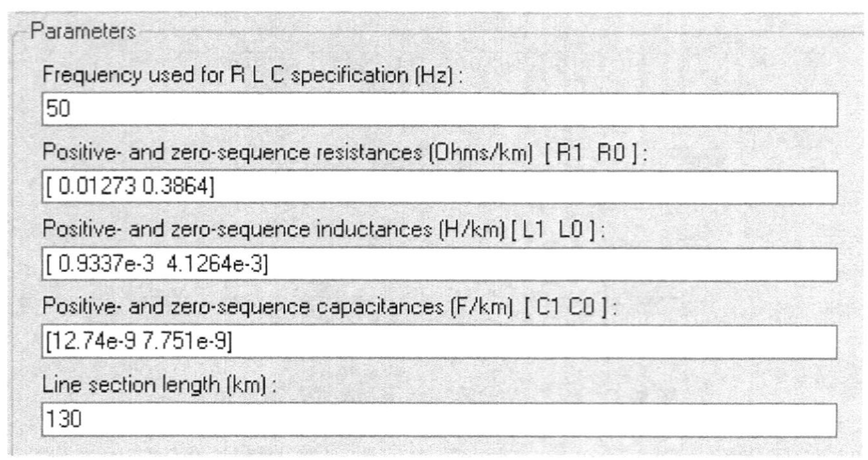

图 4-33 输电线路 Line1 的参数设置

需要说明的是，在实际的 10kV 配电系统中，其实际的输电线的路数是比较多的，但单回架空线路的输送容量一般在 0.2～2MV·A，输送距离的适宜范围为 6～20km。本文的仿真模型只有三条输电线路，并将输电线路的长度人为加长，这样做是为了在模型中不用设置过多输电线路，而且仿真时的故障特征更为明显。

线路负荷 Load1、Load2、Load3 均采用“Three-Phase Series RLC Load”模型，其有功负荷分别为 1MW、0.2 MW、2 MW，其他参数相同。线路负荷 Load1 的参数设置如图 4-34 所示。

每一线路的始端都设三相电压电流测量模块“Three-Phase V-I Measurement”将测量到

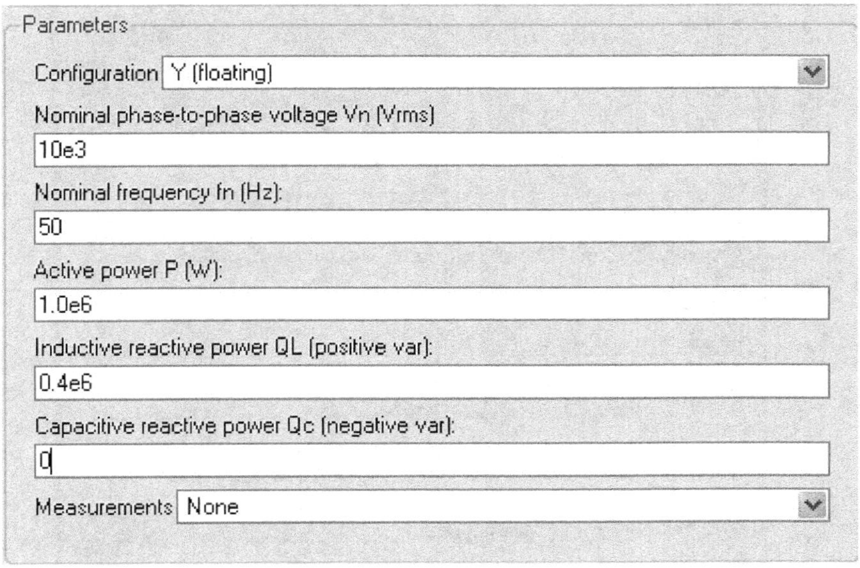

Parameters

Configuration Y (floating)

Nominal phase-to-phase voltage Vn (Vrms)

10e3

Nominal frequency fn (Hz):

50

Active power P (W):

1.0e6

Inductive reactive power QL (positive var):

0.4e6

Capacitive reactive power Qc (negative var):

0

Measurements None

图 4-34　线路负荷 Load1 的参数设置

的电压、电流信号转变成 Simulink 信号，相当于电压、电流互感器的作用。其参数设置如图 4-35所示。

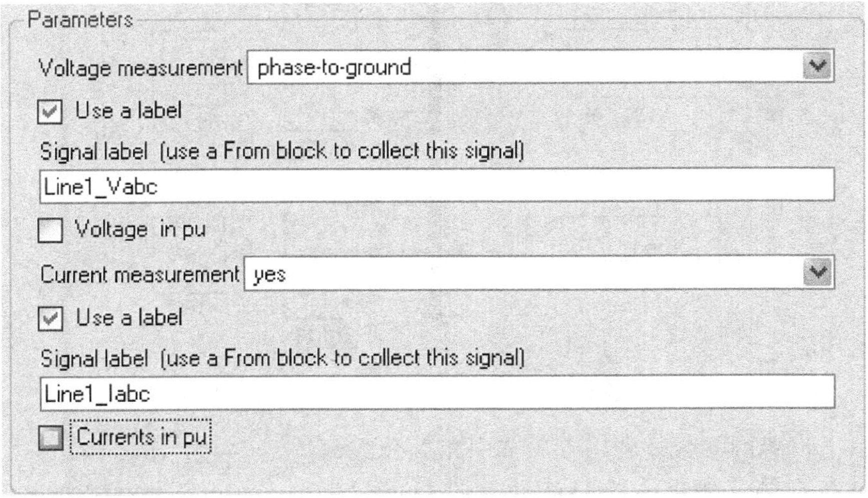

Parameters

Voltage measurement phase-to-ground

☑ Use a label

Signal label (use a From block to collect this signal)

Line1_Vabc

☐ Voltage in pu

Current measurement yes

☑ Use a label

Signal label (use a From block to collect this signal)

Line1_Iabc

☐ Currents in pu

图 4-35　三相电压电流测量模块的参数设置

在仿真模型中，选择故障点在第三条出线的 1km 处（即 Line3 与 Line4 之间），当故障为 A 相金属性接地时，故障模块的参数设置如图 4-36 所示。

系统的零序电压 $3\dot{U}_0$ 及每条线路始端的零序电流 $3\dot{I}_0$ 采用如图 4-37 所示方式得到（以 Line1 为例）。

故障点的接地电流 $\dot{I}_D$ 则可以用如图 4-38 所示的万用表方式得到。

Parameters

☑ Phase A Fault

☐ Phase B Fault

☐ Phase C Fault

Fault resistances Ron (ohms):

0.001

☑ Ground Fault

Ground resistance Rg (ohms):

0.001

☐ External control of fault timing:

Transition status [1,0,1 ...]:

[1 0]

Transition times (s):

[0.04 1]

Snubbers resistance Rp (ohms):

1e6

Snubbers Capacitance Cp (Farad)

inf

Measurements: Fault voltages and currents

图 4-36　线路故障模块的参数设置

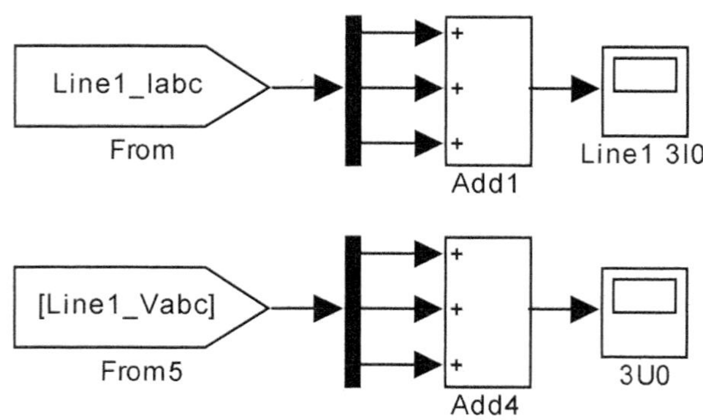

图 4-37　系统的零序电压 $3\dot{U}_0$ 及每条线路始端的零序电流 $3\dot{I}_0$ 获取方法

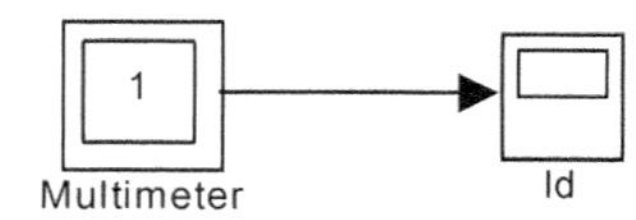

图 4-38　故障点的接地电流获取方法

根据以上设置的参数，利用 4.3 节中相关公式，计算得到系统在第三条出线的 1km 处（即 Line3 与 Line4 之间）发生 A 相金属性单相接地时各线路始端的零序电流有效值如下：

线路 Line1

$$
\begin{aligned}
3I_{0\,\mathrm{I}} &= 3U_{\varphi}\omega C_{0\,\mathrm{I}} \\
&= 3\times(10.5/\sqrt{3})\times 10^{3}\times 314\times 7.751\times 10^{-9}\times 130\mathrm{A} \\
&= 5.75\mathrm{A}
\end{aligned}
$$

同理可得　$3I_{0\,\mathrm{II}} = 7.75\mathrm{A},\ 3I_{0\,\mathrm{III}} = 3I_{0\,\mathrm{II}} + 3I_{0\,\mathrm{II}} = 13.5\mathrm{A}$

接地点的电流　$I_D = 20.18\text{A}$

2. 仿真结果及分析

在运行图 4-32 所示的 10kV 中性点不接地电网仿真模型开始仿真前，选择离散算法，仿真的结束时间取为 0.2s，利用 Powergui 模块设置采样时间为 1×10^{-5}s，系统在 0.04s 时发生 A 相金属性单相接地。运行仿真模型，得到电网三相对地电压和线电压的波形如图 4-39 所示。

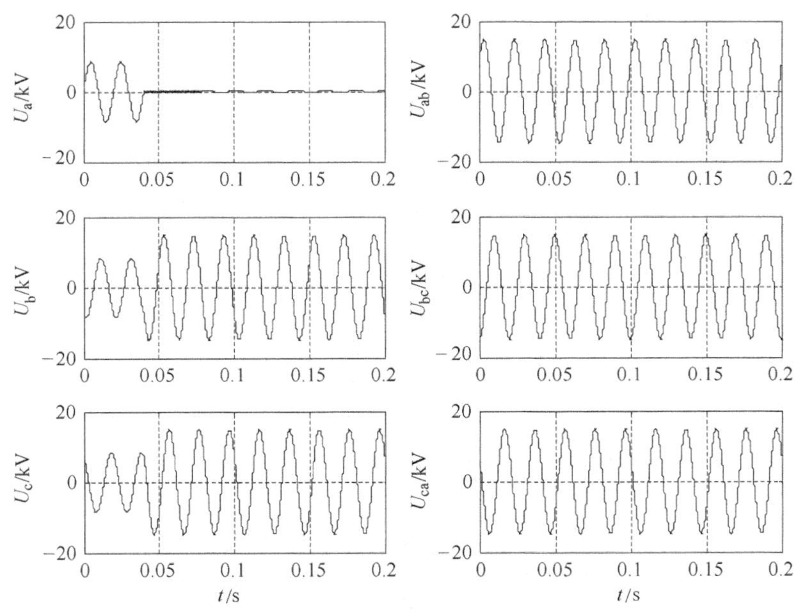

图 4-39　电网三相对地电压和线电压的波形

从图 4-39 可见，系统在 0.04s 时发生 A 相金属性单相接地后，A 相对地电压变为零，B、C 相对地电压升高$\sqrt{3}$倍，但线电压仍然保持对称，故对负荷没有影响。

系统的零序电压 $3\dot{U}_0$、每条线路始端的零序电流 $3\dot{I}_0$，以及故障点的接地电流 $\dot{I}_D$ 的波形如图 4-40 所示。

仿真得到的各线路始端零序电流以及接地电流 $\dot{I}_D$ 的有效值为

$$3I_{0\text{I}} = 5.83\text{A},\ 3I_{0\text{II}} = 7.99\text{A},\ 3I_{0\text{III}} = 13.86\text{A},\ I_D = 20.64\text{A}$$

与理论计算值相比，仿真结果略大，但误差不大于 3%。

从图 4-40 中可以看出，在中性点不接地方式下，非故障线路的零序电流超前零序电压 90°（即电容性无功功率的实际方向是由母线流向线路）；故障线路的零序电流为全系统非故障元件对地电容电流之总和，零序电流滞后零序电压 90°（电容性无功功率的实际方向是由线路流向母线）；故障线路的零序电流和非故障线路的零序电流相位相差 180°。

故障后的零序分量还可以采用如图 4-41 所示的“三相序分量模块”方法来得到。图 4-42所示为故障线路零序电流的幅值和相位（注意图中的零序电流是 $\dot{I}_0$ 而不是 $3\dot{I}_0$）。

由图 4-42 可得故障线路零序电流的幅值为 $I_0 = 6.52\text{A}$，则 $3\dot{I}_0$ 的有效值为

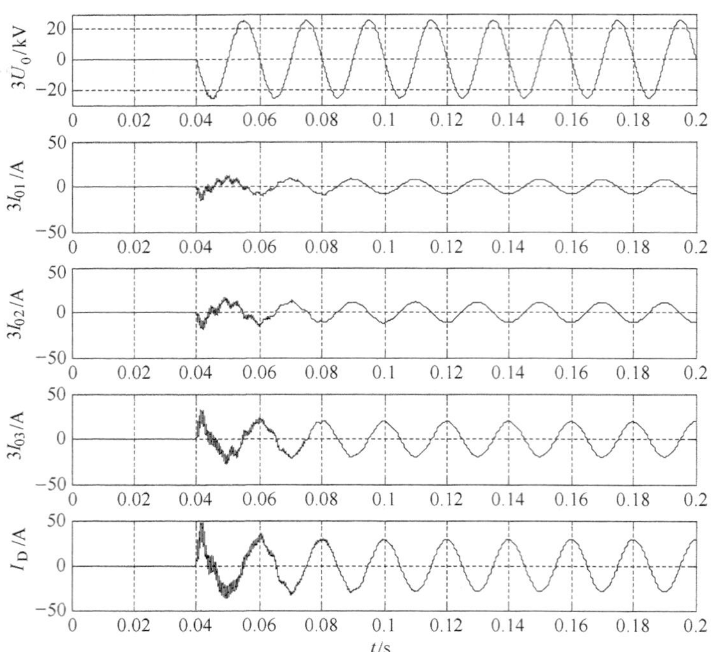

图 4-40　中性点不接地电网零序电压 $3\dot{U}_0$、零序电流 $3\dot{I}_0$，以及故障点的接地电流 $\dot{I}_D$ 的波形

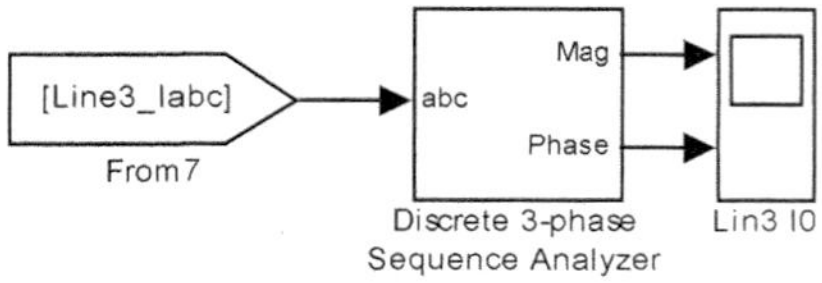

图 4-41　采用"三相序分量模块"获得零序分量

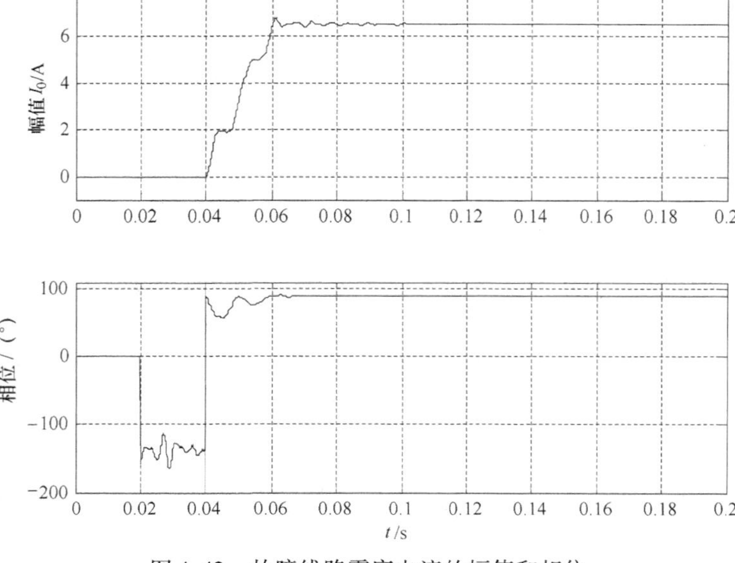

图 4-42　故障线路零序电流的幅值和相位

$$3I_0 = 3 \times 6.52/\sqrt{2}\text{A} = 13.83\text{A}$$

与从图 4-40 中得到的 $3I_{0\text{Ⅲ}} = 13.86\text{A}$ 仅相差 0.2%。

3. 经过渡电阻接地时的仿真结果及分析

在仿真模型中，选择故障点在第三条出线的 1km 处（即 Line3 与 Line4 之间）A 相，经过渡电阻 $R_g = 500\Omega$ 接地，此时应将图 4-36 线路故障模块中 "Ground resistances Rg" 项的数值设置为 500。

由电路知识，可以求得中性点电压 $\dot{U}_0$ 为

$$\dot{U}_0 = -\frac{\dot{E}_A}{1 + j\omega C_\Sigma 3R_g}$$

将图 4-32 中的参数代入上式，得

$$\begin{aligned}\dot{U}_0 &= (-1607.44 + 2675.96j)\text{V} \\ &= 3122\angle -59°\text{V}\end{aligned}$$

根据上式，通过计算得到各相对地电压为 $U_a = 5197\text{V}$，$U_b = 5305\text{V}$，$U_c = 9184\text{V}$，其相量图如图 4-43 所示。

当经过渡电阻 $R_g = 500\Omega$ 单相接地时各线路始端的零序电流有效值为

$$\begin{aligned}3I_{0\text{Ⅰ}} &= 3U_0\omega C_{0\text{Ⅰ}} \\ &= 3 \times 3122 \times 314 \times 7.751 \times 10^{-9} \times 130\text{A} \\ &= 2.96\text{A}\end{aligned}$$

同理可得

$$3I_{0\text{Ⅱ}} = 3.99\text{A}, 3I_{0\text{Ⅲ}} = 3I_{0\text{Ⅰ}} + 3I_{0\text{Ⅱ}} = (2.96 + 3.99)\text{A} = 6.95\text{A}$$

运行仿真模型，得系统的零序电压 $3\dot{U}_0$ 及每条线路始端的零序电流 $3\dot{I}_0$、故障点电流 $\dot{I}_D$ 波形，如图 4-44 所示。

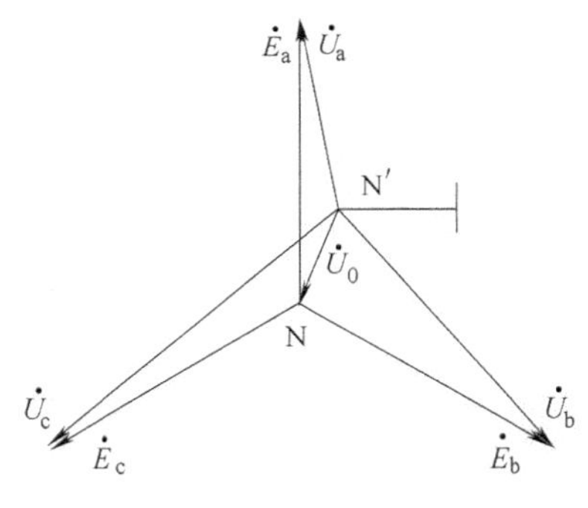

图 4-43　$\dot{U}_0$ 与各相对地电压的相量关系

从仿真中得到的各线路始端零序电流的有效值为

$$3I_{0\text{Ⅰ}} = 3 \times 1.39/\sqrt{2}\text{A} = 2.95\text{A}, 3I_{0\text{Ⅱ}} = 4.01\text{A}, 3I_{0\text{Ⅲ}} = 6.96\text{A}$$

可见，仿真结果与计算值几乎相同。

同理，运行仿真，还可以得到电网三相对地电压和线电压的波形，如图 4-45 所示。从图中可见，当经过渡电阻接地时，三相对地电压不相等，但线电压仍保持对称。

4.4.3　中性点经消弧线圈接地电网接地故障的建模与仿真

1. 中性点经消弧线圈接地电网的仿真模型

在图 4-32 的基础上建立中性点经消弧线圈接地电网的 Simulink 仿真模型，如图 4-46 所示。与接过渡电阻不同的是在电源的中性点接入一个电感线圈，而其他参数不变。这样当发生单相接地时，在接地点就有一个电感分量的电流通过，此电流和原系统中的电容电流相抵消，就可以减小流经故障点的电流，因此称之为消弧线圈。在各级电压网络中，当全系统的

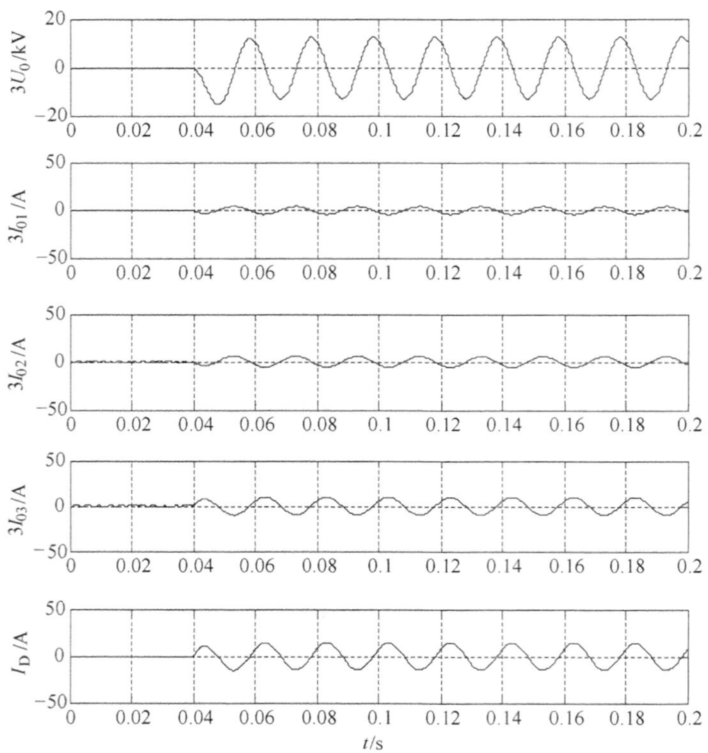

图 4-44 经过渡电阻接地时，零序电压 $3\dot{U}_0$、零序电流 $3\dot{I}_0$ 以及故障点电流 $\dot{I}_D$ 的波形

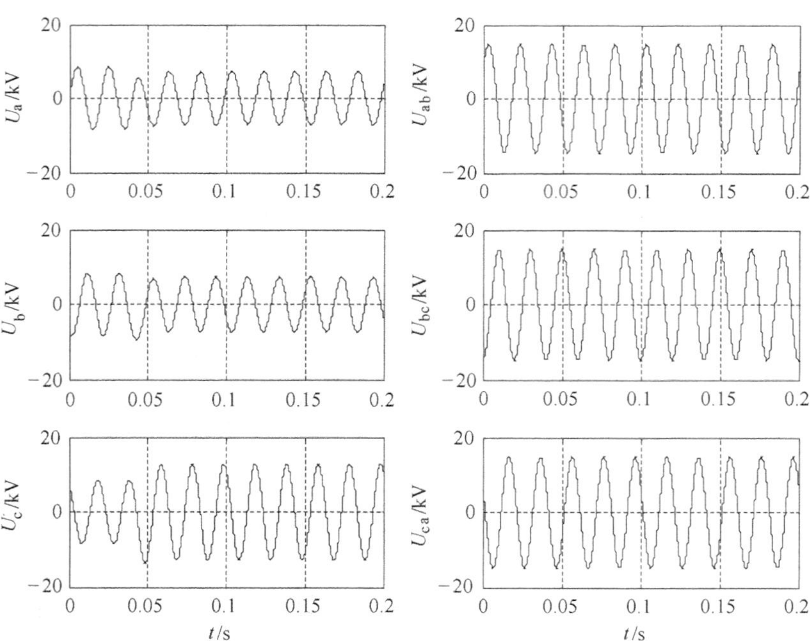

图 4-45 经过渡电阻接地时，电网三相对地电压和线电压的波形

电容电流超过一定数值（对于 3～6kV 电网超过 30A，对于 10kV 电网超过 20A，对于 22～66kV 电网超过 10A）时就应装设消弧线圈。

A
B
C
V-I 1
Line1
Load1
Three-Phase Source
RL
V-I
V-I 2
Line2
Load2
Load4
V-I 3
Line3
Line4
Load3
Three-Phase Fault1
Discrete,
Ts = 1e-005 s.

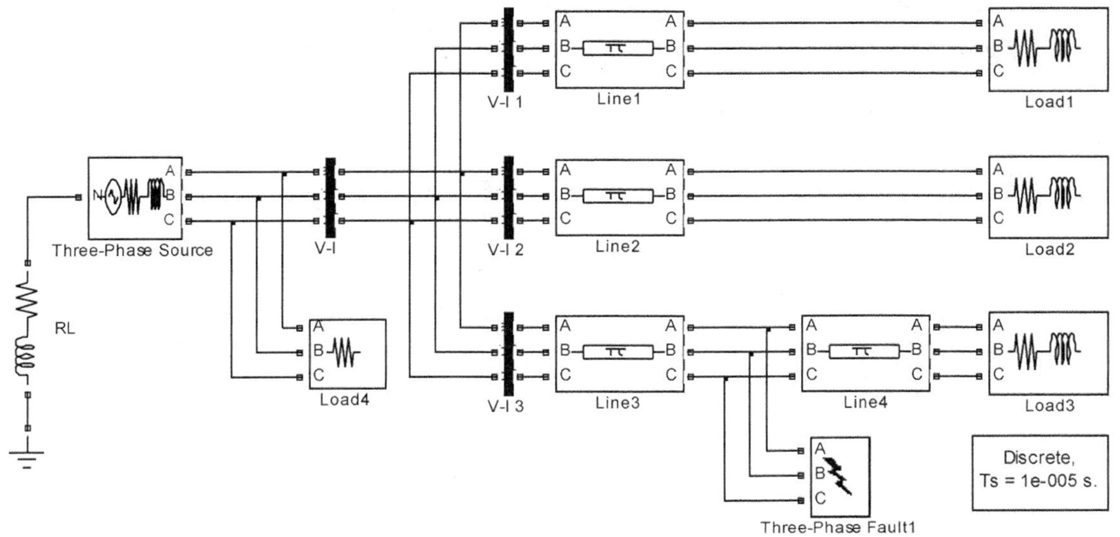

图 4-46　中性点经消弧线圈接地电网的 Simulink 仿真模型

如果要使接地点的电流近似为 0（即完全补偿），应满足下式：

$$\omega L = 1/3\omega C_{\Sigma}$$

式中，L 为消弧线圈的电感；C_{Σ}为系统三相对地电容。

根据图 4-46 中的线路参数，可求得 $C_{\Sigma}=3.534\times10^{-6}$F。

因此，为实现完全补偿应有 $L=0.9566$H。

由于完全补偿存在串联谐振过电压问题，因此实际工程常采用过补偿方式，当取过补偿度为 10% 时，经计算消弧线圈的电感应为 $L=0.8697$H。

通过以上计算，模型中消弧线圈的参数设置如图 4-47 所示，线圈所串电阻为阻尼电阻。

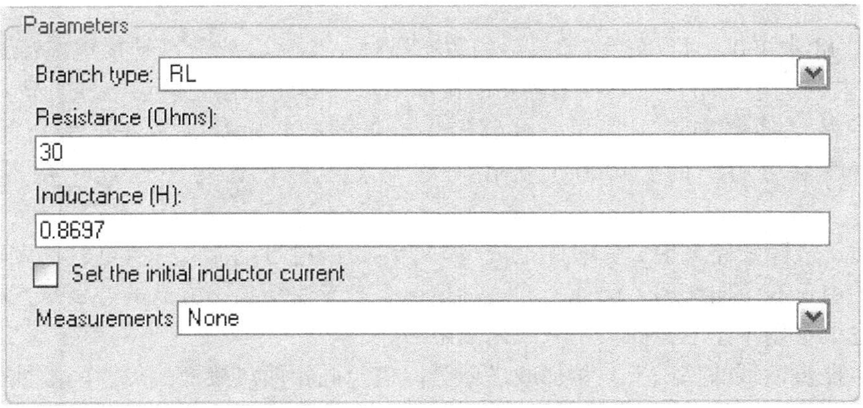

Parameters
Branch type: RL
Resistance (Ohms):
30
Inductance (H):
0.8697
Set the initial inductor current
Measurements None

图 4-47　消弧线圈的参数设置

2. 仿真结果及分析

设置电网在0.04s时发生A相金属性单相接地，运行图4-46所示的10kV中性点经消弧线圈接地电网仿真模型，得到系统三相对地电压和线电压的波形仍与图4-39相同。

系统的零序电压$3\dot{U}_0$、每条线路始端的零序电流$3\dot{I}_0$、消弧线圈电流$\dot{I}_L$，以及故障点的接地电流$\dot{I}_D$的波形如图4-48所示。

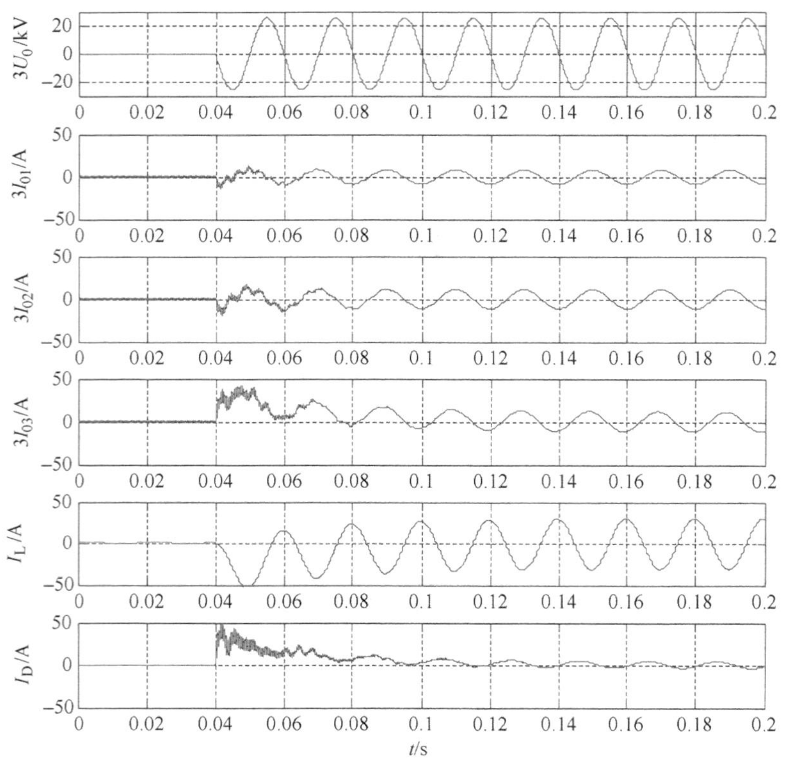

图4-48　中性点经消弧线圈接地电网的零序电压$3\dot{U}_0$、零序电流$3\dot{I}_0$、消弧线圈电流$\dot{I}_L$，以及故障点的接地电流$\dot{I}_D$的波形

从图4-48中可见，当单相接地故障的暂态过程结束后，故障点的接地电流$\dot{I}_D$的有效值在2.9A左右，远小于中性点不接地电网的接地电流，因此补偿的效果十分明显。

对于非故障线路来说，其零序电流仍是本身的电容电流，零序电流超前零序电压90°，电容性无功功率的实际方向为由母线流向线路，这与中性点不接地电网是相同的。

但是对于故障线路来说，其零序电流将大于本身的电容电流，并且电容性无功功率的实际方向也是由母线流向线路。因此，在这种情况下是无法用功率方向的差别来判断故障线路的，同时也很难用零序电流的大小来找出故障线路。

在本节提供模型的基础上，稍加改进就可以进行同相两点接地故障、间歇性单相接地故障等的仿真，并验证相应的故障选线算法，限于篇幅，请读者自己动手分析。

第 5 章　电网的距离保护与仿真

本章着重讨论电网距离保护的原理与仿真方法。本章 5.1 节介绍距离保护的基本概念、时限特性及组成原理。5.2 节重点介绍常见的圆特性阻抗继电器，如全阻抗、方向阻抗和偏移圆阻抗继电器以及直线与四边形特性阻抗继电器的动作特性。5.3 节介绍阻抗继电器常用的 0°接线方式和带零序补偿的接线方式。5.4 节着重介绍距离保护的整定原则和计算方法。5.5 节介绍电力系统振荡时对距离保护的影响以及振荡闭锁原理。5.6 节介绍过渡电阻对距离保护的影响以及防止过渡电阻影响的措施。5.7 节简要介绍距离保护的电压回路断线闭锁原理。5.8 节给出 0°接线方式和带零序补偿的接线方式的建模方法、双侧电源线路上过渡电阻对测量阻抗的影响仿真以及电力系统振荡的仿真方法。

5.1　距离保护的作用原理

5.1.1　距离保护的基本概念

电流保护的优点是简单、工作可靠，但这种保护受系统的运行方式及接线方式的影响较大，所以在 35kV 及以上等级电网中，电流保护很难满足继电保护的基本要求。因此，需要采取性能更加完善的保护，而距离保护就是适应这种要求的一种保护。

简单的说，距离保护装置是一种由阻抗继电器完成电压、电流的比值测量，根据比值的大小来判断故障的远近，并根据故障的远近确定动作时间的一种保护装置。通常将该比值称为阻抗继电器的测量阻抗，即 $Z_k=\dot{U}_k/\dot{I}_k$。距离保护作用原理如图 5-1 所示。

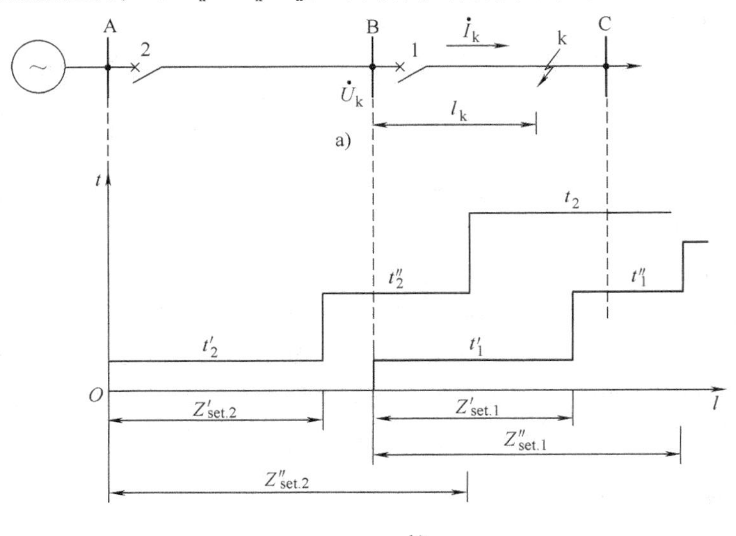

图 5-1　距离保护作用原理

a）网络接线　b）时限特性

如图 5-1a 所示网络，在正常运行时，加在阻抗继电器上的电压为额定电压$\dot{U}_N$，电流为负荷电流$\dot{I}_L$，此时测量阻抗就是负荷阻抗，即

$$Z_k = Z_L = \frac{\dot{U}_N}{\dot{I}_L} \tag{5-1}$$

当在图 5-1 中 k 点发生短路时，加在阻抗继电器上的电压为母线的残压$\dot{U}_k$，电流为短路电流$\dot{I}_k$，阻抗继电器的一次测量阻抗就是短路阻抗，即

$$Z_k = \frac{\dot{U}_k}{\dot{I}_k} = \frac{\dot{I}_k z l_k}{\dot{I}_k} = z l_k \tag{5-2}$$

式中，z 为线路 BC 的单位阻抗；l_k为短路点到保护安装处之间的距离。

由于 $U_k < U_N$，$I_k \gg I_L$，因此 $Z_k \ll Z_L$，故利用阻抗继电器的测量阻抗可以区分故障与正常运行，并且能够判断故障的远近。

5.1.2 距离保护的时限特性

距离保护的动作时间与短路点至保护安装处之间距离的关系 $t=f(l)$，称为距离保护的时限特性。与第 3 章所讲的电流保护相似，距离保护广泛采用具有三段动作范围的阶梯时限特性，如图 5-1b 所示，并分别称为距离保护的Ⅰ、Ⅱ、Ⅲ段。

距离Ⅰ段为瞬时动作，为保证选择性，其动作阻抗的整定值应躲开线路末端短路时的测量阻抗。于是保护 2 的Ⅰ段整定值为

$$Z'_{set.2} = K'_{rel} Z_{AB} \tag{5-3}$$

同理，保护 1 的Ⅰ段整定值为

$$Z'_{set.1} = K'_{rel} Z_{BC} \tag{5-4}$$

式中，K'_{rel}为距离Ⅰ段可靠系数，一般取 0.8~0.9。

距离Ⅱ段的整定与限时电流速断相似，即应使其不超过下一条线路距离Ⅰ段的保护范围，同时带有高出一个 Δt 的时限，以保证选择性。在图 5-1 中，保护 2 的距离Ⅱ段整定值为

$$Z''_{set.2} = K''_{rel}(Z_{AB} + Z'_{set.1}) \tag{5-5}$$

式中，K''_{rel}为距离Ⅱ段可靠系数，一般取 0.8。

距离Ⅰ段和距离Ⅱ段的联合工作构成本线路的主保护。

距离Ⅲ段的整定与过电流保护相似，其起动阻抗按躲开正常运行时的最小负荷阻抗来选择。距离Ⅲ段除了作为本线路的近后备保护外，还要作为相邻线路的远后备保护。所以除了在本线路故障有足够的灵敏度外，相邻线路故障也要有足够的灵敏度。动作时间与电流保护Ⅲ段时间有相同的配置原则，即大于相邻线路最长的动作时间。

5.1.3 距离保护的组成

三段式距离保护的组成框图如图 5-2 所示，由起动元件、测量元件（Z、Z'、Z''）与时间元件（t、t''）三部分组成。

1）起动元件。主要作用是在被保护线路发生故障时起动保护装置或进入故障计算程序。起动元件在线路流过最大负荷电流时应当不动作，能够灵敏可靠地反映各种故障，在保护区内部即使经大过渡电阻短路时也应当可靠快速动作，另外在电压回路故障时阻抗继电器可能误动，因此一般采用电流量而不采用电压量作为起动元件。目前广泛采用负序电流及电流突变量元件作为起动元件。

2）测量元件。完成保护安装处到故障点阻抗或距离的测量，并与事先确定好的整定值进行比较，当保护区内部故障时动作，外部故障时不动作。测量元件由Ⅰ、Ⅱ、Ⅲ段的阻抗继电器来完成。

3）时间元件。作用是按照故障点到保护安装地点的远近，根据预定的时限特性来动作，以保证保护的选择性。一般采用时间继电器来实现，在微机保护中用计数器实现。

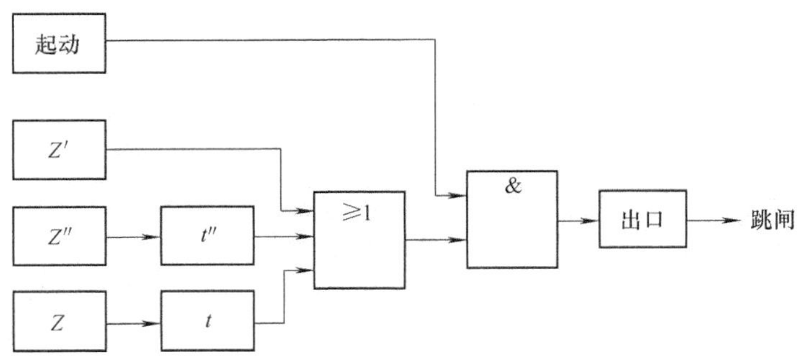

图 5-2　三段式距离保护的组成框图

5.2　阻抗继电器

阻抗继电器是距离保护的核心元件，它的作用是用来测量故障点到保护安装处的阻抗（距离），并与整定值进行比较，以确定是保护区内部故障还是保护区外部故障。

5.2.1　阻抗继电器的分类

1. 阻抗继电器分类

当前，阻抗继电器有以下几种常见的分类方法：

1）根据阻抗继电器的比较原理，阻抗继电器可以分为幅值比较式和相位比较式。

2）根据阻抗继电器的输入量不同，阻抗继电器可以分为单相式（第Ⅰ型）和多相补偿式（第Ⅱ型）两种。本节将介绍单相式阻抗继电器。

3）根据阻抗继电器的动作边界（动作特性）的形状不同，阻抗继电器可以分为圆特性阻抗继电器和多边形特性阻抗继电器（包括直线特性阻抗继电器）两种。

2. 阻抗继电器的基本概念

单相式阻抗继电器，是指仅输入一个电压$\dot{U}_k$（相电压或相间电压）、一个电流$\dot{I}_k$（相电流或相电流差）的阻抗继电器，而多相补偿式阻抗继电器是指输入不止一个电压或一个电流的阻抗继电器。

图5-3a 所示为单相式阻抗继电器的原理接线。当在k1点短路时，电压$\dot{U}_k$和电流$\dot{I}_k$的比值成为测量阻抗Z_k，其与一次侧的阻抗之间的关系为

$$Z_k=\frac{\dot{U}_k}{\dot{I}_k}=\frac{\dot{U}_B/n_{TV}}{\dot{I}_{k1}/n_{TA}}=\frac{n_{TA}}{n_{TV}}Z'_k \tag{5-6}$$

式中，$\dot{U}_B$为保护安装处B母线的一次电压，即母线残压；$\dot{I}_{k1}$为k1点短路时，BC线路上的一次电流；n_{TV}、n_{TA}分别为电压互感器与电流互感器的电压比和电流比；Z'_k为一次测量阻抗。

假设保护3处的距离Ⅰ段的一次侧整定阻抗为$Z'_{set.3}$，则其二次侧阻抗继电器的整定阻抗$Z'_{k.set.3}$应为

$$Z'_{k.set.3}=\frac{n_{TA}}{n_{TV}}Z'_{set.3} \tag{5-7}$$

阻抗继电器的动作与否取决于其测量阻抗Z_k与整定阻抗Z_{set}的比较，但Z_k与Z_{set}都是复数，不能直接比较，只能比较模值与相位。常用的方法是，在如图5-3b所示的复平面上，将阻抗继电器的特性作为通过Z_{set}的圆、多边形或其他封闭曲线，再看测量阻抗Z_k是否处于圆（或多边形）内，如果位于其中则继电器动作，否则继电器不动作。这样做的优点是，可以减少过渡电阻以及互感器误差的影响，简化继电器的接线且便于制造和调试。

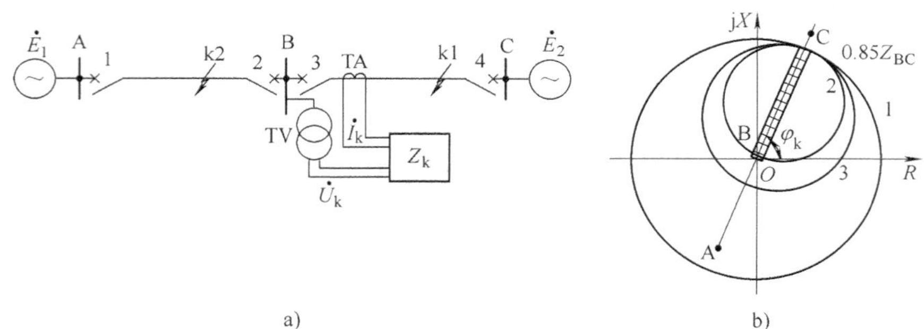

图5-3 单相阻抗继电器的原理接线与动作特性

a）阻抗继电器单相原理接线 b）动作特性

需要指出的是，在线路正方向k1故障时，测量阻抗角为线路阻抗角φ_k，测量阻抗在第一象限；在反方向k2点故障时，流过反方向电流，测量阻抗角为$\varphi_k+180°$，测量阻抗在第三象限。

5.2.2 圆特性阻抗继电器

在微机保护出现之前，圆特性的阻抗继电器以其易于制造而在电力系统中广泛应用。常见的圆特性阻抗继电器有全阻抗、方向阻抗和偏移特性的阻抗等几种，以下分别说明其动作特性。

1. 全阻抗继电器

在前面已经提到，阻抗继电器的测量阻抗Z_k与整定阻抗Z_{set}都是复数，不能直接比较，只能比较模值与相位。全阻抗继电器就是一种能够方便实现模值比较的阻抗继电器。

全阻抗继电器是以坐标原点 O 为圆心，整定阻抗大小为半径的圆，如图5-4a所示。当测量阻抗 Z_k 位于圆内时继电器动作，即圆内为动作区，圆外为不动作区。当测量阻抗正好位于圆周上时继电器刚好动作，对应此时的阻抗就是继电器的动作阻抗或起动阻抗 $Z_{k.act}$。从图5-4a中可以看出，不论加入继电器的电压与电流之间的角度 φ 为多大（0°~360°之间变化），继电器的动作阻抗的模值都等于整定阻抗的模值，即 $|Z_{k.act}| = |Z_{set}|$。

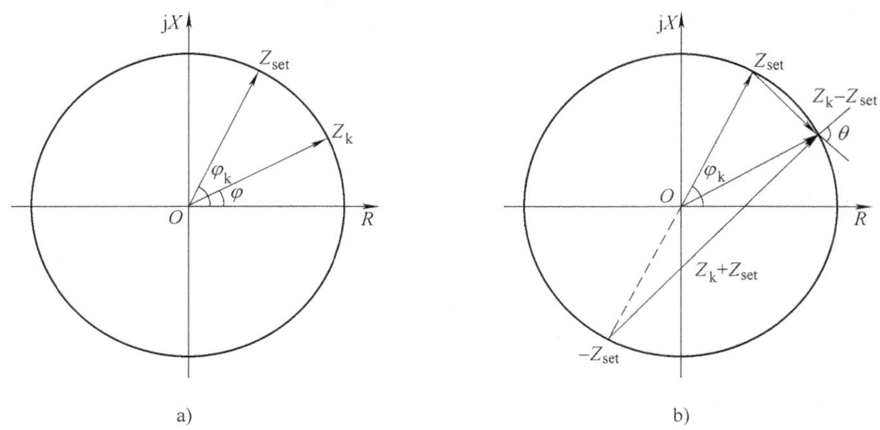

图5-4 全阻抗继电器的动作特性
a）幅值比较方式 b）相位比较方式

全阻抗继电器以及其他特性的继电器，都可以采用两个电压幅值比较或两个电压相位比较的方式构成，现分别叙述如下：

1）幅值比较式全阻抗继电器的动作特性如图5-4a所示。当测量阻抗 Z_k 位于圆内时，继电器能够动作，其动作条件可用阻抗的幅值来表示，即

$$|Z_k| \leqslant |Z_{set}| \tag{5-8}$$

式（5-8）两端乘以电流 $\dot{I}_k$，因 $\dot{U}_k = \dot{I}_k Z_k$，得

$$|\dot{U}_k| \leqslant |\dot{I}_k Z_{set}| \tag{5-9}$$

式（5-9）可看作两个电压幅值的比较，式中 $\dot{I}_k Z_{set}$ 表示电流在某一个恒定阻抗 Z_{set} 上的电压降落，可利用电抗互感器或其他补偿装置获得。

从式（5-8）推出式（5-9）虽然只是在等式两端乘以电流 $\dot{I}_k$，但却具有较大的意义，这样处理后，就将不好比较的两个阻抗幅值变为容易比较的两个电压值，尤其是在过去的电磁式、晶体管式继电器时代，其为阻抗继电器的制造带来了很大的方便。

2）相位比较式全阻抗继电器的动作特性如图5-4b所示。当测量阻抗 Z_k 位于圆周上时，矢量 Z_k+Z_{set} 超前于 Z_k-Z_{set} 的角度为 $\theta=90°$，当 Z_k 位于圆内时 $\theta>90°$，当 Z_k 位于圆外时 $\theta<90°$，如图5-5a和b所示。因此继电器的动作条件即可表示为

$$270° \geqslant \arg\frac{Z_k+Z_{set}}{Z_k-Z_{set}} \geqslant 90° \tag{5-10}$$

式（5-10）中，$\theta \leqslant 270°$ 对应 Z_k 超前于 Z_{set} 时的情况，此时 θ 为负值，如图5-5c所示。

式（5-10）的分子、分母同乘以电流 $\dot{I}_k$，得

$$270° \geqslant \arg \frac{\dot{U}_{k} + \dot{I}_{k} Z_{set}}{\dot{U}_{k} - \dot{I}_{k} Z_{set}} \geqslant 90° \tag{5-11}$$

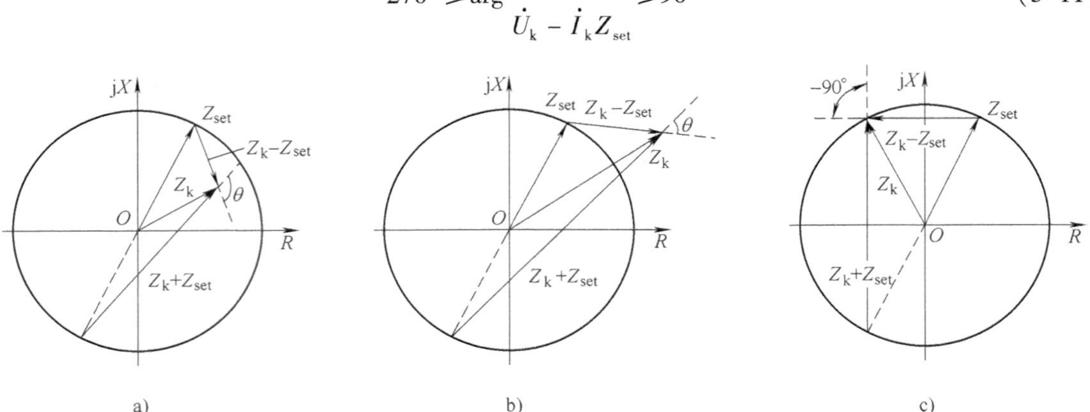

图 5-5　全阻抗继电器的相位比较方式动作特性分析

a）测量阻抗在圆内　b）测量阻抗在圆外　c）测量阻抗超前于整定阻抗

由于继电器的动作区包括所有象限，因此该继电器的动作是无方向性的，同时当 $|Z_k|=0$（即 $\dot{U}_k=0$，相当于保护安装处出口短路）时，继电器仍然能够动作，因此无电压动作死区。此类继电器一般用作无需判断方向的起动元件等。

2. 方向阻抗继电器

方向阻抗继电器的动作特性是以整定阻抗 Z_{set} 为直径而通过坐标原点的一个圆，如图 5-6所示，圆内为动作区，圆外为不动作区。当加入继电器的 $\dot{U}_k$ 和 $\dot{I}_k$ 之间的相位差 φ 为不同数值时，继电器的动作阻抗也将随之改变。当 φ 等于 Z_{set} 的阻抗角时，继电器的动作阻抗达到最大，等于圆的直径，此时阻抗继电器的保护范围最大，工作最灵敏。因此，在这个角度称为继电器的最大灵敏角，用 $\varphi_{sen.max}$ 表示。一般情况下，应该调整继电器的最大灵敏角等于被保护线路的阻抗角 φ_k，即 $\varphi_{sen.max}=\varphi_k$，以便继电器工作在最灵敏的条件下。

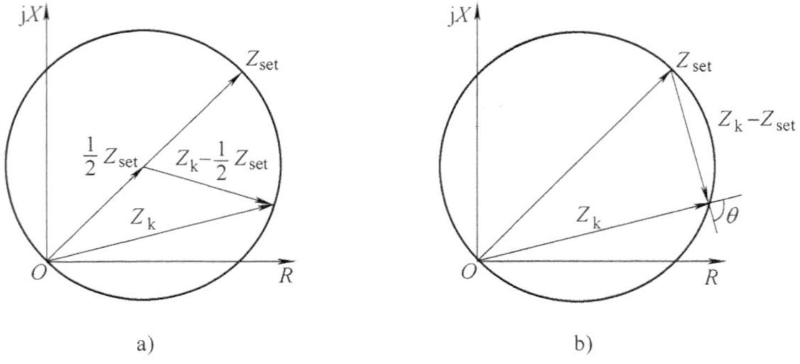

图 5-6　方向阻抗继电器的动作特性

a）幅值比较方式　b）相位比较方式

当反方向发生短路时测量阻抗 Z_k 位于第三象限，继电器不能动作，因此它本身就具有方向性，故称为方向阻抗继电器。方向阻抗继电器也可以由幅值比较或相位比较的方式构成，现分别讨论如下：

1）用幅值比较方式分析，如图 5-6a 所示，继电器能够动作（即测量阻抗 Z_k 位于圆内）的条件是

$$\left|Z_k-\frac{1}{2}Z_{set}\right|\leqslant\left|\frac{1}{2}Z_{set}\right| \tag{5-12}$$

等式两端均乘以电流 $\dot{I}_k$，即变为如下两个电压幅值的比较：

$$\left|\dot{U}_k-\frac{1}{2}\dot{I}_kZ_{set}\right|\leqslant\left|\frac{1}{2}\dot{I}_kZ_{set}\right| \tag{5-13}$$

2）用相位比较方式分析，如图 5-6b 所示，当 Z_k 位于圆周上时，阻抗 Z_k 超前 Z_k-Z_{set} 的角度 $\theta=90°$，相似于对全阻抗继电器的分析，同样可以证明 $270°\geqslant\theta\geqslant90°$ 是继电器能够动作的条件。因此继电器的动作条件即可表示为

$$270°\geqslant\arg\frac{Z_k}{Z_k-Z_{set}}\geqslant90° \tag{5-14}$$

式（5-14）的分子、分母同乘以电流 $\dot{I}_k$，得

$$270°\geqslant\arg\frac{\dot{U}_k}{\dot{U}_k-\dot{I}_kZ_{set}}\geqslant90° \tag{5-15}$$

仔细观察图 5-6a，当整定阻抗 Z_{set} 趋于无限大时，图中的圆特性就趋于和直径 Z_{set} 垂直的一条直线，此时方向阻抗圆特性就变成了第 3 章中介绍的功率方向继电器特性。如果从阻抗继电器的观点来理解功率方向继电器，那就是不管测量阻抗的数值有多大，只要是正方向发生短路，继电器都会动作。

3. 偏移特性的阻抗继电器

偏移特性的阻抗继电器是指其圆特性与方向阻抗继电器比较向第三象限有所偏移。当正方向的整定阻抗为 Z_{set} 时，同时相反方向偏移一个 αZ_{set}，其中 $0<\alpha<1$。其动作特性如图 5-7所示，圆内为动作区，圆外为不动作区，圆的直径为 $|(1+\alpha)Z_{set}|$，圆心的坐标为 $Z_0=\frac{1}{2}(Z_{set}-\alpha Z_{set})$，圆的半径为 $|Z_{set}-Z_0|=\frac{1}{2}|Z_{set}+\alpha Z_{set}|$。

实际上，方向阻抗继电器和全阻抗继电器是偏移特性的阻抗继电器的两个特例，当采用 $\alpha=0$ 时，即为方向阻抗继电器，而当 $\alpha=1$ 时，则为全阻抗继电器。通常，偏移特性的阻抗继电器采用 $\alpha=0.1\sim0.2$，以便消除安装处附近短路时方向继电器的死区。现对其构成分析如下：

1）用幅值比较方式分析，如图 5-7a 所示，继电器能够动作的条件为

$$|Z_k-Z_0|\leqslant|Z_{set}-Z_0|$$

等式两端均乘以电流 $\dot{I}_k$，即变为如下两个电压幅值的比较：

$$|\dot{U}_k-\dot{I}_kZ_0|\leqslant|\dot{I}_k(Z_{set}-Z_0)| \tag{5-16}$$

或

$$\left|\dot{U}_k-\frac{1}{2}\dot{I}_k(1-\alpha)Z_{set}\right|\leqslant\left|\frac{1}{2}\dot{I}_k(1+\alpha)Z_{set}\right| \tag{5-17}$$

2）用相位比较方式的分析，如图 5-7b 所示，当 Z_k 位于圆周上时，矢量（$Z_k+\alpha Z_{set}$）超前（Z_k-Z_{set}）的角度为 $\theta=90°$；同样可以证明，$270°\geqslant\theta\geqslant90°$ 也是继电器能够动作的条

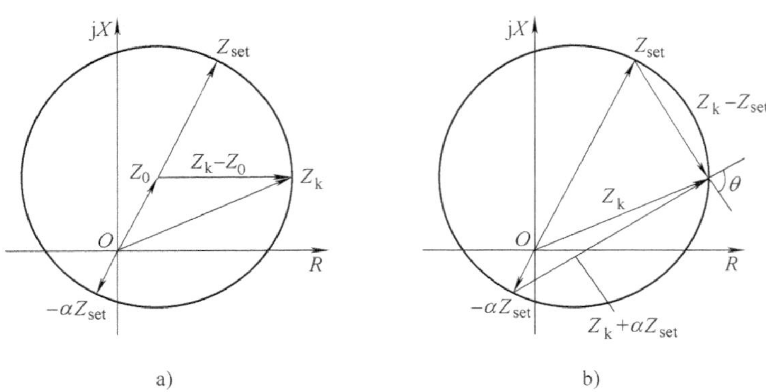

图 5-7 偏移特性的阻抗继电器的动作特性
a）幅值比较方式 b）相位比较方式

件。因此，继电器的动作条件即可表示为

$$270° \geqslant \arg \frac{Z_k + \alpha Z_{set}}{Z_k - Z_{set}} \geqslant 90° \tag{5-18}$$

式（5-18）的分子、分母同乘以电流$\dot{I}_k$，得

$$270° \geqslant \arg \frac{\dot{U}_k + \alpha \dot{I}_k Z_{set}}{\dot{U}_k - \dot{I}_k Z_{set}} \geqslant 90° \tag{5-19}$$

从图 5-7 中可以看出，偏移特性的阻抗继电器动作区包括坐标原点，因此无电压动作死区。

在以上分析中，常用到测量阻抗、整定阻抗和起动阻抗，这三个阻抗的意义和区别如下：

1）Z_k 是继电器的测量阻抗，由加入继电器中电压$\dot{U}_k$与电流$\dot{I}_k$的比值确定，Z_k 的阻抗角就是$\dot{U}_k$和$\dot{I}_k$之间的相位差角 φ。

2）Z_{set}是继电器的整定阻抗，一般取继电器安装点到预定的保护范围末端的线路阻抗作为整定阻抗。其对全阻抗继电器而言就是圆的半径，对方向继电器而言就是在最大灵敏角方向上的圆的直径，而对偏移特性的阻抗继电器则是在最大灵敏角方向上由原点到圆周上的矢量。

继电器的整定阻抗是一个矢量，只要系统结构参数或运行方式没有发生变化，整定阻抗就不会改变。

3）$Z_{k.act}$是继电器实际的动作阻抗或称起动阻抗，表示当继电器刚好能起动时的测量阻抗，即加入继电器中电压$\dot{U}_k$与电流$\dot{I}_k$的比值。除全阻抗继电器以外，$Z_{k.set}$是随着 φ 的不同而改变的，当 $\varphi = \varphi_{sen.max}$时，$Z_{k.act}$的数值最大，等于 Z_{set}。由于过渡电阻和系统振荡等因素影响，动作阻抗一般不等于整定阻抗，在特性圆周上或四边形特性曲线上，任一点都代表一个动作阻抗。

顺便指出，电流保护只反应于通过继电器电流的幅值或者有效值。继电器的起动电流或动作电流是能使继电器可靠动作的最小电流幅值或有效值，如不考虑各种误差的影响，则其值必然等于继电器的整定电流，无需特别区分出动作电流和整定电流。

5.2.3 直线与四边形特性的阻抗继电器

1. 直线特性的阻抗继电器

如图 5-8 所示，当要求阻抗继电器的动作特性为任一直线时，由原点 O 作动作特性边界线的垂线，其矢量表示为 Z_{set}，测量阻抗 Z_k 位于直线的左侧为动作区，右侧为不动作区。

如图 5-8a 所示，当用幅值比较方式分析继电器的动作特性时，继电器能够动作的条件可表示为

$$|Z_k| \leqslant |2Z_{set}-Z_k| \tag{5-20}$$

式（5-20）两端都乘以电流 $\dot{I}_k$，则变为两个电压幅值的比较

$$|\dot{U}_k| \leqslant |2\dot{I}_k Z_{set}-\dot{U}_k|$$

在以上关系中，如果取 $Z_{set}=\mathrm{j}X_{set}$，则动作特性如图 5-8b 所示，即为电抗型继电器，此时只要测量阻抗 Z_k 的电抗部分小于 X_{set} 就可以动作，而与电阻部分的大小无关。

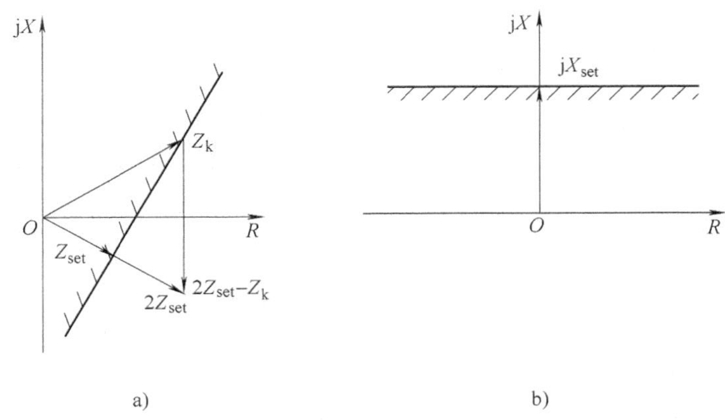

图 5-8 直线特性的阻抗继电器

a）幅值比较方式分析 b）电抗型继电器

2. 四边形特性的阻抗继电器

当前电力系统广泛采用如图 5-9 所示的四边形特性的阻抗继电器来提高抗过渡电阻的能力，四边形内部为动作区，四边形以外为不动作区。其中，整定阻抗 Z_{set} 按照三段式整定原则整定，整定电阻 R_{set} 按照小于最小负荷 $Z_{L.min}$ 的电阻分量整定。其中的四个角度说明如下：

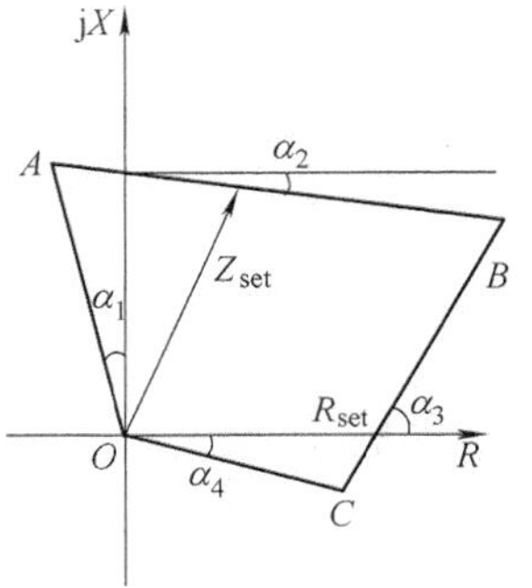

图 5-9 四边形阻抗继电器

1）第二象限角度 α_1：为保证被保护线路金属性短路故障时可靠动作，一般取 15°~30°。

2）电抗线倾斜角度 α_2：防止保护区末端经过渡电阻短路时可能出现的超范围动作（超越），一般取 7°~15°。

3）角度 α_3：在双电源线路上，考虑到经过渡电阻短路时，线路始端故障时的附加测量阻抗比末端故障时小，所以该角度小于线路阻抗角，一般取 60°。

4）第四象限角度 α_4：当线路出口经过渡电阻短路时，测量阻抗可能呈现容性，为保证可靠动作，一般取 30°。

四边形特性的阻抗继电器按相位比较原理构成的阻抗动作方程如下：

线段 AOC　　$-\alpha_4 < \arg Z_k < 90° + \alpha_1$

线段 AB　　$180° - \alpha_2 < \arg(Z_k - Z_{set}) < 360° - \alpha_2$

线段 BC　　$\alpha_3 < \arg(Z_k - Z_{set}) < 180° + \alpha_3$

将上面三式进行逻辑与，就是四边形特性的阻抗继电器的动作方程。

5.2.4 阻抗继电器的精确工作电流

以上分析阻抗继电器的动作特性时，都是从理想的条件出发，即认为幅值比较元件（或相位比较元件）的灵敏度很高，只要电压和电流的比值满足要求继电器就会动作。例如，当全阻抗继电器的整定阻抗为 11Ω 时，只要测量阻抗小于整定阻抗时保护就应该动作，这样在电压为 10V、电流为 1A 时，继电器可以动作，电压为 0.1V、电流为 0.01A 时，继电器也应动作。但实际上，当电压为 0.1V、电流为 0.01A 时，继电器可能不会动作。下面对这一情况产生的原因进行分析：

首先将式（5-9）变为如下形式：

$$|\dot{I}_k Z_{set}| - |\dot{U}_k| > 0$$

上式表明只要差值大于 0，继电器就应该动作，但实际上任何比较元件都有最小的动作电压 U_0（比较电路的起动功率或动作门限）或最小的分辨率 U_0（微机保护的字长决定）。因此上式就变为

$$|\dot{I}_k Z_{set}| - |\dot{U}_k| > U_0$$

从上式可见，当电流很小时，继电器是无法动作的。为了考核阻抗继电器的性能，引入了精确工作电流的概念。

所谓精确工作电流，指的是当加入阻抗继电器的电压和电流的夹角为最灵敏角，且起动阻抗 $Z_{k.act} = 0.9Z_{set}$ 时，使得继电器刚好动作的最小电流值，记为 $I_{act.min}$。

测量阻抗继电器的精确工作电流方法是给继电器加不同的电流，测出使得继电器刚好动作的电压（电压与电流夹角为最灵敏角），电压与电流的比值就是起动阻抗 $Z_{k.act}$。做出曲线 $Z_{k.act} = f(I_k)$，并取与直线 $Z_{k.act} = 0.9Z_{set}$ 的交点，对应的电流值就是精确工作电流，如图 5-10所示。

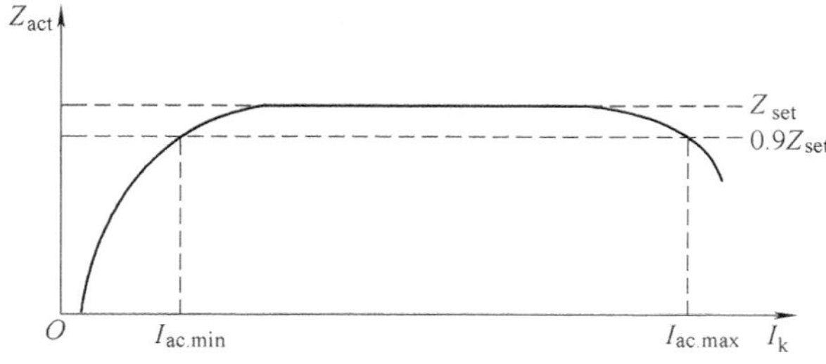

图 5-10 阻抗继电器起动阻抗与测量电流的关系曲线

5.3　阻抗继电器的接线方式

阻抗继电器的接线方式是指接入阻抗继电器的电压和电流的相别组合方式。因为阻抗继电器用于测量保护安装处到故障点的阻抗（距离），因此应当满足如下要求：

1）继电器的测量阻抗应与保护安装处到故障点的距离成正比。

2）继电器的测量阻抗应与短路类型无关，也就是保护范围不随短路类型而变化。

当采用三个继电器 K1、K2、K3 分别接于三相时，阻抗继电器常用的 0°接线方式和带零序补偿的接线方式的电压和电流组合见表 5-1。

表 5-1　阻抗继电器采用 0°接线方式和带零序补偿的接线方式时电压和电流组合

继电器 / 接线方式	K1		K2		K3	
	$\dot{U}_k$	$\dot{I}_k$	$\dot{U}_k$	$\dot{I}_k$	$\dot{U}_k$	$\dot{I}_k$
0°接线	$\dot{U}_{AB}$	$\dot{I}_A - \dot{I}_B$	$\dot{U}_{BC}$	$\dot{I}_B - \dot{I}_C$	$\dot{U}_{CA}$	$\dot{I}_C - \dot{I}_A$
带零序补偿的接线	$\dot{U}_A$	$\dot{I}_A + K\times 3\dot{I}_0$	$\dot{U}_B$	$\dot{I}_B + K\times 3\dot{I}_0$	$\dot{U}_C$	$\dot{I}_C + K\times 3\dot{I}_0$

下面将按照接线要求，对以上两种接线方式进行分析。为简便起见，此处用电力系统一次侧的电压、电流和阻抗进行分析。

5.3.1　故障时的母线电压

在图 5-1a 中，k 点短路时，母线 B 处的 A 相电压可以表示为

$$\begin{aligned}\dot{U}_A &= \dot{U}_{kA} + \dot{I}_{A1}z_1l_k + \dot{I}_{A2}z_2l_k + \dot{I}_{A0}z_0l_k \\ &= \dot{U}_{kA} + \dot{I}_{A1}z_1l_k + \dot{I}_{A2}z_1l_k + \dot{I}_{A0}z_0l_k + \dot{I}_{A0}z_1l_k - \dot{I}_{A0}z_1l_k \\ &= \dot{U}_{kA} + (\dot{I}_{A1} + \dot{I}_{A2} + \dot{I}_{A0})z_1l_k + \dot{I}_{A0}(z_0 - z_1)l_k \\ &= \dot{U}_{kA} + \dot{I}_Az_1l_k + \dot{I}_{A0}(z_0 - z_1)l_k\end{aligned}$$

式中，$\dot{U}_{kA}$为故障点电压；$\dot{I}_{A1}$、$\dot{I}_{A2}$、$\dot{I}_{A0}$分别为 A 相的正序、负序和零序电流；z_1、z_2、z_0分别为线路的单位正序、负序和零序阻抗，且有 $z_1 = z_2$；l_k为故障点到保护安装处的距离。

定义零序补偿系数 $K = \dfrac{z_0 - z_1}{3z_1}$，代入上式，则有

$$\dot{U}_A = \dot{U}_{kA} + (\dot{I}_A + K3\dot{I}_0)z_1l_k \tag{5-21}$$

同理，B 相和 C 相的电压为

$$\dot{U}_B = \dot{U}_{kB} + (\dot{I}_B + K3\dot{I}_0)z_1l_k \tag{5-22}$$

$$\dot{U}_C = \dot{U}_{kC} + (\dot{I}_C + K3\dot{I}_0)z_1l_k \tag{5-23}$$

5.3.2　0°接线方式分析

1. 三相短路

三相短路时三相是对称的，三个继电器 K1、K2、K3 的工作情况完全相同，以 K1 为例

分析。此时有 $\dot{U}_{kA}=\dot{U}_{kB}=\dot{U}_{kC}=0$，$3\dot{I}_0=0$，代入式（5-21）、式（5-22），得保护安装处的电压$\dot{U}_{AB}$为

$$\dot{U}_{AB}=\dot{U}_A-\dot{U}_B=(\dot{I}_A-\dot{I}_B)z_1l_k$$

阻抗继电器 K1 的测量阻抗为

$$Z_{K1}=\frac{\dot{U}_A-\dot{U}_B}{\dot{I}_A-\dot{I}_B}=\frac{(\dot{I}_A-\dot{I}_B)z_1l_k}{\dot{I}_A-\dot{I}_B}=z_1l_k$$

同理

$$Z_{K2}=Z_{K3}=z_1l_k$$

结论：在三相短路时，三个继电器的测量阻抗均等于短路点到保护安装点之间的线路正序阻抗，三个继电器都能动作。

2. 两相短路

以 B、C 两相短路为例来分析三个继电器 K1、K2、K3 的工作情况。当 B、C 两相短路时有

$$\begin{cases}\dot{I}_A=0,\dot{I}_B=-\dot{I}_C,3\dot{I}_0=0\\ \dot{U}_A=\dot{E}_A,\dot{U}_B=\dot{U}_{kB}+\dot{I}_Bz_1l_k,\dot{U}_C=\dot{U}_{kC}+\dot{I}_Cz_1l_k,\dot{U}_{kB}=\dot{U}_{kC}\end{cases}$$

接于故障环路阻抗继电器 K2 的测量阻抗为

$$Z_{K2}=\frac{\dot{U}_B-\dot{U}_C}{\dot{I}_B-\dot{I}_C}=\frac{(\dot{I}_B-\dot{I}_C)z_1l_k}{\dot{I}_B-\dot{I}_C}=z_1l_k$$

阻抗继电器 K1 、K3 的测量阻抗为

$$Z_{K1}=\frac{\dot{U}_A-\dot{U}_B}{\dot{I}_A-\dot{I}_B}=\frac{\dot{E}_A-\dot{U}_{kB}-\dot{I}_Bz_1l_k}{-\dot{I}_B}=z_1l_k+\frac{\dot{U}_{kB}-\dot{E}_A}{\dot{I}_B}>z_1l_k$$

$$Z_{K3}=\frac{\dot{U}_C-\dot{U}_A}{\dot{I}_C-\dot{I}_A}=\frac{\dot{U}_{kC}+\dot{I}_Cz_1l_k-\dot{E}_A}{\dot{I}_C}=z_1l_k+\frac{\dot{U}_{kC}-\dot{E}_A}{\dot{I}_C}>z_1l_k$$

显然，K1 、K3 的测量阻抗大于保护处到故障点之间的线路正序阻抗。

结论：接于故障环路的阻抗继电器可以正确反映保护安装处到故障点之间的线路正序阻抗。其余两只阻抗继电器的测量阻抗很大，不会动作。这也就是为什么要用三个阻抗继电器并分别接于不同相间的原因。

3. 中性点直接接地电网的两相接地短路

以 B、C 两相接地短路为例来分析三个继电器 K1、K2、K3 的工作情况，当 B、C 两相接地短路时，有

$$\dot{U}_{kB}=\dot{U}_{kC}=0 \qquad 3\dot{I}_0\neq 0$$

故

$$Z_{K2}=\frac{\dot{U}_B-\dot{U}_C}{\dot{I}_B-\dot{I}_C}=\frac{(\dot{I}_B-\dot{I}_C)z_1l_k+K3\dot{I}_0z_1l_k-K3\dot{I}_0z_1l_k}{\dot{I}_B-\dot{I}_C}=z_1l_k$$

显然，接于故障环路的阻抗继电器 K2 可以正确反映保护安装处到故障点之间的线路正序阻抗。其余两只阻抗继电器的测量阻抗很大，不会动作（读者可以仿照两相短路来分析 K1 、K3 的动作情况）。

5.3.3　带零序补偿的接线方式分析

在中性点直接接地的电网中，当零序电流保护不能满足灵敏性和速动性要求时，应采用接地距离保护，其采用带零序补偿的接线方式。

以 A 相接地短路为例，此时$\dot{U}_{kA}=0$，阻抗继电器 K1 的测量阻抗为

$$Z_{K1}=\frac{\dot{U}_A}{\dot{I}_A+K3\dot{I}_0}=\frac{(\dot{I}_A+K3\dot{I}_0)z_1l_k}{\dot{I}_A+K3\dot{I}_0}=z_1l_k$$

显然，接于故障相的阻抗继电器能正确测量距离保护点到保护安装处之间线路正序阻抗。为了反映任一相的单相接地短路，接地距离保护也必须采用三个阻抗继电器。该接线方式也能正确反映两相接地短路和三相短路，此时接于故障相的阻抗继电器的测量阻抗也为z_1l_k。

5.4　距离保护的整定计算

在本章 5.1 节中曾介绍过，距离保护与电流保护类似，也采用阶梯延时配合的三段式配置方式。距离保护的整定计算，就是根据被保护电力系统的实际情况，计算出距离Ⅰ段、Ⅱ段和Ⅲ段的测量元件的整定阻抗以及Ⅱ段和Ⅲ段的动作延时。

当距离保护用于双侧电源的电力系统时，为了便于配合，一般要求Ⅰ、Ⅱ段的测量元件都具有明确的方向性，即采用具有方向性的测量元件。第Ⅲ段为后备段，包括对本线路Ⅰ、Ⅱ段保护的近后备、相邻下一级线路保护的远后备和反向母线保护的后备，所以第Ⅲ段通常采用带有偏移特性的测量元件，用较大的延时保证其选择性。以各段测量元件均采用圆特性为例，它们的动作区域可用图 5-11 示意。在图 5-11 中，测量元件整定阻抗方向与线路阻抗方向一致，圆周 1、2、3 分别为线路 AB 的 A 处保护Ⅰ、Ⅱ、Ⅲ段的动作特性圆，4 为线路 BC 的 B 处保护Ⅰ段的动作特性圆。

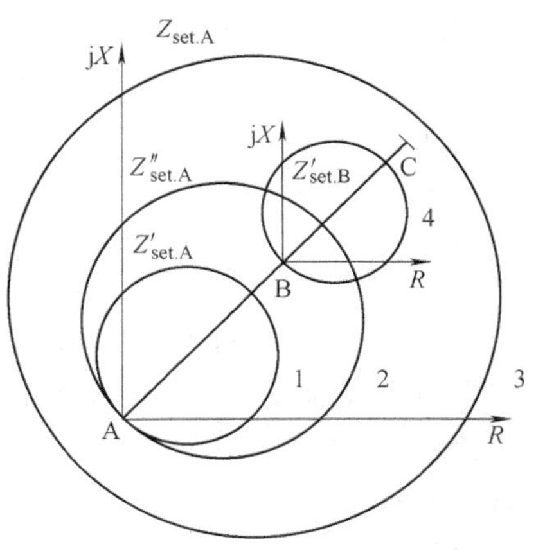

图 5-11　距离保护各段动作区域示意图

5.4.1　各段保护具体的整定原则

1. 距离保护第Ⅰ段的整定

距离保护第Ⅰ段的整定一般按躲开下一条线路出口处短路的原则来确定，按式（5-3）和式（5-4）计算，在一般线路上，可靠系数取 0.8～0.85。

2. 距离保护第Ⅱ段的整定

选择整定阻抗的网络接线如图5-12所示，距离保护第Ⅱ段的整定应按以下两个原则来确定：

1）与相邻线路距离保护第Ⅰ段配合，参照式（5-5）的原则并考虑分支系数 K_{br} 的影响，可采用下式进行计算：

$$Z''_{act.2}=K_{rel}(Z_{AB}+K_{br}Z'_{act.1}) \quad (5\text{-}24)$$

式中，K_{rel}为可靠系数，一般取0.8；K_{br}为分支系数，应采用当保护1第Ⅰ段保护范围末端短路时，可能出现的最小数值。

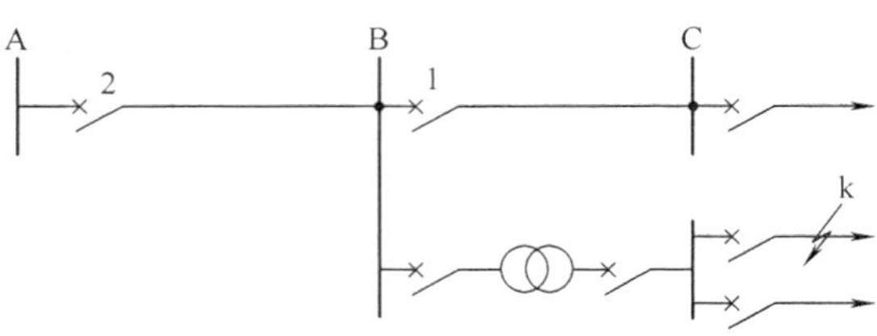

图5-12　选择整定阻抗的网络接线

例如在图3-41所示的有助增电流影响时，在k点短路时变电站A距离保护2的测量阻抗将是

$$Z_2=\frac{\dot{U}_{KA}}{\dot{I}_{AB}}=\frac{\dot{I}_{AB}Z_{AB}+\dot{I}_{BC}Z_k}{\dot{I}_{AB}}$$

$$=Z_{AB}+\frac{\dot{I}_{BC}}{\dot{I}_{AB}}Z_k=Z_{AB}+K_{br}Z_k \quad (5\text{-}25)$$

此时 $K_{br}>1$，由于助增电流的影响，与无助增的情况相比，将使保护2安装处的测量阻抗增大。

在图3-42中，分支电路为一并联线路，由于外汲电流的影响，$K_{br}<1$，与无分支的情况相比，将使保护2处的测量阻抗减小。

因此，为充分保证保护2与保护1之间的选择性，就应该按 K_{br}为最小的运行方式来确定保护2距离Ⅱ段的整定值，使之不超出保护1距离Ⅰ段的范围，这样整定之后，在遇有K_{br}增大的其他运行方式时，距离保护Ⅱ段保护范围只会缩小而不可能失去选择性。

2）躲开线路末端变电站变压器低压侧出口处（图5-12中k点）短路时的阻抗值，设变压器的阻抗为 Z_T，则起动阻抗应整定为

$$Z''_{act.2}=K_{rel}(Z_{AB}+K_{br}Z_T) \quad (5\text{-}26)$$

式中，K_{rel}为与变压器配合时的可靠系数，考虑到 Z_T的误差较大，一般用 $K_{rel}=0.7$；K_{br}采用当k点短路时可能出现的最小数值。

计算后，应取以上两式中数值较小的一个。距离Ⅱ段的动作时限应与相邻线路的Ⅰ段相配合，一般取为一个 Δt。

由于距离保护是反应于数值下降而动作，对距离Ⅱ段来讲，在本线路末端短路时，其测量阻抗即为 Z_{AB}，因此灵敏系数为

$$K_{sen}=\frac{Z''_{act.2}}{Z_{AB}} \quad (5\text{-}27)$$

一般要求 $K_{sen}\geqslant1.25$。当校验灵敏系数不能满足要求时，应进一步延伸保护范围，使之与下一条线路的距离Ⅱ段相配合，时限整定为两个 Δt。

3. 距离保护Ⅲ段的整定

距离保护Ⅲ段的起动阻抗一般按躲开正常运行时的最小负荷阻抗 $Z_{L.min}$来整定。当线路

上流过最大负荷电流$\dot{I}_{L.max}$且母线上电压最低时（用$\dot{U}_{L.min}$表示），在线路始端所测量到的阻抗为最小负荷阻抗。其值为

$$Z_{L.min}=\frac{\dot{U}_{L.min}}{\dot{I}_{L.max}} \tag{5-28}$$

考虑到外部故障切除后，在电动机自起动的条件下，距离保护Ⅲ段必须立即返回的要求，应有

$$Z_{act}=\frac{1}{K_{rel}K_{Ms}K_{re}}Z_{L.min} \tag{5-29}$$

式中，K_{rel}、K_{Ms}、K_{re}分别为可靠系数、自起动系数和返回系数，均为大于 1 的数值。

以输电线路的送电端为例，继电器感受到的负荷阻抗反映在复数阻抗平面上是一个位于第一象限的测量阻抗，它与 R 轴的夹角即为负荷的功率因数角 φ_L，一般较小。而当被保护线路短路时，继电器的测量阻抗为短路点到保护装置地点之间的短路阻抗 Z_k，它与 R 轴的夹角即为线路的阻抗角 φ_k，在高压输电线上一般为 60°~80°。这样，当距离保护第Ⅲ段采用全阻抗继电器时，由于它的起动阻抗与角度 φ_k无关，因此，以式（5-29）的计算结果为保护的整定阻抗。如果保护第Ⅲ段采用方向阻抗继电器，其整定阻抗 Z_{set}可由下式给出：

$$Z_{set}=\frac{Z_{act}}{\cos(\varphi_k-\varphi_L)} \tag{5-30}$$

距离保护Ⅲ段作为远后备保护时，其灵敏度应按相邻元件末端短路的条件来校验，并考虑分支系数为最大的运行方式，灵敏度应不小于 1.2；当作为近后备保护时，则按本线路末端短路的条件来校验，灵敏度应不小于 1.5。

5.4.2　采用四边形特性的阻抗继电器的整定计算方法

四边形特性的阻抗继电器一般采用如图 5-13 所示特性，Ⅰ、Ⅱ、Ⅲ段的电抗线为直线 1、2、3。Ⅰ、Ⅱ、Ⅲ段共用一个电阻整定值 R_{set}，其值需躲过最小负荷阻抗的电阻分量部分，一般取为

$$R_{set}=K_{rel}Z_{L.min}(\cos\varphi_L-\sin\varphi_L\tan30°) \tag{5-31}$$

式中，K_{rel}为可靠系数，一般取为 0.7~0.85。

Ⅰ、Ⅱ、Ⅲ段的电抗分量取值有两种方法，一种是直接按照圆特性阻抗继电器进行整定 Z_{set}，一种是整定电抗分量 X_{set}，各段的整定公式如下：

$$X_{set}=Z_{set}(\sin\varphi_{sen}+\cos\varphi_{sen}\tan\alpha) \tag{5-32}$$

式中，α 为电抗线下倾角度，一般取 15°，在微机保护中为便于计算，有时也取 $\tan\alpha=\frac{1}{8}$。

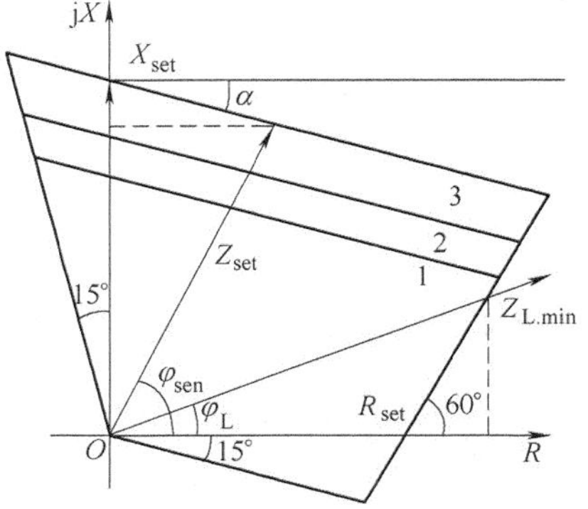

图 5-13　四边形阻抗继电器的整定计算

5.5　距离保护的振荡闭锁

并联运行的电力系统或发电厂之间出现功角大范围周期性变化的现象，称为电力系统振

荡。电力系统振荡时，系统两侧等效电动势间的夹角 δ 可能在 0°~360°范围内作周期性变化，从而使系统中各点的电压、线路电流、功率大小和方向以及距离保护的测量阻抗也都呈现周期性变化。这样，以这些量为测量对象的各种元件保护，就都有可能因为系统振荡而动作。

由于电力系统的失步振荡属于严重的不正常运行状态，而不是故障状态，大多数情况下能够通过自动调节装置恢复同步，或者在预定的地点由振荡解列装置动作解开已经失步的系统，而且如果在振荡过程中继电保护装置误动，则有可能使事故扩大，造成更为严重的后果，因此，在系统振荡时，要采取振荡闭锁措施，防止保护因测量元件动作而误动。

因为电流保护、电压保护和功率方向保护等一般都只应用在电压等级较低的中低压配电系统，而这些系统出现振荡的可能性很小，振荡时保护误动产生的后果也不会太严重，所以一般不需要采取振荡闭锁措施。而距离保护一般用在较高电压等级的电力系统，系统出现振荡的可能性大，保护误动造成的损失严重，所以必须考虑振荡闭锁问题。

5.5.1　电力系统振荡时电流、电压的变化规律

现以图 5-14 所示的双侧电源的电力系统为例，分析系统振荡时电流、电压的变化规律。

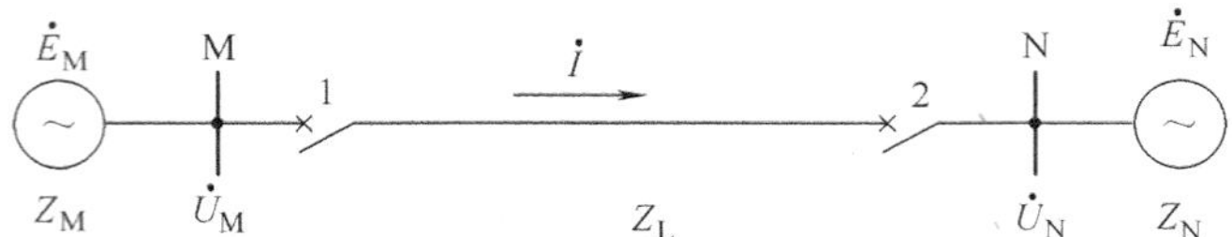

图 5-14　双侧电源的电力系统

设图 5-14 所示系统两侧等效电动势 $\dot{E}_M$ 和 $\dot{E}_N$ 的幅值相等，相位差（即功角）为 δ，Z_M 为 M 侧系统的等效阻抗，Z_N 为 N 侧系统的等效阻抗，Z_L 为线路的阻抗。假设系统阻抗角与线路的阻抗角相等，有 $Z_\Sigma = Z_M + Z_L + Z_N$，则线路中的电流和母线 M、N 上的电压分别为

$$\dot{I} = \frac{\dot{E}_M - \dot{E}_N}{Z_\Sigma} = \frac{\Delta \dot{E}}{Z_\Sigma} = \frac{\dot{E}_M(1 - e^{-j\delta})}{Z_\Sigma} \tag{5-33}$$

$$\dot{U}_M = \dot{E}_M - \dot{I}Z_M \tag{5-34}$$

$$\dot{U}_N = \dot{E}_N - \dot{I}Z_N \tag{5-35}$$

它们之间的相位关系如图 5-15a 所示。以 $\dot{E}_M$ 为参考相量，当 δ 在 0°~360°之间变化时，相当于 $\dot{E}_N$ 相量在 0°~360°范围内旋转。

由图 5-15a 还可以看出，电动势差的有效值为

$$\Delta E = 2E_M \sin\frac{\delta}{2} \tag{5-36}$$

所以线路电流的有效值为

$$I = \frac{\Delta E}{|Z_\Sigma|} = \frac{2E_M}{|Z_\Sigma|}\sin\frac{\delta}{2} \tag{5-37}$$

电流有效值随 δ 变化的曲线如图 5-15b 所示。电流的相位滞后于 $\Delta\dot{E} = \dot{E}_M - \dot{E}_N$ 的角度为

系统联系阻抗角 φ_d，其相量的末端随 δ 变化的轨迹如图 5-15a 中的虚线圆周所示。

由于假设系统中各部分的阻抗角都相等，因此线路上的任意一点的电压相量的末端都必然落在由 $\dot{E}_M$ 和 $\dot{E}_N$ 的末端连接而成的直线上，即 $\Delta\dot{E}$ 上。M、N 两母线处的电压相量 $\dot{U}_M$ 和 $\dot{U}_N$ 标在图 5-15a 中，其中有效值随 δ 变化的曲线，如图 5-15c 所示。

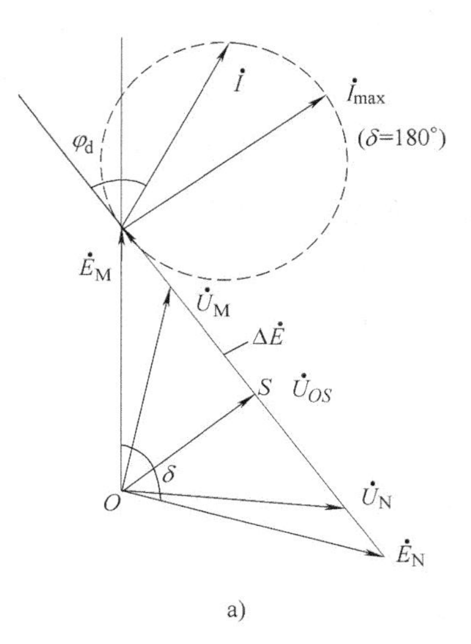

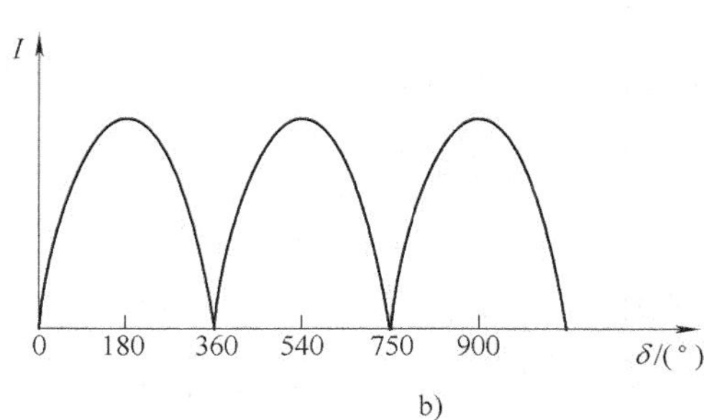

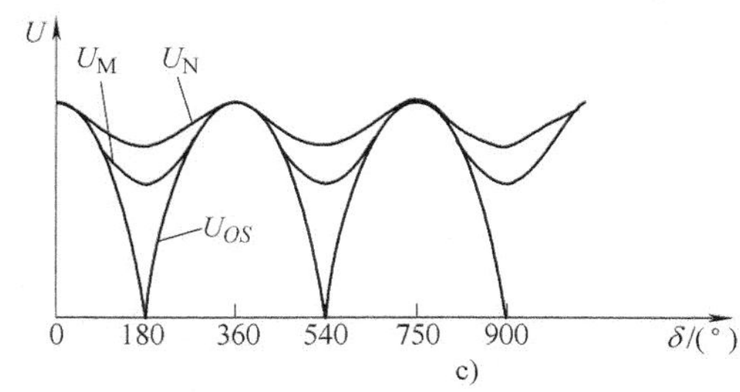

图 5-15　系统振荡时的电流和电压

a）相量图　b）电流有效值变化曲线　c）电压有效值变化曲线

在图 5-15a 中，由 O 点向相量 $\Delta\dot{E}$ 作一垂线，并将该垂线代表的电压相量记为 $\dot{U}_{OS}$，显然，在 δ 为 0°以外的任意值时，电压 $\dot{U}_{OS}$ 都是全系统最低的，特别是当 $\delta=180°$ 时，该电压的有效值变为 0。电力系统振荡时，电压最低的这一点称为振荡中心或电气中心。在系统各部分的阻抗角都相等的情况下，振荡中心的位置就位于总阻抗 $Z_\Sigma=Z_M+Z_L+Z_N$ 的中点。由图 5-15a可见，振荡中心电压的有效值可以表示为

$$U_{OS}=E_M\cos\frac{\delta}{2} \tag{5-38}$$

5.5.2　电力系统振荡时测量阻抗的变化规律

系统振荡时，安装在 M 处的测量元件的测量阻抗为

$$Z_m=\frac{\dot{U}_M}{\dot{I}_M}=\frac{\dot{E}_M-\dot{I}_M Z_M}{\dot{I}_M}=\frac{\dot{E}_M}{\dot{I}_M}-Z_M=\frac{1}{1-e^{-j\delta}}Z_\Sigma-Z_M$$

因为 $1-e^{-j\delta}=1-\cos\delta+j\sin\delta=\dfrac{2}{1-j\cot\dfrac{\delta}{2}}$，所以

$$Z_m=\left(\frac{1}{2}Z_\Sigma-Z_M\right)-j\frac{1}{2}Z_\Sigma\cot\frac{\delta}{2}=\left(\frac{1}{2}-\rho_M\right)Z_\Sigma-j\frac{1}{2}Z_\Sigma\cot\frac{\delta}{2} \tag{5-39}$$

式中，ρ_{M} 为 M 侧系统阻抗占系统总联系阻抗的比例，$\rho_{\mathrm{M}}=\dfrac{Z_{\mathrm{M}}}{Z_{\Sigma}}$。

可见，系统振荡时，保护安装处 M 的测量阻抗由两大部分组成：第一部分为 $\left(\dfrac{1}{2}-\rho_{\mathrm{M}}\right)Z_{\Sigma}$，对应于从保护安装处 M 到振荡中心点 OS 的线路阻抗，只与保护安装处到振荡中心的相对位置有关，而与功角 δ 无关。第二部分为 $-\mathrm{j}\dfrac{1}{2}Z_{\Sigma}\cot\dfrac{\delta}{2}$，垂直于 Z_{Σ}，随着 δ 的变化而变化。当 δ 由 0°变化到 360°时，测量阻抗 Z_{m} 的末端沿着一条经过阻抗中心点 OS，且垂直于 Z_{Σ} 的直线 $\overline{OO'}$ 自右向左推移，如图 5-16 所示。当 $\delta=0°(+)$ 时，测量阻抗 Z_{m} 位于复平面的右侧，其值为无穷大；当 $\delta=180°$ 时，测量阻抗 Z_{m} 值最小，变成 $\left(\dfrac{1}{2}-\rho_{\mathrm{M}}\right)Z_{\Sigma}$，位于系统阻抗角的方向上，相当于在振荡中心处发生三相短路，可能引起保护的误动。当 $\delta=360°(-)$ 时，测量阻抗的值也为无穷大，但位于复平面的左侧。

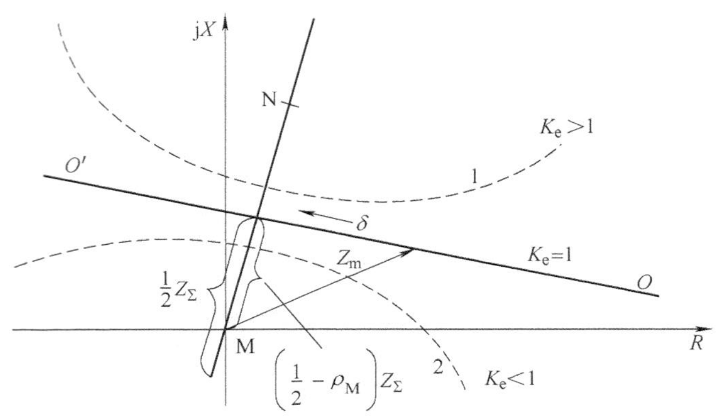

图 5-16 测量阻抗的变化轨迹

如果 $\dot{E}_{\mathrm{M}}$ 和 $\dot{E}_{\mathrm{N}}$ 的幅值不相等，则分析表明，系统振荡时测量阻抗末端的轨迹将不再是一条直线，而是一个圆弧。设 $K_{\mathrm{e}}=\dfrac{E_{\mathrm{M}}}{E_{\mathrm{N}}}$，当 $K_{\mathrm{e}}>1$ 及 $K_{\mathrm{e}}<1$ 时，测量阻抗末端的轨迹如图 5-16 中的虚线圆弧 1 和圆弧 2 所示。

由图 5-16 可见，保护安装处 M 到振荡中心 OS 的阻抗为 $\left(\dfrac{1}{2}-\rho_{\mathrm{M}}\right)Z_{\Sigma}$，它与 $\rho_{\mathrm{M}}=\dfrac{Z_{\mathrm{M}}}{Z_{\Sigma}}$ 的大小密切相关。当 $\rho_{\mathrm{M}}<\dfrac{1}{2}$ 时，即保护安装在送电端且振荡中心位于保护的正方向时，振荡时测量阻抗末端轨迹的直线 $\overline{OO'}$ 在第一象限内与 Z_{Σ} 相交，根据保护的动作特性，测量阻抗可能穿越动作区；当 $\rho_{\mathrm{M}}=\dfrac{1}{2}$ 时，保护安装处 M 正好就是振荡中心，该阻抗等于 0，测量阻抗末端轨迹的直线 $\overline{OO'}$ 在坐标原点处与 Z_{Σ} 相交，肯定穿越保护动作区；当 $\rho_{\mathrm{M}}>\dfrac{1}{2}$ 时，即振荡中心在保护的反方向上，振荡测量阻抗末端轨迹的直线 $\overline{OO'}$ 在第三象限内与 Z_{Σ} 相交，是否会引起保护误动，视保护的动作特性而异。可见，距离保护安装在系统不同的位置，受振荡的影响是不同的。

5.5.3　电力系统振荡对距离测量元件特性的影响

在图 5-14 所示的双侧电源系统中，假设 M 处装有距离保护，其测量元件采用方向圆特性的阻抗元件，距离保护 Ⅰ 段的整定阻抗为线路阻抗的 80%，M 侧 Ⅰ 段的动作特性如图 5-17所示。

根据前面的分析，当振荡中心落在母线 M、N 之间的线路上，δ 变化时，M 处的测量阻抗末端将沿图 5-17 中的直线$\overline{OO'}$移动。当 δ 在 $\delta_1 \sim \delta_2$ 范围内时，M 侧测量阻抗落入动作范围之内，其测量元件动作，其误动作的时段自有功角 δ_1 开始至功角超过 δ_2 结束。当振荡中心落在本线路保护范围之外时，距离保护 Ⅰ 段将不受振荡的影响。Ⅱ 段及 Ⅲ 段的整定阻抗一般较大，振荡时的测量阻抗比较容易进入其动作区，所以 Ⅱ 段及 Ⅲ 段的测量元件可能会动作。但是，它们都带有延时元件，如果振荡误动作的时段小于元件的延时，则保护出口不会误动作。

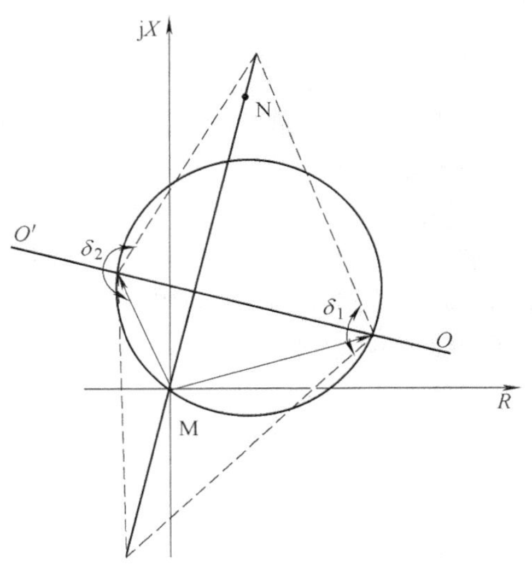

图 5-17　M 侧 Ⅰ 段的动作特性

总之，电力系统振荡时，阻抗继电器是否误动、误动的时间长短与保护安装位置、保护动作范围、动作特性的形状和振荡周期长短等有关，安装位置离振荡中心越近、整定值越大、动作特性曲线在与整定阻抗垂直方向的动作区越大时，越容易受振荡的影响，振荡周期越长误动的时间越长。并不是安装在系统中所有的阻抗继电器在振荡时都会误动，但是，阻抗继电器在出厂时都要求配备振荡闭锁，使之具有通用性。

5.5.4　振荡闭锁措施

电力系统振荡时可能引起距离保护的误动作，因此必须采用专门的振荡闭锁措施（在微机保护出现以前，阻抗继电器中有专门的振荡闭锁回路或元件），实现振荡时闭锁距离保护。

当系统振荡使两侧电动势之间的角度摆到 $\delta = 180°$时，保护所受到的影响与在系统振荡中心处发生三相短路时的效果是一样的。因此，必须要区分系统振荡与三相短路时的不同。电力系统振荡与短路时的主要区别如下：

1）振荡时，三相完全对称，没有负序分量和零序分量出现；而当短路时，总要长时间（不对称短路过程中）或瞬间（在三相短路开始时）出现负序分量或零序分量。

2）振荡时，电气量呈周期性的变化，在 $\delta = 180°$ 时出现最严重情况，其变化速度$\left(\frac{dU}{dt}、\frac{dI}{dt}、\frac{dZ}{dt}等\right)$与系统功角的变化速度一致，比较慢；而当短路时，电流、电压值突然变化且速度很快，在短路后，短路电流、各点的残余电压和测量阻抗在不计衰减时是不变的。

3）振荡时，任一点电流与电压之间的相位关系都随 δ 的变化而变化；而在短路后，电流和电压之间的相位是不变的。

距离保护的振荡闭锁措施应能够满足以下的基本要求：

1）系统发生全相或非全相振荡时，保护装置不应误动作跳闸。

2）系统在全相或者非全相振荡过程中，被保护线路发生各种类型的不对称故障时，距离保护装置应有选择性地动作跳闸。

3）系统在全相振荡过程中再发生三相故障时，保护装置应可靠动作跳闸，并允许带短延时。

根据上述对振荡闭锁的要求，利用短路与振荡时电气量变化特征的差异，距离保护一般采用下述振荡闭锁措施。

1. 利用电流的负序、零序分量或突变量实现振荡闭锁

为了提高保护动作的可靠性，在系统没有故障时，一般距离保护一直处于闭锁状态。当系统发生故障时，短时开放距离保护允许保护出口跳闸，称为短时开放。若在开放的时间内阻抗继电器动作，则说明故障点位于阻抗继电器的动作范围之内，将故障线路跳开；若在开放的时间内阻抗继电器未动作，则说明故障不在保护区内，重新将保护闭锁。这种振荡闭锁方式的原理框图如图 5-18 所示。

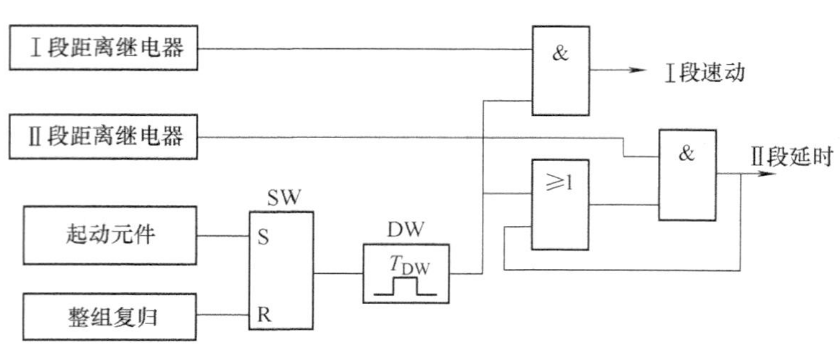

图 5-18　利用故障时短时开放的方式实现振荡闭锁的原理框图

图 5-18 中，起动元件是实现振荡闭锁的关键元件。起动元件和整组复归元件在系统正常运行或因静态稳定被破坏时都不会动作，这时双稳态触发器 SW 以及单稳态触发器 DW 都不会动作，保护装置的Ⅰ段和Ⅱ段被闭锁，无论阻抗继电器本身是否动作，保护都不可能动作跳闸，即不会发生误动。电力系统发生故障时，故障判断的起动元件立即动作，动作信号经双稳态触发器 SW 记忆下来，直至整组复归。SW 输出的信号，又经单稳态触发器 DW 固定为输出时间宽度为 T_{DW} 的短脉冲，在 T_{DW} 时间内若阻抗判别元件的Ⅰ段或Ⅱ段动作，则允许保护无延时或有延时动作（距离保护Ⅱ段被自保持）。若在 T_{DW} 时间内阻抗判别元件的Ⅰ段或Ⅱ段没有动作，保护将闭锁直至满足整组复归条件，准备下次开放保护。

T_{DW} 称为振荡闭锁的开放时间，或称允许动作时间，它的选择要兼顾两个方面：一是要保证在正向区内故障时，保护Ⅰ段有足够的时间可靠跳闸，保护Ⅱ段的测量元件能够可靠起动并实现自保持，因而时间不能太短，一般不应小于 0.1s；二是要保证在区外故障引起振荡时，测量阻抗不会在故障后的 T_{DW} 时间内进入动作区，因而时间又不能太长，一般不应大于 0.3s。所以，通常情况下取 $T_{DW}=0.1\sim0.3s$，现代数字保护中，开放时间一般取 0.15s 左右。

整组复归元件在故障或振荡消失后再经过一个延时动作，将 SW 复原，它与起动元件、SW 配合，保证在整个一次故障过程中，保护只开放一次。但是对于先振荡后故障，保护也将被闭锁，尚需要有再故障判别元件。

起动元件用来完成系统是否发生短路的判断，它仅需要判断系统是否发生了短路，而不需要判出短路的远近及方向，对它的要求是灵敏度高、动作速度快，系统振荡时不误动作。目前距离保护中应用的故障判断元件，主要有反映电压、电流中负序分量或零序分量的判断元件和反映电流突变量的判断元件两种：

1）反映电压、电流中负序分量或零序分量的故障判断元件。电力系统正常运行或因静稳定破坏而引起振荡时，系统均处于三相对称状态，电压、电流中不存在负序分量或零序分量。电力系统发生各种类型的不对称短路时，故障电压、电流都会出现较大的负序分量或零序分量；三相对称性短路一般由不对称短路发展而来，短时也会有负序、零序分量输出。因此，可以利用负序分量或零序分量是否存在，来作系统是否发生短路的判断。

2）反映电流突变量的故障判断元件。反映电流突变量的故障判断元件是根据在系统正常运行或振荡时电流变化比较缓慢，而在系统故障时电流会出现突变这一特点来进行故障判断的。电流突变的检测，既可以用模拟的方法实现又可以用数字的方法实现。

2. 利用测量阻抗变化率不同构成振荡闭锁

在电力系统发生短路故障时，测量阻抗 Z_m是由负荷阻抗 Z_L突变为 Z_k的，而在系统振荡时，测量阻抗则是由负荷阻抗缓慢变为保护安装处到振荡中心点的线路阻抗的，这样，根据测量阻抗的变化速度不同就可以构成振荡闭锁。利用测量阻抗的变化速度不同构成振荡闭锁的原理可以用图 5-19 来说明。图中，KZ1 为整定值较高的阻抗元件；KZ2 为整定值较低的阻抗元件。

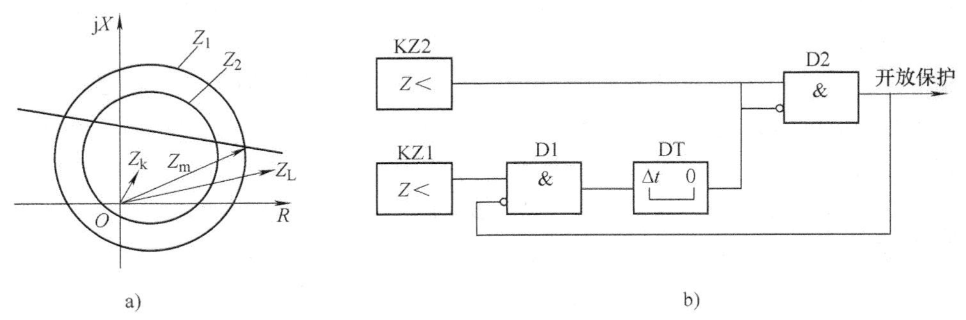

图 5-19　利用电气量变化速度不同构成振荡闭锁

a）原理示意图　b）原理框图

其实质是在 KZ1 动作后先开放一个 Δt 的时间，如果在这段时间内 KZ2 动作，去开放保护，直到 KZ2 返回；如果在 Δt 的时间内 KZ2 不动作，保护就不会被开放。它利用短路时阻抗的变化率较大，KZ1、KZ2 的动作时间差小于 Δt，短时开放。但与前面短时开放不同的是，测量阻抗每次进入 KZ1 的动作区后，都会开放一定时间，而不是在整个故障过程中只开放一次。

由于对测量阻抗变化率的判断是由两个不同大小的阻抗圆完成的，所以这种振荡闭锁通常俗称为“大圆套小圆”振荡闭锁原理。

3. 利用动作的延时实现振荡闭锁

电力系统振荡时，距离保护的测量阻抗是随 δ 角的变化而不断变化的，当 δ 角变化到某个角度时，测量阻抗进入到阻抗继电器的动作区，而当 δ 角继续变化到另一个角度时，测量阻抗又从动作区移出，测量元件返回。实践经验表明，对于按躲过最大负荷整定的距离保护Ⅲ段阻抗元件，测量阻抗落入其动作区的时间小于 1 ~ 1.5s，只要距离保护Ⅲ段动作的延时时间大于 1 ~ 1.5s，系统振荡时保护Ⅲ段就不会误动作。

5.5.5 振荡过程中再故障的判断

对于利用负序、零序分量或电流突然变化短时开放保护的振荡闭锁措施，如果系统在振荡过程中又发生了内部故障，距离保护Ⅰ、Ⅱ段将不能动作，故障将无法被快速切除。为克服此缺点，振荡闭锁元件中可以增设振荡过程中再故障的判别逻辑，在判断出振荡过程中又发生内部短路时，将保护再次开放。

当振荡过程中又发生不对称短路时，可用下列判据作为重新开放保护的条件，即

$$|\dot{I}_2| + |\dot{I}_0| \geqslant m|\dot{I}_1| \tag{5-40}$$

式中，$\dot{I}_2$、$\dot{I}_0$、$\dot{I}_1$ 分别为负序、零序和正序电流；m 为比例系数，一般取 0.5 ~ 0.7。

振荡过程中又发生三相对称性故障时，由于不存在负序分量和零序分量，式（5-40）得不到满足，保护不会开放。为此，必须设置专门的对称故障判别元件。

对称故障判别元件的动作判据为

$$-0.03\text{p.u.} < U\cos\varphi < 0.08\text{p.u.} \tag{5-41}$$

式中，φ 为电流滞后电压的相角；p.u. 为标幺值；$U\cos\varphi$ 为电压相量 $\dot{U}$ 在电流相量 $\dot{I}$ 方向上的投影，是一个标量。

分析表明，在系统发生三相短路时，如果忽略系统阻抗和线路阻抗中的电阻分量，则 $U\cos\varphi$ 近似等于故障点处的电弧电压 U_{arc}，其值一般不超过额定电压的 6%，且与故障距离无关，基本不随时间的变化而变化。在系统振荡时，$U\cos\varphi$ 近似为振荡中心的电压，当 δ 在 180°附近时，该电压值很小，可能会满足式（5-41），但当 δ 为其他角度时，该电压就比较高，就不会满足式（5-41）。也就是说，振荡过程中又发生三相故障时，式（5-41）会一直被满足，而在仅有系统振荡时，式（5-41）仅在较短的时间内满足，其余时间都不满足。这样，只要用式（5-41）配合一个延时时间就能够区分出三相故障和振荡。

5.6 过渡电阻对距离保护的影响

在本节以前的距离保护分析计算中，假设的故障都是理想的金属性故障。但实际上，发生短路时，故障点都不同程度存在过渡电阻，由于过渡电阻的存在，将使距离保护的测量阻抗发生变化，可能会导致距离保护的拒动或误动。

5.6.1　过渡电阻的特点

当电力系统发生相间短路时，相与相之间存在故障电弧，接地故障时，故障相与接地导体（如接闪线或杆塔本身）之间也存在电弧。因此，无论哪种故障类型，在故障回路中都可能包含由电弧电阻以及接地故障时与电弧电阻串联的杆塔基座电阻等组成的过渡电阻。

电力系统发生短路故障时的电弧电阻是随故障电流的持续变化而变化的。在短路初始瞬间，电弧电流很大，电弧较短，电弧电阻较小。几个周期后，随着电弧的逐渐拉长，电弧电阻逐渐增大。通过实验得到的电弧计算公式如下：

$$R_t \approx 1050 \frac{l_t}{I_t} \tag{5-42}$$

式中，I_t为电弧电流的有效值（A）；l_t为电弧的长度（m）。

在相间短路时，过渡电阻主要由电弧电阻组成，过渡电阻的大小可按照式（5-42）估算。在接地短路时，过渡电阻除了包括电弧电阻外，还有杆塔基座电阻以及接地电阻。接地电阻随着接地介质、气候、土壤性质的不同，变化范围较大，难以准确计算。我国对 500kV 线路接地短路的最大过渡电阻按 300Ω 考虑；220kV 线路则按照 100Ω 考虑。

5.6.2　单侧电源线路上过渡电阻的影响

如图 5-20 所示，在母线 A 处阻抗继电器的测量阻抗 Z_{kA}为短路阻抗 Z_k与过渡电阻 R_g直接相加，即

$$Z_{kA} = Z_k + R_g \tag{5-43}$$

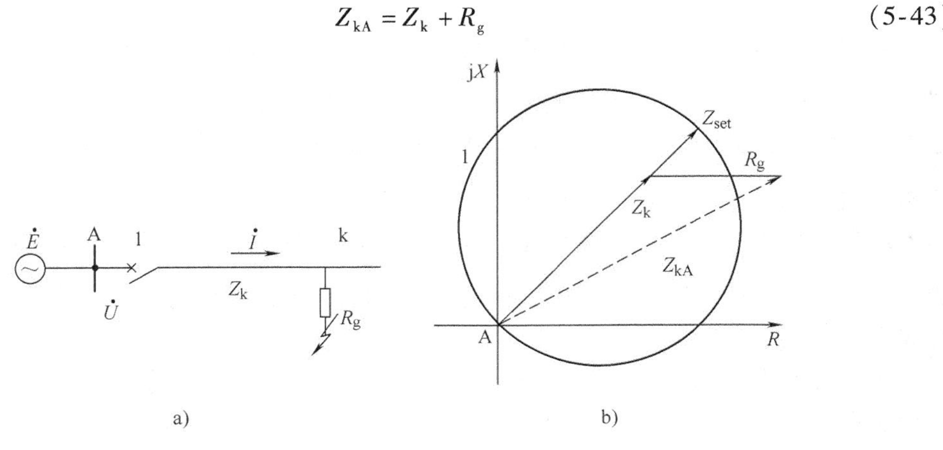

图 5-20　单侧电源过渡电阻的影响

a）系统示意图　b）对安装地点距离保护的影响

从图 5-20 中可见，如果过渡电阻 R_g过大，测量阻抗 Z_{kA}落在圆特性之外，就会造成保护拒动。

5.6.3　双侧电源线路上过渡电阻的影响

如图 5-21 所示，两侧电源的情况下，过渡电阻中的短路电流不再是保护安装处的电流，这时保护 1 安装处测量电压和测量电流的关系可以表示为

$$\dot{U}_m = \dot{I}_k' Z_k + (\dot{I}_k' + \dot{I}_k'') R_g = \dot{I}_k' (Z_k + R_g) + \dot{I}_k'' R_g \tag{5-44}$$

令$\dot{I}_m = \dot{I}_k'$，则继电器的测量阻抗可以表示为

$$Z_m = \frac{\dot{U}_m}{\dot{I}_m} = (Z_k + R_g) + \frac{\dot{I}_k''}{\dot{I}_k'} R_g \tag{5-45}$$

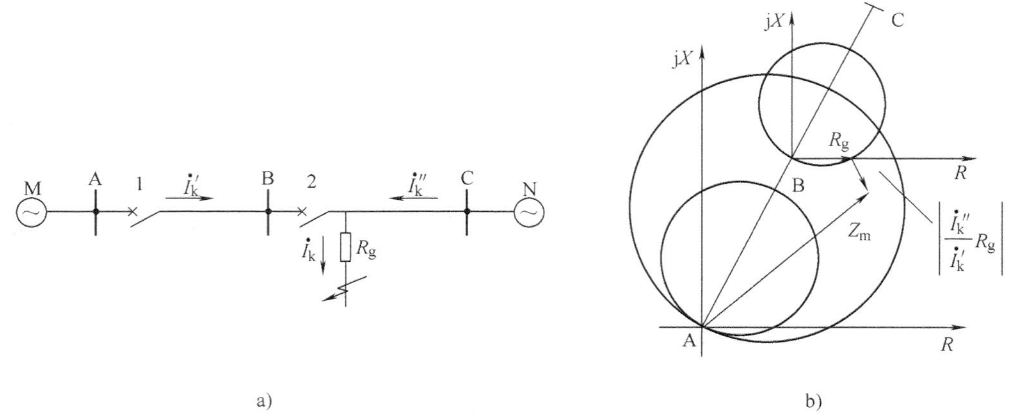

图 5-21　双侧电源过渡电阻的影响
a）系统示意图　b）对不同安装地点距离保护的影响

从式（5-45）可见，R_g对测量阻抗的影响取决于对侧电源提供的短路电流大小及$\dot{I}_k'$、$\dot{I}_k''$之间的相位关系，有可能使测量阻抗的实部增大，也有可能减小。若在故障前 M 端为送端，N 侧为受端，则 M 侧电源电动势的相位超前 N 侧。这样，在两端系统阻抗的阻抗角相同的情况下，$\dot{I}_k'$的相位将超前$\dot{I}_k''$，式（5-45）中的（$\dot{I}_k''/\dot{I}_k'$）R_g将具有负的阻抗角，即表现为容性的阻抗，它的存在有可能使总的测量阻抗变小。反之，若 M 侧为受端，N 侧为送端，则（$\dot{I}_k''/\dot{I}_k'$）R_g将具有正的阻抗角，即表现为感性的阻抗，它的存在使测量阻抗变大。

在上述情况下，保护 1 处的总测量阻抗可能会因过渡电阻的影响而减小，严重情况下，可能使测量阻抗落入其距离保护Ⅰ段范围内，造成其距离保护Ⅰ段误动作。这种因过渡电阻的存在而导致保护测量阻抗变小，进一步引起保护误动作的现象，称为距离保护的稳态超越。过渡电阻也可能造成测量阻抗的增大，使Ⅱ段保护拒动。

5.6.4　防止过渡电阻影响的措施

从上面的分析可知，阻抗继电器在有过渡电阻时，既可能在保护区内拒动，也可能在保护区外误动。那么对距离保护哪一段的影响最大呢？

结合过渡电阻的特点、过渡电阻对阻抗继电器的影响和距离保护各段的配合关系可见，距离保护Ⅰ段无动作延时，此时过渡电阻较小，因此过渡电阻对Ⅰ段影响小；距离保护Ⅱ段有动作延时，此时过渡电阻较大，因此过渡电阻对Ⅱ段影响大；距离保护Ⅲ段有动作延时，

但是整定阻抗很大，阻抗继电器抗过渡电阻能力强，因此过渡电阻对Ⅲ段影响较小。为了防止过渡电阻影响，常采用以下措施：

1）动作特性的偏移。过渡电阻使得测量阻抗向 R 轴偏移，因此为消除过渡电阻的影响，可以将阻抗继电器的动作特性向 R 轴偏移，对于圆特性方向阻抗继电器，可通过减小整定阻抗角来消除过渡电阻的影响，从而增强抗拒动的能力，此时为了防止阻抗继电器的超越，可以采用电抗继电器。

2）采用四边形特性的阻抗继电器。参见 5.4.2 小节的四边形特性的阻抗继电器，按照其中设置的角度就可以很好的消除过渡电阻的影响。

5.7　距离保护的电压回路断线闭锁

距离保护是通过对电压、电流的比值来判断线路是否故障的，而电压取自 TV 二次侧，因此在 TV 二次电压回路断线时，阻抗继电器的测量阻抗变为零，可能造成误动。所以，在这种情况下必须采取电压回路断线闭锁来防止距离保护误动。

5.7.1　母线电压回路断线闭锁的措施

在起动元件未动作的情况下，满足下列条件之一起动断线闭锁：

1）三相电压相量和大于 8V，即

$$|\dot{U}_A+\dot{U}_B+\dot{U}_C|>8\text{V} \tag{5-46}$$

则延时 1.25s 发 TV 断线异常信号——反映电压回路不对称断线。

2）三相电压代数和小于 24V，即

$$|\dot{U}_A|+|\dot{U}_B|+|\dot{U}_C|<24\text{V} \tag{5-47}$$

或每相电压均小于 8V 时，则延时 1.25s 发 TV 断线异常信号——反映电压回路对称断线。

在发出电压断线信号的同时，闭锁在电压回路断线时会误动的保护，并起动断线过电流保护。在三相电压正常后，经 10s 延时 TV 断线信号复归。

此方案有如下特点：

1）方案中用起动元件反闭锁，而不用开口三角形的 $3U_0$ 反闭锁。因正常时 $3U_0=0$，很难监视，万一 $3U_0$ 回路断线，且系统又发生不对称故障时，将不能反闭锁，此时 TV 断线闭锁将闭锁保护而不能跳闸，后果严重。

2）因保护起动元件由电流分量构成，断线只引起阻抗继电器动作，而不会引起整个保护误动作，不需要立即闭锁保护，因此经过 1.25s 报 TV 断线，并闭锁距离保护，以增加切除线路故障的可靠性。

5.7.2　线路电压回路断线闭锁的措施

在起动元件未动作的情况下，若任何一相线路电压小于 8V 且线路有电流，则延时 1.25s 发 TV 断线异常信号。

当判定线路电压回路断线后，重合闸逻辑中不进行检同期和检无压的逻辑判别。

5.8 距离保护的建模与仿真

5.8.1 阻抗继电器的建模与仿真

1. 电力系统的仿真模型

为了对方向阻抗继电器的特性进行仿真，首先选取如图 5-22 所示的单电源电网，其电源电压为 220kV，线路 L 长度为 100km，单位正序阻抗 $z_1=(0.131+j0.432)\Omega/km$，负荷为 90MW，对应的 Simulink 仿真模型如图 5-23 所示。

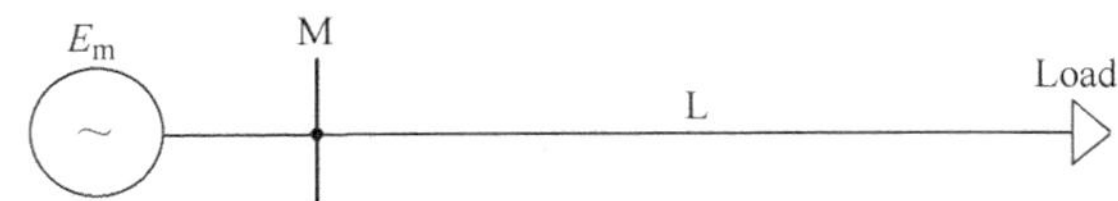

图 5-22 方向阻抗继电器仿真所用的电力系统接线

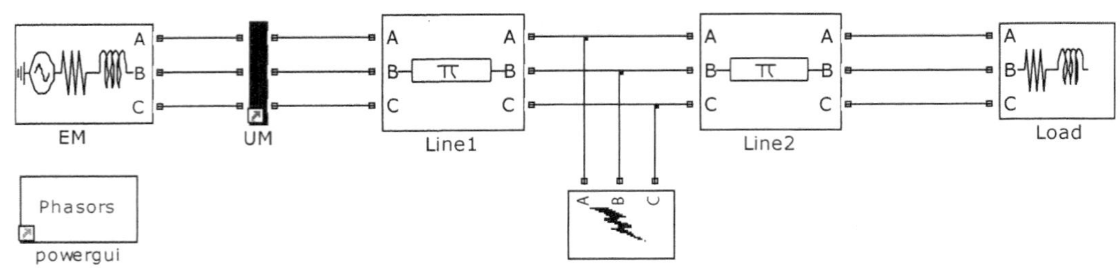

图 5-23 电力系统的 Simulink 仿真模型

在图 5-23 中，电源采用“Three-Phase Source”模型，电源 E_M 的参数设置（忽略电源阻抗）如图 5-24 所示。

输电线路的总长为 100km，仿真模块采用“Three Phase PI Section Line”分布参数模型，为了便于设置故障位置，将线路分为 Line1 和 Line2 两段，其中一段的参数设置（为了便于分析此处忽略了线路电容的影响）如图 5-25 所示。

三相电压电流测量模块 U_M 将测量到的电压、电流信号转变成 Simulink 信号，相当于电压、电流互感器的作用。模块 U_M 的参数设置如图 5-26 所示。

电网的仿真模型建立好后，需将 Powergui 模块复制到仿真模型窗口，并选择为相位（Phasor）仿真方式。

2. “0 接线”的方向阻抗继电器模块构造

采用“0°接线”的方向阻抗继电器模块如图 5-27 所示。图中，三个阻抗继电器 K1、K2、K3 分别接于三相。继电器模块为已封装的子系统，对应于继电器的动作方程式［本节采用式（5-15）所示的相位比较方式］；相位显示器模块可以实时察看各继电器的比相相位。应该注意的是，为了计算方便，在仿真中，各个电压、电流输出信号应为复数形式输出，然而当 Powergui 模块设置在“相位仿真方式”下时，三相电压电流测量模块“U_M”的输出信号却为幅值与相角［单位为（°）］分离方式，因此特设计了“U_convert”、“I_con-

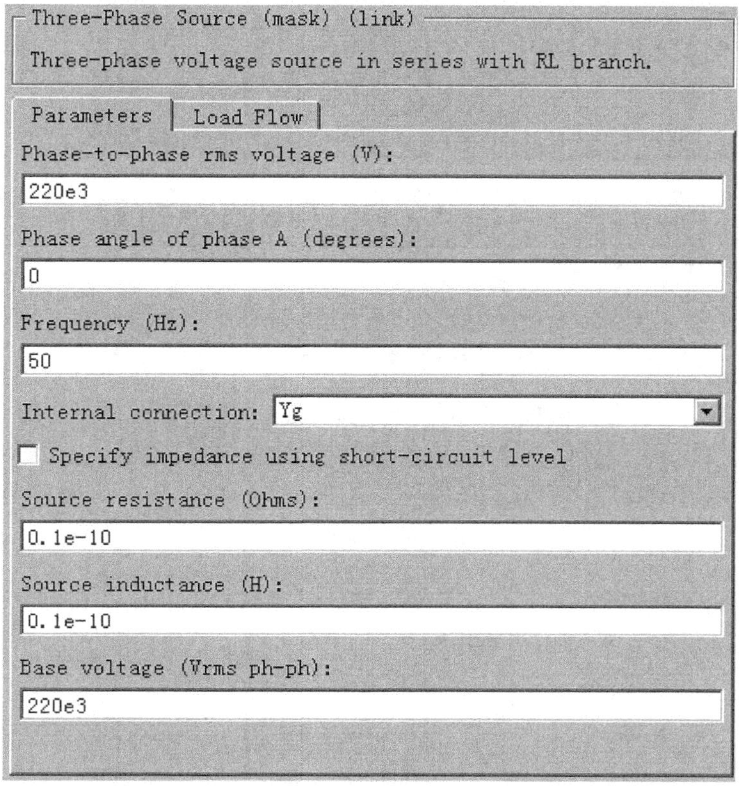

Three-Phase Source (mask) (link)

Three-phase voltage source in series with RL branch.

Parameters | Load Flow

Phase-to-phase rms voltage (V):

220e3

Phase angle of phase A (degrees):

0

Frequency (Hz):

50

Internal connection: Yg

☐ Specify impedance using short-circuit level

Source resistance (Ohms):

0.1e-10

Source inductance (H):

0.1e-10

Base voltage (Vrms ph-ph):

220e3

图 5-24　电源 E_M 的参数设置

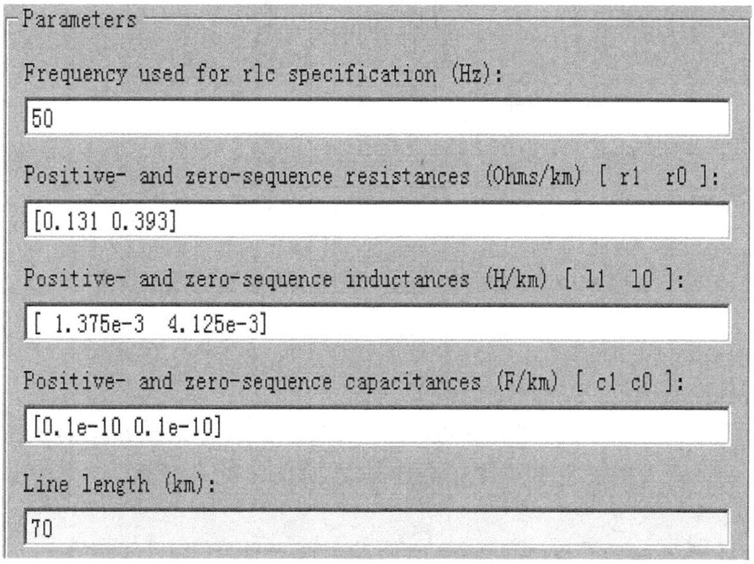

Parameters

Frequency used for rlc specification (Hz):

50

Positive- and zero-sequence resistances (Ohms/km) [r1 r0]:

[0.131 0.393]

Positive- and zero-sequence inductances (H/km) [l1 l0]:

[1.375e-3 4.125e-3]

Positive- and zero-sequence capacitances (F/km) [c1 c0]:

[0.1e-10 0.1e-10]

Line length (km):

70

图 5-25　输电线路的参数设置

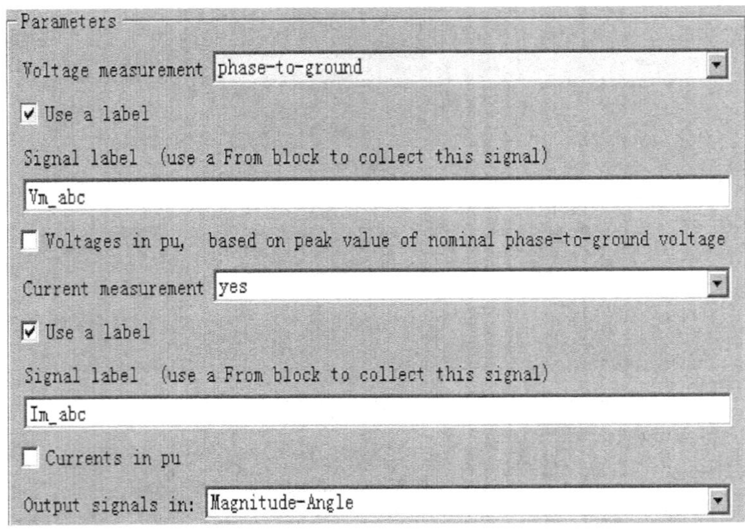

图 5-26　三相电压电流测量模块 U_M 的参数设置

vert”子系统来获得复数形式的三相电压和电流。子系统“U_convert”的构成如图 5-28 所示，子系统“I_convert”的结构与其相同。

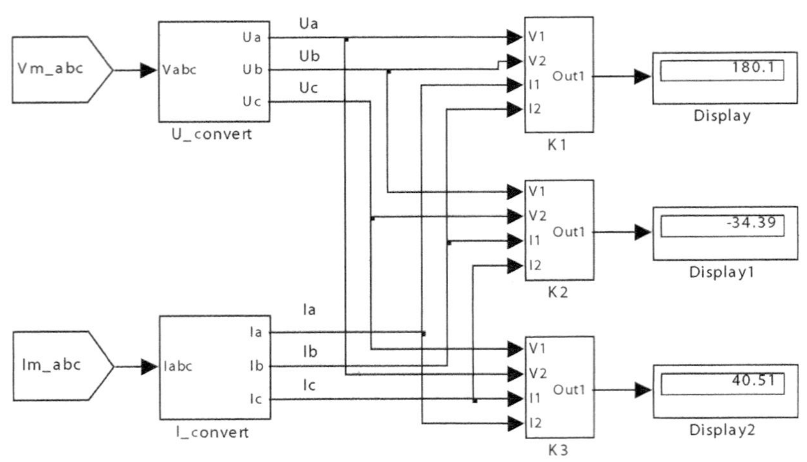

图 5-27　采用“0°接线”的方向阻抗继电器模块

双击已封装好的继电器模块，设置整定阻抗界面，如图 5-29 所示。本仿真输入是距离保护 I 段的整定值，保护区为线路全长的 85%。

打开继电器模块，可以看到“0°接线”时用相位比较方式构成方向阻抗继电器的内部结构，如图 5-30 所示。在模块中应用了数学运算模块组的“求和”、“增益”、“叉乘”和“复数转换”等模块。

3. “带零序补偿的接线”的方向阻抗继电器模块构造

利用 Simulink 对采用“带零序补偿的接线”方向阻抗继电器的仿真模块与采用“0°接线”时的构成大体相仿，如图 5-31 所示。继电器模块的内部结构如图 5-32 所示。

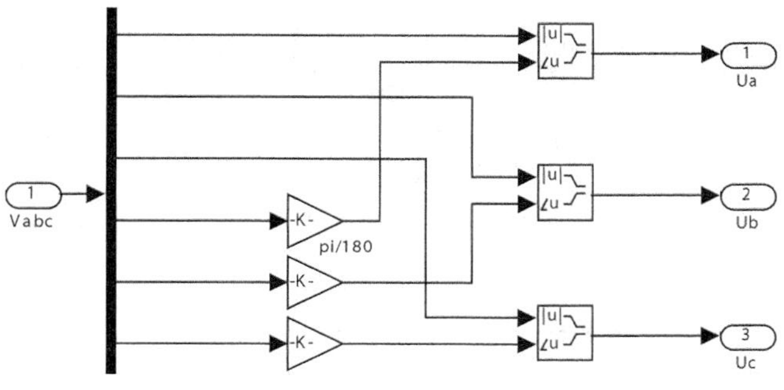

图 5-28　子系统“U_convert”的构成

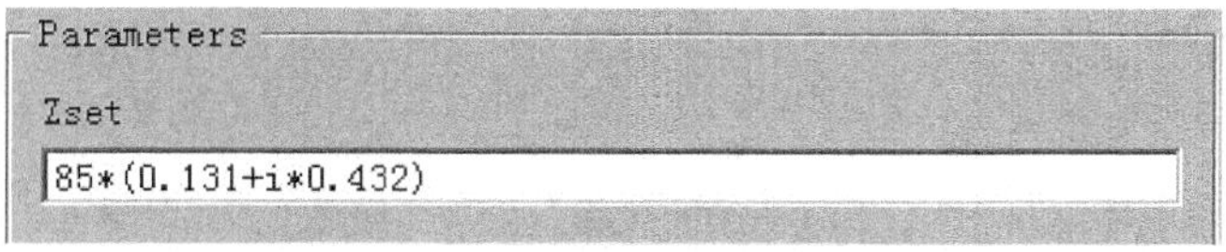

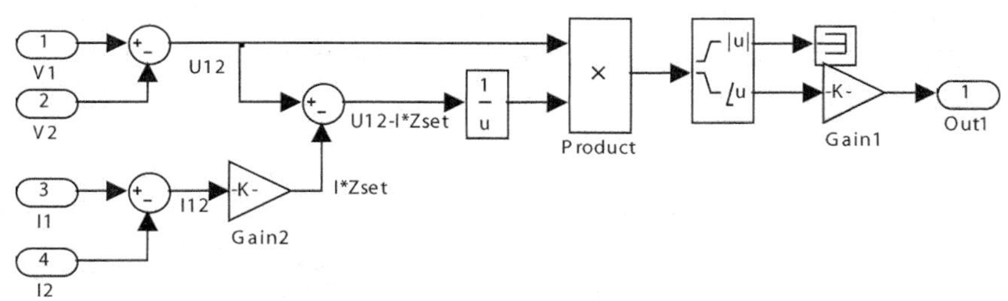

图 5-29　设置整定阻抗界面

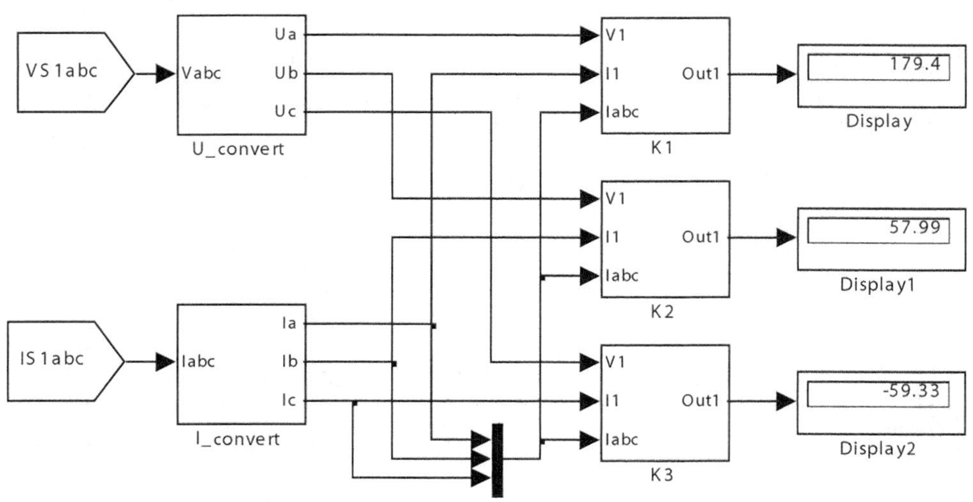

图 5-30　“0°接线”继电器模块的内部结构

图 5-31　采用“带零序补偿的接线”的方向阻抗继电器模块

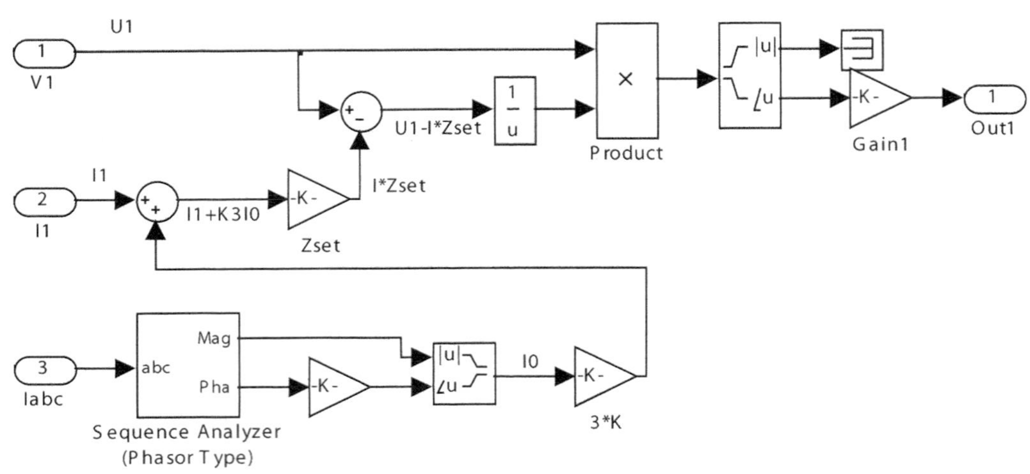

图 5-32 “带零序补偿的接线”继电器模块的内部结构

4. 仿真结果

在图 5-23 所示的仿真模型中分别设置三相短路、AB 相短路、A 相接地故障类型，故障点分别选取为保护范围内部的正方向出口 1km 处、75 km 处（近保护范围末端）和 95 km 处（保护范围外部）三个点，过渡电阻 R_g 从 0 变化到 20Ω（步长为 10Ω），各相阻抗继电器的相位［单位为（°）］，仿真结果见表 5-2、表 5-3。

表 5-2 采用“0°接线”时的仿真结果 ［单位：（°）］

故障类型	过渡电阻/Ω	正方向出口故障			近保护范围末端故障			保护范围外部故障		
		K1	K2	K3	K1	K2	K3	K1	K2	K3
三相短路	0	178.9	178.9	178.9	179.9	179.9	179.9	0.119	0.119	0.119
	10	94.9	94.9	94.9	85.3	85.3	85.3	40.0	40.0	40.0
	20	79.3	79.3	79.3	60.9	60.9	60.9	39.8	39.8	39.8
A、B 相短路	0	178.9	-120.2	117.7	179.9	-31.6	37.7	0.119	-23.3	29.5
	10	94.9	156.4	34.3	85.3	-25.5	32.1	40.0	-19.1	26.6
	20	79.3	86.62	25.7	60.9	-17	26.7	39.8	-13.8	23.3
A 相接地	0	-150.6	3.1	147.6	-13.4	3.1	18.7	-8.9	3.1	13.7
	10	117.4	3.1	59.5	-8.3	3.1	20.2	-6.0	3.1	15.0
	20	81.1	3.1	44.3	-3.6	3.1	20.2	-3.3	3.1	15.4

表 5-3 采用“带零序补偿的接线”时的仿真结果 ［单位：（°）］

故障类型	过渡电阻/Ω	正方向出口故障			近保护范围末端故障			保护范围外部故障		
		K1	K2	K3	K1	K2	K3	K1	K2	K3
三相短路	0	178.9	178.9	178.9	179.9	179.9	179.9	0.1	0.1	0.1
	10	94.9	94.9	94.9	85.3	85.3	85.3	40	40	40
	20	79.3	79.3	79.3	60.9	60.9	60.9	39.8	39.8	39.8

（续）

故障类型	过渡电阻/Ω	正方向出口故障			近保护范围末端故障			保护范围外部故障		
		K1	K2	K3	K1	K2	K3	K1	K2	K3
A、B 相短路	0	75.74	-96.32	-38.0	76.6	-70.8	3.1	52.2	-46.1	3.1
	10	58.3	177.3	-38.0	60.7	-50.4	3.1	46.8	-29.4	3.1
	20	46.1	151.3	-38.0	49.2	-7.4	3.1	40.8	-10.1	3.1
A 相接地	0	179.4	58.0	-59.3	180	20.79	-16.1	0.07	17.86	-12.76
	10	102.4	-5.7	-108.5	109.3	17.43	-17.31	35.6	15.6	-13.51
	20	91.6	-5.0	-82.7	80.7	14.5	-17.5	42.1	13.6	-13.7

从表 5-2 所列的仿真结果中可以看出，当正方向出口发生过渡电阻为 0Ω 的三相短路时，三个阻抗继电器的测量阻抗均为 178.9°与理论值 180°相差很小，三个阻抗继电器均会动作。而当正方向出口发生过渡电阻为 0 的 AB 两相短路时，只有接于 AB 相的阻抗继电器 K1 的测量阻抗为 178.9°，满足动作条件，而 K2、K3 不满足动作条件，这与理论分析是相符合的。从表 5-3 所列的仿真结果中也可以得出同样的结论。另外，本仿真模型也验证了单侧电源线路上过渡电阻对阻抗继电器的影响，请读者自行分析。

5.8.2 双侧电源线路上过渡电阻对测量阻抗的影响仿真

1. 电力系统的仿真模型

利用图 5-21 所示的双侧电源电力系统进行仿真，建立其对应的 Simulink 仿真模型，如图 5-33 所示。在仿真模型中，采用的电源、线路、故障模块与图 5-23 中对应的模型相同，它们的参数设置如下：

电源$\dot{E}_M = 220\angle 60°$kV 为送电侧，$\dot{E}_N = 220\angle 0°$kV 为受电侧，为了简化仿真，设置两个电源的内阻相等，且阻抗角与线路相同，$Z_S = Z_{S.M} = Z_{S.N} = 0.226\angle 73.13°\Omega$。

线路 AB、BC 均采用 LGJ—240/40 型架空线路，单位正序阻抗 $z_1 = 0.451\angle 73.13°\Omega/\text{km}$，为了设置故障点，将线路 BC 分成两段，所以在仿真模型中，Line1 = 100km，Line2 = 19km，Line3 = 1km。

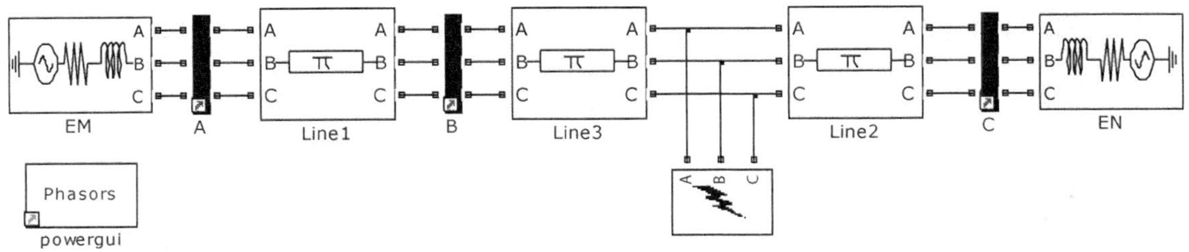

图 5-33 双侧电源电力系统的 Simulink 仿真模型

在母线 A、B、C 处的阻抗继电器均采用 0°接线，其仿真模块如图 5-34 所示。在图 5-34 中同时获得了流入继电器的电流幅值及相位角。

电网的仿真模型建立好后，需将 Powergui 模块复制到仿真模型窗口，并选择为相位（Phasor）仿真方式。

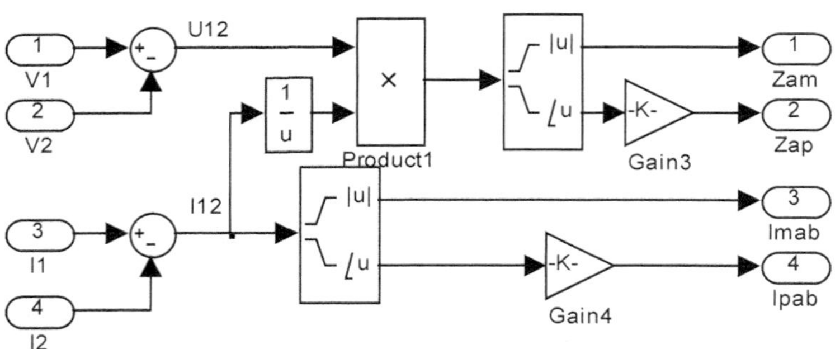

图 5-34 “0°接线”的阻抗继电器模块

2. 仿真结果及分析

在图 5-33 中将故障类型设置为三相短路，故障点的过渡电阻取 $R_g=0$，运行仿真，得母线 A、B 处阻抗继电器的测量阻抗分别为

$$Z_{kA}=45.49\angle 73.17°\Omega,\quad Z_{kB}=0.45\angle 73.17°\Omega$$

为了验证过渡电阻对测量阻抗的影响，将模型中的过渡电阻取 $R_g=10\Omega$，运行仿真，得母线 A、B 处阻抗继电器的测量阻抗分别为

$$Z_{kA}=40.9\angle 36.99°\Omega,\quad Z_{kB}=26.99\angle -43.53°\Omega$$

此时，流过母线 A、B、C 处的电流幅值与相位如图 5-35 所示（注意，此时流过母线 A 和母线 B 的电流相同，图中的电流幅值除以$\sqrt{2}$后可得有效值）。

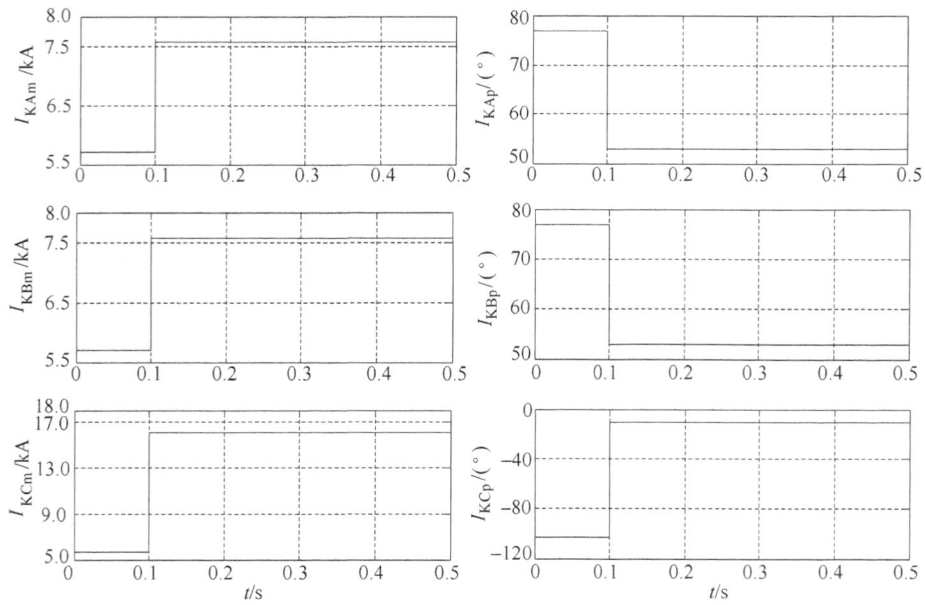

图 5-35 流过母线 A、B、C 处的电流幅值与相位

从图 5-35 中可得

$$\dot{I}_{kA}=\dot{I}_{kB}=5.355\angle 52.82°\text{kA},\quad \dot{I}_{kC}=11.37\angle -10.80°\text{kA}$$

对应图 5-21，则有

$$\dot{I}_k' = \dot{I}_{kA}, \quad \dot{I}_k'' = \dot{I}_{kC}$$

根据仿真得到数据进行计算如下：

对于母线 A 处的阻抗继电器

$$\frac{\dot{I}_k''}{\dot{I}_k'}R_g = 21.232\angle -63.62°\Omega$$

由式（5-45）得测量阻抗

$$Z_{kA} = (100+1)z_1 + R_g + \frac{\dot{I}_k''}{\dot{I}_k'}R_g = 40.90\angle 37.0°\Omega$$

同理，对于母线 B 处的阻抗继电器，其测量阻抗为

$$Z_{kB} = z_1 + R_g + \frac{\dot{I}_k''}{\dot{I}_k'}R_g = 26.99\angle -43.53°\Omega$$

从以上的仿真计算中可以看出，由于电源$\dot{E}_M$为送电侧，$\dot{E}_N$为受电侧，所以当故障点经过渡电阻短路时，对于母线 A、B 处的阻抗继电器来说，$(\dot{I}_k''/\dot{I}_k')R_g$具有负的阻抗角，即表现为容性的阻抗。

读者也可以将电源$\dot{E}_M$设置为受电侧，$\dot{E}_N$为送电侧，来观察过渡电阻对测量阻抗的影响，限于篇幅，在此就不叙述了。

5.8.3　电力系统振荡的仿真

1. 电力系统的仿真模型

利用图 5-14 所示的双侧电源的电力系统进行仿真，建立其对应的 Simulink 仿真模型，如图 5-36 所示。在仿真模型中，采用的电源、线路、故障模块与图 5-23 中对应的模型相同，它们的参数设置如下：

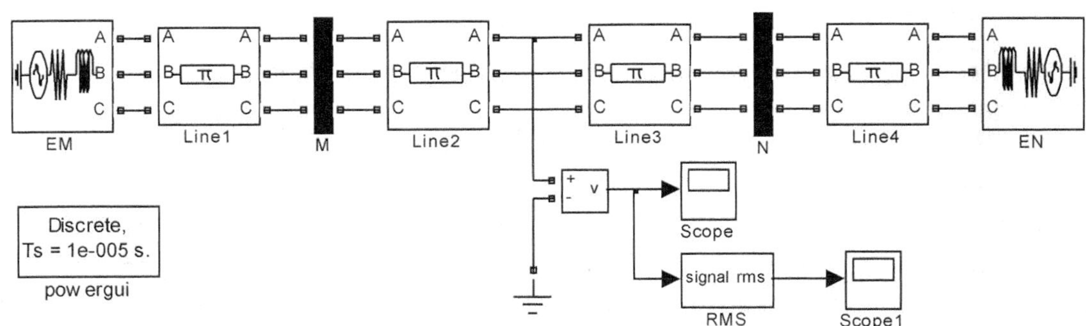

图 5-36　电力系统振荡的 Simulink 仿真模型

电源$\dot{E}_M = 220\angle 0°$kV，$\dot{E}_N = 220\angle 0°$kV，为了简化仿真，设置两个电源的内阻相等，且阻抗角与线路相同，$Z_s = Z_{s \cdot M} = Z_{s \cdot N} = 0.226\angle 73.13°\Omega$；线路采用 LGJ—240/40 型架空线路，单位正序阻抗 $z_1 = 0.451\angle 73.13°\Omega/\text{km}$，为了便于观察振荡中心的电压，将线路分成四

段，在仿真模型中，Line1 =5km，Line2 =44.5km，Line3 =39.5km，Line4 =10km。

2. 仿真与分析

当电力系统发生振荡时，两侧电源的频率将不相同，因此在仿真模型中设置$f_M=50\text{Hz}$，$f_N=51\text{Hz}$，显然此时振荡周期为1s。系统的总阻抗为

$$Z_{\Sigma}=Z_{s\cdot M}+Z_{s\cdot N}+Z_{\text{Line1}}+Z_{\text{Line2}}+Z_{\text{Line3}}+Z_{\text{Line4}}=45.1\angle 73.13^{\circ}\Omega$$

代入式（5-37），得振荡电流为

$$I=\frac{\Delta E}{|Z_{\Sigma}|}=\frac{2E_M}{|Z_{\Sigma}|}\sin\frac{\delta}{2}=5.63\sin\frac{\delta}{2}\text{kA}$$

当$\delta=180^{\circ}$时，振荡电流达到最大值，为5.63kA。

在Powergiu中选择离散算法，仿真的总时间设为2s。运行仿真，得母线M、N处的A相电压、电流的波形如图5-37所示。

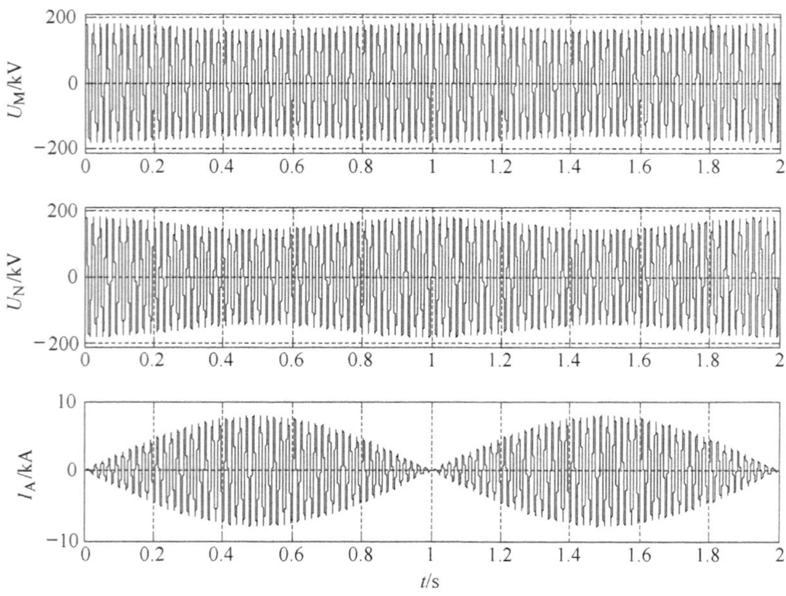

图5-37 振荡时母线M、N处的A相电压、电流的波形

利用图5-36中所示的RMS模块，可得振荡时母线M、N处的A相电压、电流以及振荡中心的A相电压幅值变化曲线，如图5-38所示。

从图5-37和图5-38的仿真波形可知，当$t=0.5\text{s}$（对应$\delta=180^{\circ}$时），母线M、N处以及振荡中心的电压幅值达到最小值，而电流达到最大值，这与在5.5节中的理论分析相符合。注意，在图5-38中，时间从0～0.02s内的波形是由于采用离散仿真算法造成的，并不是实际的波形。

为了验证电力系统发生振荡和短路时的区别，在图5-36的仿真模型中加入故障模块，并应用“Discrete 3-Phase Sequence Analyzer”模块（离散三相序分量模块）来获得母线M处的负序电压、电流，整个模型如图5-39所示。

通过故障模块，设置系统在1s时发生AB两相短路故障，运行仿真，得母线M处的负

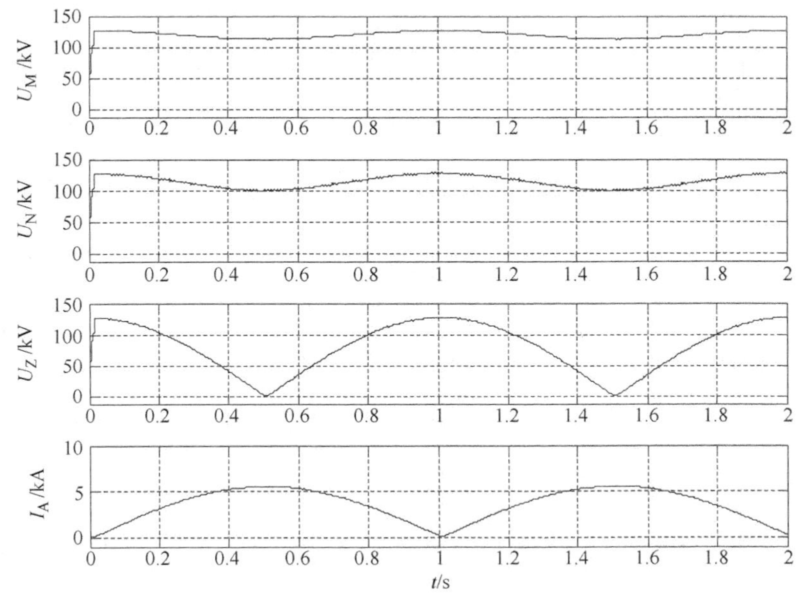

图 5-38　振荡时母线 M、N 处的 A 相电压、电流以及振荡中心的 A 相电压幅值变化曲线

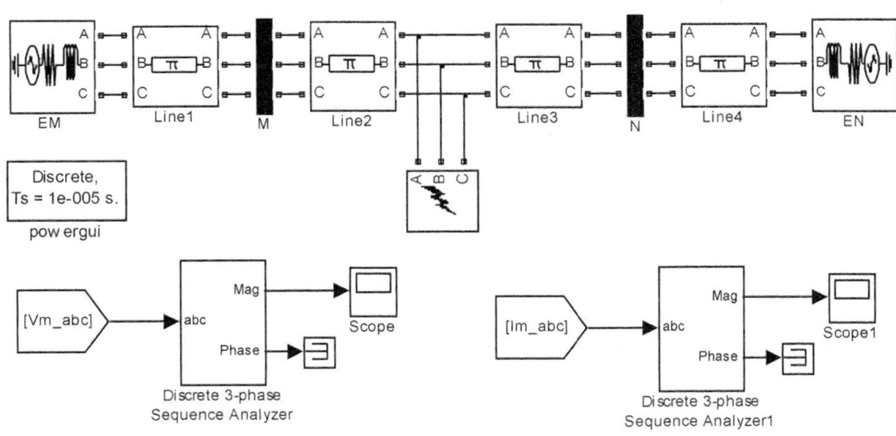

图 5-39　验证电力系统发生振荡和短路时区别的 Simulink 仿真模型

序电压、电流波形如图 5-40 所示。

从图 5-40 中可以看出，在 0～1s 时系统只有振荡，所以母线 M 处的负序电压、电流为零（注意：在仿真波形是会看到有很小的负序电压和电流，这是采用离散仿真算法而造成的）；在 1～2s 时发生两相短路故障（相当于在振荡过程中发生不对称故障），此时系统中的负序分量就非常大。

读者可以在图 5-36 和图 5-39 所示仿真模型的基础上，改变相关参数，进一步仿真分析如系统阻抗角、电压幅值不等时发生振荡的情况，以及振荡时测量阻抗的变化情况等问题。

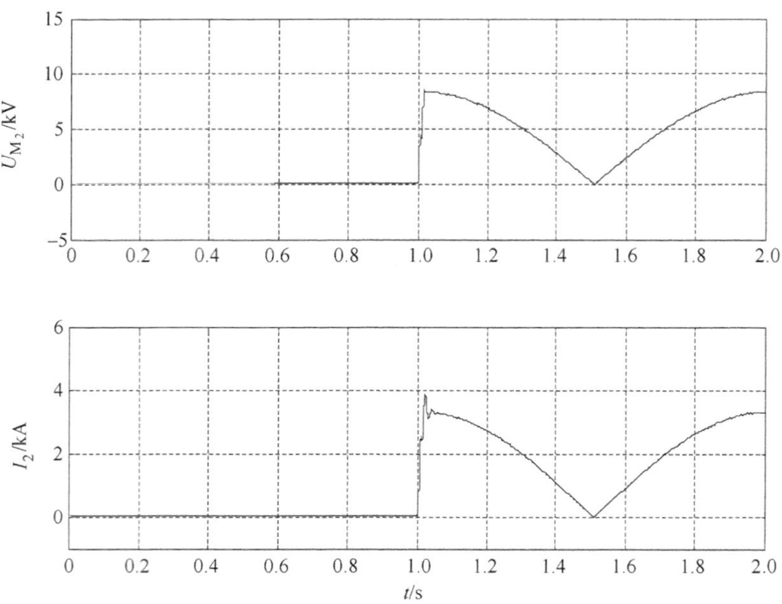

图 5-40 系统振荡时又发生两相短路时负序电压、电流波形

第 6 章　输电线路的纵联保护与仿真

本章着重讨论输电线路纵联保护原理与仿真分析方法。本章 6.1 节以导引线纵联差动保护为例介绍纵联保护的基本原理和构成方式。6.2 节对输电线路纵联保护中常用的导引线通信、电力线载波通信、微波通信、光纤通信等通道方式进行介绍。6.3 节介绍光纤分相电流差动保护原理及组成框图。6.4 节介绍使用电力线载波通道实现的闭锁式方向纵联保护和闭锁式距离保护的基本原理。6.5 节以电流纵差为例给出输电线路纵联保护的建模及仿真方法。

6.1　输电线路纵联保护的基本原理和构成方式

6.1.1　输电线路纵联保护概述

在本书的第 3 章到第 5 章中讲述的电流、电压保护和距离保护，都是只反映被保护线路一侧的电量，为了获得选择性，其瞬时切除的故障范围只能是被保护线路的一部分，即使性能较好的距离保护，在单侧电源线路上也只能保护线路全长的 80% 左右，在双侧电源线路上瞬时切除故障的范围只有线路全长的 60% 左右。除此之外，在被保护线路其余部分发生故障时，都只能由延时保护来切除，这对于很多重要的高压输电线路是不允许的。为了电力系统的安全稳定，要求线路上应设置具有无延时切除线路上任意处故障的保护装置，输电线的纵联保护就是在这种背景下产生的。因为仅反映线路一侧的电气量是不可能区分本线路末端和对侧母线（或相邻线路始端）故障的，只有反映线路两侧的电气量才可能区分上述两点故障，达到有选择性地快速切除全线故障的目的，所以需要将线路一侧电气量的信息传输到另一侧去，即在线路两侧之间发生纵向的联系。这种保护装置即称为输电线的纵联保护。

6.1.2　输电线路纵联保护的基本原理

输电线路的纵联保护随着所采用的通道不同，在装置原理、结构、性能等方面有很大的区别。下面以最简单的导引线纵联差动保护来介绍输电线纵联保护的基本原理。

导引线纵联差动保护是纵联保护中最简单的一种，又常简称为纵联差动保护，它是利用辅助导线或称为“导引线”作为通信通道的纵联电流差动保护。如图 6-1 所示，在线路的 M 和 N 两侧装设特性和电流比完全相同的电流互感器，两侧电流互感器的一次回路的正极性均置于靠近母线的一侧，二次回路的同极性端子连接，差动继电器 KD 则并联接在电流互感器的二次端子上。

在线路的两端，仍规定一次电流的正方向为从母线流向被保护的线路。在线路正常运行时，设线路的电流 $\dot{I}_L$ 从 M 端流入，从 N 端流出（见图 6-1a 中的虚线）。这样，按照规定的正方向看，线路两侧电流 $\dot{I}_M$ 和 $\dot{I}_N$ 反相，且 $\dot{I}_M = -\dot{I}_N$。电流互感器的二次电流为

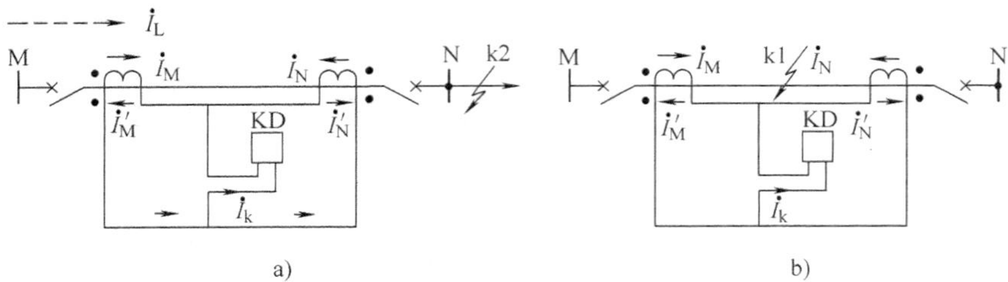

图 6-1　纵联差动保护的基本原理

a）正常运行或外部故障情况　b）内部故障情况

$$\dot{I}'_M = \frac{\dot{I}_M - \dot{I}_{\mu M}}{n_{TA}}$$

$$\dot{I}'_N = \frac{\dot{I}_N - \dot{I}_{\mu N}}{n_{TA}}$$

式中，$\dot{I}'_M$、$\dot{I}'_N$分别为两侧电流互感器的二次电流；$\dot{I}_{\mu M}$、$\dot{I}_{\mu N}$分别为两侧电流互感器的励磁电流；n_{TA}为两侧电流互感器的电流比。

流入差动继电器的（或称为差动回路）电流为

$$\dot{I}_k = \frac{\dot{I}_M - \dot{I}_{\mu M}}{n_{TA}} + \frac{\dot{I}_N - \dot{I}_{\mu N}}{n_{TA}}$$

将$\dot{I}_M = -\dot{I}_N$代入上式，得

$$\dot{I}_k = \frac{-\dot{I}_{\mu M} - \dot{I}_{\mu N}}{n_{TA}} = \dot{I}_{unb} \tag{6-1}$$

式中，$\dot{I}_{unb}$称为不平衡电流。

当线路外部发生短路时（见图 6-1a 中的 k2 点），电流互感器一次、二次电流的方向与正常工作的情况相同，流入差动继电器的电流仍为不平衡电流，但因为此时一次电流为短路电流，比正常时的负荷电流大得多，所以此时的不平衡电流要大得多。当线路流过最大外部短路电流时，流入差动继电器的为最大不平衡电流$\dot{I}_{unb.max}$，其值可按下式计算：

$$I_{unb.max} = K_{er}K_{st}I_{kmax}/n_{TA} \tag{6-2}$$

式中，K_{er}为电流互感器的最大相对误差，取 0.1；K_{st}为电流互感器的同型系数，两侧电流互感器型号相同取 0.5，不同型号取 1；I_{kmax}为保护范围外部最大短路电流值。

当线路内部发生短路时（见图 6-1b 中的 k1 点），M、N 两侧的电流均为正。这时流入差动继电器的电流为

$$\dot{I}_k = \frac{\dot{I}_{1M} - \dot{I}_{\mu M}}{n_{TA}} + \frac{\dot{I}_{1N} - \dot{I}_{\mu N}}{n_{TA}}$$

$$\dot{I}_k = \frac{\dot{I}_{1M} + \dot{I}_{1N}}{n_{TA}} - \frac{\dot{I}_{\mu M} + \dot{I}_{\mu N}}{n_{TA}} = \frac{\dot{I}_{k1}}{n_{TA}} - \frac{\dot{I}_{\mu M} + \dot{I}_{\mu N}}{n_{TA}} \tag{6-3}$$

式中，$\dot{I}_{k1}$为故障点的总电流，$\dot{I}_{k1} = \dot{I}_{k1M} + \dot{I}_{k1N}$。

式（6-3）说明，内部短路时流入差动继电器的电流为故障点总电流的二次值，该值远大于正常运行和外部短路时流入差动继电器的不平衡电流，因此可使保护动作，瞬时跳开线路两侧的断路器。

6.1.3　差动保护特性分析

输电线路纵联电流差动保护常用不带制动作用和带有制动作用的两种动作判据，分述如下。

1. 不带制动特性的差动继电器特性

不带制动特性的差动继电器动作方程为

$$|\dot{I}_m + \dot{I}_n| \geqslant I_{set} \tag{6-4}$$

式中，I_{set}为差动继电器的动作电流整定值，其值通常按躲过外部短路时的最大不平衡电流$I_{unb.max}$来整定，即

$$I_{set} = K_{rel} I_{unb.max} \tag{6-5}$$

式中，K_{rel}为可靠系数，取 1.2 ~ 1.3。

保护应满足线路在单侧电源运行发生内部短路时有足够的灵敏度，即

$$K_{sen} = \frac{I_{k.min}}{I_{set}} \geqslant 2 \tag{6-6}$$

式中，$I_{k.min}$为单侧最小电源作用且被保护线路末端短路时，流过保护的最小短路电流。

若纵联差动保护不满足灵敏度要求，可采用带制动特性的纵联差动保护。

2. 带有制动线圈的差动继电器特性

这种原理的差动继电器中有两组线圈，制动线圈流过两侧互感器的“循环电流”$|\dot{I}_m - \dot{I}_n|$，在正常运行和外部短路时制动功率增强，在动作线圈中流过两侧互感器的“和电流”$|\dot{I}_m + \dot{I}_n|$，在内部短路时制动功率减弱（相当于无制动作用），而动作的功率极强。其电磁式继电器（点划线框内）的结构原理和动作特性如图 6-2 所示。

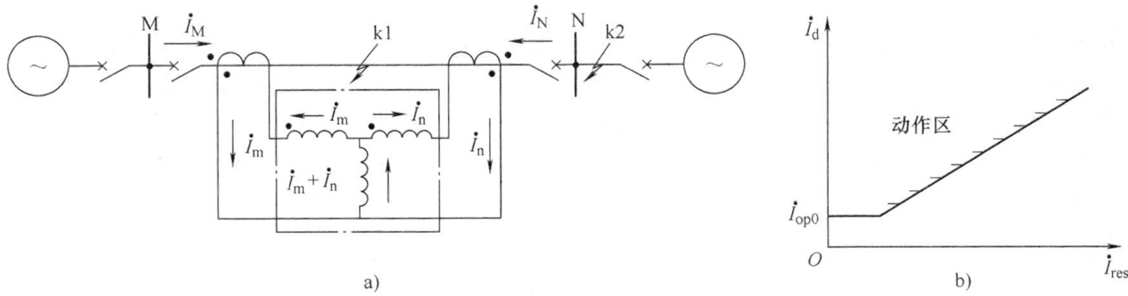

图 6-2　带制动线圈的差动继电器的结构原理及动作特性

a）继电器的结构原理　b）动作特性

继电器的动作方程为

$$|\dot{I}_m + \dot{I}_n| - K|\dot{I}_m - \dot{I}_n| \geqslant I_{op0} \tag{6-7}$$

式中，K 为制动系数，可在 0 ~ 1 之间选择；I_{op0}为一个很小的门限，是克服继电器动作机械

摩擦或保证电路状态发生翻转需要的值，远小于无制动作用时按式（6-5）计算的值。

这种动作电流$|\dot{I}_m+\dot{I}_n|$不是定值而是随制动电流$|\dot{I}_m-\dot{I}_n|$变化的特性，称为制动特性。制动特性不仅提高了内部短路时的灵敏性而且提高了在外部短路时不动作的可靠性，因而在电流差动保护中得到了广泛的应用。

从以上分析可见，导引线纵联差动保护在原理上区分了线路的内部和外部故障，可无延时地切除线路两侧电流互感器之间任何地点的故障，因此，在理论上该保护具有绝对的选择性。由于在正常情况下，上述连接方式的纵联差动保护的二次侧电流在导引线中成环流，因此也称为环流法纵联差动保护。实际上，图6-1的接线只能用于短线路、变压器、发电机和母线等作为主保护，而不能用于输电线路，因为在正常情况下，它要求沿线路敷设流过电流互感器二次电流的多根导引线，这在技术上是有很多困难的，在经济上也是不合理的。

6.1.4 输电线路纵联保护的一般构成方式

一般来说，输电线路纵联保护可以通过比较两端电流、相位和功率的方向等电气量的差别来构成，保护装置可以根据不同的信息传送通道条件，采用不同的传输技术，将一端的电气量或其用于被比较的特征传送到对端。以输电线路纵联保护为例，其结构框图如图6-3所示。

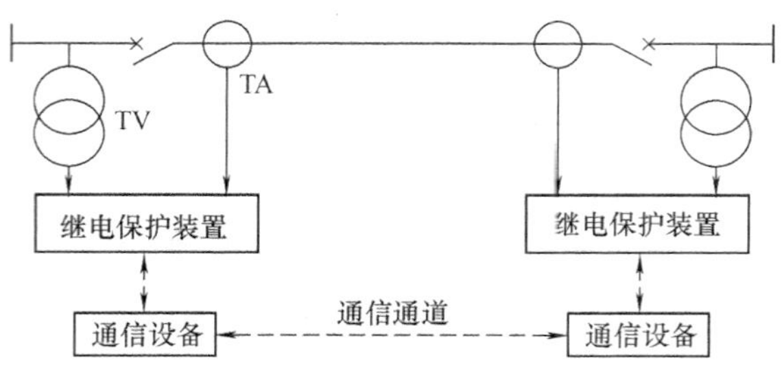

图6-3 输电线路纵联保护的结构框图

图6-3中，继电保护装置通过电压互感器TV、电流互感器TA获取本端的电压、电流，根据不同的保护原理，两端保护分别提取本侧的用于比较的电气量特征，通过通信设备将本端的电气量特征传送到对端，同时通过通信设备接收对端发送过来的电气量特征，并将两端的电气量特征进行比较，若符合动作条件则跳开本端断路器并告知对端，若不符合动作条件则不动作。可见，一套完整的纵联保护包括两端保护装置、通信设备和通信通道三个主要组成部分。

6.2 输电线路纵联保护的通信通道

输电线路纵联保护工作时，两端保护要通过通信设备和通信通道快速地进行信息交换。目前常用的通信方式分有导引线通信、电力线载波通信、微波通信、光纤通信等。

1. 导引线通信

这是最早的纵联保护所使用的通信通道。这种方式在变压器、发电机和母线等保护中广泛应用。这种通道是用二次电缆将线路两侧的电流回路联系起来，导引线通道长度与输电线路相当，敷设及维护困难，当通道断开和短路时，会造成保护拒动或误动。由于这些技术上和经济上的困难，因此导引线保护只用于很短的重要输电线路。

2. 载波通道

载波通道是利用输电线路，结合加工设备和高频收、发信机等构成的一种有线通信通道。输电线路用来作为载波通道时，必须在输电线路上装设专用的加工设备，将同时在输电线路上传送的工频和高频（50～400kHz）电流分开，并将高频收、发信机与高压设备隔离，以保证二次设备和人身的安全。

高频收、发信机通过结合电容器接入输电线路的方式主要有两种：一种连接方式是高频收、发信机通过结合电容器连接在输电线路两相导线之间，称为“相—相”制；另一种连接方式是高频收、发信机通过结合电容器连接在输电线一相导线与大地之间，称为“相—地”制。“相—相”制载波通道的衰耗小，但所需加工设备多，投资大；“相—地”制载波通道传输效率低，但所需加工设备少，投资较小。目前，国内外一般都采用“相—地”制载波通道。

“相—地”制载波通道的原理接线如图 6-4 所示。高频加工设备包括高频阻波器、耦合电容器、连接滤波器、高频电缆等，主要元件作用如下：

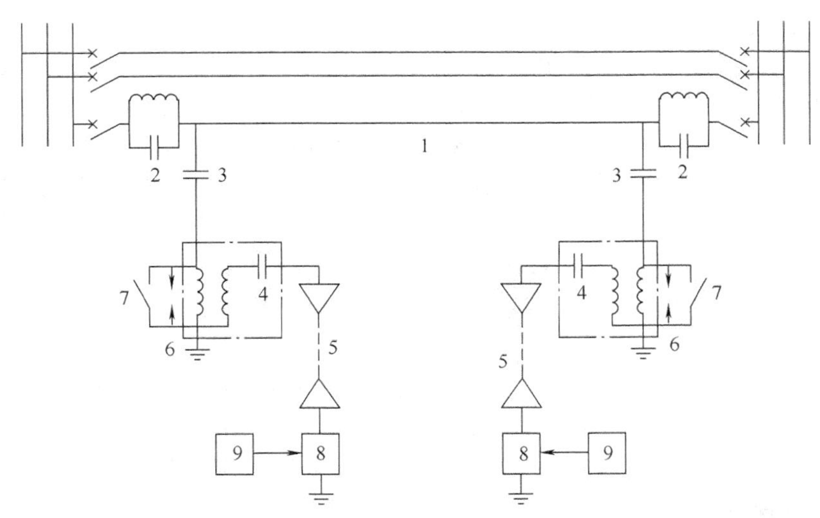

图 6-4　“相—地”制载波通道原理接线

1—输电线路　2—高频阻波器　3—耦合电容器　4—连接滤波器　5—高频电缆
6—保护间隙　7—接地开关　8、9—高频收、发信机

1）高频阻波器。高频阻波器是由电感器和电容器组成的 50Hz 并联谐振回路，串联在输电线的工作相中，它对工频的阻抗很小，一般小于 0.04Ω，而对高频载波电流具有很高的阻抗，其值约大于 1000Ω。这样，高频信号就被限制在被保护线路的范围以内，而不能穿越到相邻线路上去，不会产生不必要的损耗和造成对其他高频通道的干扰。

为了适应各种高频载波设备的需要，已有多种高频阻波器投入运行，其中包括单频阻波器、双频阻波器、带频阻波器和宽带阻波器等。在电力系统高频保护中，广泛使用专用的单频阻波器。

2）耦合电容器。耦合电容器与连接滤波器共同配合，将载波信号传递至输电线路，同时使高频收、发信机与工频高压线路绝缘。由于耦合电容器对于工频电流呈现极大的阻抗，故由它所导致的工频泄漏电流极小。

3）连接滤波器。连接滤波器由一个可调节的空心变压器及连接至高频电缆一侧的电容器组成。

连接滤波器和耦合电容器构成一个带通滤波器，连接于高压输电线路与高频电缆之间。当在其带通范围内的高频信号通过时，所产生的衰耗应为最小，高频信号能高效率地通过，当工频电流通过时，则产生的衰耗应尽可能地大，从而能使工频电流截止。同时，带通滤波器能进行阻抗匹配，对“相—地”制方式，输电线路侧的波阻抗约为400Ω，高频电缆侧的波阻抗约为100Ω。这样，就可以避免高频信号的电磁波在传送过程中发生反射，因而减小高频信号的附加衰耗。

并联在连接滤波器两侧的接地开关，是当调整或检修高频收、发信机和连接滤波器时，用来安全接地的，以保证人身和设备的安全。

4）高频电缆。高频电缆是将位于主控制室的高频收、发信机与户外变电站的带通滤波器连接起来的导线，以便用最小的衰耗传送高频信号。从主控制室到户外变电站这段距离，虽然高频电缆只有几百米，但因其所传送的信号频率很高，如果采用普通电缆，衰减很大，因此多采用单芯式同轴电缆。其波阻抗约为100Ω。

5）保护间隙。保护间隙是高频通道的辅助设备，作为过电压保护用，当线路上遭受雷击产生过电压时，通过放电间隙击穿接地，以保护高频收、发信机不至被击毁。

6）高频收、发信机。发信机部分由继电保护来控制，通常是在电力系统发生故障时，保护部分起动之后它才发出信号，但也有采用长期发信方式的。由发信机发出的高频信号，可以通过高频通道输送到对端收信机接收，也可以被自己一端收信机接收。收信机接收到本端和对端所发送的高频信号后，经过比较和判断，决定继电保护动作跳闸或闭锁。

高频收、发信机有电子管型、晶体管型和集成电路型等。

3. 微波通道

微波通道为无线通信方式，采用的频率为2000MHz或6000～8000 MHz，主要用于电力系统通信，由定向天线、连接电缆、收发信机组成。微波通道容量大，不存在通道拥挤问题，但其设备昂贵，每隔40～60km需要加设微波中继站，维护困难。因此，微波通道在当前电力系统纵联保护中已应用不多。

4. 光纤通道

光纤通道通信容量大，不受电磁的干扰，随着光纤通信技术的快速发展，光纤通道在输电线纵联保护的应用日益广泛。

光纤通信的原理是，将电气量编码后送入光发送机，光发送机按编码控制发光的强弱发出光信号，光信号在光纤中传送，光接收机将收到的光信号的强弱变化为电信号，如图6-5所示。

光纤通信一般采用脉冲编码调制（PCM）以提高通信容量，信号以编码形式传送，传送率目前一般为64kbit/s，也有采用2Mbit/s的。

光缆由多股光纤制成，光纤结构如图6-6a所示。纤芯由高折射率的高纯度二氧化硅材料制成，直径仅100～200μm，用于传送光信号。包层为掺有杂质的二氧化硅，作用是使光信号能在纤芯中产生全反射传输。涂覆层及套塑用来加强光纤机械强度。

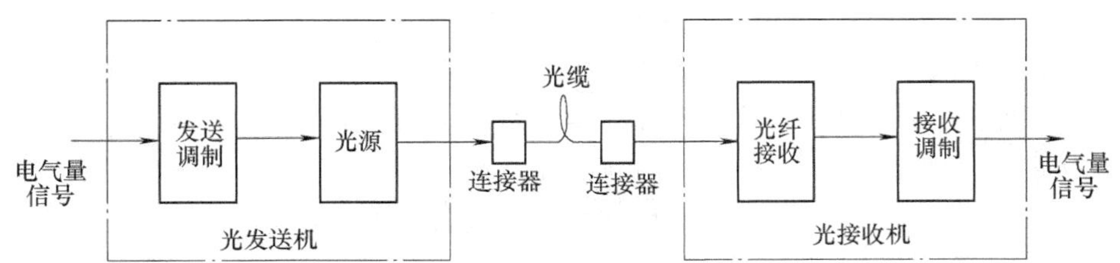

图 6-5　光纤通信原理

图 6-6b 所示光缆由多根光纤绞制而成，为了提高机械强度，采用多股钢丝起加固作用。光缆中还可以绞制铜线，用于电源线或传输电信号。光缆可以埋入地下也可以固定在杆塔上，或置于空心的架空地线中（复合地线式光缆 OPGW）。

图 6-7 和图 6-8 所示为两种光纤通道连接方式，采用专用的光纤方式时两台纵联保护设备通过光纤直接相连；采用数字复接方式时在通信机房增加一台数字复接接口设备。

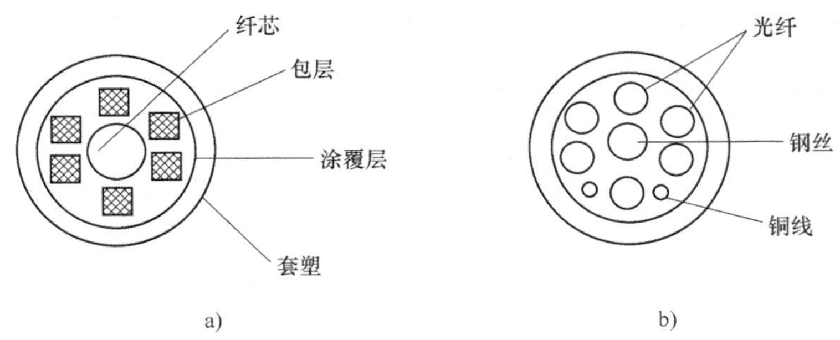

图 6-6　光纤与光缆结构
a）光纤结构　b）光缆结构

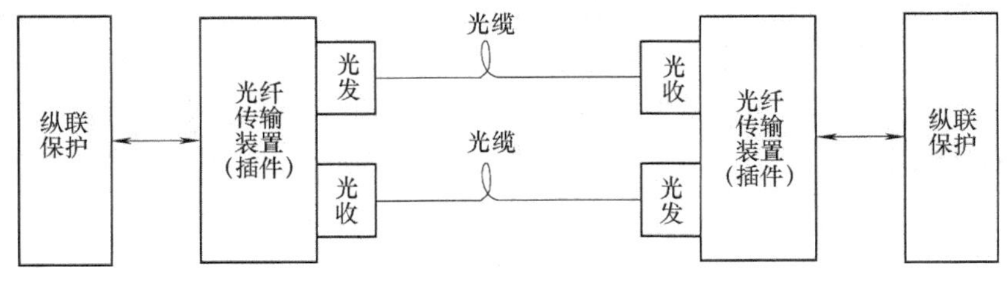

图 6-7　专用光纤通道连接方式

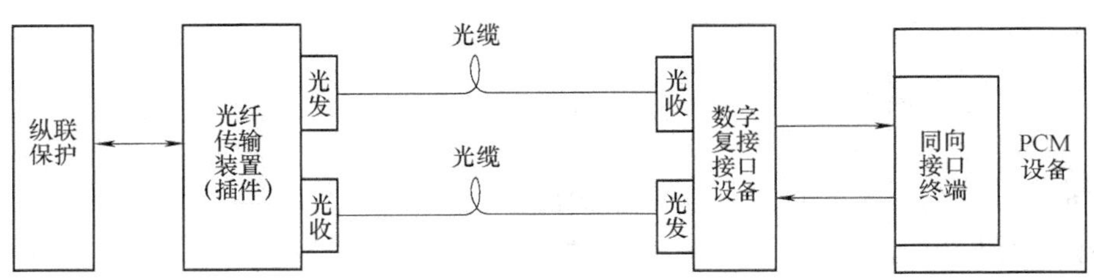

图 6-8　数字复接光纤通道连接方式

目前，在不加中继设备情况下，继电保护光纤通道传输距离已经达到 100km（速率为 64kbit/s），使用 2Mbit/s 速率时衰耗大些，传输距离为 70km。当前，光纤通道已逐渐取代载波通道用于纵联保护，并更为广泛地用于电力系统通信领域。

6.3　光纤分相电流差动保护

光纤电流差动保护是利用光纤通道将本侧电流的波形或代表电流相位的信号传送到对侧，每侧保护根据对两侧电流的幅值和相位比较的结果，来区分是区内故障还是区外故障。由于光纤通道的通信容量大，通常采用分相差动保护方式，即三相电流各自构成差动保护。这种保护具有灵敏度高、动作简单可靠等优点，目前广泛用于高压输电线路。

6.3.1　光纤分相电流差动保护的基本原理

1. 电流差动元件

在光纤分相电流差动保护中电流差动元件的动作特性如图 6-9 所示。图中，差动电流为 $I_d = |\dot{I}_M + \dot{I}_N|$，即两侧电流相量和的幅值；制动电流 $I_{res} = |\dot{I}_M - \dot{I}_N|$，即两侧电流相量差的幅值。图 6-9 中，$I_{set}$为整定电流，阴影部分为动作区，折线的斜率为制动系数 K_{res}，取值为 0.5 ~ 0.75 之间。动作方程为

$$\left.\begin{aligned} I_d &> K_{res} I_{res} \\ I_d &> I_{set} \end{aligned}\right\} \tag{6-8}$$

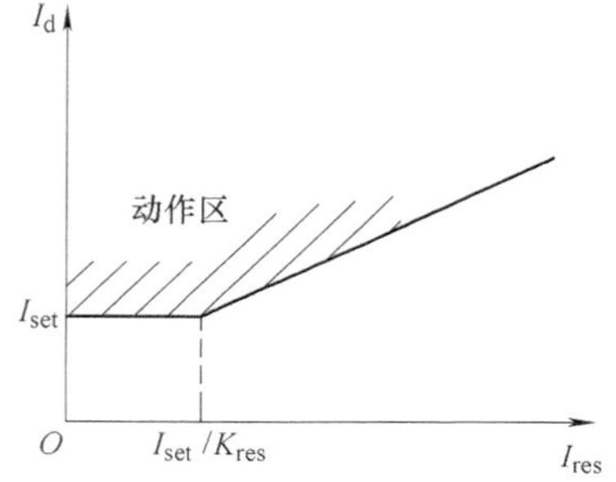

图 6-9　电流差动元件动作特性

从保护的动作方程可以看出，保护的判据不是简单的过电流判据 $|\dot{I}_d| > I_{set}$，而是两个条件“与”逻辑输出并且引入了“制动特性”，即制动电流增大时抬高动作电流。这种制动特性广泛用于各种差动保护，防止外部故障穿越性电流形成的不平衡电流导致保护误动。

当发生外部故障时，差动保护的动作特性如图 6-10 所示。由式（6-2）可知，此时差动电流为

$$I_d = I_{unb} = 0.05 I_{k1}$$

式中，I_{k1}为流过 M、N 侧的短路电流。

制动电流为

$$I_{res} = |\dot{I}_M - \dot{I}_N| = 2I_{k1}$$

因此，得差动电流 I_d与制动电流 I_{res}的关系为

$$I_d = 0.025 I_{res}$$

如图 6-10b 中的曲线所示，差动电流不会进入动作区，保护不动作。

当线路 MN 发生内部故障时，差动保护的动作特性如图 6-11 所示。此时差动电流为

$$I_d = I_{k2}$$

式中，I_{k2}为故障点的短路电流。

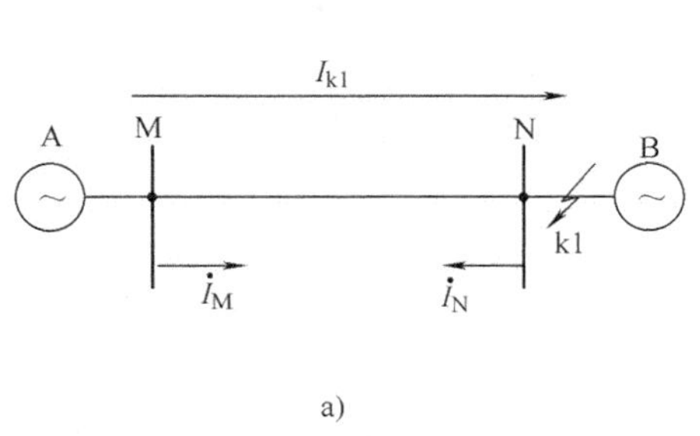

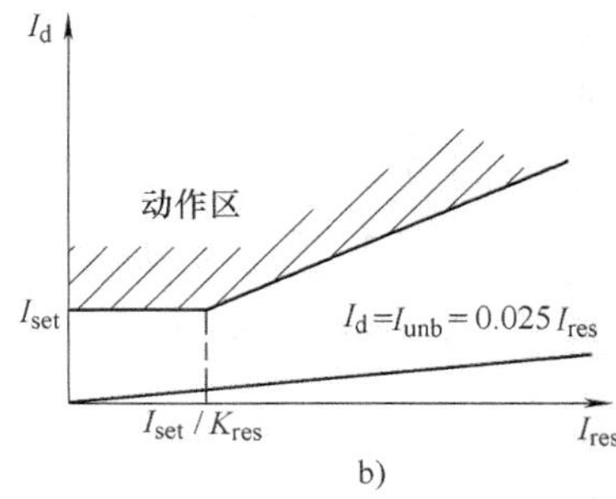

图 6-10 当发生外部故障时，差动保护的动作特性

a）系统示意图 b）差动保护动作特性

而制动电流取决于分别流过 M 侧和 N 侧电流的大小，即

$$I_{res}=|\dot{I}_M-\dot{I}_N|=(0\sim1)I_{k2}$$

因此，得差动电流 I_d 与制动电流 I_{res} 的关系为

$$I_d=(1\sim\infty)I_{res}$$

差动电流 I_d 与制动电流 I_{res} 的关系曲线在图 6-11 中标注的区间内，保护可靠动作。注意，制动系数 K_{res} 应小于 1。

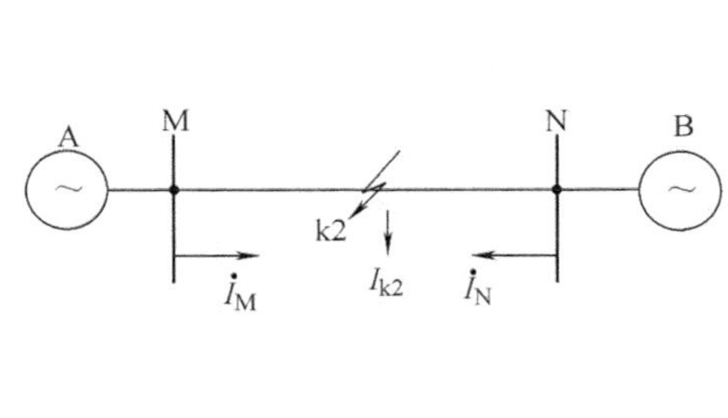

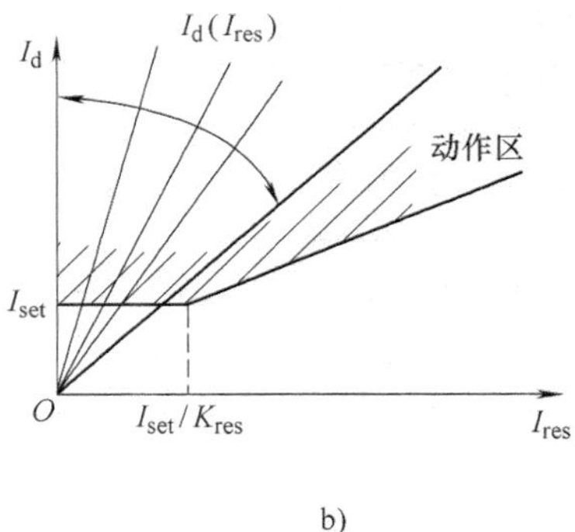

图 6-11 当线路发生内部故障时差动保护的动作特性

a）系统 b）差动保护动作特性

在实际应用时，若电流差动元件取相电流进行差动计算，则称为稳态分相差动元件；若取零序电流计算，则称为零序电流差动元件；若取相电流的工频变化量进行计算，则称为变化量分相差动元件。

线路电容电流对于差动保护属于不平衡电流，整定时应躲过实测线路电容电流值。电容电流较大时可以进行电容电流补偿。

2. 保护的起动元件

保护的起动元件可以由反应于相间工频变化量的过电流继电器、反应于全电流的零序过电流继电器组成，两者构成“或”逻辑，互相补充。

1）电流变化量起动元件。电流变化量起动元件采用浮动门限技术，其动作方程为

$$\Delta I_{\varphi\varphi\max}>1.25\Delta I_T+\Delta I_{set} \tag{6-9}$$

式中，$\Delta I_{\varphi\varphi\max}$ 为相间电流的半波积分的最大值；ΔI_{set} 为可整定的固定门限；ΔI_T 为浮动门限，

随着变化量的变化而自动调整，取 1.25 倍可保证门限电压始终略高于不平衡输出。

该元件动作并展宽 7s，用于开放出口继电器的正电源。

2）零序过电流元件起动。当零序电流大于整定值时，零序起动元件动作并展宽 7s，去开放出口继电器正电源。

6.3.2 取样同步问题

电流信号由光纤通道传输时会有毫秒级的延时，需考虑两侧保护信息的同步问题。两侧装置一侧作为同步端，另一侧作为参考端。以同步方式交换两侧信息，参考端取样间隔固定，并在每一取样间隔中固定向对侧发送一帧信息。同步端随时调整取样间隔，如果满足同步条件，就向对侧传输三相电流取样值；否则，起动同步过程，直到满足同步条件为止。

由于采用同步数据通信方式，就存在同步时钟提取问题，若通道是采用专用光纤通道，则装置的时钟应采用内时钟方式，数据发送采用本机的内部时钟，接收时钟从接收数据码流中提取；若通道是通过同向接口复接 PCM 通信设备，则应采用外部时钟方式，数据发送时钟和接收时钟为同一时钟源，均从接收数据码流中提取。

6.3.3 光纤分相电流差动保护原理框图

图 6-12 所示为光纤分相电流差动保护原理框图，主要由保护起动元件、TA 断线闭锁元

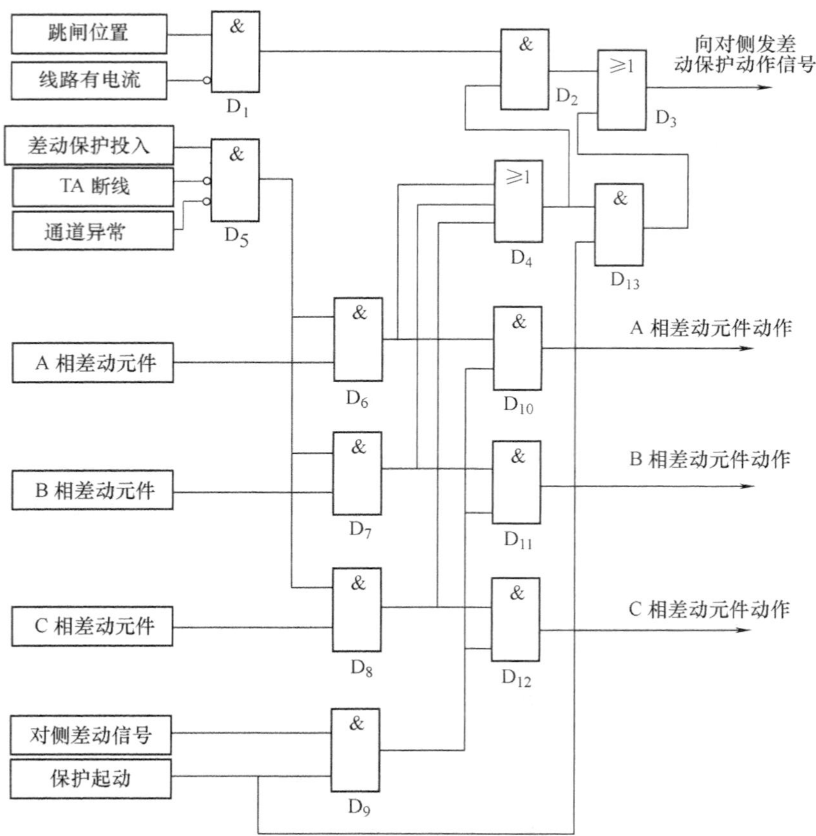

图 6-12 光纤分相电流差动保护原理框图

件、分相电流差动元件、通道监视及收信回路组成。分相电流差动元件可由相电流差动、相电流变化量差动、零序电流差动组成。

1）内部故障。起动元件开放出口继电器正电源，故障相电流差动元件动作，同时向对侧保护发出“差动保护动作”信号。在本侧保护起动且收到对侧“差动保护动作”信号情况下，故障相电流差动元件相跳闸逻辑部分发出分相电流差动元件动作信号。

2）外部故障。保护起动元件起动，但两侧分相电流差动元件均不会动作，也收不到对侧保护的“差动保护动作”信号，保护不出口跳闸。

3）TA 断线。系统正常运行时若 TA 断线，差动电流大小为负荷电流。TA 断线瞬间，断线侧的起动元件和差动继电器可能会动作，但对侧的起动元件不动作，不会向本侧发差动保护动作信号，从而保证纵联差动不会误动。TA 断线元件判据为有自产零序电流（三相电流求和得到的零序电流）而无零序电压，延时 10s 动作。TA 断线元件动作后可以闭锁差动保护，防止在发生外部故障时保护误动，同时发出“TA 断线”告警信号。

4）通道异常。通道异常时闭锁各分相电流差动元件出口，防止保护误动。

6.4　方向比较式纵联保护

本节将介绍使用电力线载波通道实现的闭锁式方向纵联保护和闭锁式距离保护的基本原理。

6.4.1　闭锁式方向纵联保护

闭锁式方向纵联保护采用正常无高频电流，而在区外故障时发闭锁信号的方式构成，其工作原理如图 6-13 所示。此闭锁信号由功率方向为负的一侧发出，被两端的收信机同时接收，闭锁两端的保护，故称为闭锁式方向纵联保护。

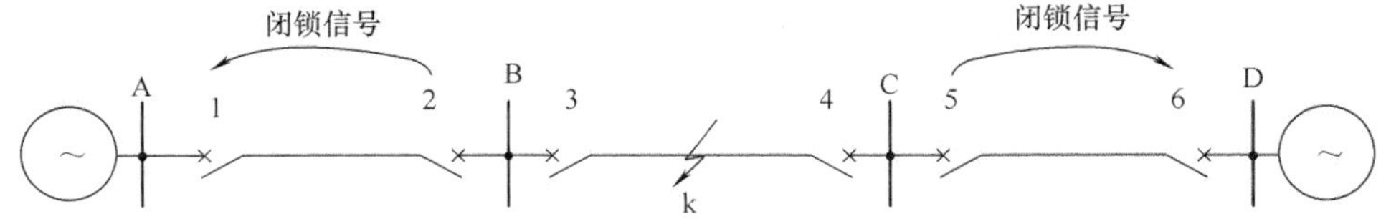

图 6-13　闭锁式方向纵联保护的工作原理

1. 闭锁式方向纵联保护的工作原理

如图 6-13 所示，系统正常运行时，所有保护都不起动，各线路上也都没有高频电流。假定短路发生在 BC 线路上，则所有保护都起动，但保护 2、5 的功率方向为负，其余保护的功率方向全为正。保护 2 起动发信机发出高频闭锁信号，非故障线路 AB 上出现与该高频信号对应的高频电流，保护 1、2 都收到该闭锁信号，从而将保护 1、2 闭锁；保护 5 起动发信机发出闭锁信号，非故障线路 CD 上出现与该高频信号对应的高频电流，保护 5、6 都收到该闭锁信号，从而将保护 5、6 闭锁；因此非故障线路的保护不跳闸。故障线路 BC 上保护 3、4 功率方向全为正，不发闭锁信号，线路 BC 上不出现高频电流，保护 3、4 判定有正方向故障且没有收到闭锁信号，满足保护跳闸条件，保护 3、4 分别跳闸，切除故障线路。可见，闭锁式方向纵联保护的跳闸判据是：本端保护方向元件判定为正方向故障且收不到闭锁信号。

这种保护的优点是利用非故障线路一端的闭锁信号，闭锁非故障线路不跳闸，而对于故障线路跳闸，则不需要闭锁信号。这样，在区内故障伴随有通道破坏（例如通道相接地或断线）时，两端保护仍能可靠跳闸，这也是闭锁式方向纵联保护得到广泛应用的主要原因。

2. 闭锁式方向纵联保护的构成

闭锁式方向纵联保护安装于被保护线路的两端。需要指出的是，如果闭锁信号是由对端保护发出的，那么该信号的传输要经过发信机、高频通道、收信机等环节，信号从发出到被接收之间有一定的延时，而方向元件的判定是本端保护独立完成的，因此两个信号之间存在时间上的配合问题。换句话说，如果本端方向元件判为正方向但没有闭锁信号时，可能有以下两种情况：其一是对端保护也判为正方向，因而没有发出闭锁信号；其二是对端保护判为反方向，也发出了闭锁信号，但由于传输延时本端保护尚未接收到该闭锁信号。为了防止在第二种情况下保护误动跳闸，闭锁式纵联保护在实践中必须考虑信号延时带来的可能影响。详细分析如下：

图 6-14 所示为线路一侧的闭锁式方向纵联保护原理框图，另一侧与此完全相同。图中，KW 为功率正方向元件，KA2 为高定值电流起动停止发信元件，KA1 为低定值电流起动发信元件，t_1为瞬时动作延时返回元件，t_2为延时动作瞬时返回元件。现将发生各种故障时保护的工作情况分述如下：

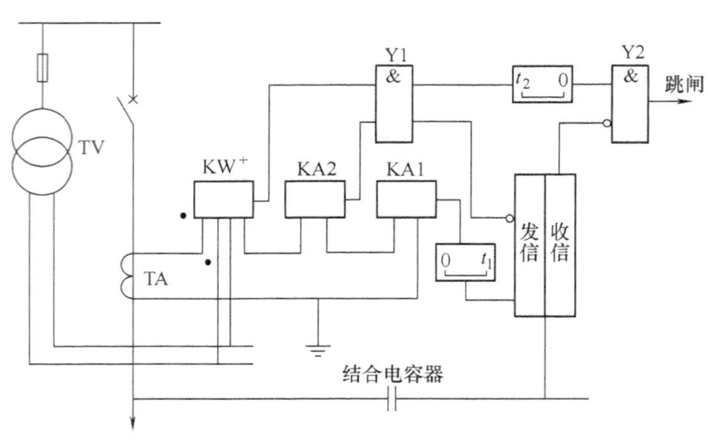

图 6-14 线路一侧的闭锁式方向纵联保护的原理框图

1）外部短路。当图 6-13 中 k 点短路时，对于保护 1、2 来说就是外部短路。B 端的保护 2，起动元件 KA1 起动发信机后，功率方向为负，功率正方向元件 KW 不动作，发信机不停止发信，Y1 元件不动作，Y2 的两个输入条件都不满足，保护 2 不能跳闸。

对于 A 端的保护 1，元件 KA1 的灵敏度高，保护可能起动。KA1 起动后先起动发信机发出闭锁信号，但是随之起动元件 KA2、功率正方向元件 KW 同时起动，Y1 元件有输出，立即停止发信，经 t_2延时后，Y2 元件的一个输入条件满足，此时保护是否跳闸将取决于本端保护是否收到对端（B 端）保护发出的闭锁信号。

在外部故障被切除之前，B 端保护 2 不停地发闭锁信号，A 端保护 1 的 Y2 元件不动作，A 端保护不跳闸。当外部故障被切除时，A 端保护的起动元件 KA2、功率正方向元件

KW 立即返回，A、B 两端的起动元件 KA1 也立即返回，B 端保护经 t_1（一般为 100ms）延时后停止发信，A 端保护正方向元件 KW 即使返回慢，也能确保在外部故障切除时可靠闭锁。

可见在外部故障区情况下，如果远故障点（功率方向为正）一端收不到对端发来的高频电流，保护将会误跳闸。根据前面对闭锁信号传输延时的分析，闭锁式纵联方向保护不误动的关键是近故障点（功率方向为负）一端的保护要及时发出闭锁信号并保持发信状态，同时远故障点（功率方向为正）一端的保护要延时确认对端没有发出闭锁信号。t_2延时元件就是考虑对端的闭锁信号传输需要一定的时间才能到达本端，防止在此之前由于收不到闭锁信号导致保护误动，一般整定 t_2为 4 ~ 16ms。

2）两端供电线路区内短路。当图 6-13 中 k 点短路时，对于保护 3、保护 4 来说就是内部短路。线路 BC 两端保护 3、保护 4，两端的起动发信元件 KA1 都起动发信，但是，两侧功率方向都为正，两侧正方向元件 KW 动作后准备跳闸并停止发信，经 t_2延时后两侧跳闸。

3）单电源供电线路区内短路。两端供电线路如果一端电源停运就可能变成单电源供电线路。如图 6-13 所示，当 D 母线电源停运时，系统变为单电源系统，此时若 BC 线路区内短路，B 侧保护 3 的工作情况同 2）的分析，C 侧保护 4 不起动，因而不发闭锁信号，B 侧（电源侧）保护收不到闭锁信号并且本侧功率方向为正，满足跳闸条件，则立即跳开电源侧断路器，切除故障。

4）系统振荡。对于采用相电压、相电流组成的功率方向元件，当由方向阻抗元件等组成方向判别元件，且振荡中心位于被保护线路上时，会引起误动，因此需要采取防止误动的措施。对于用故障分量构成的功率方向元件，其在振荡中不会误动，这也是采用故障分量方向元件的原因之一。

6.4.2 闭锁式距离纵联保护

方向比较式纵联保护仅反应于区内故障而动作，可以快速地切除保护范围内部的各种故障，但却不能作为变电站母线和下级相邻线路的后备。由于距离保护可以作为变电所母线和下级相邻线路的远后备，同时由于距离保护的主要元件（如起动元件、方向阻抗元件等）也可以作为实现闭锁式方向纵联保护的主要元件，因此常把两者结合起来构成闭锁式距离纵联保护，使得区内发生故障时能够瞬时切除故障，而在区外发生故障时则具有常规距离保护的阶段式配合特性，起到后备保护的作用。这样，闭锁式距离纵联保护不仅兼有了两种保护的优点，而且简化了整个保护的接线。

闭锁式距离纵联保护实际上是由两端完整的三段式距离保护附加高频通信部分组成，它以两端的距离保护Ⅲ段继电器作为故障起动发信元件（也可以增加负序电流加零序电流的专门起动元件），以两端的距离保护Ⅱ段为方向判别元件和停信元件，以距离保护Ⅰ段作为两端各自独立跳闸段。其一端保护的原理框图如图 6-15 所示。其中，三段式距离保护的各段定值和时间仍按照第 5 章有关原则整定，核心的变化是距离保护Ⅱ段的跳闸时间元件增加了瞬时动作的与门元件。该元件的动作条件是本侧Ⅱ段动作且收不到闭锁信号，表明故障在两端保护的Ⅱ段内即本线路内，立即跳闸，这样就实现了纵联保护瞬时切除全线任意点短路的速动功能。需要注意的是，距离Ⅲ段作为起动元件，其保护范围应超过正、反向相邻线末端母线，一般无方向性。

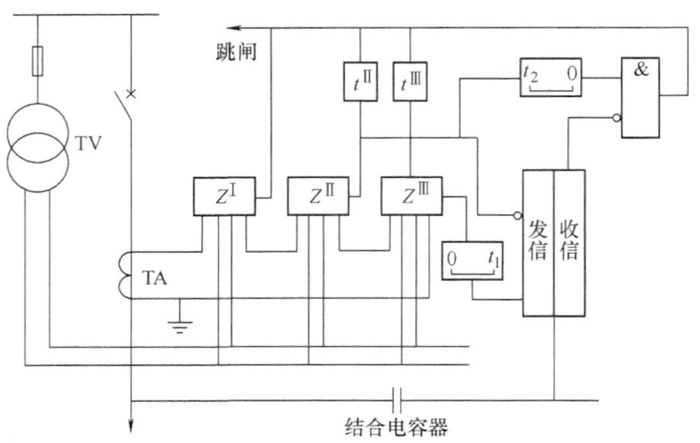

图 6-15 闭锁式方向纵联保护一端的原理框图

闭锁式距离纵联保护可以近似的看作常规三段式距离保护和以方向阻抗（方向距离Ⅱ段）替代功率方向判别元件的闭锁式纵联方向保护的集成，其在被保护线路区内、外短路时的工作过程请读者按照上述的原理，结合图 6-15 自行分析。闭锁式距离纵联保护的主要缺点是当后备保护检修时，主保护也被迫停运，运行检修灵活性不够好。

闭锁式零序方向纵联保护的实现原理与闭锁式距离纵联保护相同，只需用三段式零序方向保护代替三段式距离保护元件并与收、发信机部分相配合即可。

6.5 纵联保护的建模与仿真

1. 电力系统的仿真模型

双侧电源电力系统如图 6-16 所示，电源$\dot{E}_M=115\angle 10°kV$，$\dot{E}_N=105\angle 0°kV$，为了简化仿真，设置两个电源的内阻相等，且阻抗角与线路相同，$Z_s=Z_{s.M}=Z_{s.N}=0.226\angle 73.13°\Omega$；线路 MN 长度为 50km，采用 LGJ—240/40 型架空线路，单位正序阻抗 $z_1=0.451\angle 73.13°\Omega/km$，保护 1 和保护 2 处电流互感器的电流比为 600/5。

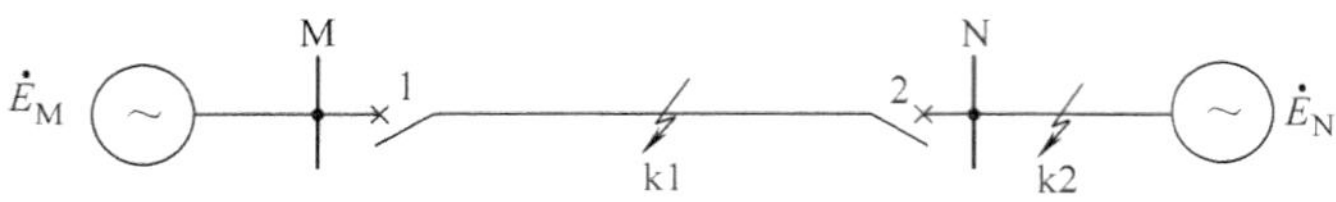

图 6-16 双侧电源电力系统

根据以上参数，建立电力系统的 Simulink 仿真模型，如图 6-17 所示。

在图 6-17 中，电源 E_M、E_N采用“Three-Phase Source”模型，线路 MN 选用“Three-Phase PI Section Line”模型，它们的设置方法与 3.5 节中的设置相似；为了设置故障点，将线路 MN 分成两段，在仿真模型中，Line1 =30km、Line2 =20km。

保护 1 和保护 2 处电流互感器采用“Saturable Transformer”模块，为了简化仿真，只在 A 相设置了互感器模块。模块的参数设置为双绕组且两侧电压比为 1∶120（即电流比为 600/5）。通过设置模型的“Saturation characteristic”参数值，使两侧互感器的特性不完全相同，以仿真不平衡电流的情况。保护 1 处电流互感器 TA1 的参数设置如图 6-18 所示，保护

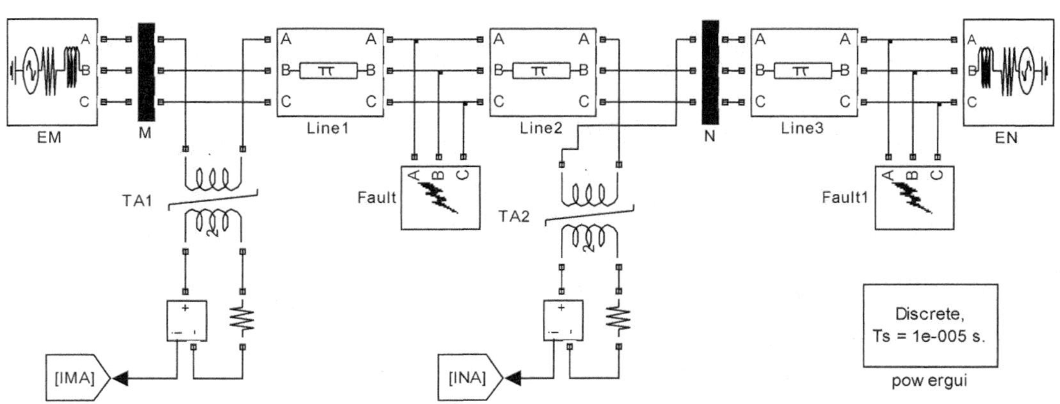

图 6-17　电力系统的 Simulink 仿真模型

2 处电流互感器 TA2 的参数设置如图 6-19 所示。在图 6-17 中，保护 2 处电流互感器的接线方式是为了考虑同名端问题。

Parameters

Units: pu

Nominal power and frequency [Pn(VA) fn(Hz)]:

[50 50]

Winding 1 parameters [V1(Vrms) R1(pu) L1(pu)]:

[1 0.002 0.08]

Winding 2 parameters [V2(Vrms) R2(pu) L2(pu)]:

[120 0.002 0.08]

☐ Three windings transformer

Saturation characteristic [i1(pu) phi1(pu); i2 phi2; ...]:

[0,0 ; 0.0024,1.2 ; 1.0,1.52]

Core loss resistance and initial flux [Rm(pu) phi0(pu)] or [Rm(pu)] only:

[500]

☐ Simulate hysteresis

Measurements: None

☐ ------------------ Show additional parameters ------------------

图 6-18　保护 1 处电流互感器的参数设置

2. 电流差动元件仿真模型

电流差动元件动作特性如图 6-9 所示，差动电流为 $I_{\mathrm{d}} = |\dot{I}_{\mathrm{M}} + \dot{I}_{\mathrm{N}}|$，即两侧电流相量和的幅值；制动电流 $I_{\mathrm{res}} = K_{\mathrm{res}}|\dot{I}_{\mathrm{M}} - \dot{I}_{\mathrm{N}}|$，即两侧电流相量差的幅值乘以制动系数。对于图 6-17 中线路 MN 的 A 相电流差动元件的仿真模型如图 6-20 所示，图中制动系数 K_{res} 取 0.5。

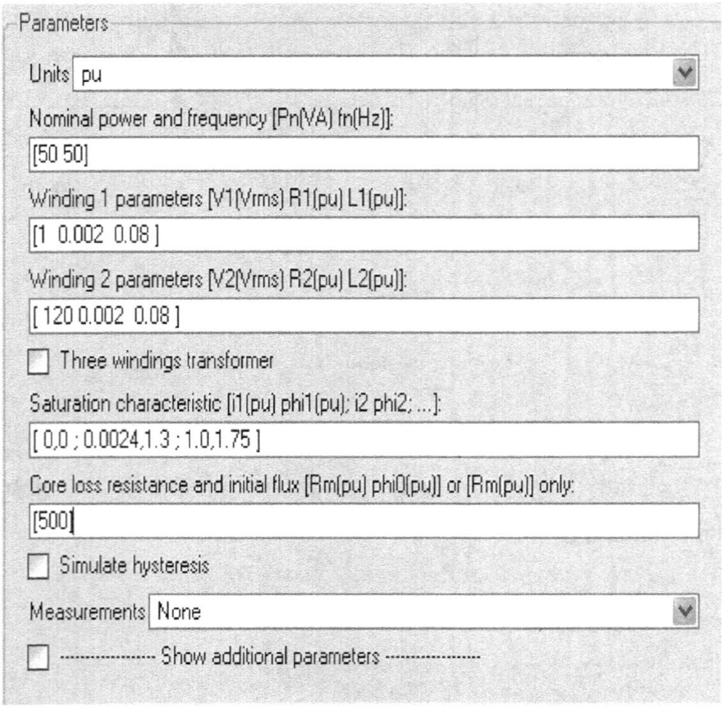

Parameters

Units pu

Nominal power and frequency [Pn(VA) fn(Hz)]:

[50 50]

Winding 1 parameters [V1(Vrms) R1(pu) L1(pu)]:

[1 0.002 0.08]

Winding 2 parameters [V2(Vrms) R2(pu) L2(pu)]:

[120 0.002 0.08]

☐ Three windings transformer

Saturation characteristic [i1(pu) phi1(pu); i2 phi2; ...]:

[0,0 ; 0.0024,1.3 ; 1.0,1.75]

Core loss resistance and initial flux [Rm(pu) phi0(pu)] or [Rm(pu)] only:

[500]

☐ Simulate hysteresis

Measurements None

☐ ------------------ Show additional parameters ------------------

图 6-19 保护 2 处电流互感器的参数设置

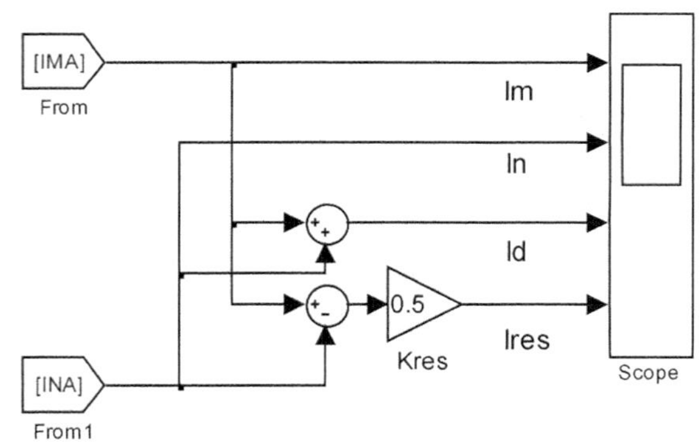

图 6-20 A 相电流差动元件的仿真模型

3. 仿真结果及分析

在图 6-17 所示的仿真模型中，将故障模块 Fault 设置为在 $t=0.2$s 到 $t=0.4$s 时发生过渡电阻为 0 的三相短路（即图 6-16 中的 k1 点发生三相短路故障，在故障仿真模块中，过渡电阻设置为 0 时会出现错误，故将过渡电阻设置为 0.01），故障模块 Fault1 设置为不动作（设置故障起始时间大于仿真总时间即可）。运行仿真，得当 k1 点发生三相短路故障时，电流互感器二次电流以及差动电流、制动电流的波形如图 6-21 所示。从图中可以明显看出，差动电流远大于制动电流，保护能够可靠动作。读者可以改变 k1 故障点的位置，来观察差动电流和制动电流的变化情况，只要故障点位于保护区内，保护就会可靠动作。

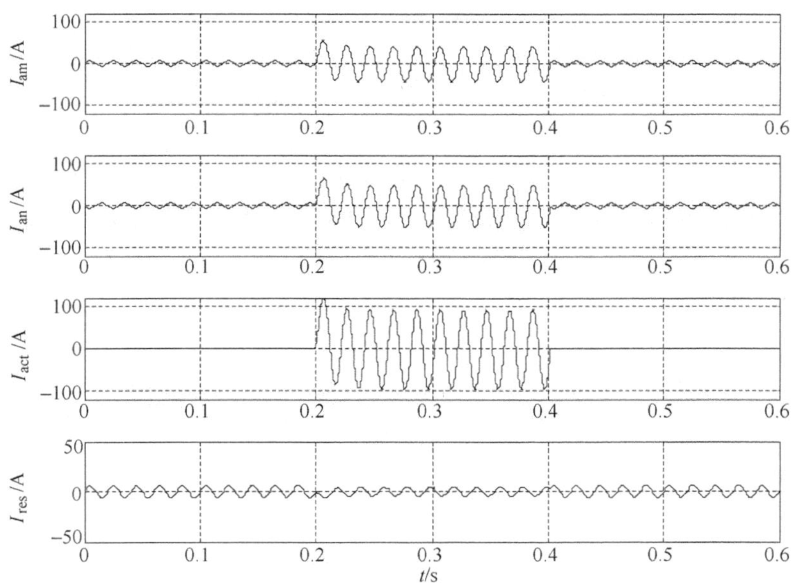

图 6-21　k1 点发生三相短路故障时，电流互感器二次电流以及差动电流、制动电流的波形

在图 6-17 所示的仿真模型中，将模型 Line3 的长度设为 0.01km，故障模块 Fault 设置为不动作，修改故障模块 Fault1 的故障类型过渡电阻为 0 的三相短路，故障时间设置为 $t=0.2s$ 到 $t=0.4s$（即图 6-16 中的 k2 点发生短路故障，此处为纵联差动保护区的外部故障）。运行仿真，电流互感器二次电流以及差动电流、制动电流的波形如图 6-22 所示。从图中可以明显看出，差动电流小于制动电流，保护可靠不动作。

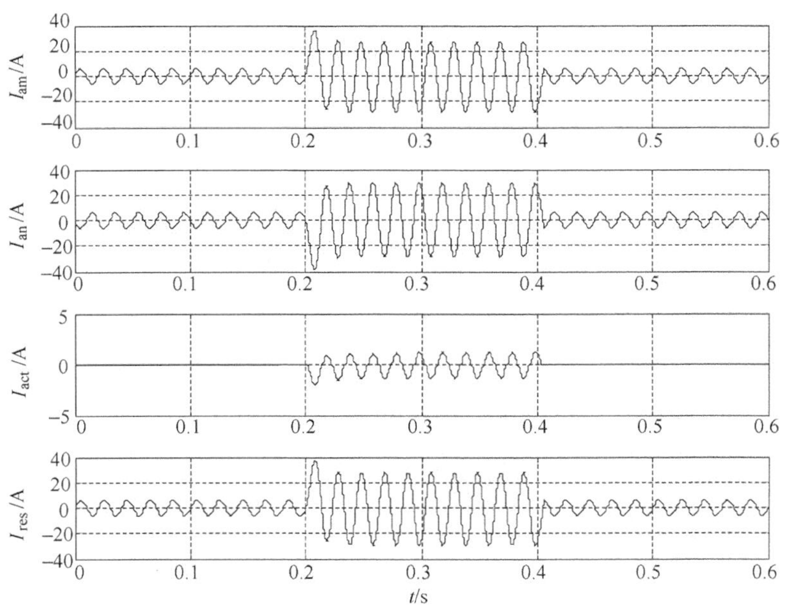

图 6-22　k2 点发生三相短路故障时，电流互感器二次电流以及差动电流、制动电流的波形

从图 6-22 中可见，当 k2 点发生短路故障时流过纵联差动保护的是最大外部短路电流。在理论上，此时差动电流应为零，但由于两侧电流互感器特性的差异，使差动回路中流过最大不平衡电流 $I_{unb.max}$，在本仿真参数下，k2 点发生故障时，短路电流 $I_{kmax}=2546\text{A}$，利用式（6-2）计算得

$$I_{unb.max}=K_{er}K_{st}I_{kmax}/n_{TA}=0.1\times0.5\times2546/120\text{A}=1.06\text{A}$$

而从仿真中得到的不平衡电流的数值为 0.85A，比最大不平衡电流要小。

第 7 章　自动重合闸与仿真

本章着重讨论自动重合闸的作用、基本要求、三相一次重合闸和单相重合闸的基本原理及其主要技术问题特点。本章 7.1 节介绍自动重合闸的作用及基本要求。7.2 节介绍三相一次重合闸的组成，重点介绍在双侧电源线路中应用时的主要问题以及重合闸与继电保护的配合关系。7.3 节着重介绍单相重合闸的故障选相技术以及潜供电流和恢复电压问题。7.4 节对综合重合闸进行简要介绍。7.5 节给出序电流故障选相的建模及仿真方法。

7.1　自动重合闸的作用及基本要求

7.1.1　自动重合闸的作用

电力系统的实际运行经验表明，在输电网中发生的故障大多是“瞬时性”的，如雷击过电压引起的绝缘子表面闪络，树枝落在导线上引起的短路，大风时的短时碰线，通过鸟类的身体放电等。发生此类故障时，继电保护若能迅速使断路器跳开电源，故障点的电弧即可熄灭，绝缘强度重新恢复，原来引起故障的树枝、鸟类等也被电弧烧掉而消失。这时若重新合上断路器，往往能恢复供电。因此，常称这类故障为瞬时性故障。此外，输电线路上也可能发生由于倒杆、断线、绝缘子击穿等引起的永久性故障，这类故障被继电保护切除后，如重新合上断路器，由于故障依然存在，因此线路还要被继电保护装置切除。

对于瞬时性故障，在线路被断路器断开后再重新合一次闸就能够恢复供电，从而可减少停电时间，提高供电的可靠性。重新合上断路器的工作可由运行人员手动操作进行，但手动操作造成的停电时间太长，用户电动机多数可能已经停止运行，因此，这种手动重合闸的效果并不明显。为此，在电力系统中广泛采用了自动重合闸装置，当断路器跳闸后，它能自动将断路器重新合闸。

当输电线路发生故障时，自动重合闸装置本身并不能判断故障是瞬时性的还是永久性的，因此，在重合之后，可能成功（恢复供电），也可能不成功。重合成功的次数与总动作次数之比称为重合闸的成功率。根据运行资料统计，输电线路自动重合闸的成功率在60%～90%之间。

在输电线路上采用自动重合闸的作用有以下几点：

1）在输电线路发生瞬时性故障时，能迅速恢复供电，从而能提高供电的可靠性。

2）对于双侧电源的输电线路，可以提高系统并列运行的稳定性。

3）可以纠正由于断路器本身机构问题或继电保护误动作引起的误跳闸。

由于自动重合闸装置本身的投资低、工作可靠，因此规程规定，在 1kV 及以上的架空线路或电缆与架空线的混合线路上，只要装有断路器，一般都应装设自动重合闸装置（在用高压熔断器保护的线路上，可采用自动重合闸熔断器）。但是，采用自动重合闸后，当重合于永久性故障时，电力系统将再次受到短路电流的冲击，可能引起系统振荡，而且由于断路器在短时间内连续两次切断短路电流，也恶化了断路器的工作条件。

7.1.2 对自动重合闸的基本要求

1）动作迅速。为了尽可能缩短电源中断的时间，在满足故障点电弧熄灭并使周围介质恢复绝缘强度所需要的时间和断路器消弧室与断路器的传动机构准备好再次动作所必需的时间的条件下，自动重合闸装置的动作时间应尽可能短。重合闸的动作时间，一般采用0.5～1s。

2）在下列情况下，自动重合闸装置不应动作。

① 由运行人员手动操作或通过遥控装置将断路器断开时，自动重合闸装置不应动作。

② 断路器手动合闸，由于线路上有故障，而随即被继电保护跳开时，自动重合闸装置不应动作。因为在这种情况下，故障多属于永久性故障，再合一次也不可能成功。

3）动作的次数应符合预先的规定。不允许自动重合闸装置任意多次重合，其动作的次数应符合预先的规定。例如，一次重合闸就只能重合一次，当重合于永久性故障而断路器再次跳闸后，就不应再重合。在任何情况下，如装置本身的元件损坏，继电器拒动等，都不应使断路器错误地多次重合到永久性故障上去。因为如果重合闸多次重合于永久性故障，将使系统多次遭受冲击，同时还可能损坏断路器，从而扩大事故。

4）动作后应能自动复归。自动重合闸装置成功动作一次后应能自动复归，为下一次动作做好准备。对于10kV及以下电压的线路，如有人值班时，也可采用手动复归方式。

5）用不对应原则起动。一般自动重合闸可采用控制开关位置与断路器位置不对应原则起动重合闸装置，对于综合自动重合闸，宜采用不对应原则和保护同时起动。

7.1.3 自动重合闸的分类

自动重合闸有多种分类方法，例如，按照重合闸作用于断路器的方式，可以分为三相重合闸、单相重合闸和综合重合闸；按照重合闸的动作次数，可以分为一次重合闸和二次（多次）重合闸；按照重合闸的应用场合，可以分为单侧电源重合闸和双侧电源重合闸等。

7.2 三相一次自动重合闸

在电力系统中，三相一次自动重合闸的应用十分广泛。当输电线路上不论发生单相接地短路还是相间短路时，继电保护装置都将线路的三相断路器断开，然后自动重合闸装置起动，将三相断路器一起合上。若故障为瞬时性的，则重合成功；若故障为永久性的，则继电保护再次将三相断路器断开，不再重合。

7.2.1 单侧电源线路的三相一次自动重合闸

单侧电源线路的电源侧一般采用三相一次自动重合闸。通常三相一次自动重合闸装置由重合闸起动元件、重合闸延时元件、一次合闸出口和放电元件、控制开关以及执行元件等部分组成，如图7-1所示。

1）重合闸起动元件。当断路器控制开关的位置与断路器位置不对应时或继电保护装置发出起动命令时，自动重合闸起动。

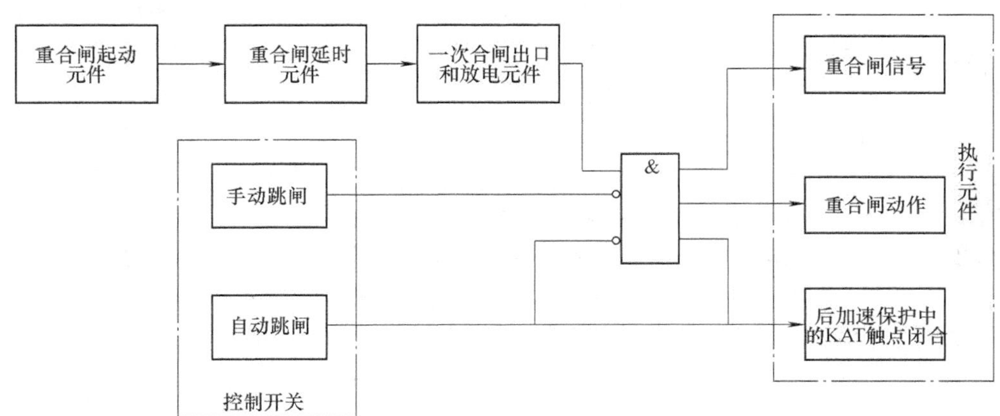

图 7-1　三相一次自动重合闸装置的组成

2）重合闸延时元件。因断路器跳闸后短路点电弧熄灭和绝缘强度恢复需要一定的时间。同时断路器灭弧介质绝缘强度的恢复也需要一定的时间，因此自动重合闸起动后，需经一个预定的延时再发出合闸命令。该延时可以根据灭弧时间等具体情况整定。

3）一次合闸出口和放电元件。所谓一次合闸出口和放电元件，是指发重合闸命令并保证只重合一次的电路，当重合闸起动并且延时时间到，重合闸装置发出合闸命令，使断路器重合。由于发出一次合闸命令后，三相一次自动重合闸需要 15 ~ 25s 的时间才能复归，因此在未复归之前，自动重合闸不会再次发出合闸命令，这样也就保证了自动重合闸在一次故障切除后只重合一次。

因为在模拟式重合闸装置中，在重合一次后需使一个充满电的电容器放电，下次放电要等到电容器再次充满电才能进行，这需要 15 ~ 25s 的时间，所以就保证了只能重合一次。虽然在微机保护重合闸中是利用延时程序代替电容器充电的，但其仍沿用了重合闸放电这个说法。

4）控制开关。控制开关是指手动操作把手及其有关的控制电路（包括手动跳闸与手动合闸令的发出及手动合闸或手动跳闸时闭锁重合闸）。因为当手动跳闸时，一般属于计划性跳闸操作，所以为避免不必要的重合闸，需要利用控制开关的手动跳闸辅助触点闭锁重合闸；同样，当手动合闸时，为防止合闸于永久性故障时，继电保护跳闸后自动重合闸再次重合于永久性故障，也需要利用控制开关的手动合闸辅助触点闭锁重合闸。

5）执行元件。由具体的重合闸操作电路构成的执行元件完成断路器的重合操作以及发信号。另外，为保证自动重合闸或手动合闸于永久性故障的情况下，继电保护能够加速切除故障，在自动重合闸或手动合闸短时闭合后，加速保护中的相应触点动作，以实现重合闸后加速保护。

7.2.2　双侧电源线路的三相一次自动重合闸

1. 双侧电源线路自动重合闸的特点

在双侧均有电源的输电线路上采用自动重合闸装置时，除应满足在 7.1 节中提出的各项要求外，还应考虑下述两个问题：

1）动作时间的配合。当线路上发生故障时，两侧的继电保护可能以不同的时限动作于跳闸。例如，在靠近线路一侧发生短路时，本侧继电保护属于第Ⅰ段动作范围，保护会无延时跳闸；而另一侧则属于第Ⅱ段动作范围，保护带延时跳闸。因此，为了保证重合闸尽可能成功，线路两侧的重合闸必须保证两侧的断路器均断开，才能将本侧断路器进行重合。

从最不利的情况出发，每一侧的重合闸都应以本侧先跳闸而对侧后跳闸来作为考虑整定时间的依据。如图 7-2 所示，设本侧保护 1 的动作时间为 $t_{act.1}$，断路器 QF1 的动作时间为 $t_{off.1}$，对侧保护 2 的动作时间为 $t_{act.2}$，断路器 QF2 的动作时间为 $t_{off.2}$，则在本侧跳闸后，还需要经过（$t_{act.2}+t_{off.2}-t_{act.1}-t_{off.1}$）的时间才能跳闸。再考虑故障点灭弧和周围介质去游离的时间 t_{re}，则先跳闸一侧重合闸的动作时限应整定为

$$t_{AR}=t_{act.2}+t_{off.2}-t_{act.1}-t_{off.1}+t_{re}$$

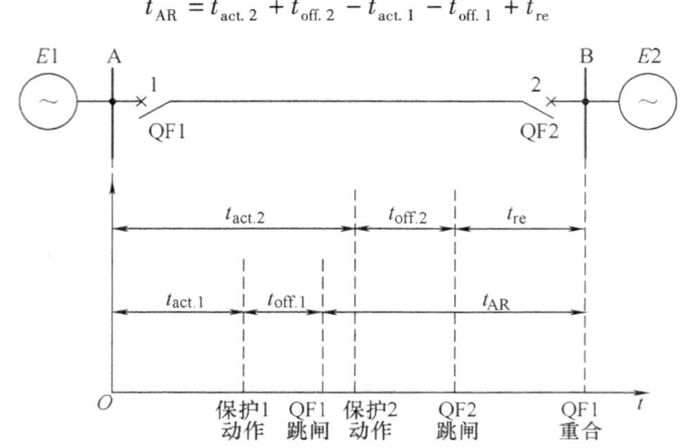

图 7-2 双侧电源线路重合闸动作时限的配合

当线路上装设三段式电流或距离保护时，$t_{act.1}$应采用本侧Ⅰ段保护的动作时间，而 $t_{act.2}$一般采用对侧Ⅱ段保护的动作时间。

2）同期问题。在线路断路器断开后，线路两侧电源之间的电动势角将摆开，有可能失去同步。这时，后跳闸一侧的断路器进行重合闸时，应考虑是否同步的问题，以及是否允许非同步合闸的问题。因此，在两侧电源线路上，应根据电网的接线方式和具体的运行情况，采用不同的重合闸方式。

2. 双侧电源线路自动重合闸的主要方式

1）并列运行的发电厂或电力系统之间，在电气上有紧密联系时，例如具有三个以上联系的线路或三个紧密联系的线路（如图 7-3 中电源 A 和电源 C 之间的关系），由于同时断开所有联系的可能性几乎是不存在的，因此，当任一条线路断开之后又进行重合闸时，都不会出现非同步合闸的问题。在这种情况下，可以采用不检查同步的自动重合闸。

2）并列运行的发电厂或电力系统之间，在电气上联系较弱时，例如只有两个联系的线路或三个弱联系的线路，则需要根据具体情况考虑如下：

① 当非同步合闸的最大冲击电流超过允许值时（按 $\delta=180°$，所有同步发电机的电动势 $E=1.05U_{N,G}$计算），不允许非同步合闸。此时必须检定两侧电源确实同步之后，才能进行重合闸，为此可在线路的一侧采用检查线路无电压而在另一侧采用检定同步的重合闸。

② 当非同步合闸的最大冲击电流符合要求，但需从系统安全进行考虑时（如对重要负

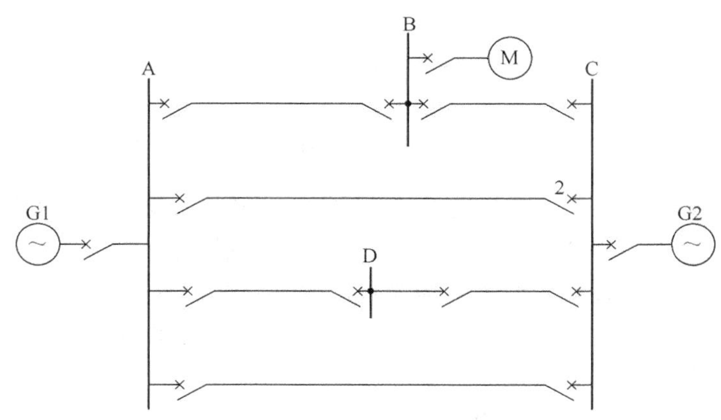

图 7-3　两侧电源有紧密联系的电网

荷的影响等)，可在正常运行方式下采用不检查同步的重合闸，而当出现其他联络线均断开只有一回线路运行时，则需采用检定同步合闸，以避免发生非同步重合的情况。

③ 对于具有同步检定和无电压检定的重合闸，当线路发生故障时，两侧断路器跳闸以后，检定线路无电压一侧的重合闸首先动作，使断路器投入。如果重合闸不成功，则断路器再次跳闸。此时，由于线路另一侧没有电压，同步检定继电器不动作，因此，该侧重合闸根本不起动。如果重合闸成功，则另一侧在检定同步之后，再投入断路器，线路即恢复正常工作。由此可见，位于检定线路无电压一侧的断路器，如重合闸不成功，就要连续两次切断短路电流，因此，该断路器的工作条件要比同步电压检定继电器的工作条件恶劣。为了解决这个问题，通常在每侧都装设同步检测和无压检定继电器，并利用连接片进行切换或利用软件进行控制，使两侧断路器轮换使用每种检定方式的重合闸，使两侧断路器工作的条件接近相同。

在使用检查线路无电压方式的重合闸的一侧，当其断路器在正常运行情况下因某种原因（如误碰跳闸机构、保护误动作等）而跳闸时，由于对侧并未动作，因此由线路上同时装有的同步检定继电器起作用，当符合同步条件时，即可将误跳闸的断路器重新投入。

7.2.3　自动重合闸与继电保护的配合

在电力系统中，重合闸与继电保护的关系极为密切。为了尽可能利用自动重合闸所提供的条件以加速切除故障，继电保护与之配合时，一般采用下述两种方式。

1. 自动重合闸前加速保护动作方式

自动重合闸前加速保护动作方式，简称“前加速”，其原理如图 7-4 所示。图中，每一条线路上均装过电流保护，由于其动作时限是按阶梯形原则配合的，因此断路器 QF3 处的继电保护时限最长。为了加速切除故障，在 QF3 处采用自动重合闸前加速保护动作方式，即当任一线路发生故障时（如图中的 k1 点），第一次都是由保护 3 瞬时动作予以切除。QF3 跳闸后，即起动重合闸装置。如果此时的故障是暂时性的，则重合成功，恢复正常供电；如果是永久性故障，则在 QF3 重合之后，过电流保护将按时限有选择性地将故障线路的断路器跳开。

采用“前加速”的优点，是能快速切除瞬时性故障，使瞬时性故障来不及发展成为永

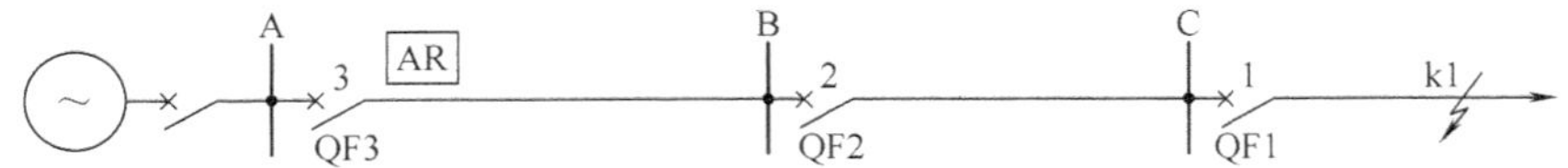

图 7-4 自动重合闸装置前加速保护动作原理

久性故障，而且设备少，只需一套自动重合闸装置，简单，经济。其缺点是重合于永久性故障时，再次切除故障的时间会延长，装有重合闸线路的断路器的动作次数较多，若此断路器的重合闸拒动，就会扩大停电范围，甚至在最后一级线路上故障，进一步可能造成全部停电。因此，“前加速”方式只用于 35kV 以下由发电机或重要变电站引出的直配线路上，以便快速切除故障，保证母线电压。

2. 自动重合闸后加速保护动作方式

自动重合闸后加速保护动作方式，简称“后加速”。采用这种方式时，如果在线路上发生故障，则保护按有选择性的方式跳闸，然后进行重合闸；如果重合于永久性故障，则加速保护动作，瞬时切除故障。

采用“后加速”的优点是，第一次跳闸是有选择性的，不会扩大事故，由于在重要高压网络是不允许无选择性跳闸的，因此这种方式尤为适合。同时，这种方式再次断开永久性故障的时限是瞬时的，有利于系统运行的稳定性。其主要缺点是，第一次切除故障可能带时限，而且每个断路器上都需要装设一套重合闸，与前加速相比较为复杂。

在 35kV 以上电压的高压网络及对重要负荷供电的送电线路上，通常都装有性能比较完善的保护装置（如三段式电流保护、距离保护等），所以第一次有选择性的跳闸时限不会很长（瞬动或带一个 0.5s 延时），而在重合闸以后加速保护的动作，就可以更快地切除永久性的故障。因此，“后加速”方式在这种网络中被广泛采用。

7.3 单相自动重合闸

在 220kV 及以上电压等级的大接地电流系统中，由于架空线路的线间距离较大，相间故障的机会比较少，因此大部分的故障是单相接地故障。如果在三相线路上装设三个单相断路器，当发生单相接地故障时，只将故障相的断路器跳开，而未发生故障的其余两相仍继续运行，就能够大大提高供电可靠性和系统并列运行的稳定性。

因此，所谓单相自动重合闸，就是线路上发生单相接地故障时，保护只跳开故障相的断路器，然后进行单相重合。若故障是瞬时性的，则重合闸后，便恢复三相供电；若故障是永久性的，而系统又不允许长期非全相运行，则重合闸后，保护跳开三相断路器，不再进行重合闸。

当采用单相自动重合闸时，若线路发生相间短路，一般都跳开三相断路器，不进行三相重合闸；若因其他原因断开三相断路器时，则也不进行重合闸。

7.3.1 单相自动重合闸的故障选相元件

实现单相自动重合闸时，除有继电保护装置判断故障线路外，还要有故障相的选择元件（简称选相元件）来选出故障相。作为单相自动重合闸的重要元件，对选相元件的基本要求如下：

1）当线路发生单相接地故障时，故障相的选相元件应可靠动作，非故障相的选相元件应可靠不动作，即保证选择性和可靠性。

2）在故障相末端发生单相接地短路时，接于该相上的选相元件应保证足够的灵敏度，即保证足够的灵敏度和速动性。

3）选相元件拒动时，应有延时跳三相的电路。

选相元件是实现单相重合闸的关键元件，选相元件是否能正确动作，将决定单相重合闸的成败，因此，对选相元件的类型要认真地选择。根据电网的接线与运行情况，常用的选相元件有以下几种：

1）相电流选相元件，即在每相上各装一个过电流继电器。它是根据故障相短路电流增大的原理而动作的，其动作电流按躲开线路上的最大负荷电流和单相接地短路时非故障相电流整定。该选相元件适于装在电源端，并仅在短路电流较大的线路采用，而在长距离、重负荷的线路上不能采用。该选相元件只能用作辅助选相元件。

2）相电压选相元件，即在每相装一个低电压继电器。它是根据故障相电压降低的原理而动作的，其动作电压按躲过正常运行的最低电压和非全相运行时可能出现的最低电压整定。这种选相元件的特点是单相接地短路时，只有在接地相电压较低时故障相选相元件才会动作，非故障相选相元件一般都不会动作。它适用于小电源侧或单侧电源的受电侧。由于低电压继电器经常处在额定电压下工作，运行时间长，有触点的低电压继电器的触点经常抖动，可靠性比较差，因此这种选相元件应用不多，通常也只用作辅助选相元件。

3）阻抗选相元件，用三个低阻抗继电器分别接于三个相电压和经零序补偿的相电流上，以保证继电器的测量阻抗与短路点到保护安装处的正序阻抗成正比。因为当发生单相故障时，故障相与非故障相的测量阻抗的差别是很大的，阻抗选相元件比以上两种选相元件具有更高的选择性和灵敏性，所以这种选相方式在复杂电网中得到广泛应用。

4）相电流差突变量的选相元件，是一种反应于两相电流差突变量的选相元件，其原理是利用短路时故障相电流发生突变的特点构成的。它最初用作非全相运行时的振荡闭锁元件，近年来，被推荐作为单相重合闸的选相元件。

5）对称分量选相元件，是以$\dot{I}_0/\dot{I}_{2A}$的序分量比相关系构成的选相元件，该原理在微机保护中得到广泛应用。

7.3.2　单相自动重合闸时的潜供电流和恢复过电压

当线路的故障相两侧断路器跳闸时，由于非故障相与故障相之间存在电容与互感，虽然短路相的电源已被切断，但故障点弧光通道中仍有一定的电流通过，这个电流称为潜供电流。如图 7-5 所示，当 C 相发生暂时性接地故障时，C 相线路两侧的断路器会跳开，这时短路电流虽被切断，但 A、B 两相线路仍处在工作状态。因为各相之间存在电容，所以 A、B 两相将通过电容 C_{AC}、C_{BC}和对地电容 C_0 向短路点 k 提供电流。同时，因为各相之间存在互感 M，所以 A、B 两相的负荷电流，也将通过互感 M 的电磁耦合，在 C 相中感应电动势。此感应电动势也向短路点 k 提供电流。这两部分电流的总和构成潜供电流。

潜供电流的大小与线路的电压和参数有关，一般说来，线路电压越高，负荷电流越大，

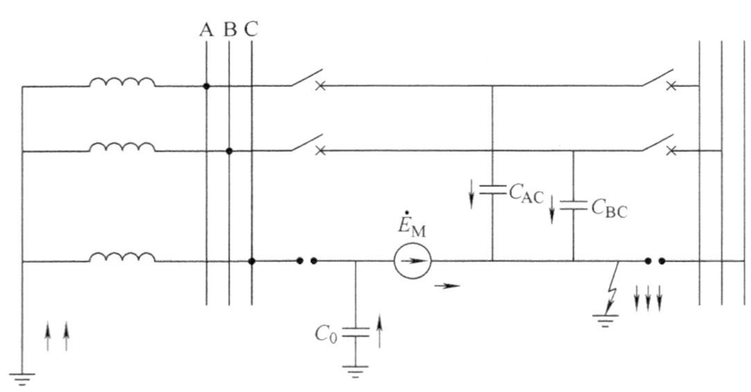

图 7-5　C 相接地时的潜供电流

则潜供电流越大。

由于潜供电流的存在，将维持故障点 k 处的电弧燃烧一定时间，使之不易熄灭。另外，在图 7-5 中，当潜供电流熄灭瞬间，断开相 C 的电压会立即上升。此电压也由两部分组成：一部分是由非故障相 A、B 电压通过电容耦合过来；另一部分由 A、B 两相负荷电流通过互感产生的互感电动势。由于这两部分电压的存在，故障相短路点的对地电压可能升得较高，并使弧光复燃，因而会再次出现弧光接地现象。使弧光复燃的短路点对地电压，就简称为恢复电压。

因为潜供电流和恢复电压的影响，短路点的电弧不能很快熄灭，而且弧光通道的去游离也受到严重的阻碍，所以自动重合闸只有在故障点电弧熄灭、绝缘强度恢复以后，才有可能重合成功。因此，单相重合闸的动作时间必须充分考虑它们的影响，否则将造成单相重合闸的失败。

如前所述，潜供电流的大小与线路的电压和参数有关，潜供电流越大，对单相重合闸的影响也就越大。为了保证单相重合闸有良好的效果，正确选择单相重合闸的动作时间是很重要的。它的动作时间，应由实测试验确定，如我国某电力系统中，在 220kV 的线路上，根据实测确定保护单相重合闸期间的熄弧时间应在 0.6s 以上。

此外，采用单相重合闸方式，会使电力系统出现只有两相运行的非全相状态。由于在非全相状态下，将会出现负序和零序分量的电流和电压，将给系统中的一次设备、继电保护及通信设备等带来一些不良的影响，因此必须作出相应的考虑，来消除这些影响产生的不良后果。

7.4　综合重合闸简介

在我国 220kV 及以上的电压等级系统中，单相重合闸和三相重合闸都是综合在一起考虑的，即当线路上发生单相接地故障时，采用单相重合闸方式，发生相间故障时用三相重合闸方式。综合考虑这两种重合闸方式的装置称为综合重合闸装置。

综合重合闸装置除了必须装设选相元件外，还应该装设故障判别元件（简称判别元件），用它来判别是接地故障还是相间故障。这是因为某些高压线路保护（例如相差高频保护）在单相接地故障时也动作跳三相，如果综合重合闸装置中不装设判别元件，就会发生单相接地故障而跳三相的后果。

构成综合重合闸时，应考虑以下一些问题：

1）综合重合闸的运行方式。为了使综合重合闸装置具有多种性能，而且使用灵活方便，该装置通过切换应能实现综合重合闸、单相重合闸、三相重合闸和直跳四种运行方式。直跳运行方式是当线路发生任何类型故障时，由保护直接跳三相断路器，不起动重合闸。

2）单相接地短路跳单相断路器。线路单相接地短路时，应跳故障相断路器，而后进行单相重合闸，重合不成功时跳三相，不再重合。

3）相间故障时跳三相断路器。线路相间故障时，跳三相断路器，并进行三相重合，重合不成功时，再跳三相，不再重合。

4）选相元件拒动。单相接地短路时，如选相元件拒动，则不能切除故障相。在此情况下，应跳三相断路器，并随之进行三相重合。如重合不成功，应再跳三相。

5）一相跳闸后单相重合闸拒动。对不允许长期两相运行的系统，在线路单相接地短路时，故障相被切除后若单相重合闸拒动，则应切除其余两相。

6）两相先后接地短路。线路单相接地短路时，在单相重合之前，另一相又发生接地短路，应跳三相，然后重合三相。

7）高压断路器的气压或液压下降。当高压断路器的气压或液压下降至不允许断路器重合时，应将重合闸闭锁，使其不能发出重合脉冲。在重合过程中，当气压或液压下降至低于允许合闸值时，应能保证重合闸动作的完成。

7.5　自动重合闸中的故障选相仿真

选相元件是实现单相重合闸的关键元件，选相元件是否能正确动作，将决定单相重合闸的成败，因此，对选相元件类型要认真地选择。本节以序电流选相为例来介绍相应的仿真方法。

1. 选相原理

对选相元件，首先要根据零序电流$\dot{I}_{A0}$与负序电流$\dot{I}_{A2}$之间的相位关系，确定选相的分区，如图 7-6 所示。

当 $-60° < \arg\dfrac{\dot{I}_{A0}}{\dot{I}_{A2}} < 60°$时，选 A 区；

当 $-60° < \arg\dfrac{\dot{I}_{A0}}{\dot{I}_{A2}} < 180°$时，选 B 区；

当 $-180° < \arg\dfrac{\dot{I}_{A0}}{\dot{I}_{A2}} < 300°$时，选 C 区。

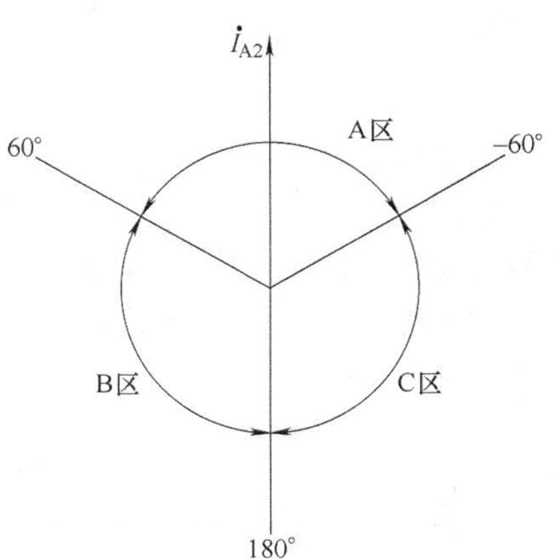

图 7-6　序电流选相的分区

发生接地故障时，序电流的相量关系如图 7-7 所示。从图中可得：

单相接地时，故障相的$\dot{I}_0$与$\dot{I}_2$同相位。A 相接地

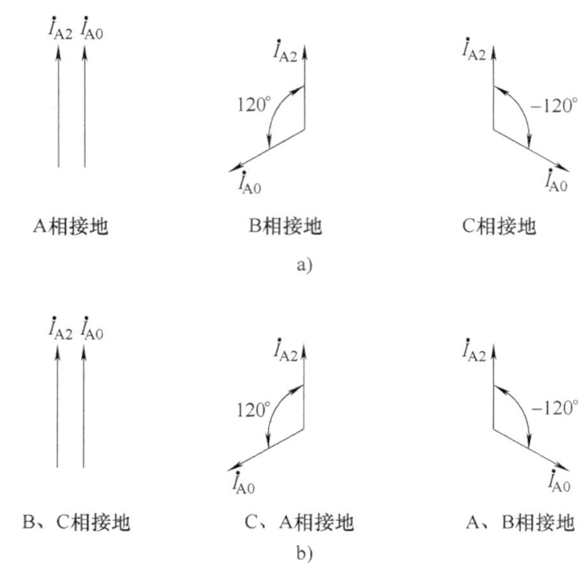

图 7-7　接地故障时序电流的相量关系

a）单相接地故障时序电流的相量关系　b）两相接地故障时序电流的相量关系

时，$\dot I_{A0}$与$\dot I_{A2}$同相；B 相接地时，$\dot I_{A0}$与$\dot I_{A2}$相差 120℃；相接地时，$\dot I_{A0}$与$\dot I_{A2}$相差 -120°

两相接地故障时，$\dot I_0$与$\dot I_2$同相位。BC 相间接地故障时，$\dot I_{A0}$与$\dot I_{A2}$同相；CA 相间接地故障时，$\dot I_{A0}$与$\dot I_{A2}$相差 120°；AB 相间接地故障时，$\dot I_{A0}$与$\dot I_{A2}$相差 -120°。

2. 建立仿真模型

双侧电源电力系统如图 7-8 所示，电源$\dot E_M = 220\angle 10°$kV，$\dot E_N = 210\angle 0°$kV，为了简化仿真，设置两个电源的内阻相等，且阻抗角与线路相同，$Z_s = Z_{s.M} = Z_{s.N} = 0.226\angle 73.13°\Omega$；线路 MN 长度为 80km，采用 LGJ—240/40 型架空线路，单位正序阻抗 $z_1 = 0.451\angle 73.13°\Omega$/km。

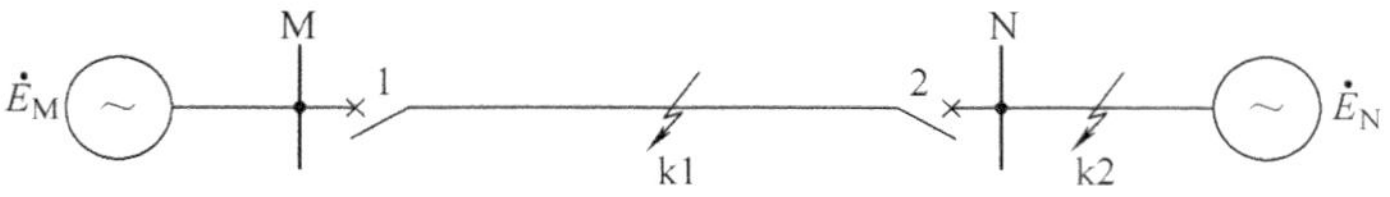

图 7-8　双侧电源电力系统

根据以上参数，建立电力系统的 Simulink 仿真模型，如图 7-9 所示。

在图 7-9 中，电源 E_M、E_N采用“Three-Phase Source”模型，其“Internal connection”属性设置为 Yg，线路 MN 选用“Three-Phase PI Section Line”模型，它们的设置方法与 3.5 节中的设置相似；为了设置故障点，将线路 MN 分成两段，在仿真模型中，Line1 = 30km、Line2 = 50km。

三相电压电流测量模块 U_M、U_N将在线路两侧测量到的电压、电流信号转变成 Simulink 信号，相当于电压、电流互感器的作用。U_M模块输出的信号分别为“Vabc_M”、“Iabc_M”，U_N模块的输出的信号分别为“Vabc_N”、“Iabc_N”。

母线 M 侧的$\dot I_{A0}$、$\dot I_{A2}$的相位由图 7-10 中的“Discrete 3-Phase Sequence Analyzer”模块来

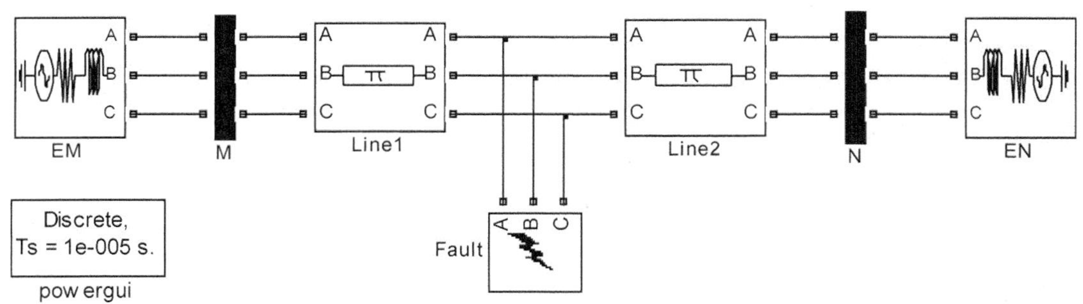

图 7-9　电力系统的 Simulink 仿真模型

获取，图中还利用了减法模块直接得到$\dot{I}_{A0}$与$\dot{I}_{A2}$的相位差。母线 N 侧的$\dot{I}_{A0}$、$\dot{I}_{A2}$的获取方法与图 7-10 相同。

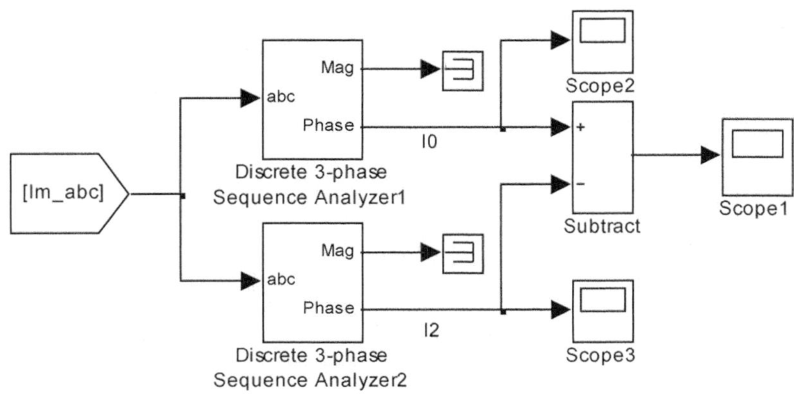

图 7-10　$\dot{I}_{A0}$、$\dot{I}_{A2}$相位的获取

3. 仿真结果与分析

在图 7-9 所示的仿真模型中，将故障模块 Fault 设置为在 $t=0.4$s 到 $t=0.8$s 时发生过渡电阻为 0 的 A 相接地短路（在故障仿真模块中，过渡电阻设置为 0 时会出现错误，故可将过渡电阻设置为 0.01），运行仿真，得当 A 相接地时，母线 M 侧的$\dot{I}_{A0}$、$\dot{I}_{A2}$的相位，如图 7-11 所示。

从图 7-11 中可以明显看出，$\dot{I}_{A0}$与$\dot{I}_{A2}$同相（相位差为 0），在图 7-6 中的 A 区，符合 A 相接地时的序分量特征。

在图 7-9 所示的仿真模型中，将故障模块 Fault 设置为在 $t=0.4$s 到 $t=0.8$s 时发生过渡电阻为 0 的 AB 相间接地短路，运行仿真，得母线 M 侧的$\dot{I}_{A0}$、$\dot{I}_{A2}$的相位，如图 7-12 所示。

从图 7-12 中可以明显看出，$\dot{I}_{A0}$与$\dot{I}_{A2}$相位差为 $-120°$，在图 7-6 中的 C 区，符合 AB 相间接地短路时的序分量特征。

当两相经过渡电阻接地时，以 AB 两相接地为例，此时$\dot{I}_{A0}$与$\dot{I}_{A2}$的相位差就不是 $-120°$，有时相位差不是进入图 7-6 中的 C 区而是进入到 A 区。在图 7-9 所示的仿真模型中，将故障模块 Fault 设置为在 $t=0.4$s 到 $t=0.8$s 时发生过渡电阻为 35Ω 的 AB 相间接地短路，运行仿

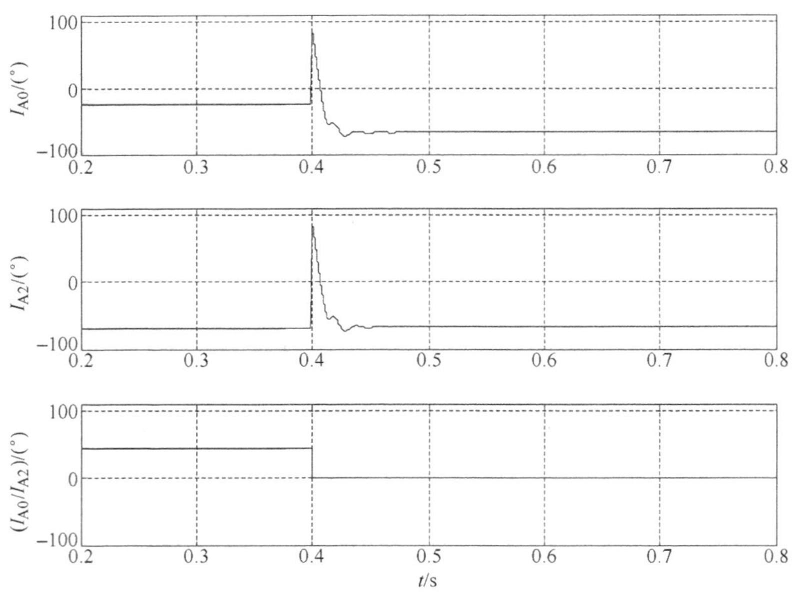

图 7-11 A 相接地时，母线 M 侧的 $\dot{I}_{A0}$、$\dot{I}_{A2}$ 的相位

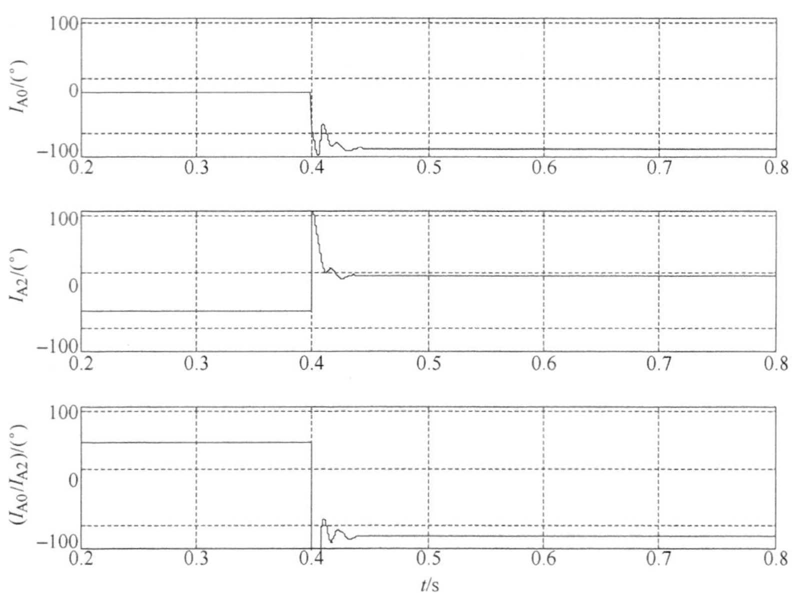

图 7-12 AB 相间接地短路时，母线 M 侧的 $\dot{I}_{A0}$、$\dot{I}_{A2}$ 的相位

真，得母线 M 侧的 $\dot{I}_{A0}$、$\dot{I}_{A2}$ 的相位，如图 7-13 所示。从图 7-13 中可见，此时 $\dot{I}_{A0}$ 与 $\dot{I}_{A2}$ 相位差为 −59.1°，即相位差进入图 7-6 中的 A 区，从而导致错误选相。因此，当 $\dot{I}_{A0}$ 与 $\dot{I}_{A2}$ 相位进入 A 区时，一般会有三种情况：①A 相接地短路；②BC 两相接地短路；③AB 两相经过渡电阻接地短路。所以，在利用序电流进行选相时，还应考虑各相的测量阻抗。例如，当 $\dot{I}_{A0}$ 与 $\dot{I}_{A2}$ 相位进入 A 区时，可以按以下步骤进行选相（以图 7-6 中的 A 区为例）：

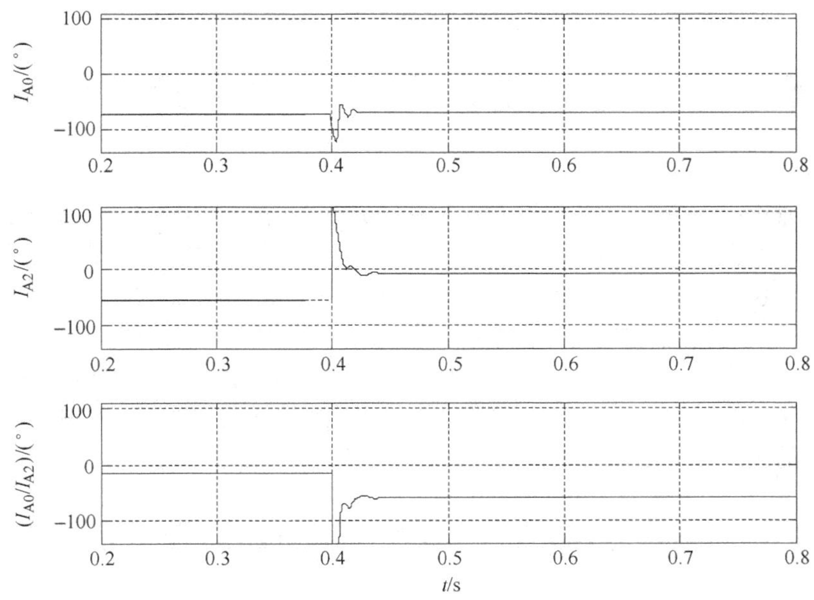

图 7-13　AB 相间经 35Ω 的过渡电阻接地短路时，母线 M 侧的 $\dot{I}_{A0}$、$\dot{I}_{A2}$ 的相位

第一步：检查 A 相测量阻抗 Z_{kA}是否动作，若动作，则比较 A 相和 B 相电压，若 B 相电压也较低，则为 AB 两相经过渡电阻接地短路，否则为 A 相接地短路。

第二步：若 Z_{kA}不动作，则检查 Z_{kBC}，若 Z_{kBC}动作，则为 BC 两相接地短路，否则选相失败。

以上步骤对应的框图如图 7-14 所示。

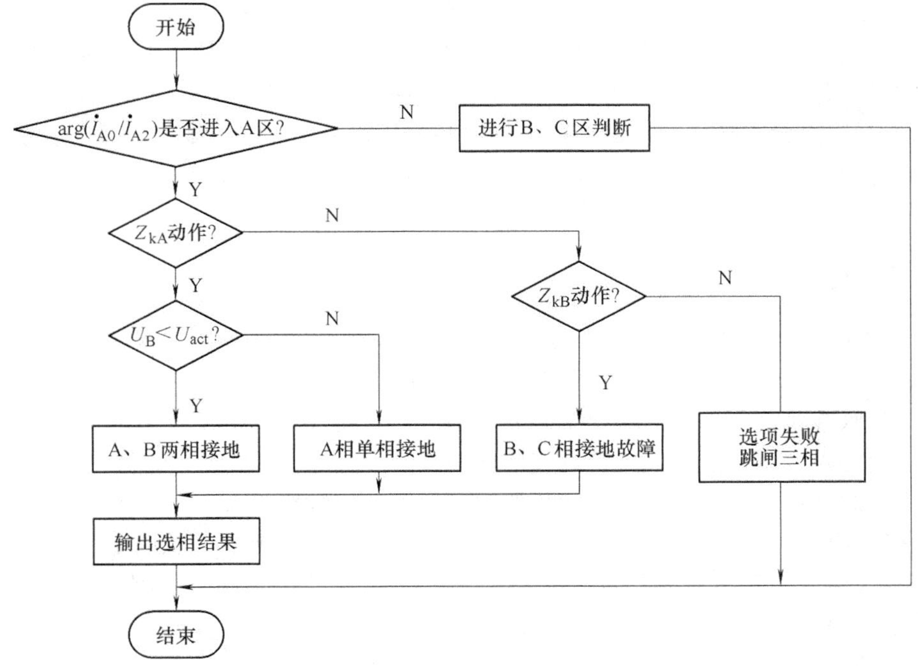

图 7-14　序电流分相选相步骤对应的框图

第8章　电力变压器的继电保护与仿真

本章着重讨论电力变压器的继电保护原理与仿真方法。本章8.1节介绍变压器的故障、不正常运行状态及保护配置原则。8.2节介绍变压器的气体保护。8.3节重点介绍变压器的纵联差动保护，包括构成变压器纵联差动保护的基本原则、不平衡电流产生的原因及消除方法，以及具有比率制动特性的纵联差动保护等。8.4节介绍变压器过电流保护、低电压起动的过电流保护、复合电压起动的过电流保护、负序过电流保护等变压器相间短路的后备保护原理及整定方法。8.5节分别给出变压器空载合闸时励磁涌流的仿真、变压器比率制动特性纵联差动保护的仿真和变压器绕组内部故障的仿真以及建模方法。

8.1　变压器的故障、不正常运行状态及保护配置

变压器是电力系统的重要设备之一，它的故障将对供电可靠性和系统的正常运行带来严重影响。同时，大容量的变压器也是十分贵重的设备，因此必须根据变压器容量和重要程度来装设性能良好、工作可靠的继电保护装置。

8.1.1　变压器的故障、不正常运行状态

变压器的故障可分为油箱内部和油箱外部故障两种。油箱内部的故障有绕组的相间短路、匝间短路、直接接地系统侧的绕组接地短路等。这些故障都是十分危险的，因为故障点的电弧不仅会烧坏绕组的绝缘和铁心，而且还能引起绝缘物质的剧烈汽化，从而使油箱发生爆炸。油箱外部的故障主要是套管和引出线上发生相间短路和接地短路。

变压器的不正常运行状态有过负荷、外部相间短路引起的过电流、外部接地短路引起的过电流和中性点过电压、漏油等原因而引起的油面降低、绕组过电压或频率降低引起的过励磁等。

8.1.2　变压器的保护配置

对于上述故障类型和不正常运行状态，根据GB/T 14285—2006《继电保护和安全自动装置技术规程》的规定，变压器主要应装设如下保护：

1）为反映油箱内部各种短路故障和油面降低，对于0.8MV·A及以上的油浸式变压器和户内0.4MV·A以上的变压器应装设气体保护。

2）为反映变压器绕组和引出线的相间短路，以及中性点直接接地电网侧绕组和引出线的接地短路，应装设纵联差动保护或电流速断保护。对于6.3MV·A及以上并列运行变压器和10MV·A及以上单独运行变压器，以及6.3MV·A及以上的厂用变压器，应装设纵联差动保护；对于10MV·A以下变压器，当其过电流保护的时限大于0.5s时，应装设电流速断保护；对于2MV·A以上变压器，当电流速断保护的灵敏度不满足要求时，也应装设纵联差动保护。

3）为反映外部相间短路引起的过电流和作为气体、纵联差动保护（或电流速断保护）的后备保护，应装设过电流保护、低电压起动的过电流保护以及复合电压起动的过电流保护等。

4）为反映直接接地系统外部接地短路，应装设零序电流保护。

5）为反映过负荷应装设过负荷保护。0.4MV·A 及以上变压器当数台并列运行或单独运行并作为其他负荷的备用电源时，应根据可能过负荷的情况装设过负荷保护，对三绕组变压器，保护装置应能反映各侧过负荷的情况。

对于超大型变压器还应装设过励磁保护。

8.2　变压器的气体保护

当变压器油箱内部发生故障（包括轻微的匝间短路和绝缘保护破坏引起的经电弧电阻的接地短路）时，由于故障点电流和电弧的作用，将使变压器油及其他绝缘材料因局部受热而产生气体，因气体比较轻，它们将从油箱流向储油柜的上部。当故障严重时，油会迅速膨胀并产生大量气体，此时将有剧烈的气体夹杂着油流冲向储油柜上部。利用油箱内部故障时的这一特点，可以构成反应于上述气体而动作的保护装置，称为气体保护。

气体继电器是构成气体保护的主要组件，它安装在油箱与储油柜之间的连接管道上，如图 8-1 所示，这样油箱内产生的气体必须通过气体继电器才能流向储油柜。为了不妨碍气体的流通，变压器安装时应使顶盖沿气体继电器的方向与水平面具有 1% ~ 1.5% 的升高坡度，通往继电器连接管具有 2% ~ 4% 的升高坡度。

气体继电器主要有浮筒式和开口杯式两种，目前在我国广泛应用的是开口杯式气体继电器，其内部结构如图 8-2 所示。正常运行时，上开口杯 2 和下开口杯 1 都浸在油中，开口杯和附件在油内的重力所产生的力矩小于平衡锤 4 所产生的力矩，因此开口杯向上倾，干簧触点 3 断开。当油箱内部发生轻微故障时，少量的气体上升后逐渐聚集在继电器的上部，迫使油面下降。而使上开口杯露出油面，此时由于浮力的减小，开口杯和附件在空气中的重力加上杯内的油重所产生的力矩大于平衡锤 4 所产生的力矩，于是上开口杯 2 顺时针方向转动，带动永久磁铁 10 靠近干簧触点 3，使触点闭合，发生“轻瓦斯”保护动作信号。当变压器油箱内部发生严重故障时，大量气体和油流直接冲击挡板 8，使下开口杯 1 顺时针方向旋转，带动永久磁铁靠近下部的干簧触点 3 并使之闭合，发出跳闸脉冲，表示“重瓦斯”保护动作。当变压器出现严重漏油使油面逐渐降低时，首先是上开口杯露出油面，发出报警信号，接着下开口杯露出油面也能动作，发出跳闸脉冲。

气体保护的原理接线如图 8-3 所示。气体继电器 KG 的触点 KG.1 为重瓦斯触点，动作后起动变压器保护的总出口继电器，使断路器跳闸；KG.2 为轻瓦斯触点，动作后发出报警信号。当油箱内部发生严重故障时，由于油流的不稳定可能造成干簧触点的抖动，此时为使断路器能可靠跳闸，选用自保持中间继电器 KCO，动作后由断路器的辅助触点来解除出口回路的自保持。此外，为防止变压器换油或进行试验时引起重瓦斯保护误动作跳闸，可利用切换片 XB 将跳闸回路切换到信号回路。

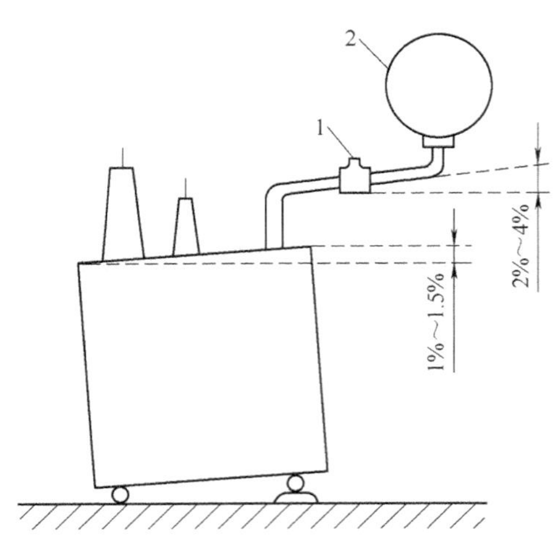

图 8-1 气体继电器的安装
1—气体继电器 2—油枕

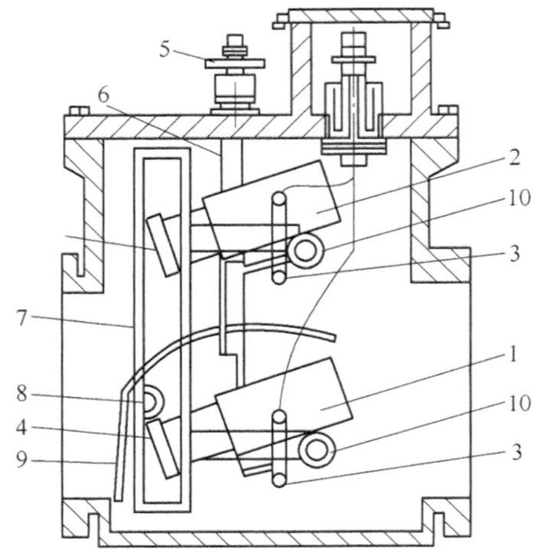

图 8-2 FJ3—80 型气体继电器的内部结构
1—下开口杯 2—上开口杯 3—干簧触点 4—平衡锤 5—放气阀 6—探针 7—支架 8—挡板 9—进油挡板 10—永久磁铁

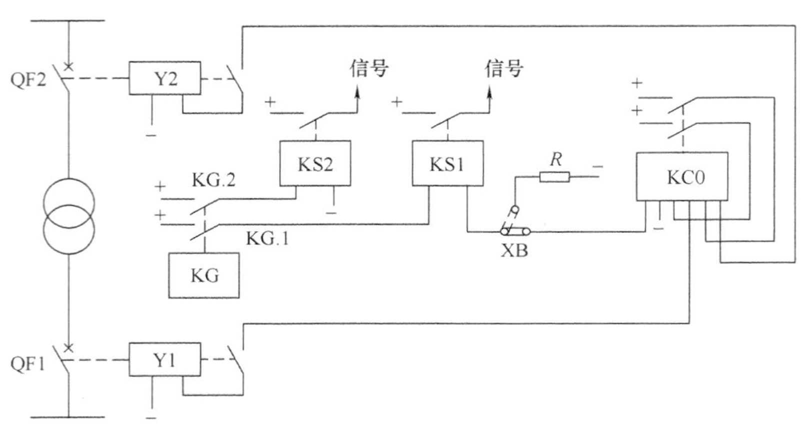

图 8-3 气体保护的原理接线

气体保护的主要优点是动作迅速、灵敏度高、安装接线简单、能反映油箱内部发生的各种故障。其缺点是不能反映油箱以外的套管及引出线等部位上发生的故障。因此，气体保护可以作为变压器的主保护之一，与纵联差动保护相互配合、相互补充，实现快速而灵敏地切除变压器油箱内、外及引出线上发生的各种故障。

8.3 变压器的纵联差动保护

差动保护能正确区分被保护组件保护区内、外的故障，并能瞬时切除保护区内的故障。变压器纵联差动保护（以下简称纵差保护）用来反映变压器绕组、引出线及套管上各种短路故障，是变压器的主保护。

8.3.1　构成变压器纵联差动保护的基本原则

双绕组变压器实现纵差保护的原理接线如图 8-4 所示，其原理与线路纵差保护的基本原理相同，当正常运行和发生外部故障时，流入继电器的电流为 $I_d = |\dot{I}_1' + \dot{I}_2'| \approx 0$，其值很小，继电器不动作。当变压器内部发生故障时，若双侧电源供电，则 $I_d = |\dot{I}_1' + \dot{I}_2'|$，其值为短路电流值，则继电器动作，使两侧断路器跳闸；若仅一侧有电源（如Ⅰ侧）$\dot{I}_d = \dot{I}_1'$，继电器同样动作，使两侧断路器跳闸。

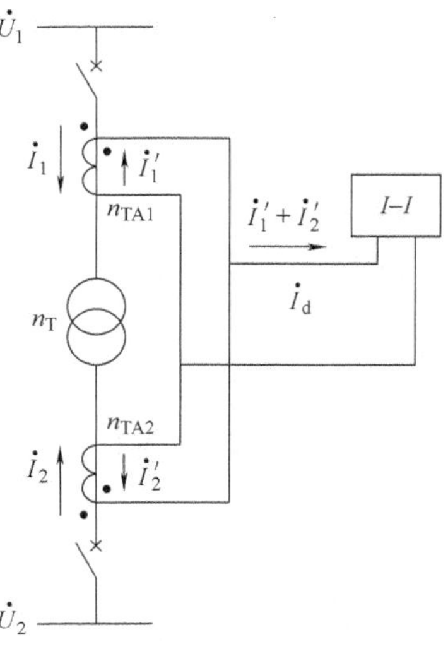

图 8-4　双绕组变压器纵差保护的原理接线

由于变压器高压侧和低压侧的额定电流不同，因此，为了保证差动保护的正确工作，就必须适当选择两侧电流互感器的电流比，使得在正常运行和外部故障时，两个二次电流相等。例如在图 8-4 中，应使

$$I_1' = I_2' = \frac{I_1}{n_{TA1}} = \frac{I_2}{n_{TA2}}$$

即

$$\frac{n_{TA2}}{n_{TA1}} = \frac{I_2}{I_1} = n_T \tag{8-1}$$

式中，n_{TA1} 为高压侧电流互感器的电流比；n_{TA2} 为低压侧电流互感器的电流比；n_T 为变压器的电压比。

式（8-1）是构成变压器纵差保护的基本原则，在变压器的差动保护中，要适当地选择两侧电流互感器的电流比，使其尽可能满足式（8-1）。但即使如此，由于许多因素的影响，在正常运行和外部故障情况下，仍将有某些电流流入差动回路的继电器中，并会直接影响差动保护的灵敏度，此电流称为不平衡电流。下面分析其产生的原因和消除的办法。

8.3.2　不平衡电流产生的原因及消除方法

为保证纵差保护的选择性，差动保护的动作电流必须躲开可能出现的最大不平衡电流。因为变压器的结构特殊，所以深入了解其不平衡电流产生的原因，并设法减小不平衡电流就更为重要。

1. 由变压器励磁涌流产生的不平衡电流

在如图 8-5 所示的单相变压器等效电路中，变压器的励磁电流仅流经变压器的电源侧，因此通过电流互感器反映到差动回路中不能被平衡。在正常运行情况下此电流很小，一般不超过额定电流的 2%～10%；当外部故障时，由于电压降低，励磁电流减小，因此，变压器励磁电流在正常运行与外部故障时对差动保护的影响可以忽略不计。但是当变压器空载投入和外部故障切除后电压恢复时，则可能出现数值很大的励磁电流（此时称为励磁涌流）。

如图 8-5 所示，在变压器稳态运行情况下，设其绕组端电压为

$$u(t) = U_m \sin(\omega t + \theta)$$

忽略变压器的漏抗和绕组电阻，设匝数 $N = 1$，则用标幺值表示的电压 u 与磁通 Φ 之间的关系为 $u(t) = \frac{d\Phi}{dt}$，如图 8-6a 所示。

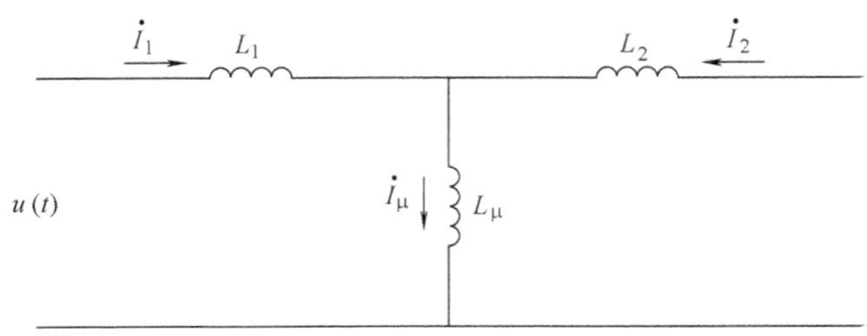

图 8-5 单相变压器等效电路

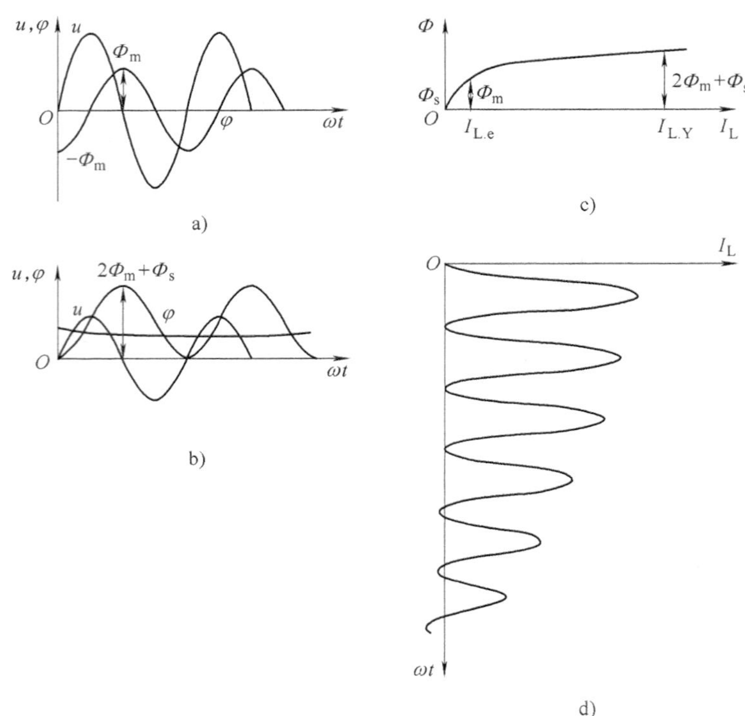

图 8-6 变压器励磁涌流的产生及变化曲线

a）稳态情况下磁通与电压的关系 b）在 $u=0$ 瞬间空载合闸时磁通与电压的关系

c）变压器铁心的磁化曲线 d）励磁涌流的波形

当变压器空载合闸时，由电压 u 和磁通 Φ 之间的微分方程求解可得

$$\Phi = \int u(t)\mathrm{d}t = -\Phi_{\mathrm{m}}\cos(\omega t+\theta) + C$$

$$\Phi_{\mathrm{m}} = \frac{U_{\mathrm{m}}}{\omega}$$

式中，C 为积分常数。

由于铁心中的磁通不能突变，设变压器空载投入瞬间（$t=0$）时铁心的剩磁为 Φ_{r}，则积分常数 $C=\Phi_{\mathrm{r}}+\Phi_{\mathrm{m}}\cos\theta$。于是空载合闸时变压器铁心中的磁通为

$$\Phi = -\Phi_{\mathrm{m}}\cos(\omega t+\theta) + \Phi_{\mathrm{m}}\cos\theta + \Phi_{\mathrm{r}} \tag{8-2}$$

式（8-2）中的第一项为稳态磁通，后两项为暂态磁通，若计及变压器损耗，暂态磁通将是随时间衰减的。假设 $\Phi_m\cos\theta$ 与 Φ_r 同相，则在空载合闸半个周期后，铁心磁通 $\Phi = 2\Phi_m\cos\theta + \Phi_r$ 达到最大值。显然，在电压过零点（$\theta = 0°$）空载合闸时将产生最大磁通 $\Phi_p = 2\Phi_m + \Phi_r$，该值远大于变压器的饱和磁通 Φ_s，如图 8-6b 所示。此时变压器的铁心严重饱和，励磁电流将剧烈增大，此电流称为变压器励磁涌流，其数值最大值可达额定电流的 6～8 倍，同时含有大量的非周期分量和高次谐波分量，如图 8-6d 所示。励磁涌流的大小和衰减时间，与外加电压的相位、铁心中剩磁的大小和方向、电源容量的大小、回路的阻抗以及变压器容量的大小和铁心性质等都有关系。例如，对单相变压器来说，当电压瞬时值为最大时合闸，就不会出现励磁涌流，而只有正常时的励磁电流；对三相变压器而言，无论在任何瞬间合闸，至少有两相要出现程度不同的励磁涌流。读者可以按照 8.5 节的仿真例程，通过仿真来观察变压器励磁涌流的特性。

变压器的励磁涌流有以下特点：

1）含有很大成分的非周期分量，往往使涌流偏向时间轴一侧。

2）含有大量的高次谐波，且以二次谐波为主。

3）波形之间出现间断，在一个周期中间断角为 θ_j，如图 8-7 所示。

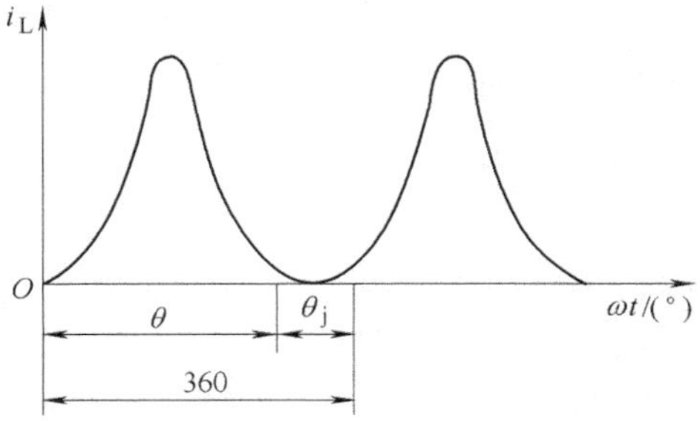

图 8-7　励磁涌流波形

根据以上特点，目前在变压器纵联差动保护中防止励磁涌流影响的常用方法有：

1）利用二次谐波制动。

2）鉴别短路电流和励磁涌流波形的差别。

2. 由变压器两侧电流相位的不同而产生的不平衡电流

由于变压器常常采用 Yd11 联结，因此，其两侧电流的相位差为 30°。此时，如果两侧的电流互感器采用 Yy 联结，则二次电流由于相位不同，也会有一个差电流流入继电器。为了消除这种不平衡电流的影响，通常都是将变压器星形侧的三个电流互感器接成三角形，而将变压器三角形侧的三个电流互感器接成星形，称为相位补偿法接线。这样就把二次电流的相位校正过来。在微机继电保护中，为简化现场接线，可将两侧的电流互感器均采用星形接线，然后用软件来实现电流比和相位的校正。

3. 由两侧电流互感器型号不同产生不平衡电流

由于两侧电流互感器的型号不同，它们的饱和特性、励磁电流（折算到一次侧）也就不同，因此，在差动回路中产生的不平衡电流也较大。此时计算不平衡电流时，电流互感器的同型系数 K_{st} 取 1。另外，由于电流互感器的计算电流比与实际电流比不同，也会有不平衡电流存在，因此整定计算时应一并考虑。

4. 由变压器带负荷调整分接头产生不平衡电流

带负荷调整变压器的分接头，是电力系统中采用带负荷调压的变压器调整电压的方法，实际上改变分接头就是改变变压器的电压比 n_{TA}。如果差动保护已按照某一电压比调整好，则当分接头改换时，就会产生一个新的不平衡电流流入差动回路。对由此而产生的不平衡电流，应在纵联差动保护的整定值中予以考虑。

根据上述分析，在变压器正常运行及外部故障时，可能出现的最大不平衡电流 $I_{unb.max}$ 为

$$I_{unb.max}=(K_{ap}K_{st}K_{er}+\Delta U+\Delta f_{za})I_{k.max}/n_{TA} \tag{8-3}$$

式中，K_{ap}为非周期分量系数，可取 1.5 ~2.0；K_{st}为电流互感器的同型系数，型号不同取 1，型号相同取 0.5；K_{er}为电流互感器容许的最大相对误差，取 0.1；ΔU 为由带负荷调压所引起的相对误差，取电压调整范围的一半；Δf_{za}为采用的互感器变比与计算值的不同所引起的相对误差，一般取 0.05；$I_{k.max}$为保护范围外部最大短路电流值。

8.3.3 具有比率制动特性的纵联差动保护

类似于第 6 章中提到的线路差动保护，为了减小或消除不平衡电流的影响，使变压器外部短路时，差动保护不至于误动作，具有比率制动特性的纵联差动保护在电流差动原理基础上引入了制动量，以改善继电器的特性。常见的制动特性有两折线、三折线、变斜率等，本节以两折线为例来介绍。

以图 8-4 所示接线为例，在基波相量比率制动差动保护的动作判据中，差动量（又称为动作量）I_{act}和制动量 I_{res}分别为

$$\left.\begin{aligned}I_{act}&=|\dot{I}_{act}|=|\dot{I}_1+\dot{I}_2|\\ I_{res}&=|\dot{I}_{res}|=\frac{1}{2}|\dot{I}_1-\dot{I}_2|\end{aligned}\right\} \tag{8-4}$$

图 8-8 所示为两折线比率制动特性曲线，由折线段 AB、BC 组成。由于在变压器外部短路且短路电流较小时，不平衡电流也很小，不需要制动作用，因此制动特性的起始部分可以是一段水平线。水平线的动作电流定值称为最小动作电流值 $I_{act.min}$，差动保护开始具有制动作用的最小制动电流称为拐点电流 $I_{res.min}$。动作判据可表示为

$$\left.\begin{aligned}&I_{act}\geqslant I_{act.min} && I_{res}\leqslant I_{res.min}\\ &I_{act}\geqslant I_{act.min}+m(I_{res}-I_{res.min}) && I_{res}>I_{res.min}\end{aligned}\right\} \tag{8-5}$$

式中，m 为制动段的折线斜率，$m=\dfrac{I_{act}-I_{act.min}}{I_{res}-I_{res.min}}$。

定义制动特性曲线的制动系数 $K_{res}=\dfrac{I_{act}}{I_{res}}$，为防止区外故障时误动，必须保证制动特性各点的 K_{res}值均满足可靠性和选择性的要求；与此同时，为保证差动保护在区内故障时的灵敏性，制动系数 K_{res}又不宜过大。

图 8-8 所示的制动特性曲线有三个定值需要整定，即最小动作电流定值 $I_{act.min}$、拐点电流 $I_{res.min}$、折线斜率 m 或比率制动系数 K_{res}。

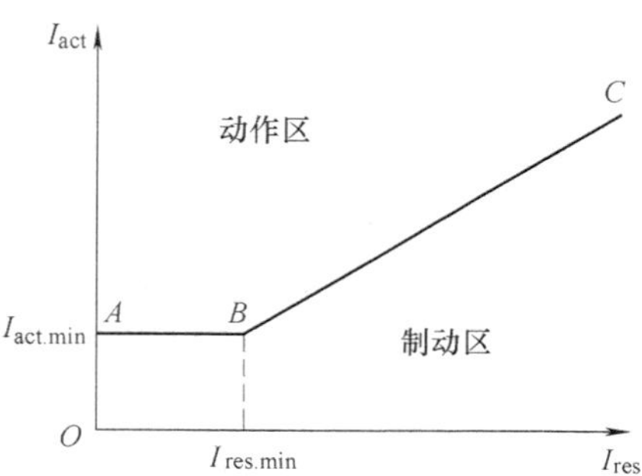

图 8-8 两折线比率制动特性曲线

1）最小动作电流值 $I_{act.min}$。$I_{act.min}$应躲过变压器额定负载时的不平衡电流，即

$$I_{act.min}=K_{rel}I_{unb.load}=K_{rel}(K_{er}+\Delta f_{za}+\Delta U)I_N/n_{TA} \tag{8-6}$$

式中，$I_{unb.load}$为正常运行时最大不平衡电流；I_N为变压器的额定电流。

根据经验，式（8-6）中，可靠系数 $K_{rel}=1.3\sim1.5$；可整定 $K_{er}=0.05$，$\Delta f_{za}=0.05$，ΔU 取调压范围中偏离额定值的最大百分值。在工程实用整定计算中可选取 $I_{act.min}=(0.2\sim0.5)I_N/n_{TA}$。

2）最小制动电流 $I_{res.min}$。$I_{res.min}$一般整定为 0.8 ~ 1 倍的变压器额定电流，在微机保护中往往整定为变压器的额定电流。

3）折线斜率 m。按躲过区外短路故障时差流回路中最大不平衡电流整定，即

$$m=\frac{K_{rel}I_{unb.max}-I_{act.min}}{I_{res.max}-I_{res.min}} \tag{8-7}$$

式中，$I_{unb.max}$为外部故障时最大不平衡电流，可由式（8-3）求得；$I_{res.max}$的选取因差动保护制动原理（制动量的选取）的不同而不同，在实际工程计算时应根据差动保护的制动原理而定，若按照式（8-4）的制动方程，$I_{res.max}$即为外部故障的最大短路电流。

8.3.4　变压器差动速断保护

当变压器内部发生严重短路时，差动电流波形将会发生畸变并含有大量的二次谐波分量，使纵差保护误判为励磁涌流，这将会使差动保护拒动或延迟动作，从而严重损坏变压器。因此，为了保证和加快变压器内部故障时动作的可靠性与故障切除速度，特设置差动速断保护。该保护只反映差流中工频分量的大小，不考虑谐波和波形畸变的影响。其保护定值按躲开变压器最大励磁涌流（其值可达 4 ~ 10 倍额定电流）来整定。

8.4　变压器相间短路的后备保护

变压器相间短路的后备保护既是差动保护和气体保护的后备保护，又是相邻母线或线路的后备保护。根据变压器容量和系统短路电流水平的不同，实现保护的方式有过电流保护、低电压起动的过电流保护、复合电压起动的过电流保护、负序过电流保护等。

8.4.1　变压器的过电流保护

变压器过电流保护的原理接线如图 8-9 所示，其工作原理与定时限过电流保护相同，保护动作后，应跳开变压器两侧的断路器。

保护装置的动作电流应按躲开变压器的最大负荷电流来整定。根据具体情况应作如下考虑：

对于并列运行的变压器，应考虑突然切除一台时所出现的过负荷，当各台变压器容量相同时，最大负荷电流 $I_{TL.max}$可按下式计算：

$$I_{TL.max}=\frac{m}{m-1}I_{TN} \tag{8-8}$$

式中，m 为并列运行变压器的最少台数；I_{TN}为每台变压器的额定电流。

此时，保护装置的动作电流应整定为

$$I_{set}=\frac{K_{rel}}{K_{re}}I_{TL.max} \tag{8-9}$$

式中，K_{rel}为可靠系数，取 1.2 ~ 1.3；K_{re}为返回系数，取 0.85。

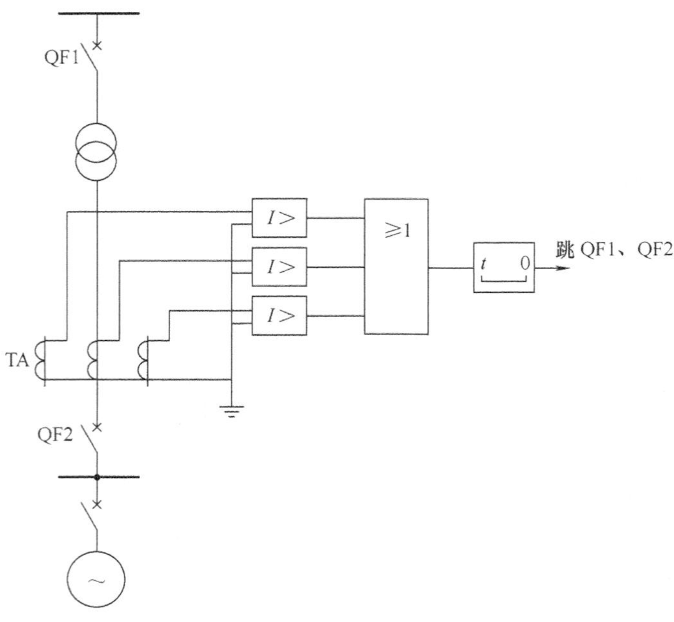

图 8-9　变压器过电流保护的原理接线

对降压变压器，应考虑低压侧负荷电动机自起动时的影响，保护装置的动作电流应考虑自起动系数，即

$$I_{set}=\frac{K_{rel}K_{ss}}{K_{re}}I_{TN} \tag{8-10}$$

式中，K_{ss}为自起动系数，数值大于 1，应由具体接线和负荷性质确定。

保护装置的灵敏系数和动作时限与线路定时限过电流保护相同，在此不再叙述。

8.4.2　低电压起动的过电流保护

低电压起动的过电流保护原理接线如图 8-10 所示。保护起动元件由电流元件和低电压元件构成，只有在电流元件和低电压元件同时动作后，才能起动时间元件，经过预定的时间，起动出口中间继电器，动作于跳闸。

低电压继电器的作用是保证在一台变压器突然切除或电动机自起动时保护不动作，因此电流继电器的整定值就可以不考虑可能出现的最大负荷电流，而是按大于变压器的额定电流I_{TN}来整定，即

$$I_{set}=\frac{K_{rel}}{K_{re}}I_{TN} \tag{8-11}$$

低电压继电器的动作电压按躲开正常运行时的最低工作电压整定。一般取

$$U_{set}=0.7U_{TN} \tag{8-12}$$

式中，U_{TN}为变压器的额定电压。

电流元件的灵敏系数校验仍与线路定时限过电流保护相同，电压元件的灵敏系数按下式校验：

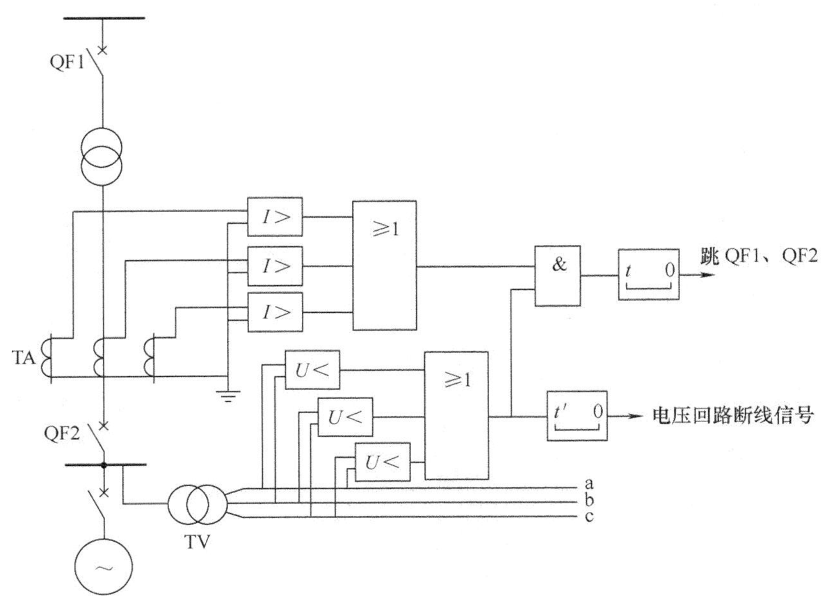

图 8-10　低电压起动的过电流保护原理接线

$$K_{s.min} = \frac{U_{set}}{U_{k.max}} \tag{8-13}$$

式中，$U_{k.max}$为在最大运行方式下，相邻元件末端三相金属性短路时，保护安装处的最大线电压。

由图 8-10 可见，当电压互感器二次回路断线时，低电压元件动作，延时后，发出电压回路断线信号。

8.4.3　复合电压起动的过电流保护

复合电压起动的过电流保护原理接线如图 8-11 所示。这种保护是由低电压起动过电流保护发展来的，它将原来的三个低电压元件改由一个负序电压元件和一个接于线电压上的低电压元件组成。

当变压器发生各种不对称短路时，故障相电流元件动作，同时负序电压元件动作，经过预定的延时时间，动作于跳闸。

当变压器发生三相对称短路时，由于在短路开始瞬间也会出现负序电压，使负序电压动作，因此，可在负序电压消失后，由接于线电压上的低电压元件动作，经过预定的延时时间，动作于跳闸。

保护装置中电流元件和低电压元件的整定原则与低电压起动过电流保护相同。负序电压的起动电压应按躲开正常运行方式时的最大不平衡电压来整定，根据运行经验可取

$$U_{set2} = (0.06 \sim 0.12) U_{TN} \tag{8-14}$$

与低电压起动的过电流保护相比，复合电压起动的过电流保护具有以下优点：

1） 由于负序电压元件的整定值小，因此，在不对称短路时，电压元件的灵敏度高。

2） 当经过变压器后发生不对称短路时，电压元件的工作情况与变压器采用的接线方式无关。

由于具有上述优点且在微机保护中负序电压的计算和判定都很简单，因此，目前复合电

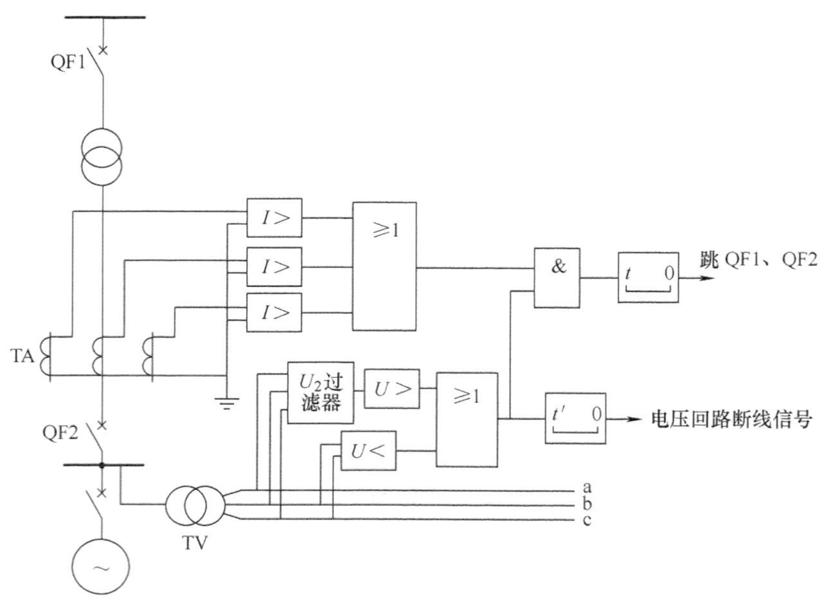

图 8-11 复合电压起动的过电流保护原理接线

压起动的过电流保护已代替了低电压起动的过电流保护，得到了广泛的应用。

8.5 变压器保护的建模与仿真

8.5.1 变压器仿真模型的构建

假设一个具有双侧电源的双绕组变压器简单电力系统如图 8-12 所示，其对应的 Simulink 仿真模型如图 8-13 所示。

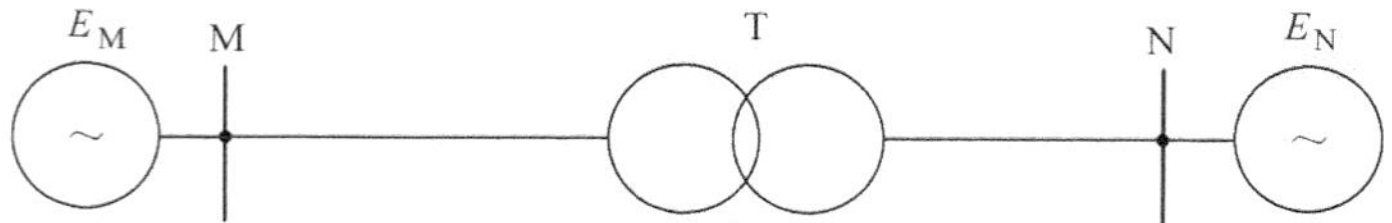

图 8-12 具有双侧电源的双绕组变压器简单电力系统接线

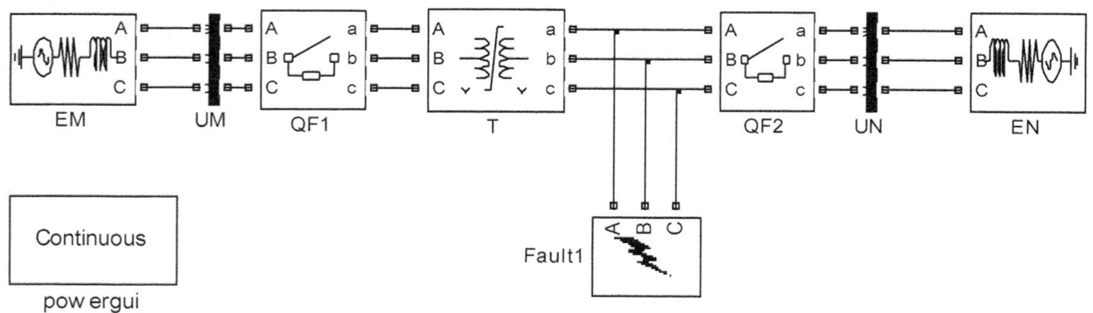

图 8-13 双侧电源双绕组变压器的 Simulink 仿真模型

在图 8-13 中，电源采用“Three-Phase Source”模型，E_M的参数设置如图 8-14 所示。电源 E_N与电源 E_M电势相位差 10°，其他设置相同。

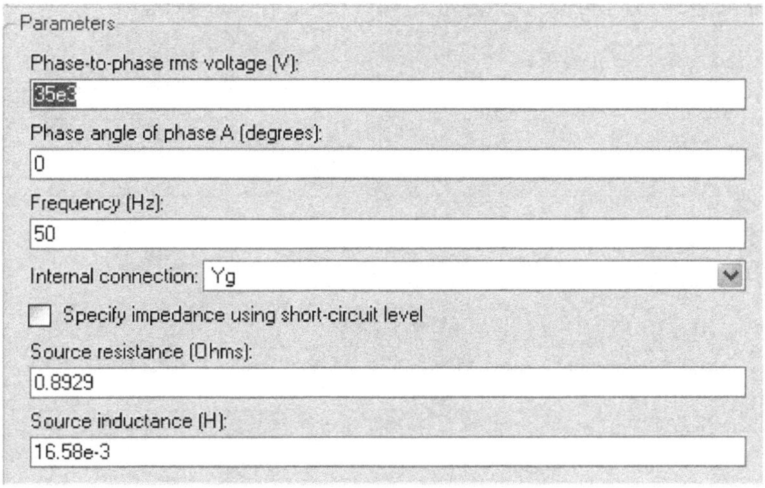

Parameters

Phase-to-phase rms voltage (V):

35e3

Phase angle of phase A (degrees):

0

Frequency (Hz):

50

Internal connection: Yg

☐ Specify impedance using short-circuit level

Source resistance (Ohms):

0.8929

Source inductance (H):

16.58e-3

图 8-14　电源 E_M的参数设置

变压器 T 采用“Three-Phase transformer (Two Windings)”模型，并选中“饱和铁心”(Saturable core)。为了简化仿真，变压器两侧的绕组接线方式均设置为 Y 联结，电压等级也同为 35kV。其参数设置如图 8-15 所示。

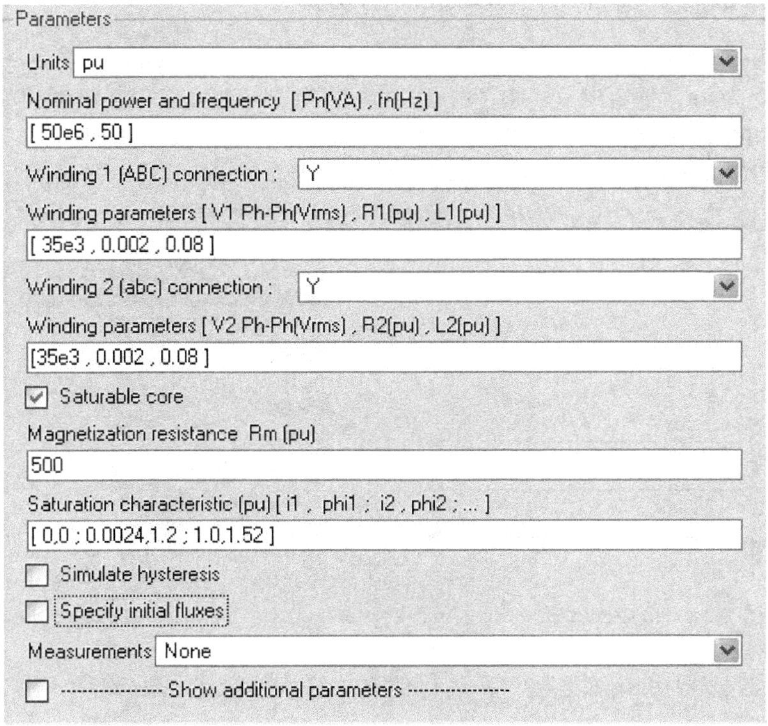

Parameters

Units pu

Nominal power and frequency [Pn(VA) , fn(Hz)]

[50e6 , 50]

Winding 1 (ABC) connection : Y

Winding parameters [V1 Ph-Ph(Vrms) , R1(pu) , L1(pu)]

[35e3 , 0.002 , 0.08]

Winding 2 (abc) connection : Y

Winding parameters [V2 Ph-Ph(Vrms) , R2(pu) , L2(pu)]

[35e3 , 0.002 , 0.08]

☑ Saturable core

Magnetization resistance Rm (pu)

500

Saturation characteristic (pu) [i1 , phi1 ; i2 , phi2 ; ...]

[0,0 ; 0.0024,1.2 ; 1.0,1.52]

☐ Simulate hysteresis

☐ Specify initial fluxes

Measurements None

☐ ------------------ Show additional parameters ------------------

图 8-15　变压器 T 的参数设置

三相电压电流测量模块 U_M、U_N将在变压器两侧测量到的电压、电流信号转变成 Simulink 信号，相当于电压、电流互感器的作用。U_M模块的参数设置如图 8-16 所示。U_N模块的参数设置与此相仿，只是其输出的信号分别为“Vabc_N”，“Iabc_N”。

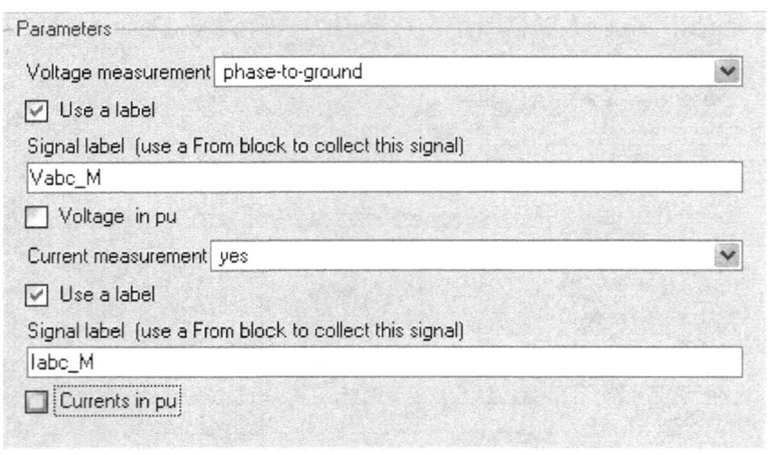

图 8-16 U_M模块的参数设置

三相断路器模块 QF1 和 QF2 分别用来控制变压器的投入，故障模块 Fault1 和 Fault2 分别用来仿真变压器保护区内故障和区外故障。在仿真时，主要是改变它们的切换时间，其他采用默认设置即可。

8.5.2 变压器空载合闸时励磁涌流的仿真

在利用图 8-13 所示的仿真模型分析三相变压器空载合闸过程时，设置三相断路器模块 QF1 的切换时间为 0s，仿真时间为 0.5s，仿真算法为 ode23t。三相断路器模块 QF2、故障模块 Fault1 和 Fault2 在仿真中均不动作（设置其切换时间大于仿真时间即可）。

为了观察合闸时的励磁涌流，在图 8-13 所示的仿真模型中增加了示波器模块，如图 8-17 所示。为了对励磁涌流进行谐波分析，示波器模块的参数需要按图 8-18 所示进行设置。

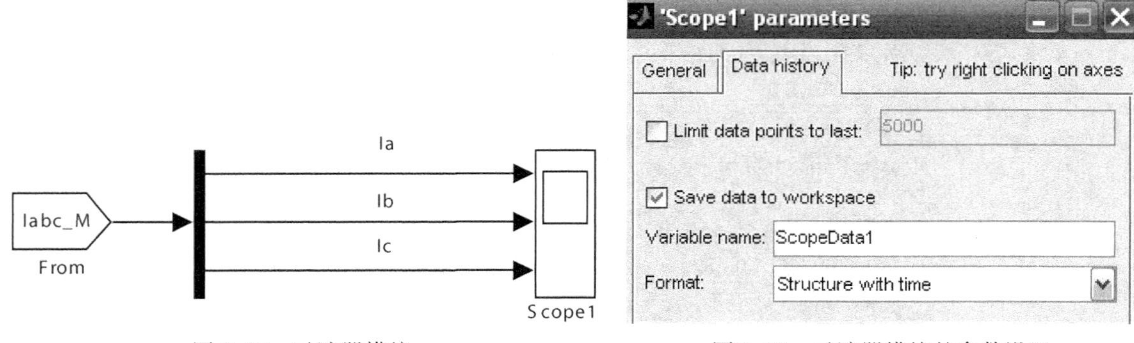

图 8-17 示波器模块

图 8-18 示波器模块的参数设置

将电源 E_M的 A 相初相位设为 0°，运行仿真，得到空载合闸后的三相励磁涌流的波形，如图 8-19 所示。

从图 8-19 所示的仿真结果可以明显地观察到励磁涌流的以下特点：

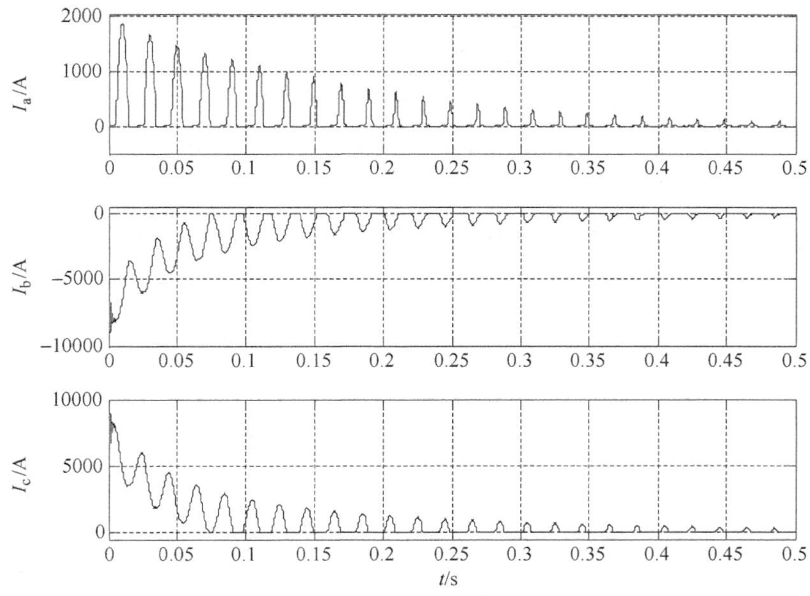

图 8-19　空载合闸后的三相励磁涌流的波形

1）包含有很大成分的非周期分量，往往使涌流偏于时间轴的一侧。

2）包含有大量的高次谐波。

3）波形之间出现间断。

通过 Powergui 模块中的 FFT Analysis 对励磁涌流波形进行谐波分析，其界面如图 8-20 所示。

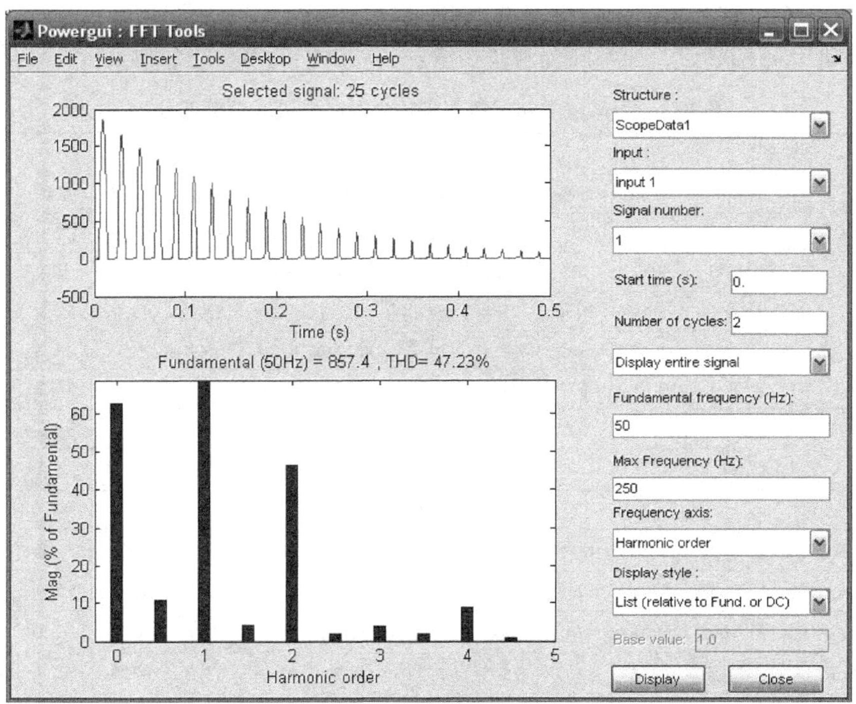

图 8-20　利用 Powergui 模块中的 FFT Analysis 对励磁涌流波形进行谐波分析的界面

为了比较合闸时的励磁涌流与短路电流的大小，设置故障模块 Fault1，使电路在 0.25 ~ 0.45s 间发生三相短路，运行仿真，其比较结果如图 8-21 所示。在本次仿真中，A 相空载合闸时的励磁涌流峰值比短路电流要稍小，而 B、C 相空载合闸时的励磁涌流峰值要比短路电流大。

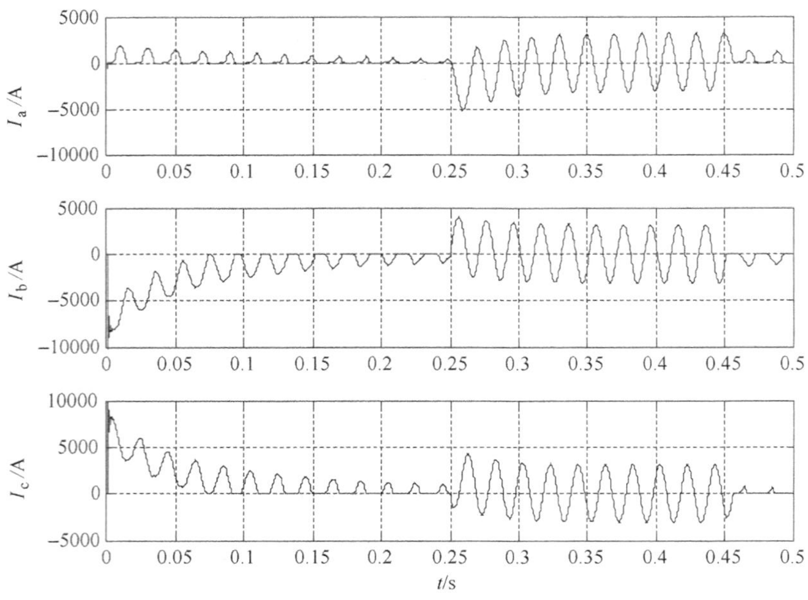

图 8-21　空载合闸时的励磁涌流与短路电流的比较结果

影响三相变压器励磁涌流波形特征的因素很多，如电源电压大小和合闸初相角、系统等效阻抗大小和相位角、三相绕组的接线方式、铁心材料和合闸前铁心磁通大小和方向等。本小节通过改变电源 E_M 的初相位，在不同合闸初相角 α（A 相）下作空载合闸分析，结果见表 8-1。

表 8-1　不同合闸初相角下空载合闸时励磁涌流谐波分析

合闸初相角 α/(°)	0			30			60			90		
励磁涌流（%）	A 相	B 相	C 相	A 相	B 相	C 相	A 相	B 相	C 相	A 相	B 相	C 相
直流（DC）	58.6	120	107	55.3	11.9	54.3	52.7	52.0	62.3	7.3	54.4	55.3
基波（Fund）	100	100	100	100	100	100	100	100	100	100	100	100
二次谐波（h2）	59.3	11	30.6	75.8	57.3	76.2	84.5	83.3	43.7	55.9	75.7	75.6
三次谐波（h3）	22.2	5.7	3	47.8	34.7	48.6	63.9	63.8	6.7	28.8	47.8	47.4
四次谐波（h4）	5.2	1.0	4.7	24.1	52.5	24	41.9	43.2	28.6	53.7	23.3	23.5
五次谐波（h5）	3	2.9	1.8	8.0	34.6	7.0	22.9	24.3	24.2	31.7	6.7	7.5
THD	63.7	12.8	31	93.2	91.8	93.8	116	116	57.9	88.5	92.8	92.6
合闸初相角 α/(°)	120			150			180			210		
励磁涌流	A 相	B 相	C 相	A 相	B 相	C 相	A 相	B 相	C 相	A 相	B 相	C 相
直流（DC）	52.0	62.5	52.7	54.5	55.4	10.1	62.4	52.8	51.9	55.5	18.5	54.4
基波（Fund）	100	100	100	100	100	100	100	100	100	100	100	100
二次谐波（h2）	83.1	43.3	84.3	75.5	75.2	58.2	43.2	83.9	83.0	74.7	64.1	75.6
三次谐波（h3）	63.4	6.9	63.4	47.4	46.7	33.2	7.2	62.8	63.4	46.0	43.9	47.4

（续）

合闸初相角 α/(°)	120			150			180			210		
励磁涌流	A相	B相	C相	A相	B相	C相	A相	B相	C相	A相	B相	C相
四次谐波（h4）	42.5	28.2	41.1	22.7	22.9	55.1	28.0	40.4	42.7	22.7	57.9	22.7
五次谐波（h5）	23.5	23.3	22.2	6.3	7.2	33.5	23.0	21.3	23.8	7.3	40.5	6.0
THD	115.2	57.2	115.3	92.2	91.7	92.9	56.9	114.4	115.3	90.9	105.5	92.3

将图8-13中变压器的二次绕组改为d11联结时，电源E_M的A相初相位仍设为0°，运行仿真，得到空载合闸后的三相励磁涌流的波形如图8-22所示。对比图8-19可见三相绕组的接线方式对励磁涌流的影响。

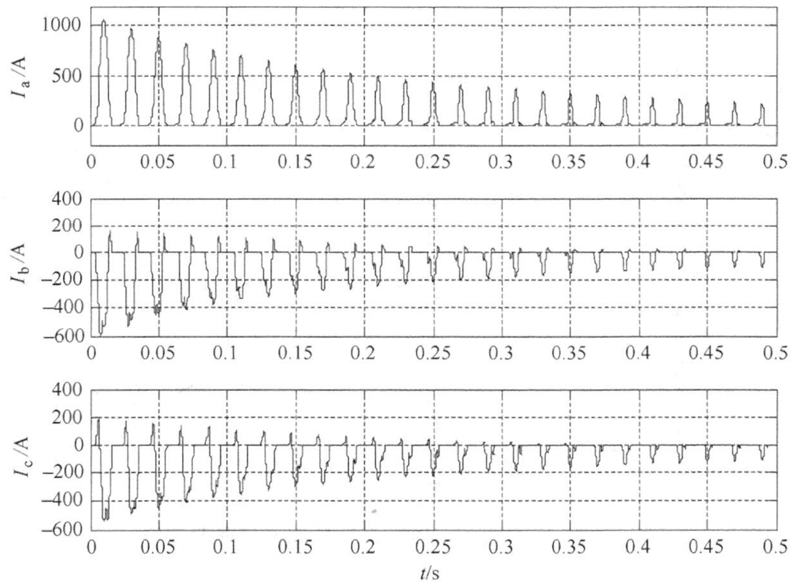

图8-22　变压器采用Y d11联结时的空载合闸后的三相励磁涌流的波形

读者也可在图8-13所示的仿真模型中，改变其他参数设置，观察励磁涌流的变化情况。

8.5.3　变压器比率制动特性纵联差动保护的仿真

在图8-13模型的基础上将变压器改为采用Y d11联结且不考虑饱和特性，增加外部故障模块Fault2，得到新的仿真模型如图8-23所示。在建立模型时，请注意三相电压电流测量模块U_M、U_N的方向。

比率制动特性纵差保护的动作电流I_{act}、制动电流I_{res}的运算及示波器模块如图8-24所示。

在图8-24中，只绘出了A相动作电流与制动电流的仿真模块，其中：

动作电流
$$I_{act}=\left|\frac{\dot{I}_{a\_M}-\dot{I}_{b\_M}}{\sqrt{3}}+\dot{I}_{a\_N}\right|$$

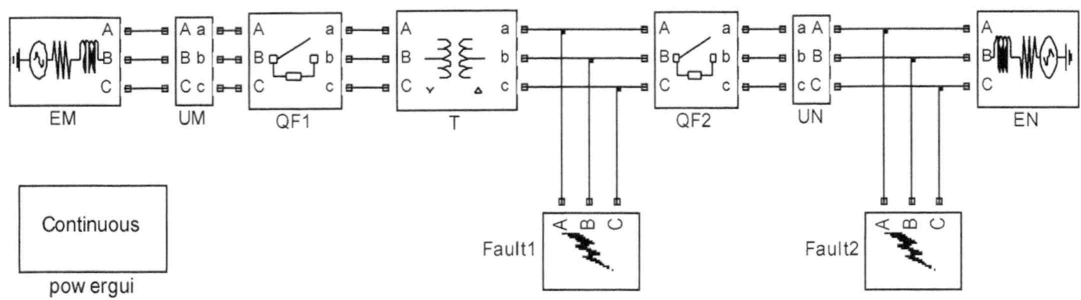

图 8-23 变压器采用 Y d11 联结时的 Simulink 仿真模型

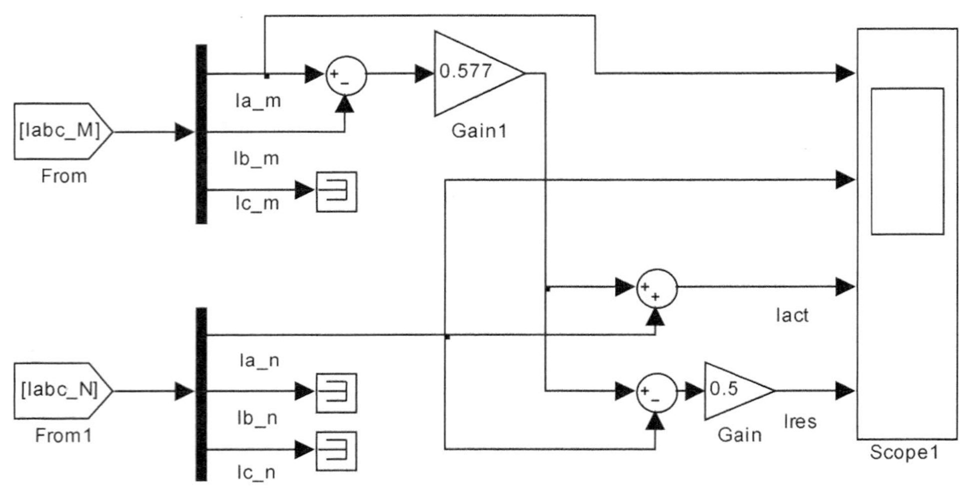

图 8-24 动作电流、制动电流运算及示波器模块

制动电流
$$I_{\text{res}}=\frac{1}{2}\left|\frac{\dot{I}_{\text{a\_M}}-\dot{I}_{\text{b\_M}}}{\sqrt{3}}-\dot{I}_{\text{a\_N}}\right|$$

应当注意的是，为了简化并突出主要问题，本仿真没有考虑变压器两侧电流互感器的电流比，在实际仿真中应加以考虑。

设置三相断路器模块 QF1、QF2 的切换时间均为 0s，并设置故障模块 Fault1，使电路在 0.3～0.5s 间发生三相短路，故障模块 Fault2 不动作，运行仿真，得变压器保护区内故障时的电流波形，如图 8-25 所示。

从图 8-25 中可以明显看出，动作电流远大于制动电流，保护能够可靠动作。

设置故障模块 Fault2，使电路在 0.3～0.5s 间发生三相短路，故障模块 Fault1 不动作，运行仿真，得变压器保护区外故障时的电流波形，如图 8-26 所示。

从图 8-26 中可以明显看出，制动电流远大于差动电流，保护制动，可靠不动作。

8.5.4 变压器绕组内部故障的简单仿真

利用图 8-13 中的模型是无法进行变压器绕组内部故障仿真的。为了解决这一问题，可

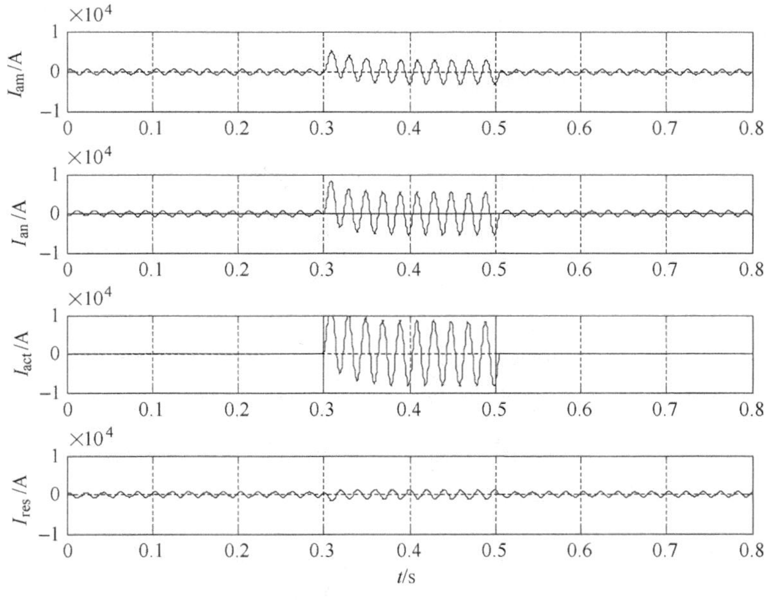

图 8-25　变压器保护区内故障时的电流波形

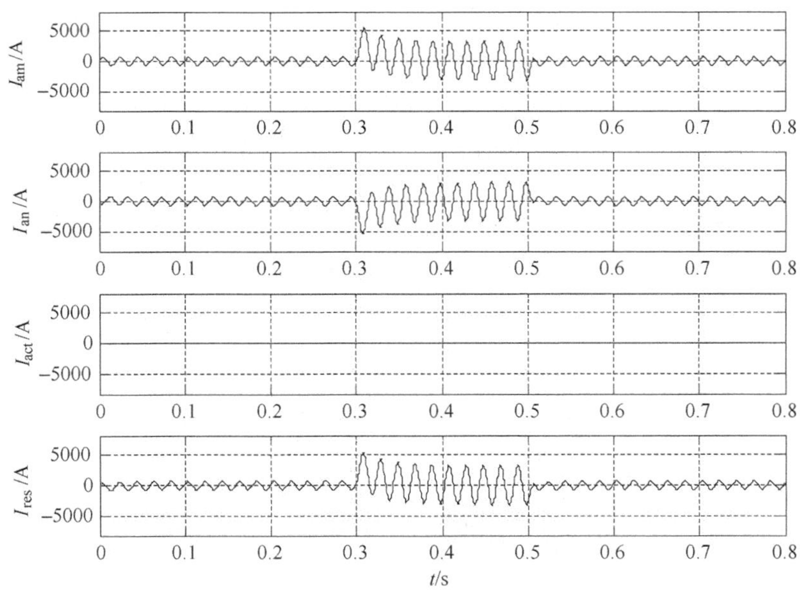

图 8-26　变压器保护区外故障时的电流波形

将图中的三相变压器模型改变为三个单相变压器（本仿真采用 Saturable Transformer 模型，根据需要也可采用 Linear Transformer 模型），在变压器属性框中选中“三绕组变压器”（Three windings Transformer），从而构造出一个一次绕组，两个二次绕组的单相变压器（两个二次绕组首尾相连，当作一个二次绕组用）。一次、二次绕组可按三相变压器的联结组标号进行连接，二次绕组的额定电压、电阻和电感的参数可灵活调整，以便进行变压器内部故障的仿真，故障点可设置于两个二次绕组的连接线上，也可设置于绕组首端。新的 Simulink 仿真模型如图 8-27 所示。

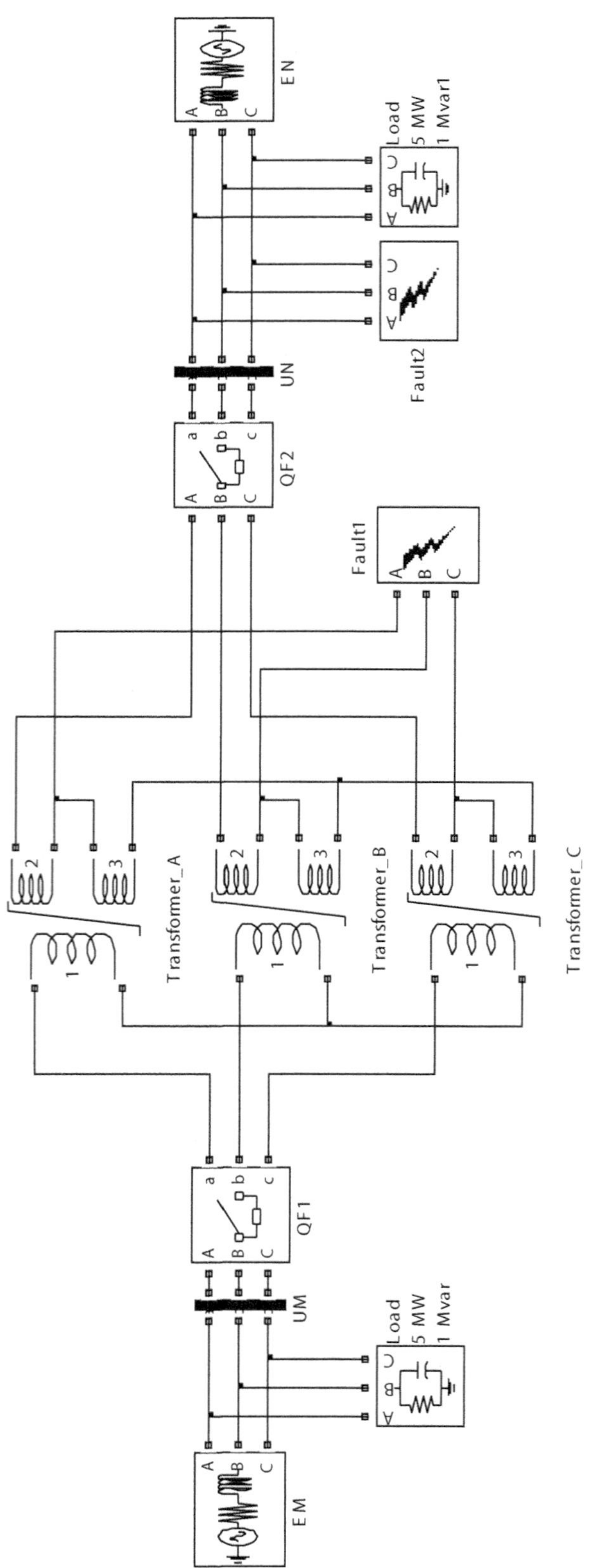

图 8-27 变压器绕组内部故障的简单仿真模型

经过这样处理后，就可以进行变压器绕组内部的单相接地、两相短路、两相接地短路、三相短路等故障的简单仿真。

设置两个二次绕组的参数相同，并设置三相断路器模块 QF1、QF2 的切换时间均为 0s，故障模块 Fault1 使电路在 0.3 ~ 0.5s 间发生 AB 相短路，故障模块 Fault2 不动作，运行仿真，得变压器绕组 50% 处发生两相短路故障时的电流波形，如图 8-28 所示。

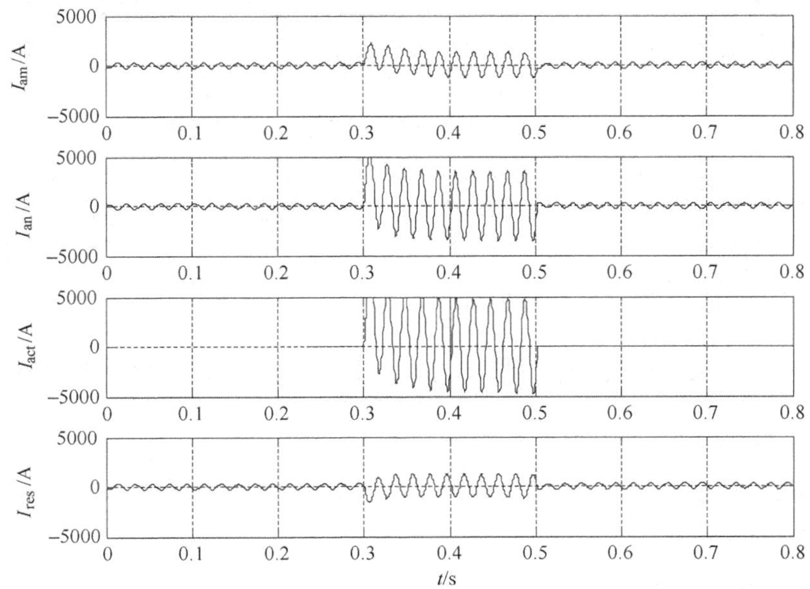

图 8-28　变压器绕组 50% 处发生两相短路故障时的电流波形

第 9 章　发电机的继电保护与仿真

本章着重讨论发电机的继电保护原理与仿真方法。本章 9.1 节介绍发电机的故障、不正常运行状态及保护配置原则。9.2 节重点介绍发电机的比率制动特性纵联差动保护、不完全纵联差动保护以及横联差动保护原理及整定方法。9.3 节分别介绍反映基波零序电压的定子绕组接地保护、三次谐波式定子接地保护和 100% 定子绕组单相接地保护的原理。9.4 节介绍发电机励磁回路一点接地保护、两点接地保护的原理。9.5 节介绍发电机负序电流保护原理及组成框图。9.6 节给出发电机定子回路故障仿真的建模方法，以此为基础仿真发电机内部故障时的比率制动特性纵联差动保护，并通过仿真验证发电机定子回路单相接地故障时零序电流、零序电压以及三次谐波的故障特征。

9.1　发电机的故障、不正常运行状态及保护配置

发电机是电力系统中十分重要而且价格昂贵的设备，它的安全运行对保证电力系统的正常运行和电能质量起着决定性的作用，因此应该针对各种不同的故障和不正常运行状态装设性能完善的继电保护装置。

9.1.1　发电机的故障、不正常运行状态

发电机的故障类型主要有定子绕组相间短路、定子绕组一相同一支路和不同支路的匝间短路、定子绕组单相接地、转子绕组（励磁回路）一点和两点接地、低励磁（励磁电流低于静稳极限所对应的励磁电流）和失磁等。

发电机的不正常运行状态主要有：由于外部短路引起的定子绕组过电流；由于负荷超过发电机额定容量而引起的三相对称过负荷；由于外部不对称短路或不对称负荷（如单相负荷，非全相运行等）而引起的发电机负序过电流和过负荷；由于突然甩负荷而引起的定子绕组过电压；由于励磁回路故障或强励时间过长而引起的转子绕组过负荷；由于汽轮机主汽门突然关闭而引起的发电机逆功率等。

9.1.2　发电机的保护配置

对于上述故障类型和不正常运行状态，根据 GB/T 14285—2006《继电保护和安全自动装置技术规程》的规定，发电机主要应装设如下保护：

1）完全纵联差动和不完全纵联差动保护。完全纵联差动和不完全纵联差动保护可防御发电机的定子绕组及其引出线的相间短路故障。

2）完全横联差动和不完全横联差动保护。完全横联差动和不完全横联差动保护可作为定子绕组一相匝间短路的保护，只有当一相定子绕组有两个及以上并联分支而构成两个或两个以上中性点引出端时才能装设横联差动保护。

3）单相接地保护。对于中小型发电机直接接于母线的定子绕组的单相接地故障，当发

动机电压网络的接地电容电流大于或等于 5A 时（不考虑消弧线圈的补偿作用），应装设动作于跳闸的零序电流保护；当接地电容电流小于 5A 时，则应装设作用于信号的单相接地保护。

对于发电机变压器组，一般在发电机电压侧装设作用于信号的单相接地保护；当发电机电压侧接地电容电流大于 5A 时，应装设消弧线圈；容量在 100MW 及以上的发电机，应装设保护区为 100% 的定子接地保护。

4）励磁回路接地保护。励磁回路接地故障保护可分为一点接地保护（作用于信号）和两点接地保护（作用于跳闸）两种。水轮发电机一般装设一点接地保护，动作于信号，而不装设两点接地保护；对于汽轮发电机，应在检查出励磁回路一点接地后再投入两点接地保护。

5）低励磁和失磁保护。为防止大型发电机低励磁（励磁电流低于静稳极限所对应的励磁电流）或失去励磁（励磁电流为零）后从系统中吸收大量无功功率而对系统产生不利影响，100MW 及以上容量的发电机都应装设低励磁和失磁保护。

6）过负荷保护。过负荷保护是发电机长时间超过额定负荷运行时作用于信号的保护。中小型发电机只装设定子过负荷保护；大型发电机应分别装设定子过负荷和励磁绕组过负荷保护。

7）定子绕组过电流保护。当发电机纵联差动保护范围外发生短路，而短路元件的保护或断路器拒绝动作时，为了可靠切除故障，应装设反应于外部短路的定子绕组过电流保护。这种保护兼作纵联差动保护的后备。

8）定子绕组过电压保护。中小型汽轮发电机的危急保安器可用于防止由于机组转速升高而引起的过电压，因此中小型汽轮发电机通常不装设定子绕组过电压保护。

水轮发电机和大型汽轮发电机的调速系统和自动调速装置都是由惯性环节组成，动作缓慢，因此在突然甩去负荷时转速将超过额定值，这时机端电压会大大超过额定电压，出现过电压。发电机的过电压可能危及定子绕组的绝缘，烧坏定子铁心，同时也将使变压器励磁电流剧增，引起变压器的过励磁等。所以，水轮发电机和大型汽轮发电机都应装设定子绕组过电压保护。

9）负序电流保护。如果电力系统发生不对称短路或者当三相负荷不对称时（如电气机车、电弧炉等单相负荷的比重太大），发电机定子绕组中就会有负序电流。该负序电流产生反向旋转磁场，转速相对于转子为 2 倍同步转速，因此将在转子中出现 100Hz 的二倍频电流。二倍频电流会使转子端部、护环内表面等电流密度很大的部位过热，造成转子的局部灼伤，因此应装设负序电流保护。

中小型发电机多装设负序定时限电流保护；大型发电机多装设负序反时限电流保护，其动作时限完全决定于发电机转子对负序电流发热的承受能力，而不需考虑与系统保护配合。

10）失步保护。大型发电机应装设反应于系统振荡和失步过程的失步保护。中小型发电机不装设失步保护，当系统发生振荡时，由运行人员判断，用人工增加励磁电流、增加或减少原动机输出功率、局部解列等方法来处理。

11）逆功率保护。当汽轮发电机主汽门误关闭，或机炉保护动作关闭主汽门而发电机出口断路器未跳闸时，发电机失去原动力变成电动机运行，从电力系统吸收有功功率，逆动率运行。这种工况对发电机并无危险，但因为鼓风损失，汽轮机尾部叶片与蒸汽摩擦会使叶片过热，所以逆功率运行不能超过约3min。因此，大型机组需装设逆功率保护。

9.2 发电机的差动保护

9.2.1 比率制动特性纵联差动保护

类似于前几章提到的线路和变压器差动保护，为减小或消除不平衡电流的影响，使发电机外部短路时差动保护不至于误动作，发电机保护中广泛应用具有比率制动特性的纵联差动保护，作为发电机内部相间短路的主保护。

发电机纵联差动保护原理如图9-1所示，保护的差动量（又称为动作量）I_{act}和制动量I_{res}分别为

$$\left.\begin{aligned} I_{act} &= \frac{|\dot{I}_{N1}+\dot{I}_{T1}|}{n_{TA}} = |\dot{I}_{N2}+\dot{I}_{T2}| \\ I_{res} &= \frac{|\dot{I}_{N1}-\dot{I}_{T1}|}{2n_{TA}} = \frac{1}{2}|\dot{I}_{N2}-\dot{I}_{T2}| \end{aligned}\right\} \tag{9-1}$$

式中，$\dot{I}_{N1}$、$\dot{I}_{T1}$分别为发电机两侧的一次电流；$\dot{I}_{N2}$、$\dot{I}_{T2}$分别为二次电流；n_{TA}为电流互感器的电流比。

发电机纵联差动保护常采用二折线比率制动特性，如图9-2中的折线ABC所示。此折线表示使保护刚能起动的动作电流I_{act}随制动电流变化的曲线。

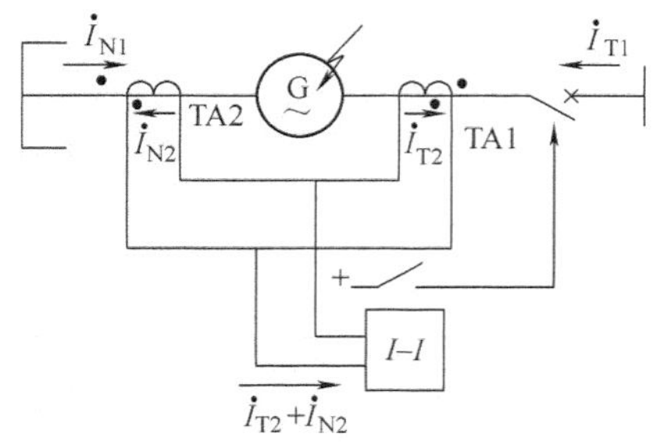

图9-1 发电机纵联差动保护原理

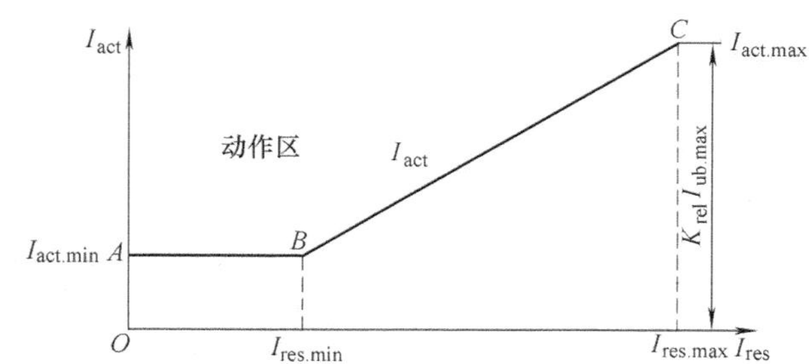

图9-2 比率制动式差动保护的制动特性

当考虑发电机在外部故障时，差动保护的最大不平衡电流为

$$I_{unb.max} = K_{ap}K_{ss}K_{er}I_{k.max}/n_{TA} \tag{9-2}$$

式中，K_{ap}为非周期分量系数，视继电器的类型不同，可取1.5～2.0；K_{ss}为电流互感器的同型系数，型号相同时可取$K_{ss}=0.5$；K_{er}为电流互感器的比误差，可取为10%；$I_{k.max}$为外部三相短路的最大短路电流。

比率制动曲线中有下述三个定值需要整定：

1）差动保护的最小动作电流$I_{act.min}$，即为图9-2中的A点坐标，一般取为

$$I_{act.min} = (0.1\sim0.3)I_{NG}/n_{TA} \tag{9-3}$$

式中，I_{NG}为发电机的额定电流。

2）制动特性的拐点电流 $I_{res.min}$。制动特性的拐点电流 $I_{res.min}$ 即为图9-2中的 B 点横坐标，应取为约等于小于额定电流，一般取

$$I_{res.min}=(0.8\sim1.0)I_{NG}/n_{TA} \tag{9-4}$$

3）制动系数和折线斜率。最大制动系数 $K_{res.max}$ 和折线斜率 m 应按照最大外部短路电流情况下差动保护不误动的条件整定。先确定图9-2中的 C 点位置，并计算得到最大制动系数 $K_{res.max}$。设 C 点对应的最大动作电流为 $I_{act.max}$，其值为

$$I_{act.max}=K_{rel}I_{unb.max}=K_{rel}K_{ap}K_{ss}K_{er}I_{k.max}/n_{TA} \tag{9-5}$$

由式（9-1）可知，外部故障最大短路电流情况下的最大制动电流为 $I_{res.max}=I_{k.max}/n_{TA}$。因此，可得对应 C 点的最大制动系数，即原点与 C 点连线的斜率 $K_{res.max}$ 为

$$K_{res.max}=\frac{I_{act.max}}{I_{res.max}}=K_{rel}K_{ap}K_{ss}K_{er} \tag{9-6}$$

一般制动系数 $K_{res}=0.2\sim0.4$，可考虑选择 $K_{res.max}\approx0.3$。K_{rel} 为可靠系数，按规程规定选取。图9-2中比率制动特性 BC 段的斜率 m 为

$$m=\frac{I_{act.max}-I_{act.min}}{\left(\frac{I_{k.max}}{n_{TA}}\right)-I_{res.min}} \tag{9-7}$$

根据以上计算确定的比率制动特性折线 ABC 可确保在负荷状态和最大外部短路暂态过程中可靠不误动。

根据发动机内部短路时的最小短路电流 $I_{k.min}$ 和相对应的制动电流 I_{res}，在动作特性折线上查得对应的动作电流 I_{act}，则灵敏系数为

$$K_{sen}=\frac{I_{k.min}}{I_{act}} \tag{9-8}$$

要求 $K_{sen}\geqslant2$。

9.2.2 发电机的不完全纵联差动保护

大容量发电机额定电流很大，定子绕组每相往往由两个（或更多个）并联的分支组成。在这种情况下还可构成不完全纵联差动保护。图9-3所示为发动机比率制动特性的不完全纵联差动保护的单相原理接线。

在图9-3中，KD代表比率制动的差动继电器。TA1、TA3分别为机端和定子绕组分支电流互感器，其中TA1的电流比按 $\frac{I_{NG}}{I_{2n}}$ 条件选择，TA3的电流比按 $\frac{I_{NG}}{2}/I_{2n}$ 条件选择。对于并联分支数大于2的发电机也可按类似方法实现不完全纵联差动保护。对于微机保护，TA1、TA3可取相同电流比，由软件调平衡。

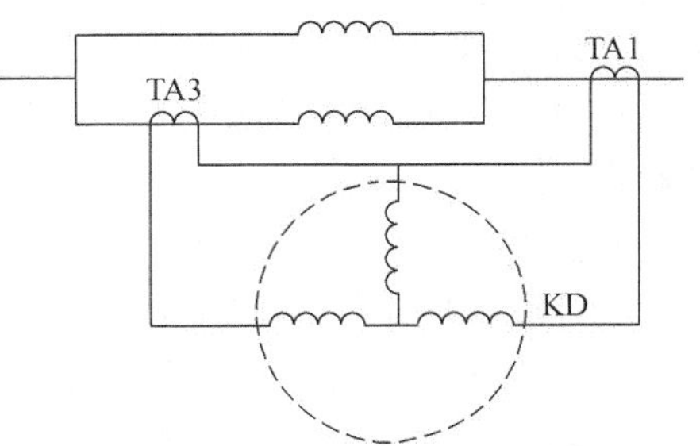

图9-3　发电机不完全纵联差动保护的单相原理接线

发电机不完全纵联差动保护与完全纵联差动保护可组成发电机相间短路的双重化主保护，而且不完全纵联差动保护能对匝间短路及分支绕组的开焊故障提供保护。

9.2.3 发电机的横联差动保护

1. 横联差动保护的基本原理

发电机的完全纵联差动保护的原理决定了它不能反映一相绕组的匝间短路故障。由于大容量发电机定子绕组每相有两个（或更多个）并联绕组，因此可构成横联差动匝间短路保护，其基本原理如图 9-4 所示。

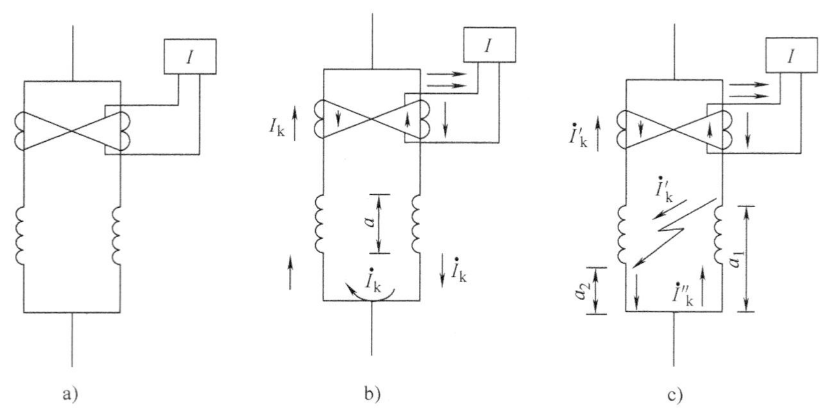

图 9-4 发电机横联差动保护的基本原理

a）正常情况 b）在某一绕组内部匝间短路 c）在同相不同绕组匝间短路

如图 9-4 所示，定子绕组每相有两个并联分支，每一分支装设电流互感器，一相两分支的电流互感器的二次绕组的异极性端相接，然后引至差动电流继电器。考虑以下三种情况：

1）在图 9-4a 所示的正常情况下，两个绕组中的电动势相等，各供出一半的负荷电流。在差动回路中没有电流。

2）在某一绕组内部发生匝间短路，如图 9-4b 所示，此时由于故障支路和非故障支路的电动势不相等，因此有一个一次环流 I_k产生，这时的差动回路中将流有电流 $I_d=2I_k/n_{TA}$。当此电流大于继电器的起动电流时，保护即可动作于跳闸。短路匝数 N 越多时，环流越大，而当 α 较小时，保护不动作。

3）在同相的两个绕组间发生匝间短路，如图 9-4c 所示，当 $N_1 \neq N_2$时，由于两个支路的电动势差，将分别产生环流 I'_k和 I''_k，此时环流差动继电器中的电流为 $I_d=2I'_k/n_{TA}$。当$\alpha_1-\alpha_2$之差值很小时将出现保护的死区，例如当 $\alpha_1=\alpha_2$时，即表示在电动势等位点上短路，此时实际上是没有环流的，即差动继电器无电流，保护不能动作。

由上述分析可知，利用反映定子绕组两个支路电流之差的原理，即可实现对发电机定子绕组匝间短路的保护，此即横联差动保护。

2. 单元件横联差动保护

在定子绕组每相分裂成两部分的情况下，可以只用一个电流互感器装于发电机两组绕组的星形中性点的连线上，如图 9-5 所示。由于一台发电机只装一个电流互感器 TA 和电流继电器（点划线框所示，包括三次谐波过滤器 2 及执行元件 3），因此该保护称为“单元件横联差动保护”。

单元件横联差动保护的实质是把一半绕组的三相电流之和与另一半绕组三相电流之和进

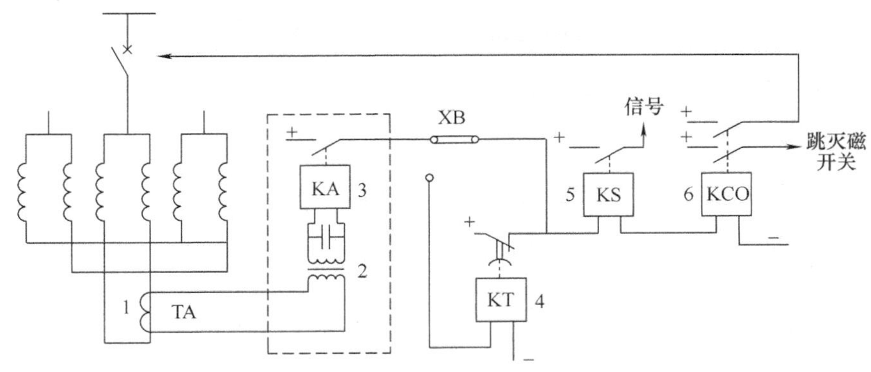

图9-5　发电机的横联差动保护的原理接线

1—电流互感器　2—三次谐波过滤器　3—执行元件　4—时间继电器　5—信号继电器　6—出口继电器

行比较，当发生前述各种匝间短路时此中性点连线上有环流流过，因此，差动继电器可以动作。因通过这种保护的是三相电流之和，是零序，故又称零序横联差动保护。

虽然单元件横联差动保护接线简单，但功能并不比三元件横联差动保护差，其同样可对相间短路、匝间短路及分支开焊等故障有保护作用。由于单元件横联差动保护的接线中只用一个互感器，没有因互感器的误差所产生的不平衡电流，因此其起动电流比三相各有一横联差动的三元件横联差动保护更小，灵敏度更高。根据运行经验，单元件横联差动保护的起动电流（一次值）可选为

$$I_{act}=(0.2\sim0.3)I_{NG} \tag{9-9}$$

横联差动保护的电流互感器TA的电流比一般可选为$\frac{(0.2\sim0.3)I_{NG}}{5A}$。

9.3　发电机的单相接地保护

如果发电机的定子绕组与铁心间的绝缘在某一点上遭到破坏，就会发生定子绕组单相接地故障，尤其是当发电机定子绕组采用水冷方式时，由于偶然的漏水致使定子绕组接地（或某点对地绝缘下降至危险值）就更易发生这种故障。由于大型汽轮机发电机中性点多是高阻接地方式，因此定子单相接地故障电流，主要是由绕组对铁心的分布电容引起的电容电流。当接地故障电流较大时，持续的接地电流会产生电弧，烧损铁心，使定子铁心叠片烧结在一起，造成检修困难。而且接地电流还将进一步破坏绕组绝缘，如果一点接地而未及时发现并采取措施，很有可能再发生第二点接地，造成匝间或相间短路故障而严重损坏发电机。

根据故障接地电流的大小，发生接地故障后可能有不同的处理方式：

1）当接地电流小于安全电流时，保护可只发信号，经转移负荷后平稳停机，以避免突然停机对发电机组和系统的冲击。

2）当接地电流较大时，为保障发电机的安全，应当立即跳闸停机。

采用基波零序电压保护和三次谐波定子接地保护，可构成100%定子接地保护。

9.3.1 反映基波零序电压和电流的定子绕组接地保护

发电机定子绕组单相接地的等效电路如图 9-6 所示。设故障点位于定子绕组 A 相距中性点 α 处，机端电压为

$$\left.\begin{aligned}\dot{U}_{\mathrm{A}}&=(1-\alpha)\dot{E}_{\mathrm{A}}\\ \dot{U}_{\mathrm{B}}&=\dot{E}_{\mathrm{B}}-\alpha\dot{E}_{\mathrm{A}}\\ \dot{U}_{\mathrm{C}}&=\dot{E}_{\mathrm{C}}-\alpha\dot{E}_{\mathrm{A}}\end{aligned}\right\} \tag{9-10}$$

则发电机端零序电压为

$$\dot{U}_0=(\dot{U}_{\mathrm{A}}+\dot{U}_{\mathrm{B}}+\dot{U}_{\mathrm{C}})/3=-\alpha\dot{E}_{\mathrm{A}}$$

因此可以根据发电机定子绕组发生单相接地时有零序电压产生这一特征构成定子接地保护。

零序电压的大小与接地点距中性点的位置有关，在发电机出口处发生单相接地时，$3U_0$ 电压为 100V，在中性点发生单相接地时，$3U_0$ 电压为 0V。因此，$3U_0$ 间接反映接地故障点的位置，动作判据为

$$|3U_0|>U_{0.\mathrm{set}} \tag{9-11}$$

式中，$3U_0$ 为机端零序电压；$U_{0.\mathrm{set}}$ 为基波零序电压动作值。

若 $3U_0$ 保护整定值为 5V，则可以保护从机端开始的 95% 的定子绕组。

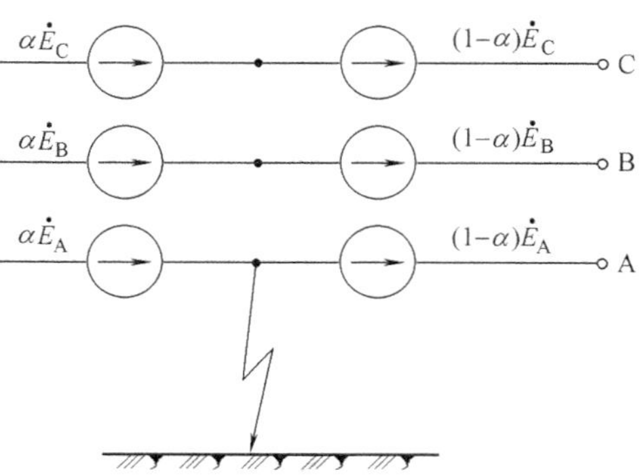

图 9-6 发电机定子绕组单相接地等效电路

零序电压 $3U_0$ 可取自发电机机端 TV 开口三角处，如图 9-7a 所示，也可以取自发电机中性点处配电变压器二次侧，如图 9-7b 所示。$3\dot{U}_0$ 电压来自机端时应考虑 TV 断线闭锁环节。

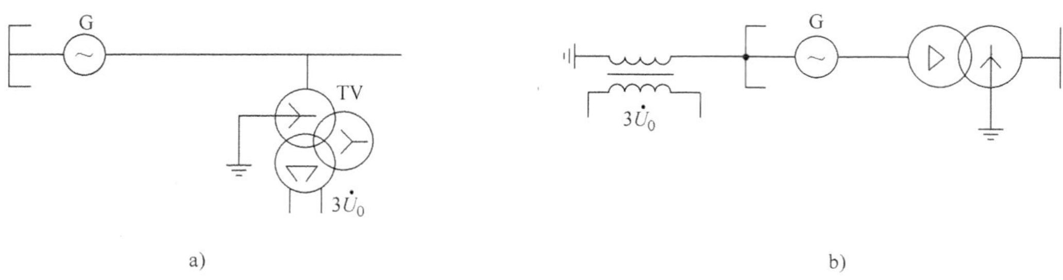

图 9-7 保护零序电压取得方法

a）$3\dot{U}_0$ 取自机端 TV 开口三角 b）$3\dot{U}_0$ 取自配电变压器二次侧

该保护可靠性高，能切除大部分定子绕组发生的单相接地故障，但无法检测发电机中性点附近发生的单相接地故障。

当发电机定子绕组某一相任一点单相接地时，因绕组感抗远小于容抗，可以忽略不计，

故流过接地点的电流是在零序电压作用下经各相对地电容产生的容性零序电流。由此可做出发电机内部单相接地的零序等效网络，如图 9-8a 所示。图中，发电机本身对地电容为 C_{0G}，发电机以外电压网络每相对地的等效电容为 C_{0S}，则全系统每相零序电容电流为

$$\dot{I}_{k0(a)}=\frac{\dot{U}_{k0(a)}}{X_{C\Sigma}}=-\mathrm{j}a\dot{E}_{A}\omega(C_{0G}+C_{0S})$$

因此发电机内部故障时故障点总的接地电流，即零序电流为

$$3\dot{I}_{k0(a)}=-\mathrm{j}3a\dot{E}_{A}\omega(C_{0G}+C_{0S}) \tag{9-12}$$

当发电机外部单相接地时，流过发电机零序电流互感器 TA0 的零序电流为发电机本身的总对地电容电流，如图 9-8b 所示。要使发电机零序电流保护在外部单相接地时不动作，其动作电流定值必须按大于发电机本身的三相电容电流之和整定。

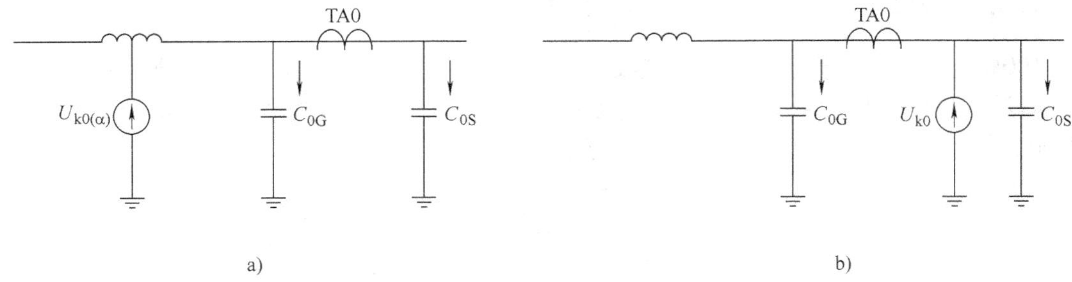

图 9-8　发电机单相接地时的零序等效网络

a）发电机内部故障　b）发电机外部故障

由式（9-12）可知，当发电机内部故障时，流经故障点的接地电流也与 α 成正比，因此当故障点位于发电机出线端子附近时，$\alpha=1$，接地电流最大。表 9-1 为发电机定子绕组单相接地故障电流的允许值，当发电机单相接地电流超过允许值时，接地保护应动作于跳闸；反之，接地保护应动作于信号。

表 9-1　发电机单相接地故障电流的允许值

发电机额定电压/kV	发电机额定容量/MW	接地电流允许值/A
6.3	≤50	4
10.5	50～100	3
13.8～15.75	125～200	2①
18～20	300	1

① 对于氢冷发电机，允许值为 2.5A。

9.3.2　三次谐波式定子接地保护

三次谐波式定子接地保护的主要任务是检测发电机中性点附近的单相接地故障。经理论分析，在不同地点发生单相接地时，可以得到机端三次谐波电压 U_{t3} 和中性点三次谐波电压 U_{n3} 与 α 之间的变化曲线，如图 9-9 所示。

从图 9-9 中可以看出，当中性点附近发生接地时，U_{n3} 远大于 U_{t3}，因此，这种保护具有

很高的灵敏度，其可以反映定子绕组中性点侧约 50% 范围以内的接地故障。

三次谐波式定子接地保护的原理是反映机端和中性点三次谐波大小和相位变化而构成的。动作判据为

$$|U_{t3}/U_{n3}|>K \tag{9-13}$$

式中，U_{t3}为发电机机端电压互感器输出的三次谐波电压分量；U_{n3}为发电机中性点三次谐波电压分量；K 为调整系数，可以根据保护的灵敏度要求来调整其大小。

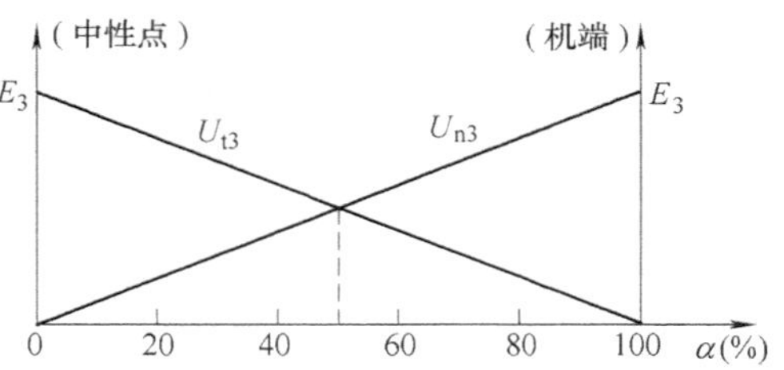

图 9-9　中性点电压 U_{n3}和机端电压 U_{t3} 随故障点 α 的变化曲线

9.3.3　100%定子绕组单相接地保护

100% 定子绕组单相接地保护由基波零序电压保护和三次谐波式电压保护两部分共同构成。基波零序电压保护和三次谐波式电压保护组成各自独立出口回路，以满足不同配置要求（跳闸、信号），其逻辑框图如图 9-10 所示。

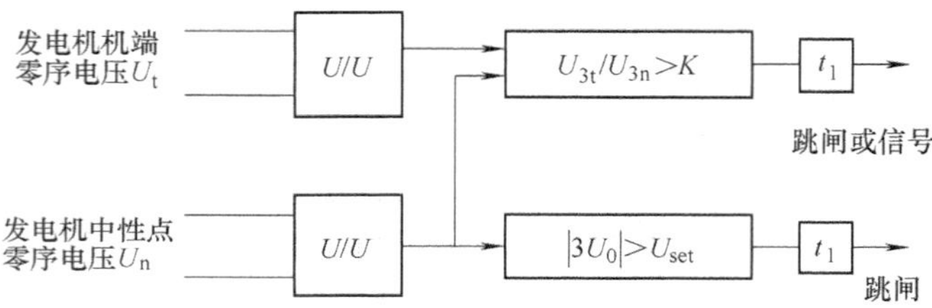

图 9-10　100% 定子绕组单相接地保护逻辑框图

9.4　发电机励磁回路的接地保护

静止励磁的发电机正常运行时，励磁回路对地之间有一定的绝缘电阻和分布电容。当励磁绕组绝缘严重下降或损坏时，会引起励磁回路的接地故障，最常见的是一点接地故障。发生一点接地故障时，由于没有形成电流回路，因此对发电机没有直接影响，但一点接地以后，励磁回路对地电压升高，在某些情况下，会诱发第二点接地。当发生第二点接地故障时，故障点流过很大的短路电流，会烧伤转子；由于部分绕组被短接，气隙磁通将失去平衡，会引起机组剧烈振动；此外，还可能使轴系和汽轮机气缸磁化。因此，发电机需装设一点、两点接地保护，当一点接地时应及时发出信号，并及时投入两点接地保护，若发生了两点接地保护应立即跳闸。

9.4.1　发电机励磁回路一点接地保护

叠加直流的励磁回路一点接地保护的原理如图 9-11 所示。该保护采用新型的叠加直流方法，U_f'为转子负极端点到故障点的绕组电压，R_{tr}为过渡电阻，E 为叠加电动势，$E=50V$，内阻大于 50kΩ，I_f为回路中的电流，R_1、R_2为负载电阻。

图 9-11 中，在转子的负极经 R_1、R_2 两电阻叠加了一个直流电动势 E，为了能测量转子的接地电阻，在电阻 R_2 上并联了电子开关 S，S 以某一固定频率开合改变电路参数，保护检测在电子开关闭合和打开的过程中的电流 I_f。定义 S 闭合时的电流 $I_f = I_c$，S 断开时的电流 $I_f = I_0$，则

$$\left.\begin{aligned} U_f' + E &= I_c(R_1 + R_{tr}), \quad &\text{S 闭合时} \\ U_f' + E &= I_0(R_2 + R_1 + R_{tr}), \quad &\text{S 断开时} \end{aligned}\right\} \tag{9-14}$$

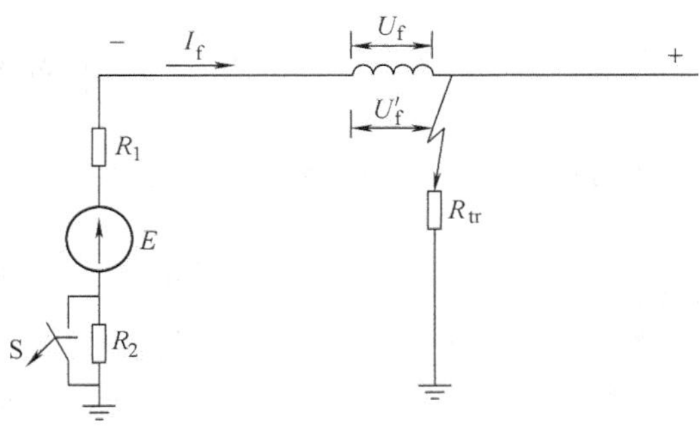

图 9-11　叠加直流的励磁回路一点接地保护的原理

可以求得

$$R_{tr} = \frac{R_1 I_0 - R_1 I_c + R_2 I_0}{I_c - I_0} \tag{9-15}$$

利用微机智能化测量克服了传统保护中绕组正负极灵敏度不均匀的缺点，能准确计算出转子对地的过渡电阻值 R_{tr}，可达 200kΩ。

发电机转子一点接地保护动作的逻辑框图如图 9-12 所示。当 R_{tr} 下降到动作定值时，保护经延时 t 动作于发出信号。其特点是转子分布电容对测量无影响；发电机起动过程中转子无电压时，保护并不失去作用。

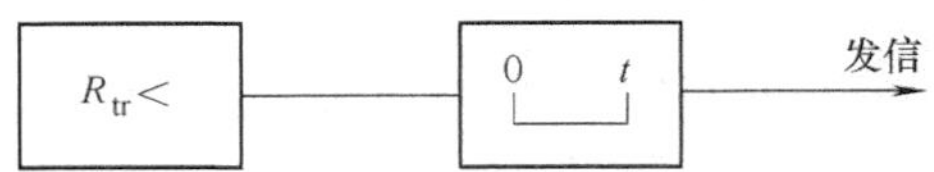

图 9-12　发电机转子一点接地保护动作的逻辑框图

9.4.2　发电机励磁回路两点接地保护

当发电机转子绕组两点接地或匝间短路时，气隙磁通分布的对称性遭到破坏，会出现偶次谐波，同时，发电机定子绕组每相感应电动势也会出现偶次谐波分量。因此，利用定子电压的二次谐波分量，即可以实现转子两点及匝间短路保护。

定子电压中二次谐波的正序分量 U_{2wp}，是由转子绕组不对称匝间短路时产生的二次谐波磁场以同步转速正向旋转，在定子绕组中形成的。两点接地保护受一点接地保护闭锁，发生一点接地时两点接地保护自动投入。发电机转子两点接地保护的逻辑框图如图 9-13 所示。保护引入机端三相电压，当 U_{2wp} 超过动作值，并且一点接地判据 R_{tr} 小于整定值时，满足与门动作条件，延时 t 后动作于跳闸。

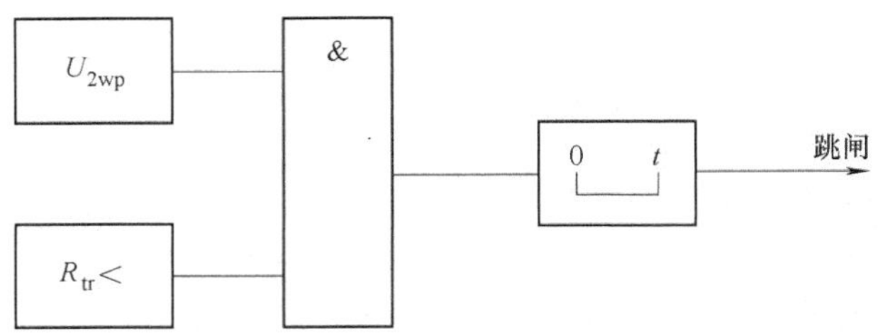

图 9-13　发电机转子两点接地保护的逻辑框图

9.5 发电机的负序电流保护

当发电机外部或内部发生不对称短路或当发电机供给的负荷不对称时，定子绕组就会流过负序电流。负序电流所建立的发电机气隙旋转磁场的转动方向与转子的运动方向相反，因此该磁场将以2倍的同步转速切割转子，在转子本体、阻尼条及励磁绕组中感生出倍频电流。该电流在转子中引起额外的损耗和发热，会使发电机转子严重烧伤。另一方面，负序电流的旋转磁场，产生2倍频率的交变电磁转矩，也会使机组产生100Hz的振动，引起金属疲劳和机械损伤。

在负序电流出现后，它除了与正序电流叠加使绕组相电流可能超过额定值，而使该相绕组发热超过容许值之外，还会引起转子的附加发热，造成机械振动，并使轴系产生扭振。负序电流对发电机的危害程度与发电机类型和结构有关，例如由于汽轮发电机的转子是隐极式的，磁极与轴是一个整体，绕组置于槽内，散热条件差，所以负序电流产生的附加发热就成为其限制不对称运行的主要条件。

9.5.1 负序电流保护的基本原理

负序电流保护有定、反时限两种，大型发电机组一般采用负序反时限特性。

发电机负序电流保护反应于发电机定子绕组中负序电流的大小，可防止发电机转子表面发热，该保护由负序定时限过负荷和负荷反时限过电流保护两部分组成。

负序反时限特性曲线一般由上限定时限、反时限、下限定时限三部分组成，如图9-14所示。

负序反时限特性可真实地模拟转子的热积累过程，并能模拟散热，即发电机发热后，若负序电流消失，热积累并不是立即消失，而是慢慢地散热消失，如果此时负序电流再次增大，则上一次的热积累将成为该次的初值。

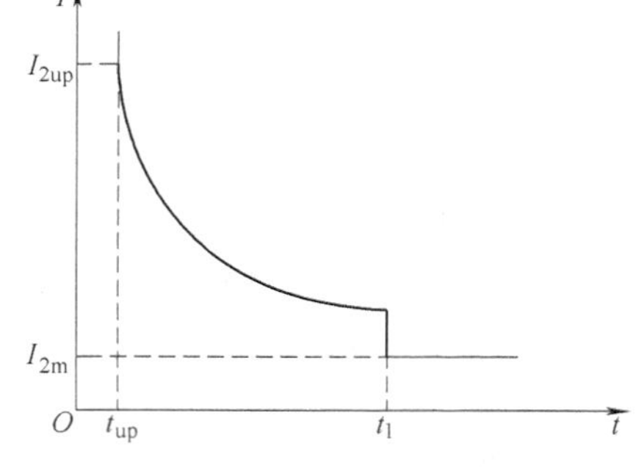

图9-14 负序反时限特性曲线

负序电流保护反时限动作方程为

$$(I_{2*}^2 - K_{22})t \geqslant A \tag{9-16}$$

式中，I_{2*}为负序电流标幺值；K_{22}为发电机发热时的散热效应；A为发电机的发热常数，由制造商提供。

9.5.2 负序电流保护原理框图

发电机负序反时限过电流出口动作于跳闸。通常构成发电机负序电流保护的电流来自发电机中性点侧三相电流，这样，该保护就可以兼做发电机并网前的内部故障短路的后备保护。发电机负序反时限过电流保护的原理框图如图9-15所示。图中，$I_{2m.set}$为负序过负荷下限整定值，若负序电流大于$I_{2m.set}$，则以t_s发出信号。$I_{2m.set}$应按照躲过发电机长期允许的负序电流值和最大负荷下的最大不平衡电流来确定，汽轮发电机的长期允许负序电流为6%~

8% 的额定电流，所以一般 $I_{2m.set}=0.1I_N$，动作时间 t_s 一般取 5 ~ 10s。发电机反时限过负荷保护动作特性如图 9-15 所示，当发电机负序电流 I_2 达到上限定值 I_{2up} 时，保护以 t_{up} 定时限动作于跳闸；如果负序电流超过下限定值 $I_{2m.set}$，但不足以使反时限部分动作时，则按预定时限 t_1 动作于跳闸；负序电流在此之间则按反时限特性规律动作。

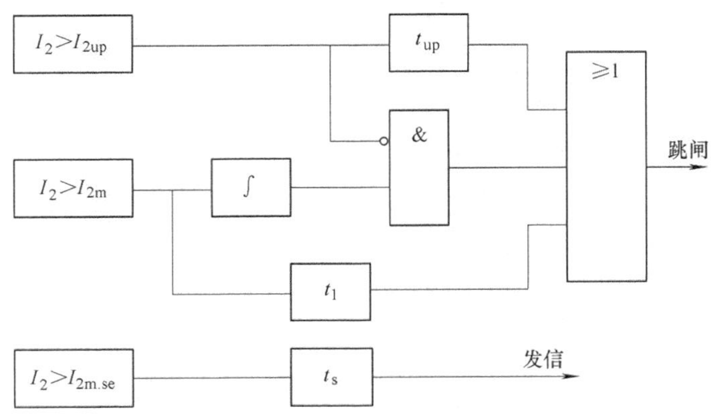

图 9-15　发电机负序反时限过电流保护的原理框图

9.6　发电机保护的建模与仿真

9.6.1　发电机纵联差动保护的仿真

1. 发电机定子回路的仿真模型

在 Simulink 的 SimPowerSystems 库中提供了多种同步电机的模型，如图 9-16 所示为标幺制单位下同步电机的简化模型（Simplified Synchronous Machine pu Units）和同步电机的基本模型（Synchronous Machine pu Fundamental）。然而这些模型都已被 Simulink 进行了封装，用户无法在其内部设置短路、接地等故障。为了解决这个问题，下面建立如图 9-17 所示发电机定子回路故障的 Simulink 仿真模型。

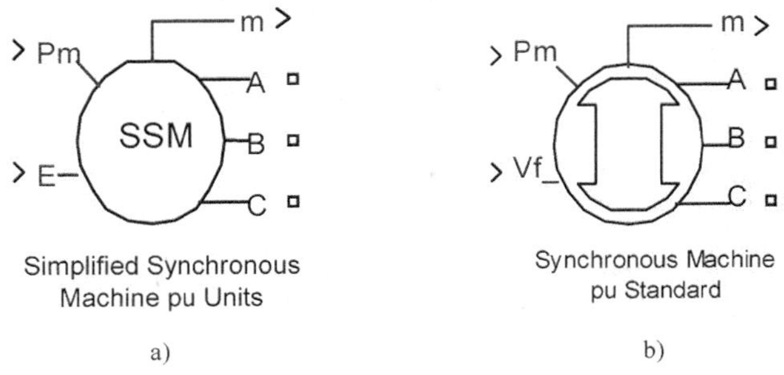

图 9-16　标幺制单位下的同步发电机模型
a）简化模型　b）基本模型

在图 9-17 中，发电机的相电动势 E_A、E_B、E_C 采用 "AC Voltage Source" 模型，E_A 的参数设置如图 9-18 所示，其电压有效值为 6060V（对应额定电压为 10.5kV 的发电机），相位设置为 0°。E_B 的相位设置为 -120°、E_C 的相位设置为 120°，其他设置与 E_A 相同。在图 9-17 中，是把 A 相和 C 相的电动势分成了两部分（取 $\alpha=0.9$），以仿真发电机内部 AC 相故障的情况。

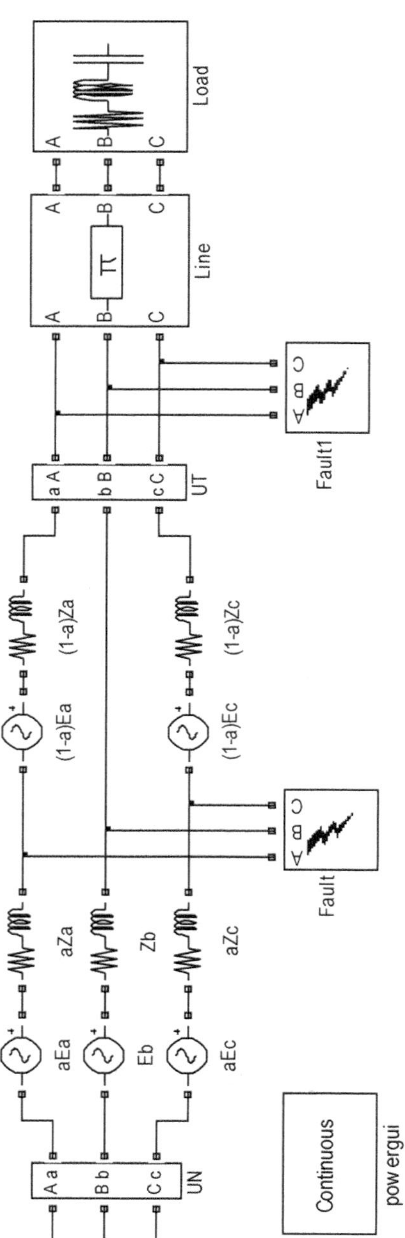

图 9-17 发电机定子回路故障的 Simulink 仿真模型

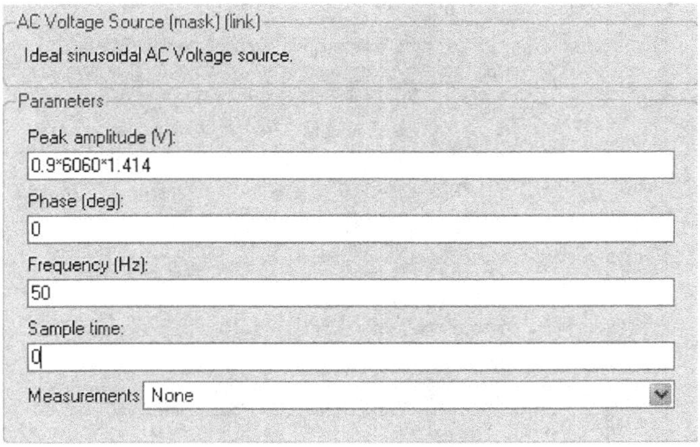

AC Voltage Source (mask) (link)

Ideal sinusoidal AC Voltage source.

Parameters

Peak amplitude (V):

0.9*6060*1.414

Phase (deg):

0

Frequency (Hz):

50

Sample time:

0

Measurements None

图 9-18　发电机 E_A的参数设置

发电机每相的阻抗选用“Series RLC Branch”模型来仿真，发电机 Z_B的参数设置如图 9-19所示。为了在不同的地点设置短路故障，可以按需要用多个“Series RLC Branch”模型串联来仿真一相的阻抗值。在图 9-17 中，是把 A 相和 C 相的阻抗分成了两部分，以仿真发电机内部 A、C 相故障的情况。

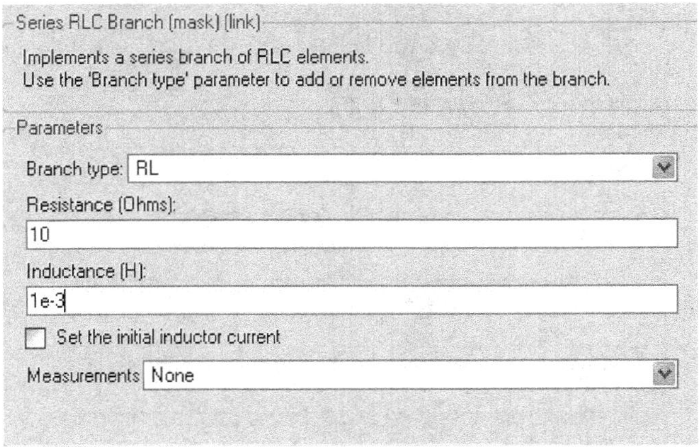

Series RLC Branch (mask) (link)

Implements a series branch of RLC elements.
Use the 'Branch type' parameter to add or remove elements from the branch.

Parameters

Branch type: RL

Resistance (Ohms):

10

Inductance (H):

1e-3

Set the initial inductor current

Measurements None

图 9-19　发电机 Z_B的参数设置

三相电压电流测量模块 U_T、U_N将发电机两侧测量到的电压、电流信号转变成 Simulink 信号，相当于电压、电流互感器的作用。U_T为机端，其输出的信号分别为“Vabc_T”、“Iabc_T”，U_N为中性点侧。在建立模型时，U_T、U_N的方向应按图 9-17 中的方向进行设置。

为了简化仿真，发电机的外部只接了一段采用“Three Phase PI Section Line”模型的线路和一个采用“Three Phase RLC Load”模型的负荷，其参数设置分别如图 9-20 和图 9-21 所示。

2. 纵联差动保护仿真模型

发电机的纵联差动保护动作特性如图 9-2 所示。假设两侧的电流互感器的电流比为 1，

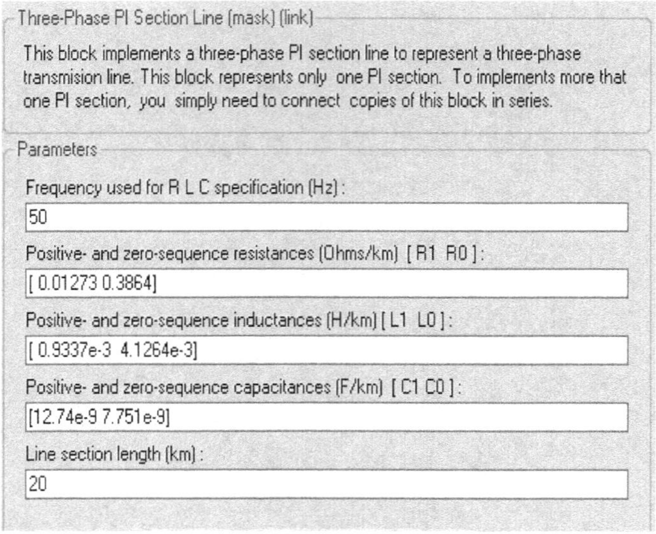

Three-Phase PI Section Line (mask) (link)

This block implements a three-phase PI section line to represent a three-phase transmision line. This block represents only one PI section. To implements more that one PI section, you simply need to connect copies of this block in series.

Parameters

Frequency used for R L C specification (Hz):

50

Positive- and zero-sequence resistances (Ohms/km) [R1 R0]:

[0.01273 0.3864]

Positive- and zero-sequence inductances (H/km) [L1 L0]:

[0.9337e-3 4.1264e-3]

Positive- and zero-sequence capacitances (F/km) [C1 C0]:

[12.74e-9 7.751e-9]

Line section length (km):

20

图 9-20 线路模型的参数设置

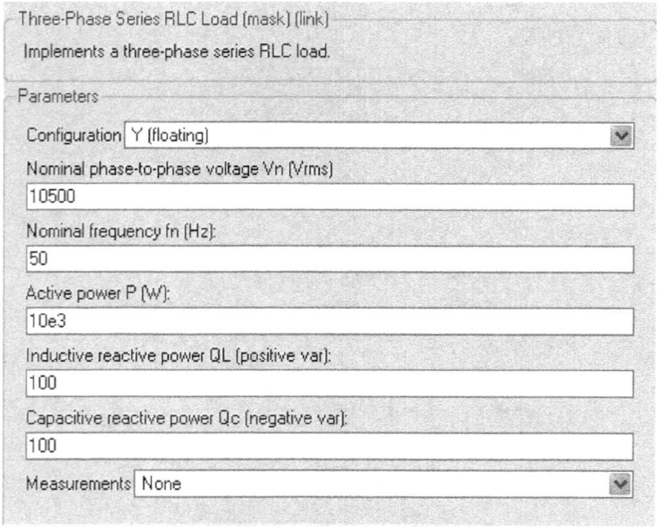

Three-Phase Series RLC Load (mask) (link)

Implements a three-phase series RLC load.

Parameters

Configuration Y (floating)

Nominal phase-to-phase voltage Vn (Vrms)

10500

Nominal frequency fn (Hz):

50

Active power P (W):

10e3

Inductive reactive power QL (positive var):

100

Capacitive reactive power Qc (negative var):

100

Measurements None

图 9-21 负荷模型的参数设置

则动作电流为 $I_{act}=|\dot{I}_{N1}+\dot{I}_{T1}|$，即两侧电流相量和的幅值；制动电流为 $I_{res}=0.5|\dot{I}_{N1}-\dot{I}_{T1}|$，即两侧电流相量差的幅值乘以0.5。发电机A相电流纵联差动保护元件的仿真模型如图9-22所示。B、C相电流纵联差动保护元件仿真模型与A相的建立方式相同。

3. 仿真结果及分析

在图9-17所示的仿真模型中，将故障模块Fault设置为在 $t=0.2\text{s}$ 到 $t=0.6\text{s}$ 时发生过渡电阻为0的A、C两相短路（在故障仿真模块中，过渡电阻设置为0时会出现错误，故可将过渡电阻设置为0.01），故障模块Fault1设置为不动作（设置故障起始时间大于仿真总时间即可）。运行仿真，得到当发电机内部发生A、C两相短路故障时，发电机端和中性点两

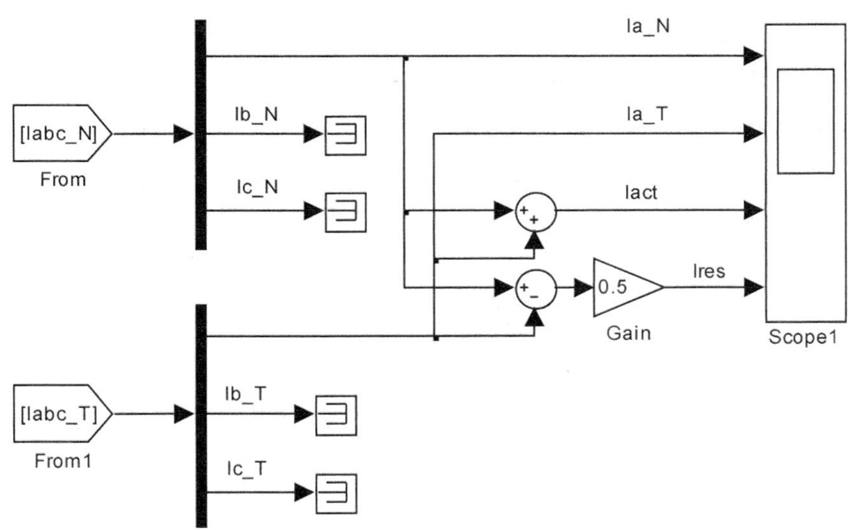

图 9-22　A 相电流纵联差动保护元件的仿真模型

侧 A 相电流以及动作电流、制动电流的波形，如图 9-23 所示。从图中可以明显看出，动作电流远大于制动电流，保护能够可靠动作（在本仿真中，由于发电机没有与外部电网连接，所以当内部故障时，机端的故障电流很小）。读者可以改变 A 相和 C 相的两部分阻抗所占的比例，来观察差动电流和制动电流的变化情况。通过仿真可以得知，只要故障点位于保护区内，保护就会可靠动作。

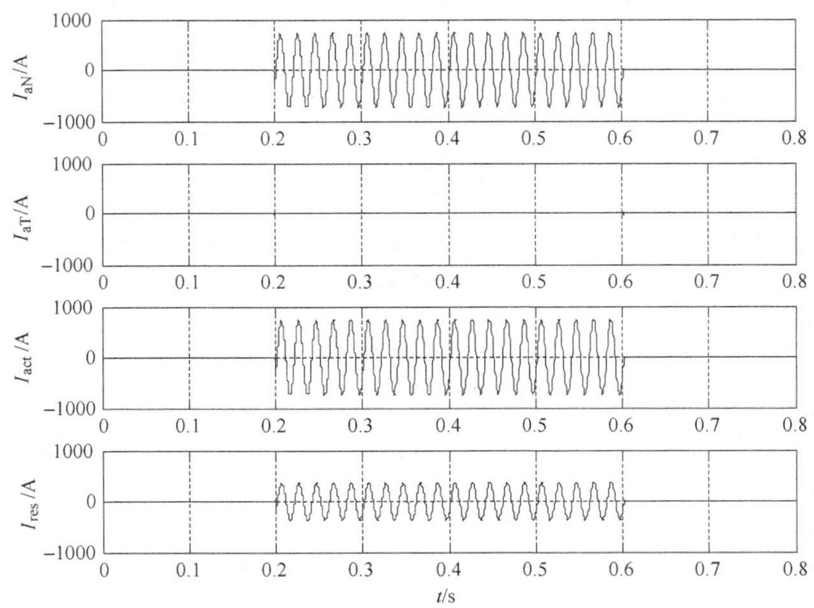

图 9-23　发电机内部发生两相短路故障时，两侧 A 相电流以及动作电流、制动电流的波形

在图 9-17 所示的仿真模型中，将故障模块 Fault 设置为不动作，修改故障模块 Fault1 的故障类型过渡电阻为 0 的 A、C 两相短路，故障时间设置为 $t=0.2$s 到 $t=0.6$s（此处为发电机纵联差动保护区的外部故障）。运行仿真，发电机端和中性点两侧 A 相电流以及动作电

流、制动电流的波形如图 9-24 所示。

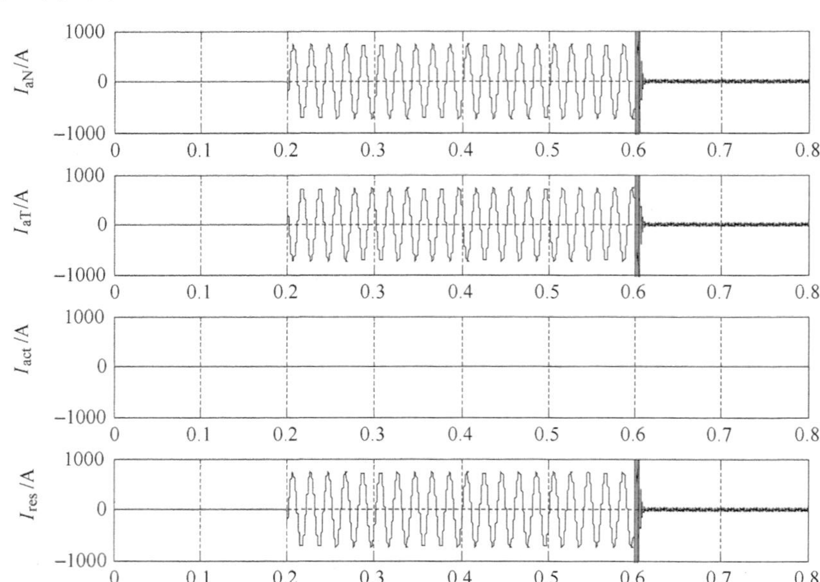

图 9-24 发电机外部发生两相短路故障时，两侧 A 相电流以及动作电流、制动电流的波形

从图 9-24 中可以明显看出，当发电机纵联差动保护区的外部故障时，按照规定的正方向，流过发电机端和中性点侧的电流大小相等，方向相反，纵联差动保护的动作电流很小，而制动电流很大，保护可靠不动作。

9.6.2 基波零序分量的发电机定子单相接地保护仿真

1. 用于接地保护的发电机定子回路的仿真模型

在图 9-17 所示发电机定子回路故障仿真模型基础上增加发电机绕组每相对地电容 C_0，得到用于接地保护的发电机定子回路的 Simulink 仿真模型，如图 9-25 所示。该模型将 C 相的电动势与阻抗分成了两部分，以仿真 C 相的接地故障。若仿真 A 相或 B 相的接地故障，则仿照此模型建立即可。

在图 9-25 中，发电机绕组每相对地电容 C_0 用“Three Phase Series RLC Branch”模型，其参数设置如图 9-26 所示。

发电机端的电压、零序电压及零序电流的获取采用如图 9-27 所示的方式。在图中给出了两种获取零序电流的方法。

2. 零序分量的计算

按照图 9-25 中设置的参数，设当发电机 C 相绕组内部发生故障时 $\alpha=0.9$（即由中性点到故障点的匝数占全部绕组匝数的 90%），则在发电机端的零序电压为

$$\dot{U}_0=(\dot{U}_A+\dot{U}_B+\dot{U}_C)/3=-\alpha\dot{E}_C$$

零序电压的有效值为

$$U_0=\alpha E_C=0.9\times6060\text{V}=5454\text{V}$$

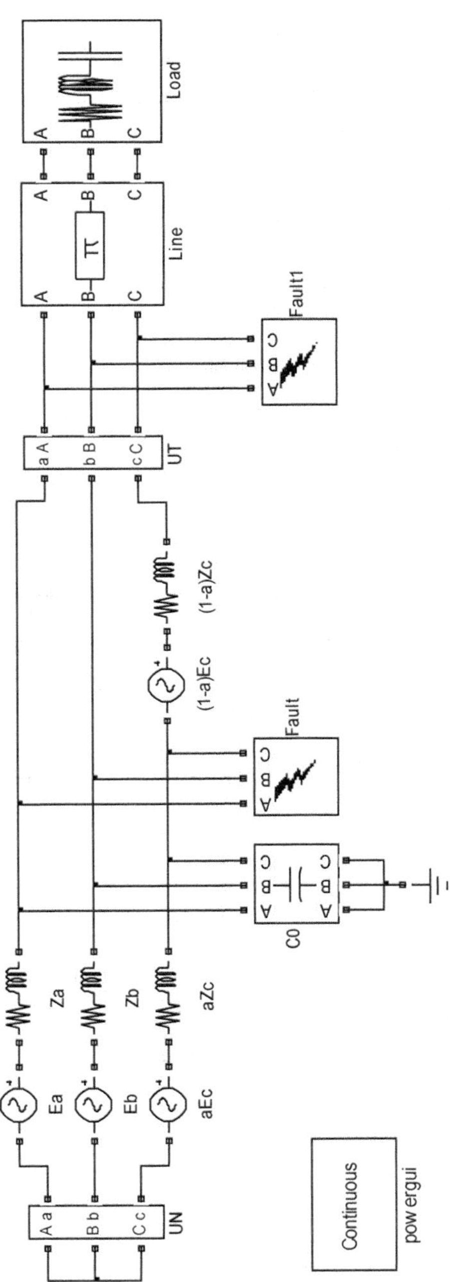

图9-25　用于接地保护的发电机定子回路的Simulink仿真模型

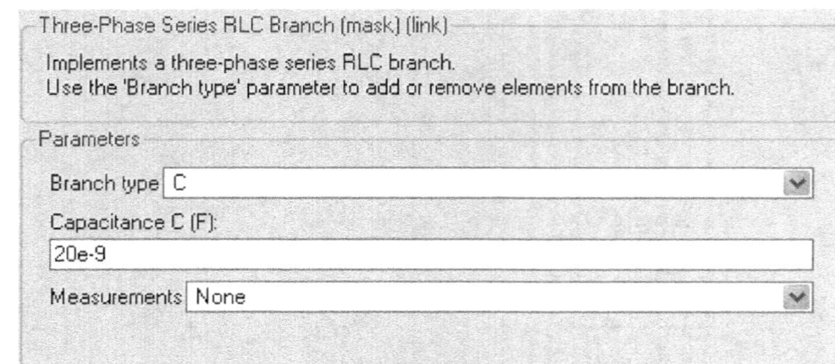

图 9-26 发电机绕组每相对地电容的参数设置

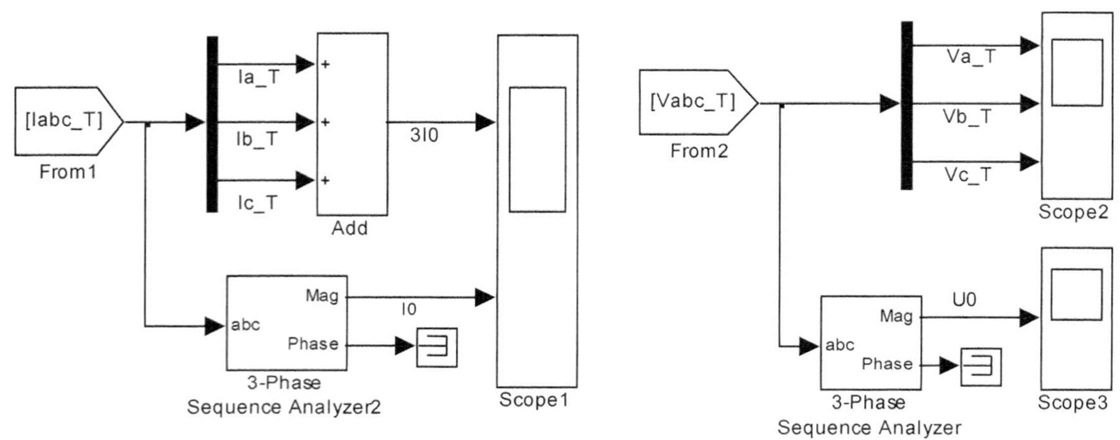

图 9-27 发电机端的电压、零序电压及零序电流的获取方法

此时流过发电机端的零序电流应为发电机以外网络的总对地电容电流，其每相零序电流值为

$$I_0 = \alpha E_C \omega C_{0S}$$

式中，C_{0S}为发电机以外网络每相对地电容值。

所以，零序电流的有效值为

$$\begin{aligned} I_0 &= 0.9 \times 6060 \times 314 \times 7.751 \times 10^{-9} \times 20\text{A} \\ &= 0.265\text{A} \end{aligned}$$

当在发电机外部发生单相接地故障时，流过发电机端的零序电流为发电机本身的总对地电容电流，其每相零序电流值为

$$I_0 = E_C \omega C_{0G}$$

式中，C_{0G}为发电机每相对地电容值。

所以，零序电流的有效值为

$$\begin{aligned} I_0 &= 6060 \times 314 \times 20 \times 10^{-9}\text{A} \\ &= 0.038\text{A} \end{aligned}$$

3. 仿真与分析

在图 9-25 所示的仿真模型中，将故障模块 Fault 设置为在 $t=0.3\text{s}$ 时发生过渡电阻为 0 的 C 相接地故障，故障模块 Fault1 设置为不动作。运行仿真，得到当发电机内部发生 C 相

接地故障时发电机端的三相电压波形，如图 9-28 所示。

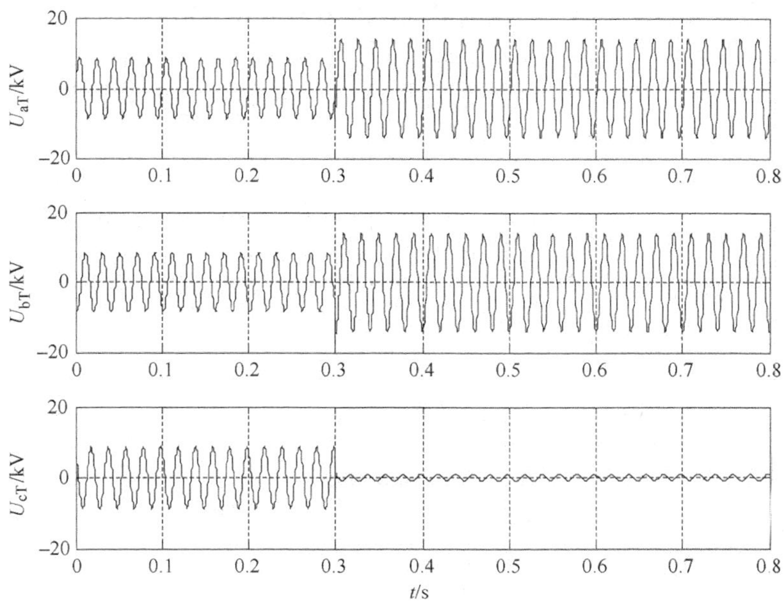

图 9-28　内部发生单相接地时，发电机端的三相电压波形

从图 9-28 中可以明显看出，当发电机内部发生 C 相接地故障时，发电机端的 A、B 两相的电压升高，C 相的电压约为 $U_C=(1-\alpha)E_C=0.1\times6060\text{V}=606\text{V}$。

从示波器“Scope2”中可得发电机端的零序电压幅值，如图 9-29 所示。

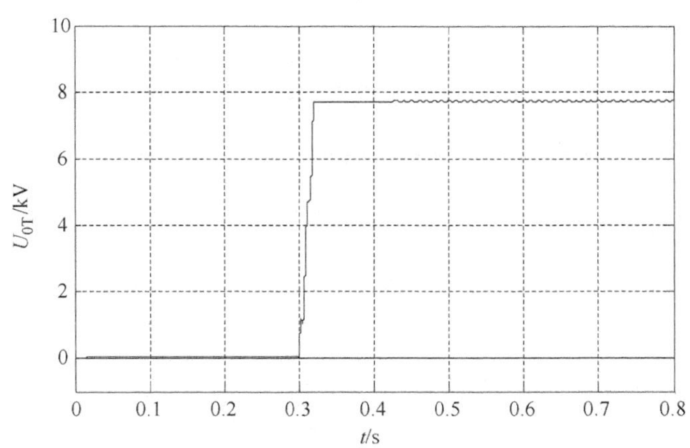

图 9-29　内部发生单相接地时，发电机端的零序电压幅值

将得到的零序电压幅值除以$\sqrt{2}$，得有效值为 5451V，与计算值基本相等。

读者可以改变 α 的大小，观察发电机端零序电压的变化情况。

同理，从示波器“Scope1”中可得发电机端的零序电流幅值为 0.376A，即有效值为 0.265A，与计算值相等。应该注意的是，当改变 α 时，此零序电流的大小是不变的。

在图 9-25 所示的仿真模型中，将故障模块 Fault1 设置为在 $t=0.3\text{s}$ 时发生过渡电阻为 0 的 C 相接地故障，故障模块 Fault 设置为不动作。运行仿真，得到当发电机外部发生 C 相接地故障时发电机端的三相电压波形，如图 9-30 所示。

从图 9-30 中可以明显看出，当发电机外部发生 C 相接地故障时，发电机端的 A、B 两相的电压升高为线电压，C 相的电压变为 0V。

从示波器“Scope2”中可得发电机端的零序电压幅值，如图 9-31 所示，其有效值为 6052V。

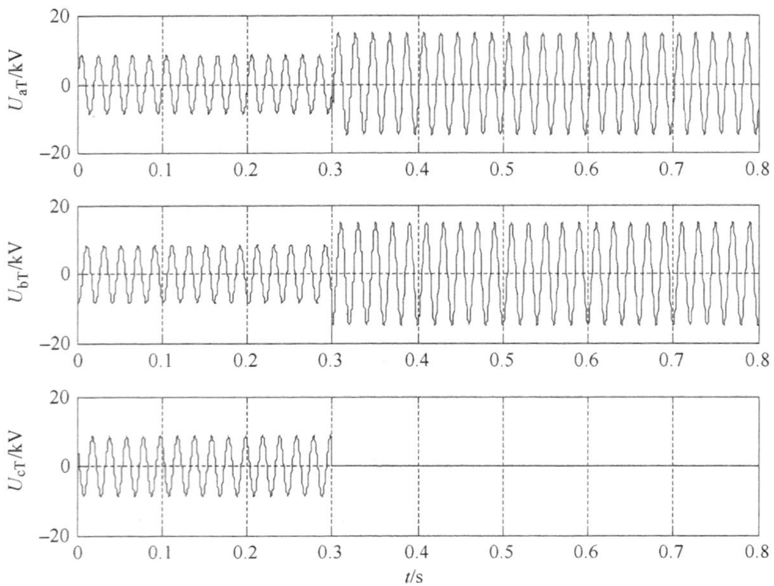

图 9-30　外部发生单相接地时，发电机端的三相电压波形

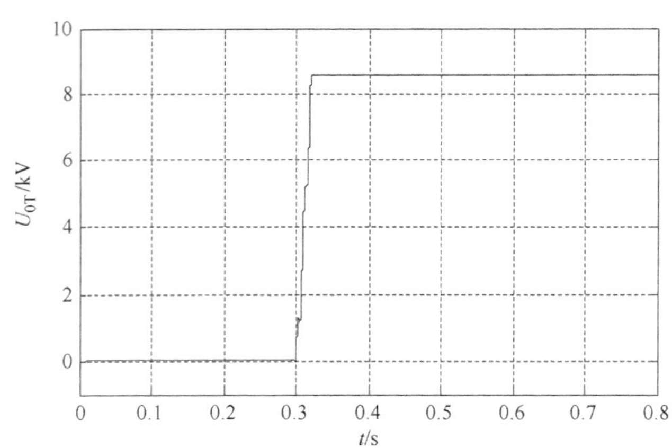

图 9-31　外部发生单相接地时，发电机端的零序电压幅值

从示波器“Scope1”中可得发电机端的零序电流幅值为 0.056A，即有效值为 0.0396A，与计算值相等，此值就是发电机本身的总对地电容电流。

9.6.3　三次谐波式发电机定子单相接地保护仿真

在图 9-25 所示用于接地保护的发电机定子回路的仿真模型的基础上增加三次谐波电动势，得到用于仿真三次谐波式接地保护的发电机定子回路的 Simulink 仿真模型，如图 9-32

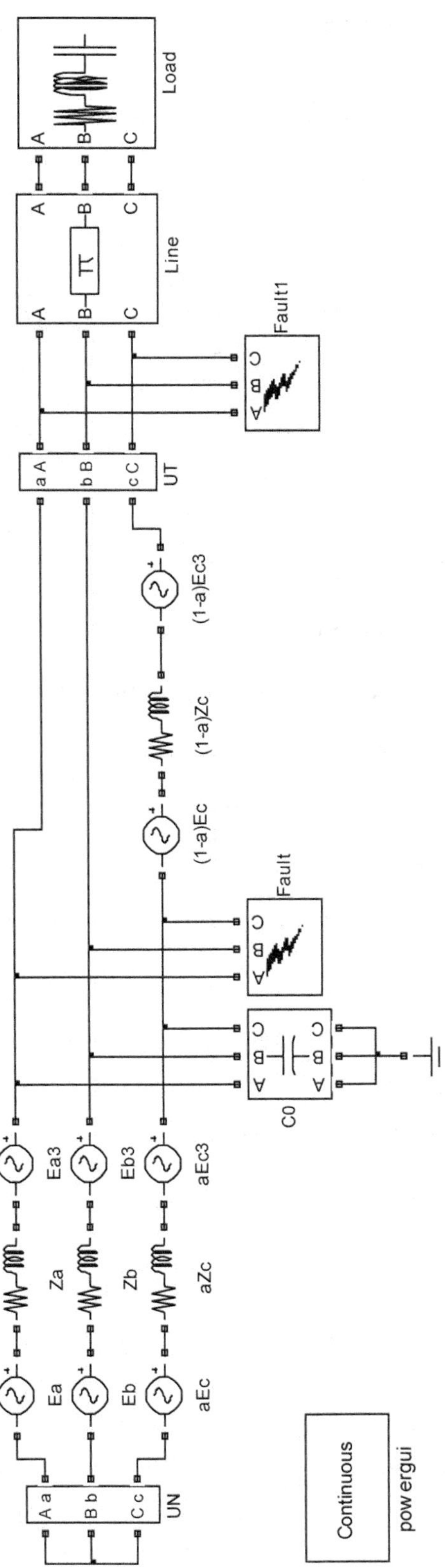

图 9-32　三次谐波式接地保护的发电机定子回路的 Simulink 仿真模型

所示。该模型仍以仿真 C 相的接地故障为例，且设 $\alpha=0.1$，若仿真 A 相或 B 相的接地故障，则仿照此模型建立即可。

仿真中取三次谐波电动势的幅值为基波幅值的 1%，其参数设置如图 9-33 所示。

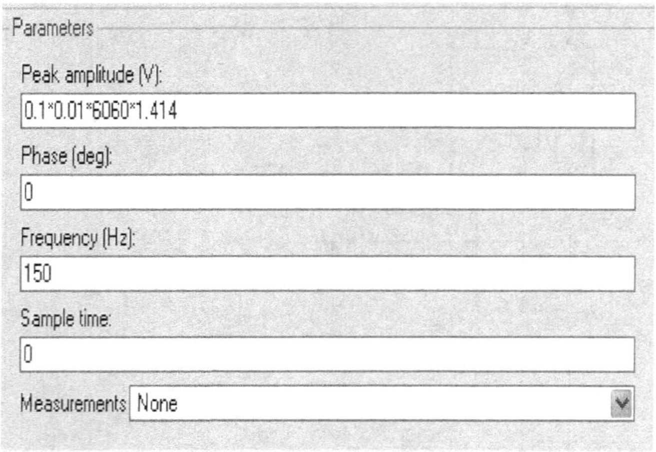

Parameters
Peak amplitude (V):
0.1*0.01*6060*1.414
Phase (deg):
0
Frequency (Hz):
150
Sample time:
0
Measurements
None

图 9-33　三次谐波电动势的参数设置

发电机端和中性点侧的三次谐波电压的获取采用如图 9-34 所示的方法。

[Vabc_N]
From1
Va_N
Vb_N
Vc_N
Add
3U0_N
magnitude
signal
angle
Fourier
Scope1
[Vabc_T]
From2
Va_T
Vb_T
Vc_T
Add1
3U0_T
magnitude
signal
angle
Fourier1

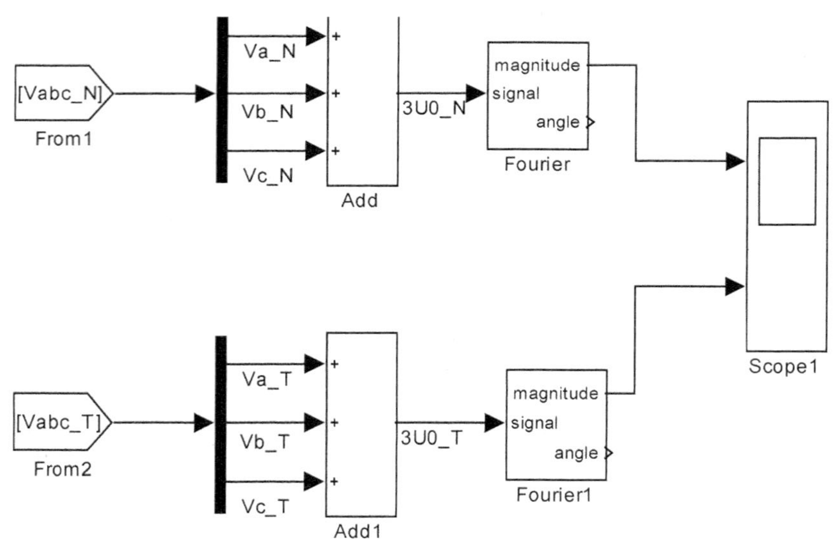

图 9-34　发电机端和中性点侧的三次谐波电压的获取方法

在图 9-32 所示的仿真模型中，将故障模块 Fault 设置为在 $t=0.3\text{s}$ 时发生过渡电阻为 0 的 C 相接地故障，故障模块 Fault1 设置为不动作。运行仿真，得到当发电机内部发生 C 相接地故障时发电机端和中性点侧的三次谐波幅值，如图 9-35 所示。

从图 9-35 中可见，当发电机 C 相在 $\alpha=0.1$ 处发生接地故障时，机端测得的三次谐波为 $0.9E_3$（仿真数值为 $230\div3\div\sqrt{2}\text{V}=54.5\text{V}$），中性点测得的三次谐波为 $0.1E_3$（仿真数值为 6.01V），接地点越靠近中性点，机端的三次谐波电压值越高，这与理论分析是相吻合的。

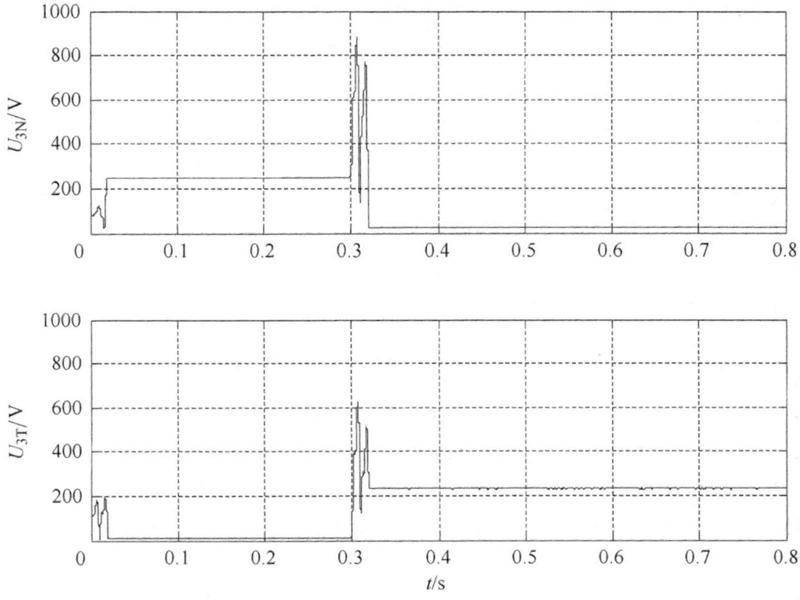

图 9-35　内部接地故障时，发电机端和中性点侧的三次谐波幅值

参考文献

[1] 贺家李，李永丽，董新洲，等．电力系统继电保护原理［M］．4版．北京：中国电力出版社，2010.
[2] 张保会，尹项根．电力系统继电保护原理［M］．2版．北京：中国电力出版社，2010.
[3] 王维俭．电气主设备继电保护原理与应用［M］．2版．北京：中国电力出版社，2002.
[4] Kunder Prabha. Power System Stability and Control［M］. New York: MeGraw-Hill Book Co., 1993.
[5] 郭光荣，李斌．电力系统继电保护［M］．北京：高等教育出版社，2006.
[6] 韩笑．电力系统继电保护［M］．北京：机械工业出版社，2011.
[7] 刘介才．工厂供电［M］．2版．北京：机械工业出版社，2012.
[8] 宋志明．继电保护原理与应用［M］．北京：中国电力出版社，2007.
[9] 张志涌．精通 MATLAB 6.5［M］．北京：北京航空航天大学出版社，2006.
[10] Duane Hanselman, Bruce Littlefield. 精通 Matlab 7［M］．朱仁峰，译．北京：清华大学出版社，2009.
[11] 求是科技．MATLAB 7.0 从入门到精通［M］．北京：人民邮电出版社，2009.
[12] 黄永安，马路，刘慧敏．MATLAB 7.0/Simulink6.0 建模仿真开发与高级工程应用［M］．北京：清华大学出版社，2008.
[13] 于群，曹娜．电力系统微机继电保护［M］．北京：机械工业出版社，2008.
[14] 于群，曹娜．MATLAB/Simulink 电力系统建模与仿真［M］．北京：机械工业出版社，2011.
[15] 王晶，翁国庆，张有兵．电力系统的 MATLAB/Simulink 仿真与应用［M］．西安：西安电子科技大学出版社，2008.
[16] 洪乃刚．电力电子和电力拖动控制系统的 MATLAB 仿真［M］．北京：机械工业出版社，2009.
[17] 吴天明，谢小竹，彭彬．MATLAB 电力系统设计与分析［M］．北京：国防工业出版社，2004.